고전문학의 향기를 찾아서

정병헌·이지영 지음

돌베개
1998

고전문학의 향기를 찾아서

1998년 11월 20일 초판 1쇄 발행
2018년 10월 30일 초판 23쇄 발행

지은이   정병헌·이지영
펴낸이   한철희

도서출판 돌베개
등록   1979년 8월 25일 제406-2003-000018호
주소   (10881) 경기도 파주시 회동길 77-20 (문발동)
전화   (031) 955-5020
팩스   (031) 955-5050
홈페이지   www.dolbegae.co.kr
전자우편   book@dolbegae.co.kr

ⓒ 정병헌·이지영, 1998

KDC 810.903
ISBN 89-7199-110-0 03810

책값은 뒤표지에 있습니다.
지은이와의 협의에 따라 검인은 생략합니다.

이 책에 실린 사진과 글은 도서출판 돌베개의 허락 없이는 사용할 수 없습니다.
잘못 만들어진 책은 바꾸어 드립니다.

고전문학의 향기를 찾아서

머리말

문학에서 현장이 차지하는 의미는 무엇일까?
윤선도가 51세에 찾아낸 보길도는 그가 현실 정치를 벗어나 자연에 몸을 맡겨 살았던 곳이자 수많은 작품을 낳았던 창작의 터전이다. 그 섬에서 그는 정자를 짓고 정원을 가꾼 뒤 글을 읽고 시를 쓰면서 은거의 낙을 누렸다. 여름이면 많은 사람들이 피서를 위해 찾아드는 보길도는 단지 바닷가의 풍광과 해수욕만을 즐기고 돌아오기엔 너무나 아쉬운 곳이다. 그곳에는 윤선도의 삶과 문학의 터전인 낙서재와 동천석실, 그리고 그가 「어부사시사」를 읊조리며 아침저녁으로 거닐고 또 사람들과 함께 노래했을 부용당이 있기 때문이다. 이렇게 귀한 답사처를 품에 간직하고 있는 보길도는 우리에게 역사와 문학의 향기를 느끼게 해주는 소중한 공간임에 틀림없다.
김시습이 전국을 방랑하는 길에 들러 잠시 머물렀던 남원의 만복사는 「만복사저포기」의 중요한 문학적 배경이다. 그러나 지금 그곳은 석등 하나만을 남긴 채 스산한 흔적으로만 남아 「만복사저포기」가 풍기는 쓸쓸한 정서를 가감 없이 전하고 있다. 또한 김시습이 말년을 보냈던 부여의 무량사에는 그의 부도와 자화상이 남아 있다. 여러 스님들의 것과 함께 서 있는 김시습의 부도는 그저 자연물로서 싸늘하기만 한 돌탑은 아니다. 그것은 김시습의 방랑과 아픔, 그리고 좌절이 각인되어 있는 하나의 윤기 있는 생명체로 변모되어 우리에게 그의 온기를 전해준다. 극락전 뒤편의 산신각에 모셔져 있는 그의 자화상은 또 어떠한가.

너의 형상은 지극히 작고 너의 말버릇은 지극히 어리석으니 너를 굴헝 속에 두는 것이 마땅하도다.

그는 젊었을 때 모습과 나이 든 모습을 담은 자화상 두 점을 그린 뒤, 이렇게 스스로를 학대했다고 한다. 우리는 김시습의 자화상에 나타난 싸늘하고 텅 빈 듯한 이미지, 잔뜩 찌푸린 미간의 냉소적인 눈매, 그리고 얇게 다물어진 입술을 보면서, 세상을 잘못 만난 불우한 지식인의 모습과 함께 그의 작품인 『금오신화』에 등장하는 외로운 주인공들을 연상한다. 저승세계의 횡포에 아내를 빼앗겨 안타까워하는 「만복사저포기」·「이생규장전」의 양생과 이생, 꿈속에서 여인을 만난 뒤 그녀를 잊지 못해 병들어 죽은 「취유부벽정기」의 홍생 등은, 자신의 능력을 인정해주지 않는 세상과 결별하고 만 김시습의 모습과도 흡사하다. 이런 연유로 만복사나 무량사는 그저 평범한 일상의 공간이 아니라 김시습의 삶과 애환, 그리고 이를 승화시킨 문학을 함께 만날 수 있는 특수한 공간으로 변모하고 있다.

작가가 삶의 고통 속에서 문학작품을 창작해낸 공간으로는 유배지도 빼놓을 수 없다. 다산 정약용은 유배지 강진에서 18여 년을 머무는 동안, 굶주린 백성의 고통에 안타까워하고 탐욕스런 아전과 벼슬아치에 분노하면서 당대의 모습들을 수많은 한시로 남겼다. 그에게 강진이라는 공간은 18세기 말에서 19세기 초에 이르는 조선 후기의 사회적 실상을 극명하게 보여주는 삶의 현장이자 문학적 승화의 공간이었다. 그러므로 우리는 강진의 다산초당에 들러 다산이 겪었던 유배생활의 고통을 더듬으면서, 그 시대의 고난상을 함께 느껴볼 필요가 있다. 구강포 바다를 내려다보며 두고 온 처자식을 그리워하고 혹은 흑산도로 귀양간 형의 안부를 걱정하면서도, 또 한편으로는 벼슬아치들의 탐욕과 치부, 가혹한 세금과 거듭되는 가뭄으로 목숨을 부지하기조차 어려운 백성들의 삶을 동정했던 다산의 모습을 떠올려보는 것은 좋은 경험이 될 것이다. 이렇게 되면 강진의 다산초당은 그저 '경치 좋은 곳'으로서뿐 아니라, 위대한 사상가요 문학가인 다산을 만날 수 있는 역사적이며 문학적인 공간으로 우리에게 다가올 것이다.

고전 작가의 삶과 문학적 공간은 한 개인이 태어나고 자란 곳에서 시작하여 정치·사회적인 활동 공간을 거쳐, 죽어서 묻힌 무덤까지를 포함한다. 탄생지는 개인이 생을 시작한 출발지이며 무덤은 육신이 묻힌 생의 종착점이자 안식처이다. 무수한 세월이 흐른 탓에 탄생지는 정확히 알 수 없으나 무덤은 대개 남아 있어, 우리는 한 작가의 육신과 영혼이 머무른 무덤 앞에서 그의 격렬했을 삶과 죽음을 반추하게 된다. 무덤 외에도 작가가 오래 머물렀던 자연의 공간, 곧 유배지 또는 정자나 누각, 계곡과 산야, 고향의 서재 등도 고전문학의 산실이라 할 소중한 공간들이다.

우리는 이 책과 함께 고전문학의 공간을 찾아가면서, 고전 작가들의 삶의 고통과 애환은 물론 문학적 노고의 흔적을 엿보는 계기가 마련되기를 기대한다. 고전문학의 현장을 확인하는 일은, '고전문학'이라는 단어를 낯선 고유명사가 아닌 일상의 일반명사로 바꾸는 일이기도 하다. 그리고 이러한 노력은 '가까우면 친해진다'는 말처럼 우리 고전과 가깝고 긴밀한 관계를 맺을 수 있는 가능성의 단초가 될 것이다.

그러나 고전 작가의 문학적 진실과 깊이에 가까이 다가가는 일은 그들의 삶과 문학의 공간을 찾는 일만으로는 부족하다. 그것은 동시에 작가의 문학 세계를 온전히 대할 때 비로소 가능해진다. 때문에 우리는 이 책에서 작가의 문학적 실상과 업적을 충분히 설명하면서 실제로 중요한 작품을 독자들에게 소개하려 하였다. 또한 고전 작가들에 대한 학자들의 평가도 한쪽의 입장만을 반영하기보다 되도록 상대되는 견해까지 균형 있게 수용하였다. 작가 선정의 문제에는, 우리에게 널리 알려진 한문학과 국문문학의 대가들, 승려와 유학자 가운데 고전문학사에서 중요한 위치를 차지하는 인물들을 시대별로 고르게 안배하고자 하였다. 그리하여 이렇게 선정된 13인의 작가들을 각각의 성격에 따라 3부로 분류해 묶었는데 그 내용은 다음과 같다.

1부에서는 우리 한문학에서 중요한 위치에 놓인 대가들을 시대별로 고려하여 선정하였다. 여기서는 이규보, 김시습, 허균, 허난설헌, 정약용 등이 다루어졌다. 해당 작가들의 삶과 문학적 공간이 현재 많이 남아 있어 직접 찾아가 볼 수 있는가 하는 점도 하나의 고려사항이었는데, 조선 후기의 연암 박지원이 이 책에서 빠진 것도 바로 이러한 이유 때문이었다.

2부에서는 승려 또는 유학자 가운데 고전문학사에서 중요한 업적을 남긴 인물들을 다루었다. 균여, 일연, 이황, 이이 등이 그들이다. 이들은 일찍부터 문학과 이념의 거리를 좁히면서, 문학의 외연을 넓히는 데 공헌을 했던 인물들이다.

3부에서는 국문문학의 작가를 위주로 다루되 시조와 가사, 그리고 판소리에서 주목되는 대가들을 거론하였다. 국문문학의 성격상 한글이 창제된 이후인 조선시대, 그것도 조선 중엽 이후의 인물들이 많이 선정되었다. 송순, 정철, 윤선도, 신재효 등이 그들이다.

이 책은 일반인과 청소년들이 고전문학을 쉽게 이해하고 가까이 대하게 하는 데 중점을 두고 씌어졌다. 따라서 누구나 이해하기 쉽도록 서술하였고 각주는 달지 않았으며, 몇 군데를 제외하고는 대부분 국문학 연구자들의 이름이나 인용된 참고서적 등을 드러내지 않았다. 본문 가운데 해설이 필요하다고 여겨지는 인명·역사적 사건·서적·기타 중요한 용어 들은 '인명·용어 해설'로 정리하고 이를 책의 뒤쪽에 실어 독자들이 쉽게 찾아볼 수 있도록 배려하였다.

또한 인용된 한시들은 한문 원전의 제시 없이 현대어로 번역된 글만 실었고, 고어로 된 시가도 뜻이 통하는 현대어로 바꾸었다. 이러한 방침은 '작품 감상'의 난에서도 그대로 적용되었다. 본문에는 작가들의 삶과 문학의 공간을 보여주는 현장 사진을 실었으며, 그 가운데 중요하다고 생각되는 한두 곳은 '안내도'와 함께 찾아가는 방법을 자세히 적어 고전문학의 현장을 답사할 때에도 충분한 안내서가 될 수 있도록 정성을 기울였다.

돌베개 출판사의 도움이 없었다면 아마 이 책은 나오지 못했을 것이다. 좋은 현장 사진과 안내도를 정성스레 마련해주고, 편집과 교정을 비롯한 온갖 궂은 일을 도맡아준 김혜형 편집장과 여러 편집자께 이 자리를 빌어 감사드린다. 또한 필자와 직접 답사여행에 동행할 정도로 이 책에 관심과 호의를 베풀어준 한철희 사장님께도 깊은 감사의 말을 올린다.

1998년 11월 1일
정병헌 · 이지영

차 례

머리말 5
인명·용어 해설 339
찾아보기 353

1부 한문학의 대가들과 그 유산

고려시대 최고의 문장가, 이규보 ——— 13
백세의 스승, 김시습 ——— 36
구속을 싫어한 진보적 지식인, 허균 ——— 68
고독과 한의 여류시인, 허난설헌 ——— 97
조선시를 선언한 자주적 시인, 정약용 ——— 125

2부 문학과 이념의 거리

향가에 실린 불심, 균여대사 ——— 153
『삼국유사』의 위대한 서사시인, 일연 ——— 169
「도산십이곡」을 지은 동방유학의 스승, 이황 ——— 189
고산구곡을 노래한 유학자, 이이 ——— 210

3부 자연과 인간, 우리의 노래

호남가단의 터잡이, 송순 ——— 237
가사문학의 일인자, 정철 ——— 260
시조문학의 최고봉, 윤선도 ——— 284
판소리의 수호자, 신재효 ——— 311

1부
한문학의 대가들과 그 유산

고려시대 최고의 문장가, 이규보
백세의 스승, 김시습
구속을 싫어한 진보적 지식인, 허균
고독과 한의 여류시인, 허난설헌
조선시를 선언한 자주적 시인, 정약용

고려시대 최고의 문장가, 이규보

1. 강화도에 몸을 묻고

이규보(李奎報, 1168~1241)는 한문학사상 가장 뛰어난 문장가로서 동국(東國)의 시호(詩豪)요, 시성(詩聖)으로 평가받고 있다. 그는 고려 전기와 후기의 분수령이 된 무신집정기(武臣執政期)를 살아간 신흥사대부의 대표적 인물이다. 또한 무신의 지배로 인한 국내 정치의 혼란뿐 아니라 국토를 파괴시키는 몽고의 침략에 온몸으로 저항하면서 국난을 극복하기 위하여 힘을 쓴 지식인이었다. 그는 대내외의 정치적 문서를 도맡아 처리하고 더러는 최고권력자를 칭송하는 글을 남기기도 했지만, 뛰어난 작가정신으로 다양한 문학양식을 실험하고 새로운 시학(詩學)을 수립하였다. 더욱이 이규보는 우리의 신화를 괴이하고 허탄하게만 생각하던 당시 지식인의 사고를 배격하고 이를 올바르게 인식함으로써, 자세한 주석과 함께 호한한 필치로 구성된 장편 영웅서사시 「동명왕편」(東明王篇)을 창작하는 역사의식을 보여주었다.

백운처럼 거리낌 없이

이규보는 1168년 12월 개성(開城)에서 태어났다. 무신의 난이 일어나기 2

년 전의 일이었다. 본래 그의 이름은 인저(仁氐)요, 자는 춘경(春卿)이다. 본관이 황려(黃驪: 지금의 여주)인데, 이 본관을 근거로 이규보의 출생지를 여주로 보는 사람도 있다. 아버지 윤수(允綏)는 벼슬이 호부낭중(戶部郎中)에 이르렀지만, 이규보가 자신의 글 속에서 누차 '한미한 집안'이라고 밝힌 점으로 보아 그의 집안은 지방의 토착세력층인 것으로 짐작된다. 실제로 무신의 난 이후에는 이러한 지방의 토착세력이 새롭게 중앙정계에 진출하면서 신흥사대부가 되었다. 따라서 이규보의 생애로 미루어볼 때 그 역시 이러한 계층에 속했을 것으로 여겨진다.

이규보는 태어난 지 몇 달 되지 않아 온몸에 심하게 종기가 나서 사경을 헤매게 되었다. 이때 아버지가 개성 북쪽의 송악산(松嶽山) 사우(祠宇)에 가서 점을 쳤는데 '살아난다'는 점괘가 나왔다. 하지만 아이의 모습이 너무 흉칙하여 문밖에 내다버렸다. 그런데 웬 신인(神人)이 나타나더니 "천만금보다 귀한 아기"라며 잘 보살피라고 당부했다 한다.

이규보는 어렸을 때부터 젊은 시절까지 대부분 개성에서 생활하였다. 이는 당시 고려의 서울인 개성에서 부친이 살았을 뿐만 아니라 그가 출세를 위해 개성에서 공부했기 때문이다. 그는 14세에 당시 사학 12도 가운데 대표적인 일문(一門)이던 문헌공도(文憲公徒: 崔冲)의 9재학당의 하나인 성명재(誠明齋)에 들어가 수학하였다. 과거시험 준비를 위한 예비학교 구실을 하던 이 학당에서는 매년 여름 글짓기 모임〔夏課〕이 열리곤 하였다. 하과에서는 각촉부시(刻燭賦詩)라 하여 누가 빨리 시를 짓는지 내기를 했는데 그는 항상 일등을 차지하였다고 한다.

이규보는 과거에 합격한 선배 함순(咸淳)의 「내직옥당」(內直玉堂)이라는 제목에 다음과 같이 답했다.

　　혼자서 숙직하니 전각이 쓸쓸한데
　　연꽃 같은 촛불만 대궐을 비추네.
　　이슬 맺힌 선인장(仙人掌: 그릇)에는 가을 기운이 싸늘한데
　　달 밝은 사창(紗窓)에는 밤도 참으로 길구나.

칠보상 앞 궁루(宮漏 : 시계)는 더딘데
구화장(九華帳) 속 향로에는 향내만 풍기네.
샛별이 돋을 때까지 시 한 편 끝냈으니
보기도 즐겁구나, 높은 하늘 아침빛.

함순은 이 시를 보고 깜짝 놀라며 일등으로 뽑았다. 내직에 들어가 숙직하는 벼슬아치의 심정을 그린 것으로, 벼슬길에 나아가 화려한 관직생활을 하고 싶은 이규보의 심정을 잘 그려낸 빼어난 작품이다.

이규보의 나이 16세 되던 해에 아버지 윤수가 수주(水州 : 지금의 수원)로 벼슬길에 나아갔음에도 그는 개성에 머무른 채 과거 준비에 몰두하였다. 그러나 처음으로 응시한 사마시(司馬試)에 낙방하였고, 이어서 18세에 또다시 낙방의 쓴 잔을 마셨다. 그는 수주를 왕래하다가 19세 때 아버지가 수주원님에서 퇴임하자 개성으로 올라왔다. 이 무렵 그는 30년 연상의 오세재(吳世才)와 나이에 구애됨이 없이 벗으로 지냈다. 그는 오세재의 소개로 '강좌칠현'(江左七賢)의 시회에 출입하였다. 그런데 오세재가 경주로 내려가게 되자 다른 회원이 이규보에게 그 시회의 가입을 권유하였는데 한마디로 거절하였다. 자신의 시재(詩才)를 믿었던 탓이다.

20세 때 이규보는 세번째 사마시에 낙방하였다. 그러나 사마시에 네번째 응시한 22세 되던 봄에야 마침내 장원에 급제하였다. 시험을 보기 전날 밤에 이규보는 꿈을 꾸었는데 규성(奎星)이 자신에게 금년 과거시험에 장원으로 합격할 것이라고 일러주었다 한다. 규성은 28수(宿)의 하나로 문장을 담당한다는 별이다. 그는 이름을 '규성의 보답'이라는 뜻에서 '규보'(奎報)로 개명한 뒤 과장에 나갔다고 한다. 23세 6월에는 예부시(禮部試)에 응시하여 동진사(同進士)에 뽑혔다. 말과(末科)에 급제하자 자존심이 상한 그는 사퇴하려고 했으나 부친이 이를 준엄하게 꾸짖어 사양하지 못하였다.

24세에 부친상을 당한 이규보는 개성 북쪽의 천마산(天磨山)으로 들어갔다. 이때 자신의 호를 '백운거사'(白雲居士)라고 하였는데, 이는 "백운처럼 거리낌 없이 거사처럼 도를 닦고자 한다"는 뜻이었다. 호방하고 구속을 싫어하는 그의 성격에 들어맞는 호라고 할 수 있다. 천마산은 이규보에게 문학과 정신수양에 많은 도움이 된 공간이었던 듯하다. 그러므로 개성과 천마산은 젊은 시절 이규보의 삶과 문학의 중심 공간이라 할 것이다. 그는 이 무렵 천마산의 승려들과 교류하면서 차츰 불교에 심취하게 되었다.

불멸의 대작 「동명왕편」

한편 이규보에게는 선친이 물려준 개성 서쪽 근교[西郊]의 별장이 있었다. 이 별장을 '사가재'(四可齋)라고 불렀으니, 이는 "식량을 마련하고 옷을 마련하며 물을 마실 수 있고 땔감을 마련할 수 있다"는 의미로 그렇게 이름지은 것이다. 이곳에 지내면서 그는 손수 풀도 뽑으며 정원을 손질하였다. 이 사가재는 현재 강화도의 이규보 묘소 옆에 복원되어 있으며, 그가 지었던 「사가재기」가 현판으로 걸려 있다. 그는 천마산과 서교(西郊)의 별장을 오가면서 공부하였으며 심신 수양도 게을리하지 않았다.

이규보는 천마산을 오가던 시기인 26세(1193) 때에 우리 문학사에서 불멸의 대작이라 할 「동명왕편」(東明王篇)을 완성하였다. 당시에도 찾아보기 힘들었던 「구삼국사」(舊三國史)를 얻어보았던 그는 일반 사람들에게도 이 동명왕 사적이 널리 구전되고 있음을 알고, 그것이 신성한 사실임을 깨닫게 되었다. 신화를 사실로 믿고 과감히 이를 토대로 장편의 대서사시를 지은 것은 기존의 유가적 입장에 익숙한 문벌 귀족층에게는 찾아볼 수 없는 민족주의적 의식의 발로이자 신흥사대부의 시대적 변화에 따른 역사의식을 반영한 것이었다. 27세에는 당나라의 역사를 소재로 삼아 치란(治亂)의 근원을 읊은 「개원천보영사시」(開元天寶詠史詩)를 짓기도 하였다. 그러나 이 시기는 그가 과거에 급제한 이후 10년 동안 관직을 얻지 못한 채 불우하게 보내고 있었던 때였다.

최충헌(崔忠獻) 형제가 새로운 왕인 신종(神宗)을 옹립하던 1198년에 이규보의 자부(姉夫)가 황려로 귀양을 갔다. 이에 그는 누이동생을 데리고 고향 황려로 내려가 모처럼 고향 사람들의 따뜻한 대접을 받으며 지냈다. 그리고 어머니가 계신 상주(尙州)로 내려가서 몇 개월을 머무르기도 했다. 그는 다시 반 년 만에 고향으로 돌아왔고 곧바로 개성에 들어갔다. 이듬해 30세에는 조영인(趙永仁), 임유(任濡) 등이 연명(連名)하여 임금께 이규보의 벼슬을 청하여 허락을 받아냈다. 하지만 당시 그에게 사사로운 감정을 가지고 있던 사람의 농간으로 등용되지는 못하였다.

그런데 마침내 이규보에게도 기회가 왔다. 32세(1199) 되던 해 5월 어느 날, 권력자 최충헌이 당대 일류시인들을 자신의 집으로 초청하여 시를 짓도록 하였다. 그 자리에는 이규보를 포함하여 이인로(李仁老), 함순(咸淳), 이담지(李湛之) 등도 있었다. 이때 이규보는 다음과 같은 시를 지어 최충헌의 마음을 사로잡았다.

> 옥 같은 얼굴 술기운 처음 돌아
> 발그레한 빛 온통 감도네.
> 겹친 꽃잎 천연스레 공교롭고
> 예쁜 자태에 객의 마음 설레네.
> 향을 피운 듯 맑은 날엔 나비가 모이고
> 불빛 흩어진 듯 밤에도 새들이 놀라누나.
> 예쁜 빛 아끼어 늦게 피라고 시켰으니
> 뉘라서 조물주의 마음을 알리오.
>
> ―「천엽유화」(千葉榴花)

최충헌의 집에 석류꽃이 만발한 아름다운 모습을 한껏 묘사하면서도 은연중에 석류꽃이 늦게 피었다는 데 자신의 처지를 빗대어 말하고 있다. 이 시로 시적 자질을 인정받게 된 이규보는 마침내 벼슬길에 나아갈 수 있었다. 과거에 합격된 뒤에도 영광과는 거리가 먼 불우한 삶의 공간으로만 비쳐졌던 '개성'이, 이제는 출세의 발판으로서의 '개성'이 된 것이다. 그러나 개성이 이규보의 벼슬살이의 출발점은 아니었다.

지금 8품이니 7품이면 족합니다

이규보의 첫 벼슬살이는 전주에서 시작되었다. 따라서 전주는 그에게 치국

내소사 변산반도 남단에 있으며 선운사의 말사이다. 일주문에서 천왕문까지는 호젓한 전나무 숲길로 이어져 있으며, 절 안의 당산나무는 민간신앙이 전래된 흔적을 나타낸다. 이규보는 이 절에 들렀다가 원효방에 올라 신라의 고승인 사복과 진표에 관한 이야기를 들었다.

의 길을 걷게 한 소중한 경험의 장이었다. 그는 전주목사록 겸 장서기(全州牧司錄兼掌書記)로서, 9월 13일 부임길에 올랐다가 열흘 뒤 전주에 도착하였다. 그는 각 고을의 민정을 시찰하고 억울한 죄인을 풀어주는 등 백성을 위하여 선정을 펼쳤으며, 바쁜 생활 속에서도 각 고을을 돌아다니며 견문을 넓혔다. 그 작업의 성과 가운데 하나가 수필문학으로 인정되는 「남행월일기」(南行月日記)이다.

이 「남행월일기」에 따르면 이규보는 자신이 보고 들은 바를 채집하여 방언이나 속어 그대로 적어두기도 했다. 그는 전주 근처의 경복사를 들러 진안을 거쳐 변산에 가서는 벌목하는 일을 감독했다. 그리고 그곳에서 서해의 섬들인 위도(蝟島)·구도(鳩島)의 섬을 보았다. 또한 남원, 임피, 옥구를 거쳐 고창의 선운사에 들렀으며, 변산의 소래사(蘇來寺 : 지금의 내소사)에 가서는 수십 길 절벽 위에 있는 원효방(元曉房)에도 올랐다. 그곳에서 그는 신라의 고승인 사복(蛇福)과 진표율사(眞表律師)에 관한 사적을 들었다. 이 두 승려에 관한 이야기는 『삼국유사』에도 전해오는데, 「남행월일기」는 이규보가 직접 보고 들은 이야기를 토대로 지은 것이라는 점에서 그 의의가 크다.

그러나 이규보는 임기를 채우지 못하고 1년을 겨우 넘긴 뒤 개성으로 돌아와야 했다. 그것은 그와 공사처리 문제로 자주 부딪혔던 전주목의 통판랑장(通判郎長)이 그를 모함했기 때문이었다. 이로써 이규보의 전주생활은 마감되었는데 아마도 그가 임기를 다 채웠더라면 전주에서의 체험과 감상 등이 수많은 문학작품으로 승화되어 남았을 것이다. 훗날 이규보는 이곳에 머무르는 동안 먼 발치로 바라보았던 그 위도에 들어가 귀양살이를 하게 된다. 벼슬의 시작을 맛보았던 전주에서 인생의 좌절까지 겪게 되었으니 그와 전주는 상당히 인연이 깊은 셈이다.

다시 개성에 머물던 이규보는 35세에 모친상을 당하였다. 그런데 이 해 12월 경상도 경주, 운문(雲門 : 지금의 청도), 합천 등지에서 반란이 일어났다. 그는 "국난을 회피하면 대장부가 아니다"며 자원하여 병마녹사 겸 수제원(兵馬錄事兼修製員)으로 종군하였다. 상중(喪中)이면서도 위기에 처한 나라를 구하기 위하여 종군한 것은 그의 투철한 애국심과 백성을 사랑하는 마음이 없었다면 불가능했을 것이다.

이규보는 경상도 청도의 운문산에 머무르면서 공사(公事)에 관한 많은 글을 지었다. 그러다가 37세 되던 해에 민란이 진압되어 비로소 개성으로 돌아올 수 있었다. 그러나 그는 논공행상에서 누락되어 어떠한 상이나 관직도 얻지 못하였다. 이는 그의 집안이 지극히 한미하여 혈연이나 지연이 없었기 때문이었다. 사실 이규보는 30대 후반까지 불운의 연속이었다.

그러나 40세 이후로는 관직에 나아가고 벼슬이 크게 오르는 득의(得意)의 시대를 맞이하게 된다. 40세가 되던 해에 최충헌은 개성 남쪽 남산리 자기 집 옆에 모정(茅亭)을 짓고 이인로, 이윤보, 이규보 등을 불러 기문(記文)를 짓게 하였다. 그는 여기서 일등을 하였으니 이때 지은 글이 유명한 「진강후모정기」(晋康侯茅亭記)이다. 이로 인해 그는 이 해 12월 권보직한림원(權補直翰林院)에 제수되었다. 이후로 그는 벼슬길이 높아졌다.

　46세 되던 해 12월에 최충헌의 아들 진양공(晉陽公) 최우(崔瑀 : 나중에 怡)가 고관대작들을 초대한 연회에 이규보도 함께 초청되었다. 최우는 그의 재주를 시험하기 위해서 이인로에게 운자(韻字)를 부르게 하였는데, 내리는 운자에 따라 '촉'(燭)이라는 제목으로 단숨에 시를 지었다. 다음날에는 최충헌으로부터 다시 그의 재능을 시험받았다. 금의(琴儀)가 내리는 운자에 따라 '공작'(孔雀)이라는 시제를 단숨에 써 내려갔다. 최충헌이 감탄의 눈물을 흘리며 원하는 관직을 물으니 이규보는 "지금 8품이니 7품이면 족합니다"라고 대답하였다. 재능을 과시하되 결코 지나친 욕심을 부리지 않는 그의 뛰어난 처세술을 엿볼 수 있는 대목이다. 그는 이 해 12월에 사재승(司宰丞)이 되었다. 이때부터 이규보는 당대의 권력자인 최우와 가까이 지내게 되었으며 그의 각별한 신임을 얻게 되었다.

　이규보는 48세에 우정언지제고(右正言知制誥), 50세에는 우사간지제고(右司諫知制誥)가 되었다. 52세 봄에는 팔관회의 하표(賀表)를 잘못 마련하였다는 이유로 탄핵받아 면직되었고, 4월에 계양도호부(桂陽都護府)의 부사병마금할(副使兵馬鈐轄)에 좌천되었다. 그러나 1년 만에 유배에서 풀려나 중앙에 올라와 벼슬에 복직되었다. 그것은 최충헌이 죽은 후 최우가 권력을 잡게 되면서 그를 개성으로 불러들였기 때문이다. 이후 그의 벼슬은 높아만 갔다.

　그러나 10년 뒤인 63세 되던 해 11월에 그는 팔관회 연회가 규례에 어긋났다는 죄로 문책받아 전북 부안의 위도로 다시 유배되었다. 현재 위도는 '띠뱃놀이'라는 민속놀이로 유명한 곳이다. 추운 겨울 섬에서 지내게 된 그는 외로움 속에서 매우 고통스런 나날을 보냈다. 그는 유배 당시의 심경을 다음과 같이 읊었다.

　　　옛날에 이소경(離騷經)을 읽고 슬퍼했는데
　　　어찌 오늘 내가 이럴 줄 알았으랴.
　　　선비 되기는 틀렸고 중 되기 또한 늦었으니

잘 모르겠네, 어떤 사람이 될지를.

—「입도작」(入島作)

그는 이듬해 정월에야 감형되어 자신의 고향인 황려로 돌아왔으며 다시 65세가 되던 해 4월 관직에 복귀하였다. 귀양에서 풀려나 다시 벼슬을 맡은 65세에는 몽고의 침략으로 나라가 지극히 위태로운 때였다. 조정에서는 항전을 위하여 수도를 강도(江島 : 지금의 강화도)로 옮기게 되었다.

문장으로 나라의 은혜를 갚다

이때부터 이규보의 강화도에서의 삶이 시작된다. 그리고 말년에까지 이어져 그는 그곳에서 죽음을 맞게 된다. 그는 조정을 따라 강화도에 들어가 유수중군지병마사(留守中軍知兵馬事)가 되었다. 69세 때인 12월에는 병을 이유로 벼슬에서 물러나기를 청하였으나 허락되지 않았다. 그러다가 70세 되던 12월에야 '금자광록대부 수태보 문하시랑 평장사 수문전태학사 감수국사 판례부사한림원사 태자태보'(金紫光綠大夫守太保門下侍郞平章事修文殿大學士監修國史判禮部事翰林院事太子大保)라는 직함으로 벼슬에서 물러났다. 40세 이후부터 이어진 현달(顯達)한 벼슬살이를 마감한 것이다.

이규보는 벼슬살이하는 동안 네 번씩이나 과거시험을 주재하는 시관(試官)이 되었고, 조정의 국사를 위한 공문서를 도맡아 처리하였다. '문장으로 보국(保國)'하는 소위 '이문화국'(以文華國)의 이상을 몸소 실천한 것이다. 특히 몽고와 주고받는 통상문서의 대부분이 그의 손을 거쳐갔으며, 벼슬에서 물러난 후에도 각종 외교문서를 맡아 국정에 참여하였다. 이는 나라의 위기를 극복하려는 그의 애국심이 어느 정도인지 짐작하게 한다.

74세가 되던 해인 7월, 이규보의 병은 더욱 깊어졌다. 이에 최우는 의원을 보내 위로했으며 그가 평소에 저술한 시문을 문집으로 간행하려고 하였다. 그러나 이규보는 자신의 문집이 출간되는 것을 기다리지 못하고 그 해 9월 2일 마침내 세상을 떠나 12월에는 강화도의 진강산(鎭江山)에 안장되었다. 그는 벼슬에서 물러난 뒤 시를 짓고 불교에 귀의하여 불경을 외우는 일로 소일

이규보 묘소 강화군 길상면 길직리에 위치한 그의 묘소는 야트막한 산자락 아래 널찍하게 자리잡고 있다. 봉분 앞에는 상석, 석등, 문·무인석, 그리고 망주석 등이 놓여 있다.

하였다. 그리고 죽기 전에는 아내와 자식들을 물러가게 한 뒤 조용히 운명하였다고 한다.

  이규보는 몽고의 침략으로 고려 조정을 따라 강화도에 왔다가 다시는 개성에 돌아가지 못하고 세상을 떠나 끝내 객지에 쓸쓸히 묻혔다. 고려 조정이 다시 수도를 개성으로 옮기게 되고 그의 자손들도 강화도를 떠나는 바람에 훗날에는 그의 묘가 어디 있는지조차 알 수 없게 되었다. 오랜 세월이 지난 후 잊혀졌던 그의 묘소는 후손들에 의해 다시 찾아졌고, 1967년에는 정부의 지원으로 묘역이 정비되어 원래의 모습을 갖추게 되었다.

2. 새로운 시학을 수립한 이규보 문학의 참모습

이규보는 무신의 난 이후 등장한 신흥사대부의 대표적인 관인(官人)이자 문인이다. 문학사적으로 무신의 난 이전 문벌귀족 문신들의 문학적 경향은 특권의식, 사대주의와 형식주의, 보수성 등의 낡은 관습에 얽매여 있었다. 그런데 무신의 난은 이러한 문학을 타파하는 결정적인 계기를 마련하였다. 뒤이어 새롭게 등장한 신흥사대부는 이전 세력과는 다른 새로운 문학, 창조적인 문학을 건설하였다. 이규보 문학은 바로 이러한 시대적 흐름을 주도하는 주역을 담당한 것이다.

심간(心肝)을 깎아 시를 짜내네

이규보의 문학적 성과물은 『동국이상국집』(東國李相國集)에 실려 전한다. 이 책은 아들 함(涵)의 요청으로 이규보가 손수 편차를 짜고 문집의 이름까지 붙인 것이었으나 1241년 그가 죽은 후에야 41권의 전집(前集)으로 간행되었다. 그리고 같은 해 12월에는 여기서 빠진 시문들을 다시 모아 후집(後集) 12권이 간행되었다. 그러나 서둘러서 간행하다 보니 누락이 심하였던 듯하다. 그리하여 1251년에는 고종의 칙명으로 그의 손자 익배(益培)가 진주분사대장도감(晉州分司大藏都監)에서 교정, 증보하여 개간하였다. 오늘날 그의 문집의 판본은 조선 영조시대에 복각된 것으로 추정된다. 현재에는 그 영인본이 여러 곳에서 간행되었으며 민족문화추진회의 국역본이 나와 있다.

또한 이규보가 찬(撰)한 것으로 알려진 「백운소설」(白雲小說)은 한국한문학의 비평사에서 중요한 가치를 지닌다. 고려시대 시화(詩話)와 잡록(雜錄)의 선구가 되며, 시 비평 저작물의 효시작 성격을 지니는데다가 그의 시론과 다른 시 작품에 대한 품평이 들어 있기 때문이다. 그런데 이 「백운소설」은 『동국이상국집』에는 실려 있지 않고 조선시대에 홍만종(洪萬宗)이 찬술한 『시화총림』(詩話叢林)의 첫머리에 '이규보 찬' 이라는 기록과 함께 놓여 있는 탓에 그 편찬자가 과연 이규보인지에 대해서는 학계의 논란이 분분하다. 즉 이것의 편찬자는 홍만종이며, 아울러 이때 '백운소설' 이라는 명칭도 붙여졌을 것으로 여겨진다는 것이다. 실제로 31장 가운데 15장에서 이규보의 시가 거론되고, 46편의 시 가운데 23편이 이규보의 시라는 점은 후대인이 편찬하였음을 방증하는 사례라고 주장하는 학자도 있다. 『동국이상국집』을 보면 부(賦)와 사(詞)를 포함한 시가 2,000수가 넘으며 산문도 그 종류가 아주 다양하다.

이규보의 문학에 대한 입장은 「백운소설」이나 문집 속의 각종 산문과 시에서 찾아볼 수 있다. 그의 문학관 가운데 주목할 만한 내용을 지적한다면, 우선 시 창작론으로서 신의(新意)와 신어(新語), 그리고 독창성을 강조하였다는 점이다. 그는 "시는 의(意)를 으뜸으로 삼고 (……) 사(辭)를 연결하는 것은 그 다음이다. 의는 또한 기(氣)를 으뜸으로 삼는다"(「論詩中微旨略言」)라고 하였다. 여기서 '의'란 시의 뜻, 즉 내용이나 주제에 해당하며 '사'는 시어 곧 시의 표현에 해당된다. 그리고 '기'는 시인의 타고난 기질이나 성질을 말한다. 그는 시인의 타고난 자질을 중요시하였으며 시의 표현보다는 그 속에 담긴 뜻이 더 중요하다고 지적하였다.

당시 문인들은 글을 쓸 때 일정한 격식을 따르되 고사(故事)를 인용하여 활용하는 데에 관심을 기울였다. 그러다 보니 자연히 중국의 고전을 암송하여 그 속에서 글귀를 시에 차용하려는 풍조가 만연하였다. 그 당시에는 소동파의 시를 흉내내는 것이 큰 유행이 되어 해마다 과거 급제자의 방(榜)이 붙고 난 후에 사람들은, "올해도 30명의 소동파가 나왔다"라고 말할 정도였다한다.

이규보는 이러한 풍조를 강하게 비판하였다. 그도 중국의 각종 고전 경서를 읽었지만 이를 직접 인용하지 않고, 새로운 말이나 단어[新語]를 만들어 시를 지으려고 하였다. 고전의 글에서 시구를 인용하는 일은 표절이며 이는 곧바로 '도둑질'이라고 생각했기 때문이다. 자기만의 독창적인 시세계의 수립이야말로 시창작에서 가장 중요하다는 생각은 당시의 문학풍토를 쇄신하는 새로운 경향이 되었다. 그러면서 그는 직접적인 체험과 깊은 사색을 강조하였으며, 시를 짓는 과정에서 각고의 노력을 중요시하였다. 이규보가 즉석에서 시를 짓는 데에 탁월한 능력을 발휘한 것은 사실이나, 시상(詩想)을 구상해서 한 편의 시를 완성하기까지 그가 얼마나 많은 노력을 기울였는지는 널리 알려진 사실이다.

이규보는 시 짓기를 몹시 좋아하였다. 그런 탓에 그는 시와 술과 거문고를 좋아한다는 뜻에서 자신의 호를 '삼혹호선생'(三酷好先生)이라고 붙이기까지 하였다. 그는 시를 지을 수밖에 없는 심정을 이렇게 읊었다.

낮이나 밤이나 심간(心肝)을 깎아서
몇 편의 시를 짜내네.
비계나 기름은 말할 것 없고
살갗조차 남지 않았네.
뼈만 남아 괴로이 읊조리는
이 모습 참으로 가소로워라.

― 「시벽」(詩癖)

그가 말하는 시 짓기의 어려움과 괴로움은 육신의 고통을 수반하는 것이다. 그러나 이런 일이 고질이 되어 그만둘 수 없는 까닭에 그는 시마(詩魔)와 싸우려 하였다. 그래서 「시마」(詩魔)라는 시에서는 다음과 같이 그의 심정을 토로하고 있다.

시(詩)가 하늘에서 내려온 것은 아니지만
어이하여 애태우며 찾으려는가.
좋은 바람 밝은 달 처음엔 좋아하지만
오래 되면 홀리나니 이게 바로 시마(詩魔)라네.

이러한 시의 마를 쫓기 위하여 산문 「구시마문」(驅詩魔文)을 지어, 시의 죄 다섯 가지를 내세웠다. 그러나 이 글에서 그는 시마와 싸웠지만 그의 주장에 항복하고 오히려 스승으로 모신다고 하였다. 결국 시 쓰는 일을 합리화한 셈이다.

또한 그는 「논시」(論詩)를 통하여 작시법을 시화(詩化)하기도 하였다. 시 짓기의 괴로움을 알고 있었던 그는 실제로 시를 지은 뒤 마음에 들지 않으면 불태우기도 하였으니, 그가 자신의 혼이 담긴 한 편의 시를 완성하기 위해 얼마나 많은 심혈을 기울였는지 짐작할 만하다.

이규보는 사대부이자 관료이며 문인으로서 문장으로 나라에 기여해야 한다는 사명감에 불탔으며, 실제로 그런 역할을 담당하였다. "문장은 도(道)를 실어야 하며 유가적 정치이상에 기여해야 한다"는 입장을 보인 것인데, 이는 정통 관인문학(官人文學)의 이념에 해당한다 할 것이다. 관료의 소임으로 문장보국(文章報國)을 내세운다는 점에서 그는 조선 초기 관인문학의 문학관에 긴밀하게 연결되어 있었던 것이다.

부처처럼 농부를 공경하라

그러면 그의 문학작품의 참모습은 어떠할까. 먼저 시를 살펴보자. 형식적인 측면에서 볼 때 이규보는 장편의 시를 즐겨 쓴다는 점이 주목된다. 절구시의 경우 5언보다는 7언을 즐겨 택하며, 500수가 넘는 고시(古詩)를 지었다. 물론 고시 가운데 10행 미만의 짧은 시도 있지만, 대개는 장편이고 이 가운데 대작들이 많다. 「동명왕편」이나 「차운오동각세문정고원제학사 삼백운시」(次韻吳東閣世文呈誥院諸學士三百韻詩) 등이 그 좋은 예이다.

그의 시는 크게 사회와 자연에 관련된 작품들로 나누어진다. 그는 시를 통하여 국가와 사회에 두루 관심을 보였다. 그는 만년에 고려 사회의 이념인 불교에 귀의하였으며, 평소에도 승려들과 교유를 나누었고 절에도 자주 들러 시를 읊었다. 다음은 「와송능엄유작2수」(臥誦楞嚴有作二首) 가운데 한 수이다.

> 늙어지자 경서(經書)는 손에서 놓아두고
> 옮겨서 능엄경을 익히네.
> 밤에 누워서도 욀 수 있으니
> 이불 속이 바로 도량(道場)이네.

이 시에서 그는 늙어서 능엄경을 외우니 이불 속이 곧 도량이라고 하였다. 그는 자신의 아들을 불문(佛門)에 보냈을 만큼 불심이 두터웠다. 또한 그는 당시의 무속(巫俗)에 관한 글과 시도 남겼는데, 대표적인 작품으로는 무당을 천시하고 혹평하면서 미신타파를 주장하는 「노무편」(老巫篇)이 있다. 「노무편」의 서문에서 그는 이웃에 늙은 무당이 있어 날마다 사람들을 모아 굿을 하는 바람에 괴로움을 겪었는데, 나라에서 명을 내려 그 무당을 성 밖으로 내쫓자 기뻐하며 시를 지었다고 한다. 이 시는 당시 무당의 성격과 굿하는 모습 등 무속신앙의 귀중한 실상을 알려주고 있으니, 그는 일찍부터 국문학과 민속학의 연구에 유용한 자료를 제공한 셈이다.

그는 또한 시를 통해 고려사회의 어지러운 사회상을 날카로운 시선으로 그리고 있으며, 가난과 굶주림에 처한 농촌의 현실에 애정어린 눈길을 보내고 있다.

햇곡식은 푸릇푸릇 논밭에서 자라는데
아전들 벌써부터 조세 거둔다고 성화이니,
힘들게 농사지어 부국(富國)케 한 우리들이거늘
어찌 이리도 극성스럽게 침탈하는가.
　　　　　　　　　　—「대농부음」(代農夫吟)

한 알 한 알을 어찌 가벼이 여길 것인가
생사와 빈부가 여기에 달렸는데.
나는 부처처럼 농부를 공경하노니
부처도 못 살리는 굶주린 사람을 농부만은 살린다네.
기쁘다 늙은 이 몸
또다시 금년 햅쌀 보게 되니
죽더라도 부족할 것 없네.
농사에서 오는 혜택 내게까지 미치는 것을.
　　　　　　　　　　—「신곡행」(新穀行)

첫번째 시는 「대농부음」 두 수 가운데 하나이다. 이 시에서는 부패한 관리들의 침탈 행위를 고발하고 있다. 두번째 시에서 작자는 농부를 부처님처럼 공경한다고 말한다. 그것은 부처님도 가난을 살리지 못하지만, 농부만큼은 곡식을 키우고 거둬들일 수 있기 때문이다. 그가 피폐한 농촌에 대해 관심을 갖는 것도 민중들의 고통을 향리에서 보고 성장한 신흥사대부이기에 가능했다. 농촌에 대한 애정어린 관심은 그의 다른 시에서도 쉽게 찾아볼 수 있다.

이규보는 우리나라를 침략한 외적에 대해 다음과 같이 적개심을 드러내고 있다.

> 남은 오랑캐 도망 안 가고
> 이미 우리 울타리 안에 들어왔네.
> 만일 저들의 고기를 나누어준다면
> 만인이 그 회(膾)를 달게 먹으리라.
>
> ―「문호종입강동성(聞胡種入江東城)」

오랑캐, 즉 몽고군을 회로 씹어먹겠다는 생각은 그가 얼마나 외적에 대해 강한 적개심을 갖고 있었는지를 말해준다. 그는 고려 조정이 결사항전 의지로 수도를 강화도로 옮길 때 같이 들어가 외적을 막기 위해 동분서주하였다. 그의 이러한 태도는 이미 젊었을 때부터 자리잡은 것이었으니, 26세 때 지은 「동명왕편」도 그의 지칠 줄 모르는 나라사랑의 의지가 잘 반영된 것으로 볼 수 있다.

이 밖에도 국가적인 행사 때나 연희 공간에서 지은 공식적인 성격의 시들이 많다. 사회와 역사를 다룬 시 가운데 가장 주목할 만한 작품은 역시 「동명왕편」이다. 『동국이상국집』 제3권에 실려 있는 이 작품은 282구의 오언고시 장편으로 고구려의 건국시조인 동명왕의 탄생과 신이한 행적, 건국의 과정, 그리고 그의 아들인 유리왕의 행적이 호한한 필치로 그려져 있다. 현재 남아 있는 장편 한시 가운데 가장 탁월한 '영웅서사시'인데다가, 이규보라는 걸출한 문인의 손으로 그려진 본격적인 건국서사시라는 점에서 국문학적 가치가 높게 평가된다.

특히 이 작품의 서문에는 건국신화의 가치를 정당하게 인식하려는 작가의 생각이 드러나 있다. 유가적 입장에서 보면 신화는 괴이하고 환상적이어서 믿을 수 없다. 하지만 작가는 이 신화가 오히려 성스럽고 신이한 것이라고 말한다. 그리고 그는 기존의 사서(史書)가 단지 윤리적인 교화를 목적으로 기술되어 신화를 제대로 이해하지 못했다고 보면서, 이 신화를 기술함으로써 온 나라 사람들에게 "우리나라가 원래 성인(聖人)의 나라"임을 널리 알리고자 하였다.

다음으로 자연을 노래한 그의 시들을 보면, 자연의 아름다움을 그리거나 자연으로 돌아가기를 바라는 마음을 노래하고 있다. 또한 자연물을 대상으로 삼아 자신의 심정을 우회적으로 표현한 시들도 있다.

> 흐르는 물소리에 해는 지고 뜨는데
> 어촌의 인가가 듬성듬성 쓸쓸하구나.
> 맑은 호수에는 기묘한 달이 찍혀 있고
> 넓은 포구는 한껏 밀물을 들이킨다.
> 오래된 돌은 물결에 닳아져 평평해지고
> 부서진 배는 이끼 덮여 누운 채 다리(橋)가 되었구나.
> 강산의 온갖 경치 읊어내기 어려우니
> 화가를 시켜 그려야만 묘사할 수 있겠구나.
> ―「제포구소촌」(題浦口小村)

호수에 비친 달을 수면에 달이 찍혔다고 말하며, 해안에 부딪히는 밀물을 해안의 입장에서 들이키는 것으로 이해하는 시인의 관찰력은 실로 놀랍다. 자신이 그려낸 자연의 정겨운 모습이지만, 그것도 오히려 충분히 묘사하지 못했다며 이 일을 화가에게 넘기는 데서 차라리 넉넉한 그의 시적 감식안을 읽을 수 있다.

그는 자연에 돌아가서 살고자 하였다. 그러나 그것은 그의 뜻대로 되는 일

은 아니었다. 특히 40세 이후의 벼슬살이가 비교적 순탄했던 그였기에 자연
에의 귀의는 순전히 마음속으로만 남아 있었던 듯하다.
 다음은 현실생활에 얽매인 자신을 돌아보고 한탄하는 시이다.

> 사방을 돌아보아도 조그만 몸뿐이니
> 하루에 먹는 것은 결국 얼마나 되나.
> 그런데도 구복(口腹)을 채우기 위해
> 구름 낀 푸른 산에 돌아가지 못하네.
>
> ―「우음이수유감」(偶吟二首有感)

 단지 구복을 위하여 힘쓰는 자신의 처지를 돌아보면서 자연으로 돌아가지 못하는 자신이 원망스러웠을지도 모른다. 그러나 그의 자연귀의는 조선 중기 사림파 문인들에게 보이는 귀거래(歸去來)와 사뭇 다르다. 관직에 대한 열망이나 꿈을 이루지 못한 데서 오는 안타까움을 자연으로 잠시 돌렸을 뿐 궁극적인 자연귀의의 심정은 찾아볼 수 없기 때문이다.

세상의 지혜가 깃든 가전체문학

 이규보는 시뿐만 아니라 뛰어난 산문도 많이 남겼다. 그의 산문 가운데 주목되는 것은 문집의 20권에 수록되어 있는 네 편의 전(傳)이다.「국선생전」(麴先生傳)과「청강사자현부전」(淸江使者玄夫傳)은 가전체(假傳體)이고, 「백운거사전」(白雲居士傳)과「노극청전」(盧克淸傳)은 실전(實傳)이다. 이 가운데「국선생전」과「청강사자현부전」은 임춘(林椿)의「국순전」(麴醇傳),「공방전」(孔方傳)과 함께 고려시대 가전체문학(假傳體文學)을 대표하는 중요한 작품이다. 그것은 우리 고전소설이 형성되는 과정에서 가전체문학이 설화와 소설을 잇는 교량적인 구실을 담당하는 위치에 있기 때문이다.
 「국선생전」은 술을 의인화하여 술과 인간의 미묘한 관계를 말하고 있다. 술에 관련된 작품으로는 임춘의「국순전」이 있는데, 이 작품에서는 술을 부정적으로 그리면서 주색에 빠지고 권모술수로 국가와 사회를 문란케 하는 아

첨배와 국왕을 동시에 풍자하였다. 반면에 이규보는 「국선생전」에서 술을 긍정적으로 평가하여, 덕과 재주로 등용되어 왕의 총애를 받고 국정에 도움을 주고 천하를 태평하게 하였으며 끝내 분수를 지켜 온전히 자기의 삶을 마칠 수 있었다고 하였다. 여기에는 평생을 불우하게 보낸 임춘과 난세에도 불구하고 비교적 말년까지 순탄하게 벼슬살이를 한 이규보의 인생 역정이 작품세계와 맞물려 드러나 있어서 흥미롭다. 곧 술을 어떻게 바라보느냐 하는 것도 결국 작자 자신이 처한 환경에 따라 그 형상화 과정이 달라진다는 사실을 알 수 있다는 것이다.

「청강사자현부전」은 거북을 의인화하여 지극히 작은 것을 살피고 그것의 나쁜 징조를 미리 알아내 대처하는 데는 성인도 간혹 실수할 수 있음을 지적하여, 매사에 조심할 것을 주지시키고 있다. 이규보는 기회 있을 때마다 다른 작품에서도 난세에 처신을 어떻게 할 것인지에 대한 자신의 생각을 나타내고 있다. 이처럼 난세를 살아가는 지혜를 알고 있었기 때문에 말년까지 비교적 순탄한 벼슬살이를 할 수 있었던 듯하다. 바로 그러한 작자의 생각이 잘 드러난 가전체문학에서는 당시 벼슬아치의 입신과 치국의 도리, 그리고 수난상을 제시하면서 안분지족의 지혜를 강조하고 있다.

「백운거사전」은 이규보가 20대에 개성의 천마산에 은거하면서 도연명의 「오류선생전」(五柳先生傳)을 본떠서 지은 작자의 자서전적 전기이다. 여기서는 시와 술을 벗하며 청빈생활을 하고 세속에 얽매이지 않는 모습이 도연명과 같다고 하였다. 「노극청전」은 그가 『명종실록』(明宗實錄)을 편찬할 때 지은 것으로, 노극청이라는 인물의 청렴결백한 일화를 통하여 난세에도 전혀 사리를 탐내지 않은 점을 높이 평가하고 있다.

이 밖에 이규보의 산문 가운데 주목되는 것이 있다면 12편에 이르는 '설' (說) 작품이다. 이들 작품은 대개 사소한 데서 세상살이의 이치를 터득하는 지혜를 보여준다. 예컨대 「경설」(鏡說)에서는 자기가 거울을 대하되 맑은 것보다는 희미한 것을 취하는 이유가, "세상에는 못난 사람이 더 많아서 못난 모습을 그대로 드러내는 맑은 거울은 결코 용납되지 못할 것임"을 알기 때문이라 하였다. 모난 돌이 정 맞는다는 말이 있듯이 온전한 처신을 강조한 글이다. 「주뢰설」(舟賂說)에서는 나룻배를 타고 건너는 데도 뇌물이 있어야 함을 예로 들며, 타락한 세상의 형편을 비판하고 있다. 또한 「이옥설」(理屋說)에서는 퇴락한 집을 수리하면서 작은 잘못이라도 발견한 즉시 고치지 않으면 나중에는 고치기 어려움을 깨우치며 나라 일도 마찬가지라고 하였다. 「칠현설」(七賢說)에서는 무신의 난으로 속세를 등지고 스스로 고고함을 자랑하던 강좌칠현을 조롱하고 있다. 이 글을 통하여 오세재(吳世才)를 뒤이어 강좌칠현의 무리에 들어오라는 청을 거절하고, 자신의 능력 곧 문재(文才)로서 70세까지 순탄한 벼슬살이를 하였던 이규보의 인생관을 알 수가 있다.

3. 이규보의 작품 감상

강화도에 있는 이규보의 묘를 찾아가면 그의 사당이 있는데, 그 안에 「사가재기」가 현판으로 걸려 있다. 그 글을 쉽게 이해할 수 있도록 번역문을 여기에 수록한다. 두번째 글은 생활 속의 단상을 짤막한 분량으로 그려낸 작품들 가운데 한 편이다. 이규보는 사물을 대하면서도 예사롭게 보지 않았다. 사소한 물건이나 일에서도 삶의 지혜를 찾아내려고 했는데, 「집 고치기」에서도 역시 그러한 노력의 흔적을 찾아볼 수 있다.

사가재기(四可齋記)

옛날 나의 부친이 일찍이 서쪽 성곽 밖에 별장을 두었다. 그곳은 계곡이 으슥하고 경지(境地)가 후미져서, 하나의 다른 세상을 이루어놓은 것같이 좋았다. 나는 그 별장을 물려받은 뒤, 자주 왕래하면서 글을 읽으며 한적하게 지낼 곳으로 삼았다.

밭이 있으니 갈아서 식량을 마련하기에 적합하고, 뽕나무가 있으니 누에를 쳐서 옷을 마련하기에 적합하고, 샘이 있으니 물을 마시기에 적합하고, 나무가 있으니 땔감을 마련하기에 적합하다. 나의 뜻에 맞는 것이 네 가지가 있기 때문에 이 집을 '사가'(四可)라고 이름을 지은 것이다.

또 녹봉이 많고 벼슬이 높아 위세를 부리는 자는 얻고자 하는 것이 하나도 뜻대로 되지 않음이 없거니와, 나 같은 사람은 곤궁하여 평생을 돌아보아도 백에 하나도 되는 것이 없다. 그러나 이제 갑자기 내 뜻에 맞는 것을 네 가지나 얻었으니, 그 얼마나 분에 넘치는 일인가? 무릇 성대한 음식을 먹는 것도 명아주국〔藜羹〕에서 시작하고, 천 리를 가는 것도 문 앞에서 시작한다. 이처럼 일은 대개 점진적으로 이루어지는 법이다.

내가 이 집에 사는 것은 전원의 즐거움을 얻게 되는 것과 다름이 없다. 곧 그것은 세상 일을 팽개치고, 옷을 떨치며 발〔足〕을 싸서 옛 전원으로 돌아가 늙는 것이다. 그곳에서 태평성대의 늙은 농부가 되어, 땅을 두드리며 배를 두드려 성군의 가르침을 관현(管絃)에 실어 노래를 부른다면, 역시 만족하지 않을 수 있겠는가?

나는 일찍이 이 집에서 시 세 수를 지었다. 시집(詩集) 가운데 있는 「서교초당시」(西郊草堂詩)가 바로 그것이다. 그 한 글귀는 이러하다.

상쾌하구나, 농가의 즐거움이여.
전원에 돌아가 사는 것은 이제 시작이라네.

이것이 참으로 나의 뜻이다.

— 『동국이상국집』, 권23

집 고치기 (理屋說)

집에 오래 지탱할 수 없이 퇴락한 행랑채 세 칸이 있어서 나는 부득이 그것을 모두 수리하게 되었다. 이에 앞서 그 중 두 칸은 비가 샌 지 오래되었는데, 나는 그것을 알고도 어물어물하다가 미처 수리하지 못하였고, 다른 한 칸은 한 번밖에 비를 맞지 않았기 때문에 급히 기와를 갈게 하였다.

그런데 수리하고 보니, 비가 샌 지 오래된 것은 서까래·추녀·기둥·들보가 모두 썩어서 못 쓰게 되었으므로 경비가 많이 들었고, 한 번밖에 비를 맞지 않은 것은 재목들이 모두 완전하여 다시 쓸 수 있었기 때문에 경비가 적게

들었다.

  나는 여기에서 이렇게 생각한다. 사람의 몸에 있어서도 역시 마찬가지이다. 잘못을 알고서도 곧 고치지 않으면 몸의 패망하는 것이 나무가 썩어서 못 쓰게 되는 이상으로 될 것이고, 잘못이 있더라도 고치기를 꺼려하지 않으면 다시 좋은 사람이 되는 것이 집 재목이 다시 쓰일 수 있는 이상으로 될 것이다. 이 뿐만 아니라, 나라의 정사도 이와 마찬가지다. 모든 일에 있어서, 백성에게 심한 해가 될 것을 머뭇거리고 개혁하지 않다가, 백성이 못 살게 되고 나라가 위태하게 된 뒤에 갑자기 변경하려면, 곧 붙잡아 일으키기가 어렵다. 삼가지 않을 수 있겠는가?

—『동국이상국집』, 권21

작품 해설

  「사가재기」에서는 세속의 명예와 이익을 초월하고 자연 속에서 즐거움을 누리려는 작자의 마음이 뚜렷하게 나타난다. 작자가 발견한 네 가지의 즐거움이란 시골에서 사는 생활의 기초가 되는 것들이다. 이러한 즐거움을 누리게 된 작자는 이를 통하여 한없이 임금의 은혜를 생각하게 된다. 비록 짧은 글이지만 여기서 우리는 정신적인 만족을 누리는 이규보의 생활태도를 엿볼 수 있다.

  「집 고치기」는 짧은 글이면서도 생활의 지혜가 잘 나타나 있다. 헌 집을 고치는 일을 망설이다가 더 큰 비용을 들여 고치는 우를 범하였다는 실생활의 체험을 바탕으로 하여, 인간 삶의 이치와 나라를 다스리는 바른 도리를 깨우치고 있다. 작은 잘못이라도 그것을 알고 미리 고치지 않으면, 더 큰 문제를 만들게 되고, 그로 인하여 더 큰 문제를 안게 된다는 교훈을 시사하고 있다.

■ 선원사터·이규보 묘소 찾아가는 길

선원사터는 경기도 강화군 선원면 지산리에 있다. 강화읍에서 84번 지방도로를 따라 전등사 쪽으로 5.1km쯤 가면 길 왼쪽에 선원초등학교가 있고 오른쪽에 선원 부광주유소가 있는 선원 면소재지에 닿는다. 선원 부광주유소 앞에서 왼쪽 면소재지 안으로 난 길을 따라 1.4km 정도 가면 선원사터가 나온다. 일연 스님이 주지로 있었으며, 고려대장경의 주조지로 추정되는 곳이다.

이규보 묘소는 경기도 강화군 길상면 길직리에 있다. 선원 부광주유소 앞에서 전등사 방면으로 이어진 84번 지방도로를 따라 6km쯤 가면 오른쪽으로 시멘트길 옆에 묘소 안내판이 보인다. 이 길로 우회전하여 800m쯤 가서 다시 오른쪽으로 난 길을 따라 50m쯤 가면 묘소 앞에 이른다. 묘소 앞에는 대형버스도 주차할 수 있는 공터가 있다. 묘소까지 다니는 시내버스는 없으므로, 강화읍에서 전등사 방면으로 다니는 버스를 타고 길상 자동차 정비공장 앞에서 내려 걸어가야 한다. 묘소 아래에는 신도비와 백운 이규보 선생 문학비, 그리고 묘역정비 기념비가 세워져 있고, 오른쪽에는 커다란 산수유나무가 감싸고 있는 사당인 '사기재'가 있다.

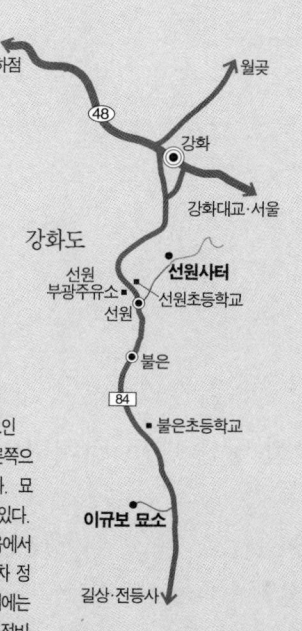

백세의 스승, 김시습

1. 발길 닿는 대로 정처없이 떠돌다

김시습(金時習, 1435∼1493)은 『금오신화』(金鰲新話)로 한국문학사에서 매우 중요한 위치를 차지한다. 고려 말기부터 설화에서 가전체문학, 그리고 전기(傳奇)의 형태로 이어지던 서사문학이 『금오신화』로 말미암아 비로소 고전소설의 탄생을 보게 되었기 때문이다. 더욱이 그는 생육신의 한 사람으로, 조선왕조의 체제가 정비되면서 점차 드러나기 시작한 시대적 모순에 저항했던 '문제적 개인'이었다. 뿐만 아니라 기존의 문학과는 다른 방외인(方外人)의 문학을 산출해냈다는 점에서 대단히 중요하다.

세종이 불러 재주를 시험하다

김시습의 자는 열경(悅卿)이요, 호는 매월당(梅月堂)·동봉(東峰)·청한자(淸寒子)·벽산청은(碧山淸隱)·췌세옹(贅世翁)이며, 본관은 강릉이다. 그는 신라 원성왕의 동생인 김주원(金周元)의 후손인데, 여러 대에 걸쳐 무관직에 종사하던 한미한 집안이었다. 조부 겸간(謙侃)은 오위부장(五衛部將)을, 부친 일성(日省)은 음보(蔭補)로 충순위(忠順衛)를 지냈다. 그의 모친은 울진의 선사 장씨(仙槎張氏)였다.

　김시습은 유년 시절을 대부분 서울에서 보냈다. 그러나 성장의 공간이요 학문의 공간인 이곳도 나중에는 좌절과 번뇌의 공간으로 자리하게 된다. 그는 서울의 반궁(泮宮), 곧 지금의 성균관 북쪽에서 태어났다. 태어난 지 8개월 만에 능히 글을 깨우치자, 이웃집에 사는 집현전 학사 최치운(崔致雲)은 그의 이름을 '시습'(時習)이라 하였다. 이는 『논어』의 「학이편」(學而篇)에 나오는, "배우고 때로 익히면 또한 즐겁지 아니한가"(學而時習之 不亦悅乎)라는 글귀에서 따온 것이다. 3세 때에는 이미 글을 지을 줄 알아 외할아버지에게 시 짓는 법을 배웠다. 유모가 보리를 맷돌로 갈자 "비도 없는데 어디서 천둥 소리 나는가/누런 구름이 조각조각 사방에 흩어지네"(無雨雷聲何處動 黃雲片片四方分)라 하여 주변 사람들을 놀라게 하였다. 김시습은 후세 사람들이 '생지지질(生知之質)'이라고 일컬을 만큼 영민한 자질을 일찍부터 드러냈다.

　5세 되던 해 김시습은 이웃에 사는 수찬(修撰) 이계전(李季甸)의 문하에 들어가 『중용』과 『대학』을 배웠다. 하루는 정승 허조(許稠)가 찾아와 '노'(老) 자를 넣어 시를 짓게 하였다. 그랬더니 김시습은 그 자리에서 "노목에 꽃이 피니 마음은 늙지 않았네"(老木開花心不老)라고 시를 지어 뭇 사람들을 탄복시켰다. 이 소문은 국왕인 세종에게까지 들어갔다. 그러자 세종은 승정원 지신사(知申事) 박이창(朴以昌)에게 명을 내려 김시습을 불러다가 사실 여부를 확인하도록 하였다. 박이창은 김시습을 불러온 자리에서 "동자의 글재주는 백학이 하늘 끝에서 춤추는도다"(童子之學白鶴舞靑空之末)라는 글귀에 대구를 맞추라고 하였다. 그러자 어린 김시습은 곧바로 "성군의 덕은 황룡이 푸른 바다에서 번득이는 듯하다"(上之德黃龍飛碧海之中)라고 시구를 지었다. 그 밖에 몇 번의 시험이 있었지만 막힘이 없이 지어내 주변 사람들을 놀라게 했다 한다.

　이 일을 전해들은 세종은 기뻐하며 김시습에게 비단 50필을 하사하였다. 그리고 이렇게 말했다.

　"내가 보고 싶으나 남이 들으면 놀랄까 두려우니, 나이가 들고 학업이 성취함을 기다려 장차 크게 쓰겠다."

이때 김시습은 하사받은 비단 50필의 비단 끝을 각각 이어서 한쪽 끝을 허리에 차고 유유히 끌고 대궐문을 나갔다. 이때부터 그의 이름이 널리 알려져 '김오세'(金五歲)라고 불리웠다 한다.

김시습은 13세에 성균관 대사성을 지낸 뒤 후진양성에 힘쓰던 김반(金泮)의 문하에서 사서(四書)를 배웠고, 또한 국초(國初)의 사범지종(師範之宗)으로까지 불리던 윤상(尹祥)에게 제자백가를 두루 배웠다. 그의 타고난 재질은 이들 스승을 통하여 더욱 갈고 닦여졌다.

하지만 그의 어린 시절은 그리 순탄치 못하였다. 15세에 어머니가 세상을 떠나자 외가의 농장에 내려가 몸을 의탁하고 3년간 시묘살이를 하였다. 그러나 3년상을 마치기 전에 다시 그의 외숙모마저 세상을 떠나 그는 어쩔 수 없이 서울로 올라와야 했다. 이 무렵 그의 아버지까지 중병이 들어 집안 일을 거의 돌볼 수 없게 되자 곧 계모를 맞이하게 되었다. 김시습도 훈련원 도정(都正) 남효례(南孝禮)의 딸과 혼인하였다.

원래 김시습은 재주가 뛰어났지만 가문이 한미한 탓에 정규학교 사부학당(四部學堂)에서 공부하지 못하고 개인적으로 스승들을 찾아다니며 수학하는 신세였다. 이렇듯 학문에 몰두할 수 없게 만드는 환경, 즉 집안의 한미함과 가정의 불행으로 그는 과거시험을 한 번도 치르지 못한 채 삼각산 중흥사에 들어가 오로지 학업에만 열중하였다.

어찌 속세를 미워할 것인가

김시습이 21세 되던 해에 그의 일생을 좌우할 큰 사건이 일어났다. 그것은 수양대군이 어린 단종을 내쫓고 왕의 자리에 오르게 된 일이다. 이 소식을 전해들은 그는 대성통곡하며 읽고 있던 책을 모조리 불사른 뒤 머리를 깎고 승려가 되었다. 법명을 설잠(雪岑)으로 한 후 그는 전국을 발길 닿는 대로 정처 없이 떠돌아다녔다. 평소부터 벼슬살이가 쉽지 않음을 알았던 그는 단종양위사건을 계기로 입신출세의 길을 단념하였다. 그리고 산수를 유람하며 구속되지 않는 자유로운 삶을 택하게 되었다. 이제 서울은 그에게 출세를 보장해주기는커녕 저주와 울분을 가져다주는 곳이었다.

김시습은 먼저 관서지방을 유랑하면서 이때 지은 글을 모아 24세에 「탕유관서록」(宕遊關西錄)을 엮었다. 다음으로는 관동지방으로 가 금강산, 강릉 등지를 돌아다니면서 26세에는 「탕유관동록」(宕遊關東錄)을 엮었다. 그는 다시 발길을 남으로 돌려 삼남지방으로 들어섰다. 그곳에서 풍부한 물산과 넉넉한 인심을 보고 놀라며 국왕인 세조의 치적을 칭찬하기도 하였다. 29세에는 삼남을 기행하면서 쓴 글을 모아 「탕유호남록」(宕遊湖南錄)을 정리하여 엮었다. 북에서 남으로 정처없이 유랑의 길을 떠난 지 어느덧 9년째였다.

　김시습은 29세(세조 9) 되던 해 가을, 책을 사기 위해 서울에 올라갔다가 효령대군을 만났다. 그는 대군의 간청을 못이겨 세조가 벌이고 있던 불경언해 사업을 도와 내불당(內佛堂)에서 교정을 맡아보았다. 그러나 그 일도 얼마 가지 않았다. 김시습은 자신이 경멸하던 인사들이 중앙 관직의 요직을 차지하고 있는 현실을 저주하며 다시 서울을 등지고 방랑의 길을 떠나고 말았다. 그리하여 31세(1465) 봄에는 경주 남산의 금오산(金鰲山)에 들어가 금오산실(金鰲山室)을 짓고 그곳에서 일생을 마치려고 하였다.

　그러나 이 해 3월에 효령대군의 추천으로 원각사(圓覺寺) 낙성회(落成會)에 참가하라는 세조의 명을 받고 서울로 올라왔다. 그는 치하(致賀)와 찬시(讚詩)를 지어 임금에게 바쳤다. 임금은 그에게 원각사에 머무르도록 하였으나, 그는 여러 날을 보내고는 재물을 기울여 책을 사서 서울을 떠났다. 세조가 여러 번 사람을 보내 그를 불렀지만, 끝내 병을 핑계로 거절하고 경주로 내려갔다. 그가 잠시 왕의 명을 받들어 서울로 올라왔던 것은 10년의 세월이 흐르는 동안 세조에 대한 반감이 어느 정도 풀렸고, 그에게 아직 벼슬에 대한 미련이 남아 있었기 때문이었다. 그러나 조정 현실에 대한 그의 긍정적 인식은 아직 마련되지 않았던 듯하다.

　그가 머물렀던 금오산(지금의 경주 남산)의 금오산실은 용장사(茸長寺)였던 듯하다. 『동경잡기』를 보면, 그가 머물던 곳이 용장사의 옛터이며 그가 기거하던 집이 '매월당'(梅月堂)으로 불렸음을 알 수 있다. 그는 이곳에서 37세까지 약 7년간을 머무르게 되는데, 이 시기는 그의 가장 정력적인 활동기에 해당한다. 우리나라 최초의 소설인 『금오신화』가 이 시기에 씌어진 것으

용장사터 삼층석탑 용장사는 신라 때 창건된 절로 현재 경주군 내남면 용장리 남산의 서쪽 산중턱에 절터가 남아 있다. 금오산 정상 아래의 도로에서 통일전 방향으로 걸어가다 용장사터를 알리는 안내판을 따라 올라가면 용장사터 삼층석탑이 나온다. 김시습이 이곳에 머물면서 『금오신화』를 쓴 것으로 유명하다.

로 보이며, 그 밖에도 「유금오록」(遊金鰲錄)과 집구시(集句詩)인 「산거백영」(山居百詠, 1468)도 이곳에서 지어졌다.

　김시습이 당호(堂號)를 매월당이라 한 것은, "매화의 달 그림자가 창에 가득하다"는 시구를 통해서도 능히 짐작할 수 있다. 『동경잡기』가 지어진 당시에도 매월당의 옛터 뜰 아래에 꽃이 있었다고 한 점으로 미루어, 김시습이 살던 그 시기에는 용장사에 염불소리와 자연의 아름다운 풍광이 함께 어우러졌을 것이다. 금오산 생활을 그는 이렇게 쓰고 있다.

　　금오산에 거처한 이래 멀리 떠나서 놀기를 즐겨하지 않았고, 날씨가 추울 때는 질병이 그칠 사이가 없었다. 다만 바닷가를 즐겨 노닐고 들판을 마음대로 거닐며 매화와 대나무를 찾아 벗삼고 늘 시를 읊조리고 취하여 스스로 즐겼다.

비록 병을 앓긴 했지만 김시습에게는 금오산에서 보낸 이 시기야말로 가장 심리적으로 안정되고 유유자적했던 시기였던 듯하다. 금오산실에서 사색과 번뇌를 하며 병마와 싸우던 김시습은 예종에 이어 새롭게 성종이 즉위하여 널리 인재를 구하자, 37세가 되던 해 봄에 서울로 올라왔다. 그때는 그와 친분이 두터운 서거정(徐居正)이 예문관 대제학을, 정창손(鄭昌孫)은 영의정, 김수온(金守溫)은 좌리공신(佐理功臣), 노사신은 영돈녕부(領敦寧府) 등의 지위에 올라 있었다. 이를 안 그는 이듬해 가을 성동(城東)에 폭천정사(瀑泉精舍)를 짓고 그곳에서 일생을 마치려고 하였다. 다음은 이때의 심정을 읊은 시 일부이다.

> 나이 들어 성(城) 동쪽 변두리에 거처하니
> 수석(水石)이 여산(廬山)보다 아름답구나.
> 한암(寒岩)을 의지하여 집을 짓고
> 좁은 거처에서 몇 해를 지냈도다. (……)
> 명리(名利)의 세상을 한번에 박차버리니
> 만사가 모두 한가로울 뿐.
> 북쪽 창 아래서 의젓히 웃으며
> 스스로 기꺼워 즐겨하도다. (……)
> 세상이 이미 나와 뜻이 다르거늘
> 내 어찌 속세를 미워할 것인가. (……)
> 비록 인수(印綬)를 차는 영화는 누리지 못하나
> 마음은 한가로우니 만사가 흡족하구나.
> 도리어 세상 사람을 탄식하노니
> 흡사 개미떼 같은 세상이구려. (……)
> ―「귀전원시」(歸田園詩), 5

자연과 더불어 살면서 번잡한 속세를 벗어난 자신의 신세와 생활을 미화하고 있다. 그러나 마음속의 갈등은 상당히 컸을 것으로 여겨진다. 그래서 그는 서울 시내를 왔다갔다 하면서 광인 행세를 가끔 했다. 시정의 상가를 지나가다 우두커니 서 있거나 길거리에서 남이 보는데도 버젓이 오줌을 누었다. 아이들은 그런 그를 놀리며 돌멩이를 던지면서 뒤쫓아다녔다.

김시습의 친구 남효온(南孝溫)이 지은『사우명행록』(師友名行錄)에 다음과 같은 일화가 전한다. 하루는 그가 술을 마시고 거리를 지나다가 영의정 정창손을 보고 "너 종[奴]의 신세가 편안하냐"고 말했다. 하지만 정창손은 못 들은 체하며 그냥 지나갔다. 이율곡이 지은 유일한 전(傳)인「김시습전」에도 다음과 같은 이야기가 있다. 하루는 김시습이 벽제소리를 울리며 대궐에 가는 서거정을 발견했다. 김시습은 남루한 옷차림으로 행차의 앞을 가로막으며, "강중(剛中 : 서거정의 자)아, 편안하신가" 하고 말하였다. 서거정이 웃으며 행차를 멈추고 응대하자 사람들이 놀랐다 한다.

김시습은 산 속에서 생활할 때도 몇 두락의 땅을 빌어 농사를 지었으나, 심은 벼의 이삭이 나오자 술에 잔뜩 취한 채 낫을 휘둘러 모조리 베어버린 뒤 통곡하기도 하였다. 또한 나무를 깎아 시를 써놓고 읊조리다가 이내 곡을 하며 깎아버리기도 하고, 어떤 때에는 종이에 시를 써서 물이나 불 속에 던져버리기도 했다. 또한 밭을 가는 농부의 모습을 나무에 조각하여 책상 위에 놓고 종일토록 보다가 내다버리기도 하였다. 김시습의 이러한 광인 행세는 세상이 자기의 뜻에 맞지 않음에 대한 저항으로 보인다. 지난날의 친구들은 높은 자리에 올라 영화를 누리는 데 비해 자신은 그렇지 못한 비참한 처지에 있음을 알고는 크게 실망한 데서 오는 몸부림이었으리라.

그는 10여 년 동안 성동의 폭천정사 외에도 양주에 있는 수락산의 수락정사(水落精舍)에서도 오래 생활하였다.『동국명산기』에는 "수락산이 도봉산의 동쪽에 있는데 그 꼭대기에 김시습의 옛 거처가 있었다"고 기록되어 있다. 여기서 그는 도를 단련하고 제자들을 가르치기도 했다. 그는 이 산의 경치를 몹시 아꼈다고 전한다.

목메어 우는 한계의 물아

김시습은 47세 되던 해에 갑자기 머리를 기르고 고기를 먹기 시작했다. 그리고 지난날의 죄과를 뉘우치는 제문(祭文)을 짓고는, 주위 사람의 권유로 안씨 집안의 딸과 혼인하여 환속하였다. 그러나 얼마 못 되어 부인이 죽고 말았다. 더욱이 이듬해에 '폐비윤씨사건'으로 세상이 시끄럽자 그는 다시 방랑의 길을 떠났다. 환속에 실패한 만년의 불행과 실의는 젊었을 때 유랑과는 사뭇 달랐다.

그로 하여금 탄식 속에서 속세를 떠날 수밖에 없도록 만든 것은 정치현실의 좌절보다는 오히려 가정적인 비극이었던 듯하다. 관동 땅에 갔을 때 당시 양양부사로 있던 유자한(柳自漢)과 교유하며 주고받았던 편지(「上柳自漢書」) 속에서 그는 세상에 머무를 수 없는 다섯 가지 이유를 솔직하게 토로하고 있다. 이 가운데 두 가지가 처(妻)에 관한 것이고, 두 가지는 자신의 호구지책(糊口之策)에 관한 것이다. 다음의 시에는 가정적 불행에 대한 자신의 솔직한 심정이 잘 드러나 있다.

> 오십이 되어도 자식 하나 없으니
> 남은 내 생애가 가련하기만 하구나.
> 어떻게 나쁜 운수가 좋아지리오
> 사람도 하늘도 원망하지 않겠네.
>
> ―「자탄」(自嘆)

김시습은 관동으로 간 뒤 한 곳에 오래 머무르지 않고 각 지방으로 전전하며 설악산·춘천·강릉·한계(寒溪)·청평(淸平) 등지를 떠돌아다녔다. 육경자사(六經子史)를 끼고 관동의 명산과 물을 찾아다니면서 지방의 젊은이들을 계몽, 훈도하거나 산수를 완상하며 시를 짓는 유유자적한 생활을 하였다. 그는 머무는 곳마다 자취를 남겼으니, 각종 문헌에는 매월당 김시습에 관한 기록이 여러 곳에서 발견된다. 그는 춘천 청평사의 남쪽 마을인 세향원(細香院)이나 설악산의 오세암(五歲庵)에 거처하기도 하였다.

청평사 춘천시 북산면 청평리 소재의 오봉산에 있으며 소양호로 유명해졌다. 한국전쟁으로 거의 소실되었다가 최근에 복원되었는데, 남아 있는 석축과 초석으로 보아 대단히 큰 절이었을 것으로 짐작된다.

　청평사는 원래 고려시대 때 이자현(李資賢)이 머물면서 번성한 절이다. 이자현은 이곳에 여러 암자와 문수정원을 지었다고 한다. 고려 공민왕 때에는 나옹화상이 2년간 머물렀으며, 조선조에 와서는 김시습이 잠시 은거하였고, 명종 때에는 보우선사가 절을 크게 짓기도 하였다.
　한편, 설악산 가운데 내설악은 김시습의 발길이 잦았던 곳이다. 인제를 지나 한계령에 이르는 길에 있는 한계천(寒溪川)을 그는 '오열탄'(嗚咽灘)이라 부르며 "목메어 우는 한계의 물아, 빈 산을 밤낮 흐르네"라는 시구를 남기기도 하였다. 내설악의 대표적인 명승지인 백담계곡에 있는 오세암은 원래 관음암으로 불렸는데, 매월당뿐만 아니라 조선 중기의 고승인 보우선사, 그리고 근세에는 만해 한용운 등으로 널리 알려진 암자이다. 전해오는 이야기에 의하면, 설정선사가 부모를 잃은 5세 된 조카를 잠시 절에 남겨둔 채 월동 준비를 하러 산을 내려갔다. 그런데 폭설로 길이 막혀 이듬해 3월에야 돌아와 보니, 죽었을 것으로 생각했던 그 아이가 관세음보살을 부르며 예불을 드리고 있었다 한다. 이 일로 인하여 관음암은 오세암으로 바꿔 불리게 되었다.
 김시습이 삶을 마감하기 위해 마지막으로 찾아간 곳이 충청도 홍산(鴻山 : 지금의 부여)의 무량사(無量寺)였다. 이때 그는 병마와 싸우고 있었던 듯하다. 다음 시는 그가 병상에 누워 자신의 일생을 회고하면서 지은 시들 가운데 한 수이다.

> 봄비가 흩뿌리는 이삼월이라
> 몹쓸 병 겨우 지탱하며 선방(禪房)에 앉으니
> 인생을 묻고 싶네, 서쪽에서 온 뜻을.
> 하지만 두려워라 다른 중이 떠들까봐.
> ―「무량사와병」(無量寺臥病)

 김시습은 이곳 무량사에서 59세 되던 해 3월에 한 많은 생애를 마쳤다. 율곡 이이가 지은 「김시습전」에 따르면 그는 자신의 시신을 화장하지 말고 절 옆에 안치해두라고 하였다 한다. 그의 유언에 따라 3년이 지난 뒤 그 관을 열어보니 안색이 생시와 같아서 사람들이 모두 부처라고 경탄했다 한다. 그 뒤 화장을 하니 사리가 나와 부도를 세우고 안치하였다. 율곡은 그 글에서, 절의(節義)를 드러내고 윤기(倫紀)를 세운 것이 해와 달의 빛과 다르지 않다며 그를 일러 "백세(百世)의 스승"이라 하였다.
 율곡의 「김시습전」에 의하면, 김시습은 생전에 이미 자신의 노소(老少)의 자화상을 두 점 남겼으며 자찬(自贊)을 지었다고 한다. 그 일부를 살펴보면 다음과 같다.

> 너의 형상은 지극히 작고 너의 말버릇은 지극히 어리석으니
> 너를 굴형 속에 두는 것이 마땅하도다.

 그의 생애가 두 글귀에 집약되어 있는 듯하다. 그런데 현재 무량사에 걸려 있는 그 화상이 과연 그가 직접 그린 것인지는 확실하지 않다. 이 화상은 오

무량사 극락전 무량사는 9세기 신라의 범일국사가 창건하였고 고려시대 때 중창되었다. 특히 극락전은 임진 왜란으로 크게 불탄 뒤 조선 중기에 다시 지어졌는데, 사찰의 불전 가운데 보기 드물게 2층으로 지어져 조선 중기 불교 건축의 양식적 특징을 잘 나타내고 있다. 이 절에서는 조선시대 경판들이 많이 간행되었다.

랫동안 절간에 방치되어 있었는데 홍산현감 곽시(郭翅)가 절에 모시고 제사를 지내주었다 한다.

2. 김시습의 사상과 문학

김시습은 『금오신화』의 작자로 알려졌지만 뛰어난 시인인데다가 유불선(儒佛仙)에 대한 입장과 생각을 나타내는 글을 다수 남겨 조선 초기의 문학과 사상사적 측면에서 매우 중요한 위치를 차지한다. 그의 문집으로는 『매월당집』이 있으며, 이 밖에 전기소설집인 『금오신화』가 있다. 그의 사상적인 실상은 대부분 문장을 통하여 밝혀져 있지만, 수많은 한시에서도 그의 생애와 사유세계를 찾아볼 수 있다.

김시습을 가리켜 이이는 '심유적불'(心儒跡佛)이라 하였고, 이자(李耔)는 '행유적불'(行儒迹佛)이라고 하였다. 이는 그의 사상이 유교와 불교의 두 요소가 서로 뒤섞여 있음을 지적한 말이다. 이를 두고 퇴계 이황은 "세상을 피하고 괴이한 짓〔索隱行怪〕을 하는 하나의 이인(異人)"이라고 비난하였다. 그러나 그는 근본을 유교에 두고 있었으며 이를 바탕으로 불교를 이해하려고 하였다. 그는 산사(山寺)에 몸을 의탁하고 있었지만 불교를 크게 좋아하지는 않았고 오히려 산림처사로 자처하였다. 다음의 글에서 그러한 모습을 읽을 수 있다.

나는 본디 불교·노장(老莊)과 같은 이단을 좋아하지 않았지만 중들과 짝하게 된 것은 그들이 원래 물외인(物外人)이요 산수(山水)도 물외경(物外境)이라, 내가 물외(物外)에 놀고 싶어서 중들과 더불어 산수 사이를 노닐었습니다.
— 「상유자한서」(上柳自漢書)

유교적인 사유체계를 기초로 삼아 거기에 불교사상을 적용하여 이해하려는 태도는, 조선 초기 유교와 불교가 교체되는 과도기에 살았던 신흥지식인으로서 그가 선택할 수 있었던 당연한 길이었는지도 모른다. 국문학계에서는 이처럼 불문(佛門)에 의지한 것을 두고 가정과 벼슬, 그리고 돌아갈 고향을 갖지 못한 그가 생활의 방편으로 택할 수밖에 없었던 것으로 이해하기도 한다. 그가 불문에 의지함으로써 결과적으로는 불교에 빠지게 되었으며, 이에 따라 유가의 합리주의로 불교를 이해하고 해석하려는 자기 합리화의 논리를 찾았다는 것이다. 그러나 그 결과 그에게서 사상의 괴리를 엿볼 수 있으니, 모순된 현실의 삶을 스스로 극복하지 못한 김시습의 인간적인 약점도 바로 여기에 있다 할 것이다.

율곡 이이는 김시습이 불가(佛家)의 심오한 뜻을 두루 통하여 비록 노승(老僧), 명승(名僧)이라도 그의 예봉을 당해내지 못하였다고 말했다. 김시습이 저술한 『잡저제일범십장』(雜著第一凡十章)에는 10장으로 된 문답식 불교이론이 있다. 그러나 대부분의 글 내용은 부처의 자비정신을 제대로 갖춘 나라의 임금만이 백성을 편안하게 하고 중생을 구제한다는 점이 강조되어 있다. 김시습은 어디까지나 불교를 유교적인 논리로 해석하여 정치를 올바로 실현하는 방편으로 파악한 것이다. 그는 또한 불승(佛僧)은 국정에 관여해서는 안 된다고 하였다. 그 밖에 그가 불교에 관해 저술한 것으로 「묘법연화경별찬」(妙法蓮華經別讚), 「십현담요해」(十玄談要解) 등이 있다.

김시습은 술을 즐겨 마셨으니 계율을 지키고 규칙적인 금욕생활을 고집하는 승려라기보다는 불교의 심오한 교리를 추구하는 사상가라고 하는 편이 더 나을 듯하다. 그는 「신귀설」(神鬼說), 「태극설」, 「천형」(天形) 등을 통하여 불교와 도교의 신비론을 부정하고 적극적인 현실론을 펴고 있다. 실제로 도선사상(道仙思想)에도 상당한 지식이 있었으며 선도(仙道)를 수련을 통하여 체득한 인물로 알려진다. 『해동전도록』이나 『해동이적』에는 그가 도교적 인물로 기술되어 있을 정도이다.

김시습은 대체로 유교사상이 드러나는 글을 많이 썼다. 「고금제왕국가흥망론」(古今帝王國家興亡論) · 「고금군자은현론」(古今君子隱顯論) · 「고금충신의사총론」(古今忠臣義士摠論)에서는 치국평천하의 원리를 말하였고, 「인재설」(人才說) · 「생재설」(生財說) · 「명분설」(名分說)에서는 경세제민의 방법을 논하였다. 또한 「인군의」(人君義) · 「인신의」(人臣義) · 「애민의」(愛民義) · 「덕행의」(德行義)에서는 경전과 고금 성현의 논설을 비판하고 주석하였다. 이 가운데 「고금군자은현론」에서는 성현이 세상에 나가거나 은둔하는 것은 도를 행할 수 있는 의로운 세상이냐 도를 행할 수 없는 불의의 세상이냐에 달려 있다고 하였다. 그리고 도를 행할 수 없을 때는 본인만이라도 깨끗이 하는 것이 어진 자의 도리라고 생각하였다. 그가 단종의 양위사건 이후 세상을 등진 이유를 여기서 짐작할 수 있다.

삶의 자취를 시로

김시습의 문집 『매월당집』의 23권 가운데 15권이 시로 채워져 있다. 현재 시문집에 전하는 시는 2,200여 수에 이르지만 실제로는 훨씬 더 많았다. 남효온은 『사우명행록』에서 "매월당의 시는 수만 편에 이르나 거의 흩어졌다"

고 하였다. 이율곡도 「김시습전」에서 그의 시문(詩文)은 십분의 일 정도만 남았을 뿐이라고 하였다. 그렇다면 얼마나 많은 작품들이 전해지지 않고 있는지를 가히 짐작할 수 있다.

김시습의 작품들을 보면 당연히 문장보다 시가 뛰어나며, 고체시(古體詩)보다 근체시(近體詩)가 더 뛰어나고, 그 가운데 율시(律詩)가 뛰어나다. 더욱이 다양한 시체(詩體)를 창작할 정도로 그의 시적 능력은 대단했다. 그에게 있어서 시는 자신이 살아온 삶의 자취이자 정신적 가치를 실현하는 도구였다. 김시습만큼 모든 것을 시로 나타낸 시인은 거의 찾아보기 힘들다고 한다. 그는 시를 쓰는 행위 자체를 중요시하였다. 따라서 시에는 그의 정서나 감정뿐만 아니라 생활에 관한 모든 것이 드러나 있다. 그런데 유가적(儒家的) 문학관으로 본다면, 문장은 도(道)를 위주로 삼아야 하며 문장으로 나라의 다스림에 올바르게 기여해야 한다. 이 때문에 시는 문장보다 중요시되지 않았다. 시는 여기(餘技)일 뿐이다. 그런데도 그는 온통 시에 몰두한데다가 불문(佛門)에 의지한 탓에 기존의 사회적 규범과는 거리가 멀었다. 그의 행적이나 시작(詩作)에 대해 후대 사대부 문인들의 평가가 그리 좋지 않은 것도 이 때문이다.

김시습의 시에는 감정을 자연발생적으로 표출하는 시들이 많다. 그는 자신의 생애를 술회할 때도 대부분 시로 드러냈다. 대표적인 시는 「여민」(余悶) 6수로, 그는 양양부사 유자한에게 썼던 편지글 「상유자한서」(上柳自漢書)에서 일찍이 밝혔던 자신의 생애를 이 시에서 그대로 그리고 있다.

조상 제사 못 받들어 한스럽기 그지없네.
본래 기약한 뜻 저버릴까 염려했네.
세상 맑기를 오랫동안 기다렸으나
임금의 부르심이 오지 않았소.
몸과 세상 어그러짐이 이렇게 심한데
세월은 덧없이 흘러만 가네.
하늘이 나를 불쌍히 여긴다면

반드시 나쁜 운명 기울어질 때 있으리라.

김시습은 이 시에서 몸과 세상이 어긋남을 한탄하며 세월이 자꾸 흐르는 것을 못내 아쉬워한다. 하늘에 이것을 호소하는 심정은 아직 세상살이에 미련이 남아 있음을 의미한다. 그의 시에는 이러한 심리적인 갈등이 잘 드러난다. 그의 또다른 시에는 고금의 흥망성쇠에 눈물 짓고 역사 속의 어진 임금을 추모하는 회고의 정이 서려 있다. 그는 또한 역사, 시간 등의 소재를 많이 활용하면서도 대부분 방황·굴절·원망의 심정을 그리고 있다. 그의 시에는 사랑이나 고향을 노래하는 시는 거의 없다. 대신 그가 속세를 버리고 자연과 벗하며 평생을 떠돌아다녔기 때문에 자연을 노래한 시들이 많다.

김시습의 시 가운데 후세의 평자(評者)들로부터 높은 평가를 받아 각종 시선집에 오르내리는 작품은 20여 수 정도이다. 다음 시는 생각이 깊고 뛰어나 초매(超邁)하다는 평을 받은 것이다.

저녁 되자 산빛이 하도 좋아서
옛 역(驛) 다락에 올라보았네.
말[馬]이 우니 사람은 멀리 떠나고
물결 치는 노젓는 소리 부드럽구나.
유공(庾公)의 흥취도 얕지 않은데
왕찬(王粲)의 시름도 가시지 않네.
내일 아침 관문 밖에 나갈 때에는
구름 가에 여러 봉우리 빽빽하겠지.

— 「등루」(登樓)

자연을 멀리 바라보며 그 속에서 느끼는 심정이 마지막에 가서는 아련히 먼 산까지 뻗어난다. 애써서 꾸미지 않은 자연스런 시정이 잘 드러난 시이다. 다음의 시도 마찬가지다.

아이는 잠자리 잡고 늙은이는 울타리를 고치는데
작은 시내 봄 물에는 물새가 멱을 감는다.
청산(靑山)은 끝났지만 돌아갈 길은 멀어
등나무 한 가지 꺾어 비스듬히 메고 가네.

― 「산행즉사」(山行卽事)

아이와 노인의 정겨운 모습이 그려지고 평화롭게 시내에서 멱을 감는 물새가 눈앞에 다가온다. 그러나 시인이 걷는 길은 끝이 없다. 등나무 지팡이를 메고 가는 모습은 방랑하는 시인 자신의 모습과 흡사하다. 고향과 가정을 온전히 가져보지 못한 시인에게는 앞의 두 구절이 마음에 간직하고 싶은 꿈일지도 모른다.

한편 그의 시에는 어렵게 살아가는 농민들의 심정을 대변하는 사회비평적인 주제를 담고 있는 경우가 많다. 「오호가」(嗚呼歌), 「영산가고」(咏山家苦), 「기농부어」(記農夫語), 「산여」(山畬) 등이 그러한 경향을 보여주는 작품들이다. 그의 글 「애민의」에서는 민심이 돌아오면 만세에까지 군주가 될 수 있을 것이고, 민심이 떠나가면 하루도 견디지 못하고 필부(匹夫)가 될 것이라고 말한 바 있다. 백성을 사랑해야 통치자 노릇을 제대로 할 수 있음을 강조한 말이다.

자갈밭엔 바위돌이 많고
높고 낮은데 등라(藤蘿) 덩굴 얽혀,
땅은 척박한데 나무만 무성하고
밭두둑 높아 곡식이 자라지 않네.
굶주린 까마귀 나무 끝에서 울고
여윈 송아진 언덕에 누워 있네.
비록 이같이 깊은 산속일지라도
해마다 세금이야 면할 길이 있겠는가.

― 「산여」(山畬)

한 해 동안 몰아친 비바람 고생이 얼마더냐.
온갖 세금 다 바치고 나머지 겨우 창고에 들이면
무당과 중은 굿하라 적선하라 하니,
쓰일 곳이 많아 내년 봄도 또 굶주릴 테지.

— 「영산가고」(咏山家苦)

 첫번째 시에서는 척박한 산골에서 땅을 일구고 살아가는 백성들의 모습과 이들에게까지 세금의 가혹함이 뻗쳐 있음을 묘사하고 있다. 두번째 시에서도 세금의 가혹함을 고발하고 있다. 그런데 그는 농민에 대한 지배계층의 횡포와 수탈상을 드러냈을 뿐만 아니라, 무당과 승려들조차 농민의 곡식을 노린다고 하였다. 백성을 교묘히 꾀어 곡식을 축내는 무리로 승려와 무당도 함께 거론하고 있으니, 그가 민간신앙과 전통 종교인 불교에 대해서도 호감을 갖지 않았음을 알 수 있다. 다음의 「기농부어」(記農夫語)는 한 편의 서사시이다.

지난해엔 이른 가뭄에 늦장마가 심해서
강가에 진흙 묻힌 것이 한 자나 되었네.
모래와 돌이 메워져 끝내 채소까지 더럽히고
풍성한 건 유룡(游龍: 1년생 여뀌)과 능석(陵舃: 개펄)뿐.
길가엔 여인과 아이가 배고프다 우니
보는 이들은 이를 탄식하네.
사채(私債)와 관가 세금은 밤낮으로 독촉하니
나는 더욱 백정(白丁)의 부역 피하기 어렵네.
한 몸의 장정 부역이 어지럽기는 삼[麻]과 같아
동쪽의 침입과 서쪽의 시끄러움이 번거롭고 가혹하네.
해마다 마[芋]와 밤[栗]을 주워도 지탱 못하는데
봄 밭에 흰 차조기 뜯는 사람 가득하네.
올해도 갈아서 싹이 이제 처음 돋아나는데
흙비 오고 음산하기 한 달이 지나서,

보리는 싹이 돋고 벼 뿌리는 썩었으니
천운도 어렵지만 백성들은 지쳐 절름거리네.
팔월 늦벼에 꽃이 한창 필 적에
동북풍 부는 탓에 여물지 못하는데,
도토리는 좀이요 채소는 벌레 먹는데다 오이까지 말라
기근이 해마다 들어 살 수가 없네.
내게는 좋은 밭 수십 두락 있지만
지난해에 벌써 힘센 자에게 빼앗겼고,
튼튼한 머슴 있어 밭 갈고 김매더니
작년에 병사로 충원되었다네.
어린 자식 옆에 있어 시끄럽게 떠들며
번갈아 나를 나무라나 못 들은 체할 뿐.
하늘이 들으실까 구중궁궐 깊은 곳에
달려가서 하소연하고픈 마음 한이 없어라.
비늘 달고 날개 달아 하느님께 외쳐보리라.
근심으로 병이 나서 아픈 마음 타는 듯하네.

이 시에서도 농민의 참상을 적나라하게 그리고 있다. 가난과 가뭄, 그리고 세금수탈과 병역의무 등 당시 백성들이 겪던 고충이 시인의 목소리를 통하여 드러나고 있는 것이다. 그는 이 딱한 사정을 하늘에 알리고 싶은 심정이며 백성의 처지를 생각하다 보니 마음에 병이 날 뿐이라고 말한다.

한문 단편소설집 『금오신화』

한문 단편소설집 『금오신화』는 김시습이 31세에서 37세까지 경주의 금오산에 머물면서 지은 것으로 추정된다. 창작 동기면에서, 그가 자신의 생애 가운데 가장 활달한 시기에 이르러 인생을 해석하고 우주의 신비를 추구했던 지적 노력의 결과물로 파악되기도 한다. 다시 말하면 현실에 대한 불신이 이상의 추구로 바뀌는 시점에서 창작되었다는 것인데, 이 시기가 곧 금오산에 머물렀던 기간인 것이다.

　김시습은 이 작품을 지은 뒤 곧바로 세상에 발표하지 않고 석실(石室)에 감춰두고는 후세에 반드시 나를 아는 자가 있으리라 하였다. 이처럼 널리 알려지지 않았던『금오신화』는 임진왜란 때 왜군이 약탈하여 일본에서 두 차례나 판각(板刻)되었다. 첫번째 판은 1658년 한 권으로 '내각문고목록'(內閣文庫目錄)에 실렸는데, 두번째 판이 1884년 일본 동경에서 간행된 대총본(大塚本)이다. 개화기에 육당 최남선이 두번째 판본을 가져와 1927년『계명』19호에 수록하여 처음으로 김시습의 소설을 국내에 소개하였다. 상·하권으로 된 이 판본은 하권의 말미에 '서갑집후'(書甲集後)라고 씌어 있는 것으로 미루어 이 '갑집'에 이어 을집(乙集)도 있었던 것으로 짐작된다. 따라서 현재 남아 있는 다섯 편 외에도 원래의 작품 수는 더 있었을 것으로 추정된다.

　『금오신화』는 국내의 문인들에게도 읽혀졌던 듯하다.『용천담적기』에서 김안로(金安老)는 이를『전등신화』(剪燈新話)와 비교하고 있다. 또한 퇴계 이황도 읽었다고 하였으며, 하서 김인후(金麟厚)도 이 작품에 관한 시를 쓰고 있고, 우암 송시열도 이를 읽고자 하였으나 구득하지 못하였다고 했다. 특히 조선 중기에는 김집(金集)이 직접 옮겨 적은 전기소설집에도「만복사저포기」(萬福寺樗蒲記)와「이생규장전」(李生窺牆傳)이 수록되어 있다.

　조선시대 소설문학의 서장을 연『금오신화』에 대하여 일찍이 김안로는 명나라 구우(瞿佑)가 쓴『전등신화』를 본받아 썼다고 지적한 바 있다. 실제로 김시습은『전등신화』를 읽고 쓴 시「제전등신화후」(題剪燈新話後)를 남기기도 하였다. 이러한 지적 이후 이 작품은『전등신화』의 영향을 받았거나 모방하여 씌어진 것으로 여겨졌다. 이런 생각은 최남선, 김태준(金台俊) 등을 비롯하여 몇몇 학자들에 의해 지속되었다.

　그러나 최근에는『전등신화』를 면밀히 검토하면서 작품 속의 세계관이『금오신화』와 본질적으로 상이하다고 보거나, 여기서 더 나아가 우리 서사문학의 전통 속에서『금오신화』가 씌어졌을 것으로 보는 견해가 유력하게 제시되고 있다. 후자의 경우『삼국유사』속의「조신몽설화」(調信夢說話)나『수이전』(殊異傳) 속의 여러 설화들에서 그 서사적 전통을 확인할 수 있다. 임형택 교수는 사상적 측면에서 『금오신화』가 기일원론적(氣一元論的) 사상에 의한 무신론적 현실주의에 바탕을 두고 있다는 점에서 근본적으로 『전등신화』와는 다르다고 주장한다. 『금오신화』 속의 저항성이나 시대 거부의 의지는 현실세계에서 외면당한 작자가 유자적(儒者的) 이상을 실천하고자 하는 노력의 표현이며, 인간성을 옹호하고 긍정하려는 현실참여의 정신이 이러한 작품으로 구체화된 것이라고 보는 것이다.

이 작품은 김시습의 내면적인 고민의 소산이다. 곧 유불선을 탐구하던 30대 지식인의 사상과 세계관의 갈등이 뒤섞인 것이며, 그가 입신양명하기에는 현실적으로 불가능하다는 사실을 깨닫고 이러한 갈등을 문학작품으로 승화시켰다는 말이다. 따라서 『금오신화』는 그의 사상을 확인할 수 있는 좋은 자료가 된다. 현재 『금오신화』에는 「만복사저포기」, 「이생규장전」 외에도 「취유부벽정기」(醉遊浮碧亭記), 「남염부주지」(南炎浮洲志), 「용궁부연록」(龍宮赴宴錄) 등 다섯 편이 남아 있다. 이들 다섯 편의 대강의 줄거리를 살펴보면 다음과 같다.

「만복사저포기」에서, 남원에 사는 총각 양생(梁生)은 만복사의 부처와 저포놀이 내기를 하여 자신이 이기면 아름다운 배필을 맞게 해달라고 하였다. 양생이 이겨 불전에 기도드리던 여인과 만나 정을 통하는데, 그녀는 왜구에게 죽음을 당한 처녀의 혼령이었다. 여인의 처소에서 나날을 보내는데 여인은 정한 날이 오자 신표를 주며 이별하였다. 나중에 보련사에서 둘은 다시 만나 지냈으나, 여인은 이승의 인연이 다하자 저승길로 갔다. 총각은 이후 지리산에 들어가 일생을 마쳤다.

「이생규장전」에서, 송도의 서생(書生)인 이생(李生)은 서당에서 돌아오다 최낭자를 만나 사랑에 빠졌다. 이 일을 안 이생의 부친은 그를 울주농장으로 보냈고, 낭자는 상사병에 걸려 죽게 되었다. 이에 낭자의 집에서 구혼하매 둘은 혼인하였다. 그 후 홍건적의 난으로 부부는 이별하여 가족이 모두 죽고 이생만 살아남았다. 전란이 끝나 고향에 돌아온 이생은 죽은 낭자의 혼과 만나고 3년 뒤 낭자는 죽은 혼령임을 밝히며 저승으로 떠났다. 이생은 낭자의 뼈를 찾아 묻어준 뒤 그리워하다가 병들어 죽었다.

「취유부벽정기」에서, 홍생(洪生)은 부벽정에서 놀다가 옛날 기자왕(箕子王)의 딸을 만났다. 그녀는 기자왕의 묘로 돌아가는 길에 홍생이 시를 읊는 소리를 듣고 온 것이다. 둘은 밤새 사랑을 나누다 여인이 하늘로 올라가버렸다. 고향에 돌아온 홍생이 여인을 그리며 병들어 눕자 흰 옷 입은 여인이 나타나 상제가 선녀의 추천으로 그대에게 천국의 벼슬을 내린다는 말을 전하였다. 홍생은 꿈에 깨어나 재계한 뒤 죽어 신선이 되었다.

「남염부주지」에서, 귀신, 무당, 부처를 믿지 않는 경주의 유생 박생(朴生)은 『주역』을 읽다가 잠이 들었다. 꿈속에서 박생은 저승사자를 따라 염라왕을 만나 여러 가지 일에 대해 문답하였다. 왕은 그에게 지옥 나라의 선위문(禪位文)을 줄 테니 잠시 인간세상에 다녀오라고 하였다. 꿈에서 깨어난 박생은 모든 것을 정리하고 세상을 떠났다.

「용궁부연록」에서, 한생(韓生)은 용왕의 초대를 받아 용궁에 갔다. 왕의 청으로 상량문을 써주니 용왕은 잔치를 베풀었다. 용궁의 보물과 궁전들을 구경하고 나오는데, 왕이 구슬과 비단을 선물로 주었다. 꿈에서 깨어난 그는 명산으로 들어간 후 종적이 끊겼다.

『금오신화』의 다섯 작품에 공통적으로 나타나는 특징을 들면, 우선 작품의 대부분이 우리나라를 배경으로 하고 있어서 우리 민족의 자주성과 함께 향토색을 보여준다는 것이다. 곧 남원, 송도, 평양, 경주 등이 작품의 배경으로 설정되어 있는데, 이 점은 후대 고전소설이 주로 중국을 배경으로 삼고 있는 것과 좋은 대조를 이룬다. 다음으로 작품의 소재 또한 낯설지 않고 흥미로운 점이 특징이다. 용궁이나 용왕, 염부주와 염마왕 등은 물론이고 죽은 여자의 환생이 나타나고 있으니, 이것들은 우리의 민간신앙이나 전통적인 이야기 속에서 흔히 찾아볼 수 있는 것들이다. 또한 『금오신화』에는 작자의 사상이 집약되어 있기도 하다. 불교와 유교에 관한 작자의 입장이 잘 드러나 있는데, 특히 유교 이념을 기반으로 불교를 이해하고 있다는 점은 주목할 만하다. 나아가 작자는 피지배자의 입장에서 당대의 정치적 현실을 비판하고 있기도 하다. 다음으로 다섯 작품은 주인공들이 모두 세상을 등지고 있다는 점에서 비극적인 결말을 보여준다. 이것은 단지 주어진 운명에 대해 순종하기보다는 잘못된 세계의 질서를 거부하는 작자의 의식이 반영된 것이다. 즉 작자는 중세적 이념과 질서로 대변되는 세상과의 타협을 거부함으로써 문제의 심각성을 환기시키고 있다. 작자가 당대의 현실과 대립하는 모습을 보여준다는 것은 주어진 현실에 맹목적으로 안주하지 않고 그것들을 거부함으로써 새로운 이념과 질서를 지향하고 있음을 뜻한다. 바로 이런 점에서 우리는『금오신화』가 갖는 현실주의적 성격 내지는 진보적인 역사의식을 추출할 수 있다.

그러나 무엇보다 중요한 것은『금오신화』에서 작자가 인간성을 긍정하고 있다는 점이다. 특히 남녀의 자발적인 애정을 강조함으로써 당시 중세적 질서와는 다른 양상을 보여준다. 전통적으로 남녀는 주어진 운명과 환경에 의해 타율적으로 만날 수밖에 없었다. 그러나『금오신화』의 주인공 남녀들은 자발적인 의지에 의해서 만나고 사랑할 뿐만 아니라 당대의 보수적 윤리·규범이나 또는 외적의 침략과 같은 세계의 횡포에 맞서서 죽음으로써 애정을 완성하려는 적극적인 태도를 보여준다. 이는 작자가 남녀의 애정과 그 인간성을 긍정적으로 이해하고 있었기 때문에 가능한 일이다.

또한 표현형식에 있어서『금오신화』는 문장체를 구사하면서도 대상을 시를 통하여 서정적으로 묘사하고 있다. 이러한 삽입시는 인물의 심리와 분위기 묘사에 큰 효과를 발휘한다. 그러나 이와 같은 지나친 삽입시의 사용은 오히려 초기 한문소설의 한계로 간주되기도 한다. 서정적 성격의 시가 많다는 것은 오히려 소설이 갖는 본래적인 서사적 성격이 약화되는 결과를 가져오기 때문이다.『금오신화』에 나오는 시들의 대부분은 사랑의 시, 곧 염정시(艷情詩)이다. 이는 작자가 일찍이 누려보지 못한 순수한 애정의 감정을 갈구하는 마음에서 나온 것일 수도 있다. 다음으로, 경이적(驚異的)인 세계관을 보여주는 전설적인 요소가 남아 있다. 또한 역사적 사실이나 특정 민속 등이 지나치게 개입하여 교술성(敎述性)이 두드러진다는 사실 또한『금오신화』가 초기 한문소설로서 그 장르적 미숙성(未熟性)에서 아직 벗어나지 못했음을 말해주는 증거가 된다.

3. 『금오신화』 감상

『금오신화』에 첫번째로 실려 있는 「만복사저포기」는 김집(金集)의 수택본 한문 단편소설집에도 「이생규장전」과 함께 수록되어 있다. 작품의 소재지가 된 만복사는 실제로 전북 남원시 왕정동 기린산에 있었던 사찰로 현재는 그 터만 남아 있다. 발굴 결과 상당히 큰 규모의 절임이 밝혀졌다. 다음의 글은 이재호 번역본(『금오신화』, 1987)을 대본으로 삼아 약간의 윤문을 거쳤음을 밝혀둔다. 그리고 이 작품에 나오는 한시, 제문 등도 원작의 내용을 이해하기 위해서는 반드시 필요하지만 지면 관계상 표시만 남긴 채 생략하였다.

만복사저포기(萬福寺樗蒲記)

전라도 남원부에 양씨(梁氏) 성을 가진 서생(書生)이 살고 있었는데, 일찍이 부모를 여의고는 아직 장가를 들지 못한 채 만복사 동쪽 방에서 홀로 살고 있었다. 방 밖에는 배나무 한 그루가 서 있었는데, 마침 봄이 되어 꽃이 활짝 피어서 마치 백옥나무에 은 덩어리가 매달려 있는 것 같았다.

서생은 언제나 달밤이면 그 나무 밑을 거닐면서 낭랑한 목소리로 시를 읊곤 했다. (한시 생략)

다 마치자 별안간 공중에서 이상한 소리가 들려왔다.

"그대 좋은 배필을 얻고자 할진댄 그 무엇을 근심하리오."

서생은 그 소리를 듣고 속으로 기뻤다.

이튿날은 3월 24일이었다. 이 고을에는 이날이 되면 만복사에 가서 등불을 켜고 복을 비는 풍속이 있었는데 청춘 남녀들이 많이 몰려가서 각자의 소원을 빌었다. 해가 저물어 저녁 불공이 끝나자 사람들이 드문 틈을 타서 서생은 소매 속에 저포(樗蒲 : 주사위)를 품고 부처님을 찾아갔다. 그는 저포를 던지기 전에 소원을 말하였다.

"제가 오늘 부처님을 모시고 저포놀이를 할까 합니다. 만약 제가 지면 불공을 드리지만, 부처님이 지시면 아름다운 배필을 구하여 저의 소원을 이루어 주십시오."

빌기를 마치고 저포를 던지니 뜻대로 서생이 이겼다. 그는 부처님 앞에 꿇

어앉아 말씀을 드렸다.
"인연이 이미 정해졌습니다. 속이지는 마십시오."

그는 불좌 밑에 숨어 약속한 배필이 나타나기를 기다렸다. 잠시 후에 한 아리따운 아가씨가 나타났는데, 나이는 열대여섯 살 가량 되어 보였다. 머리를 두 가닥으로 갈라서 쪽을 찌고 깨끗한 차림을 했는데, 얼굴과 태도가 흡사 하늘나라의 선녀와 같았으며 바라볼수록 얌전했다. 그녀는 고운 손으로 등잔에 기름을 따라 불을 켜고, 향로에 향을 꽂은 뒤 세 번 절하고 꿇어앉아 한숨을 짓고 탄식하며 말했다.

"인생이 박명한들 어찌 나 같을 수 있을까?"

아가씨는 품 속에서 축원문을 꺼내더니 불탁 위에 얹어놓았다. 그 글에는 다음과 같은 사연이 적혀 있었다. (축원문 생략)

여인은 축원을 마치고 흐느껴 울기 시작했다. 이때 서생은 불좌 밑에서 여인의 모습을 보고 마음을 걷잡을 수 없어 뛰어나가 말을 건넸다.

"조금 전에 부처님께 글월을 올렸지요. 무슨 일입니까?"

그는 여인이 올린 글월의 사연을 읽었다. 그의 얼굴에는 기쁨이 넘쳐 흘렀다.
"아가씨는 어떤 분입니까? 왜 여기에 홀로 오셨습니까?"

여인이 대답하였다.

"저도 사람입니다. 무슨 의심나는 일이 있으십니까? 당신께서는 다만 아름다운 배필만 얻으면 되지 않나요? 꼭 이름을 물어야 합니까? 그렇게 당황해 하실 필요는 없습니다."

그들은 서로 이야기를 나누었다. 그때 만복사는 이미 허물어져 승려들은 한편 구석진 방에 살고 있었으며, 법당 앞에는 다만 행랑만이 쓸쓸히 남아 있었고, 행랑이 끝난 곳에 좁다란 판자방 하나가 있었다. 서생이 슬그머니 여인을 유인하여 그곳으로 들어가니 여인도 어려워하지 않고 따라갔다. 그들은 서로 즐거움을 나누었는데 보통 사람과 조금도 다름이 없었다. 이윽고 밤은 깊어서 달이 동산에 떠올라 달그림자가 창살에 비쳤다. 문득 발자국 소리가 들려왔다. 여인이 입을 열며 물었다.

"누구냐? 시녀가 온 것이냐, 아니냐?"

"예, 접니다. 요즘 아가씨께서는 출타하시더라도 중문 밖을 더 나가지 않았고, 보행을 하더라도 서너 걸음 이상 하지 않았습니다. 그런데 어제 저녁에는 우연히 나가시더니 어찌 이곳까지 오셔서 이런 일이 있게 하셨습니까?"

여인이 말하였다.

"오늘 일은 아마 우연이 아닐 거야. 하늘이 도우시고 부처님이 돌보셔서 한 분의 고운 님을 만나 백년해로하기로 하였다. 부모님께 알리지 않은 것은 예절에 어긋났다 하겠으나 서로 즐거이 맞이하게 된 것은 또한 기이한 인연이라 하겠다. 너는 집에 가서 앉을 자리와 주과를 가져오너라."

시녀는 분부에 따라 돌아갔다. 오래지 않아 뜰에 술자리가 베풀어졌는데, 밤은 이미 사경이 되려 하였다. 시녀는 안석과 술상을 품위 있게 펼쳐놓았는데, 기구들이 모두 말쑥하며 무늬라고는 찾아볼 수 없었다. 술에서는 향기로운 냄새가 났다. '이는 인간 세상의 것은 아니다.' 서생은 비록 의심이 나고 괴이하게 여겼으나, 여인의 말씨와 웃음소리가 맑고 고우며 얼굴과 몸가짐이 얌전했으므로 틀림없이 귀한 집 처녀가 담을 넘어온 것이려니 생각하고는 더 의심하지 않았다. 여인은 술잔을 건네면서 시녀에게 노래를 불러 술을 권하게 하고는 서생을 바라보며 말했다.

"얘는 옛 가곡을 그대로만 부릅니다. 제가 새로운 가사를 하나 지어서 술을 권해도 괜찮겠습니까?"

서생은 기뻐하면서 대답했다.

"좋습니다."

이에 여인은 만강홍(滿江紅) 곡조에 맞추어 가사를 지어 시녀에게 부르게 하였다. (노래 생략)

노래가 끝나자 여인은 수심에 잠겨 안색이 달라지면서 말했다.

"일찍이 봉래산에서는 약속을 어겼지만 오늘 이곳에서 옛 낭군을 다시 뵙게 되었으니 어찌 하늘이 준 행운이 아니겠습니까? 낭군께서 저를 멀리하여 저버리지 않으신다면 끝내 낭군의 시중을 들까 하오며, 만일 저의 소원을 들어주시지 않는다면 저는 영원히 멀리 떠나겠습니다."

서생은 이 말을 듣자 한편 느꺼웠으나 또한 놀라면서 말했다.

"어찌 당신의 분부에 따르지 않겠습니까?"

그래도 여인의 태도는 심상치 않았으므로 서생은 그녀의 행동을 자세히 살펴보았다. 이때 달은 이미 서쪽 봉우리에 걸려 있었고 먼 마을에는 닭 울음소리가 들려왔다. 절의 종소리가 처음 울리면서 날이 바야흐로 새려 하였다. 여인은 시녀에게 말했다.

"너는 자리를 거두어 집으로 돌아가거라."

시녀는 대답하자 곧 없어졌는데 간 곳을 알 수 없었다. 여인은 서생에게 말했다.

"인연은 이미 정해졌습니다. 함께 제 집으로 가셨으면 합니다."

서생이 여인의 손을 잡고 마을을 지나가니 개들은 울타리 밑에서 짖고 사람들은 길을 다니고 있었다. 그러나 길 가는 사람들은 서생이 여인과 함께 가는 것을 알지 못하고 다만 이렇게 물었다.

"서생은 어디서 이렇게 일찍 돌아오시오."

서생이 대답했다.

"마침 만복사에서 술에 취해 누워 있다가 친구가 사는 마을을 찾아가는 길입니다."

날이 새자 여인은 서생을 인도하여 깊은 숲을 헤치고 가는데 이슬이 흠뻑 내려서 길을 찾을 수가 없었다. 서생이 여인에게 물었다.

"사는 곳이 왜 이렇습니까?"

여인이 대답했다.

"홀로 사는 여인의 거처는 원래 이렇답니다."

여인은 다시 시경의 옛 시 한 수를 외면서 농담을 걸었다. (시 생략)

서생도 또한 시경의 옛 시를 외어 화답했다. (시 생략)

두 사람은 읊고 한바탕 웃고 나서 마침내 함께 개녕동으로 갔다. 다북쑥이 들을 덮고 가시나무가 공중에 높이 늘어선 속에 집 한 채가 있는데, 자그마한 것이 매우 화려했다. 여인의 인도에 따라 들어가니 이부자리와 휘장이 잘 정돈되어 있는데 벌여놓은 품이 어젯밤과 같았다.

서생은 그곳에서 사흘을 머물렀다. 즐거움은 평상시와 조금도 다름이 없었다. 시녀는 아름다우면서도 교활한 태도가 없었고, 좌우에 진열된 그릇은 깨끗하면서도 사치스럽지 않았다. 서생은 그것들이 인간 세상의 것이 아니라고 생각했으나, 여인의 은근한 정에 이끌려 다시는 그런 생각을 하지 않았다. 사흘 후 여인이 서생에게 말했다.

"이곳의 사흘은 인간 세상의 3년과 같습니다. 낭군은 이제 집으로 돌아가셔서 옛날의 살림살이를 돌보셔야 합니다."

드디어 이별의 잔치가 시작되었다. 서생은 탄식하면서 말했다.

"왜 이렇게 이별이 빠릅니까?"

여인이 대답했다.

"작별하더라도 다시 만나 평생의 소원을 다 풀 수 있을 것입니다. 낭군이 누추한 이곳까지 오시게 된 것은 반드시 묵은 인연이 있었기 때문입니다. 저희 이웃 친척들을 한번 만나보시는 것이 어떻겠습니까?"

서생이 말했다.

"예, 좋습니다."

여인은 곧 시녀에게 이웃 친척들에게 알리게 했다. 이날 모인 사람들은 정씨, 오씨, 김씨, 유씨 등 네 여인인데, 모두 번영한 귀족집 따님으로 이 여인과는 한 마을에 사는 친척들로서 성숙한 처녀들이었다. 성품이 온순하고 인자하며 모습이 무척 아름다웠고 또한 자질이 총명하며 문장에 능했다.

그들은 칠언절구 네 수씩을 지어 서생을 전별해 주었다. 정씨는 태도와 인품이 갖추어진 여인인데, 곱게 쪽진 머리채가 귀밑을 살짝 가리고 있었다. 그녀는 숨을 내쉬어 즉흥시를 읊었다. (시 4수 생략)

오씨는 쪽진 머리에 요염하고도 날씬한 몸매로, 일어나는 정서를 가누지 못하면서 뒤를 이어 시를 읊었다. (시 4수 생략)

김씨는 그 몸 자세를 바로잡고 얌전한 태도로 붓에 먹을 찍더니 앞에 읊은 시가 너무 음탕하다고 책망하면서 말했다.

"오늘의 모임에서 여러 말 할 것이 없이 다만 이 자리의 광경만 읊어야 할 텐데, 어째서 마음의 회포를 털어놓아 우리들의 절조를 잃어야 할 것이며, 우리들의 소식을 인간 세상에 전해야 하겠습니까?"

그녀는 낭랑한 목소리로 시를 지어 읊었다. (시 4수 생략)

유씨는 엷게 한 화장과 하얀 옷이 그다지 화려하지는 않았으나, 법도가 있어 침묵을 지키고 말을 하지 않더니 방그레 웃으면서 시를 지어 종이에 적었다. (시 4수 생략)

여인은 유씨가 읊은 마지막 시구의 사연에 감동되어 앞으로 나오면서 말했다.

"나도 또한 자획은 대강 분별할 줄 아는데 나만 홀로 소감이 없겠습니까?"

그녀는 곧 시를 지어 읊었다. (시 2수 생략)

서생도 또한 글을 잘하는 사람이어서 그들의 시 짓는 법이 깨끗하고 운치가 높으며 음운이 맑음을 보고 감탄하여 칭찬하였다. 그는 즉석에서 재빨리 시 한 장을 적어 화답했다. (시 생략)

잔치가 끝나자 다들 작별하게 되었다. 여인은 주발 하나를 내어 서생에게 주면서 말했다.

"내일 저는 부모님으로부터 보련사(寶蓮寺: 남원 소재)에서 음식을 대접받게 되어 있습니다. 낭군께서 저를 버리지 않는다면 보련사로 가는 길가에서 기다리고 계시다가 저와 함께 절로 가셔서 저희 부모님께 인사를 드려주십시오."

서생이 대답했다.

"좋습니다."

이튿날 서생은 여인이 시킨 대로 주발을 쥐고 보련사로 가는 길가에서 기다리고 있었다. 이윽고 과연 어떤 귀족 집안에서 딸의 대상(大祥)을 치르기 위하여 수레와 말을 길에 늘어세우고 보련사를 찾아오는 길이었다. 그때 길가에서 한 서생이 주발을 들고 서 있는 것을 보자, 종자가 주인에게 말했다.

"우리집 아가씨 장례 때 무덤 속에 같이 묻었던 물건을 벌써 어떤 사람이 훔쳐 가지고 있습니다."

주인이 말했다.

"뭐라고?"

"저기 서생이 가지고 있는 주발이 그것입니다."

주인은 마침내 말을 서생에게 다가서게 하여 물었다. 서생은 그 전날 여인과 약속한 일을 그대로 일러주었다. 여인의 부모는 놀라고 의아하게 생각하더니 이윽고 입을 열었다.
 "내 슬하에 다만 딸 하나가 있었네. 그런데 그 딸이 왜구들의 난리 때 싸움판에서 죽었어. 미처 정식으로 장례도 치르지 못해서 개녕사(開寧寺 : 남원 소재) 옆에다 가매장을 한 뒤, 오늘내일 장사를 미루어오다가 오늘에 이르게 되었네. 오늘이 벌써 대상일(大祥日)이라. 절에서 재를 베풀어 명복이나 빌어줄까 해서 가는 길일세. 자네가 약속을 지키려거든 내 딸을 기다리고 있다가 같이 오게. 그리고 조금도 놀라지 말게."
 말을 마치자 부모는 먼저 보련사로 떠나갔다. 서생이 우두커니 서서 기다리고 있으려니까 약속한 시각이 되자 과연 한 여인이 시비를 데리고 갸우뚱거리면서 오는데 바로 그 여인이었다. 그들은 서로 기뻐하면서 손을 잡고 함께 절간으로 들어갔다. 여인은 절 문에 들어서자 부처님께 예배를 드리더니 흰 휘장 안으로 들어가는데, 친척들과 승려들은 모두 그녀를 보지 못했다. 다만 서생의 눈에만 보일 뿐이었다. 여인이 서생에게 말했다.
 "진지 드십시오."
 서생은 여인이 한 말을 그녀의 부모님께 아뢰었다. 부모는 그 말을 시험해 보기 위해 밥을 같이 먹게 했더니, 다만 수저 놀리는 소리만 들릴 뿐이었으나, 인간이 먹는 것과 조금도 다름이 없었다. 여인의 부모는 이에 놀라더니 서생에게 권하여 휘장 옆에서 함께 자도록 했다. 그들의 얘기소리가 밤중에 분명히 들려왔으나 사람들이 가만히 엿들으려 하면 갑자기 중지되곤 했다. 여인이 말했다.
 "제 행동이 법도를 넘은 것은 저도 잘 알고 있습니다. 저도 어릴 때 시경과 서경을 읽었으므로 예의에 대해서는 대강 알고 있습니다. 시경에서 이른 내용이 다 부끄러운 것임을 모르는 것은 아닙니다. 그러나 다북쑥 우거진 속에 오랫동안 묻혀 있어 들판에서 버림받은 몸이 되고 보니 사랑의 정서가 한번 일어나자 끝내 걷잡을 수 없었습니다. 지난번에 절에 가서 복을 빌고 부처님 앞에서 향불을 피우면서 한평생의 박명을 스스로 탄식했더니 뜻밖에도 삼세(三世)의 인연을 만나게 되었으므로 검소하고 부지런한 여자로서 낭군을 받들어 평생을 모시고자 했으나, 안타깝게도 업보는 피할 수 없어 저승으로 떠나야 하겠습니다. 즐거움을 채 다하지도 못했는데 슬픈 이별이 닥쳐왔습니다. 저는 이제 떠나야 합니다. 밤이 지나고 날이 새면, 구름과 비는 양대(陽臺: 보련사)에서 떠나야 하고, 저희들의 복을 빌러온 이들과도 다 이곳에서 헤어져야 합니다. 이제 한번 가면 훗날을 기약할 수 없습니다. 낭군님, 정말 슬프고 황급하여 무어라 말씀드릴 수 없습니다."

이윽고 영혼은 떠났다. 여인은 전송을 받을 때 울음소리가 끊어지지 않더니, 문 밖에 이르러서는 다만 은은히 소리만 들려왔다. (시 생략)

남은 소리는 점점 사라지면서 목메어 우는 소리와 분별할 수가 없게 되었다. 여인의 부모는 그제야 모든 것이 사실임을 알고 다시는 의심하지 않았다. 서생도 또한 그 여인이 귀신임을 알고는 더욱 슬픔을 느끼어 여인의 부모와 함께 머리를 맞대고 울었다.

여인의 부모가 서생에게 말했다.

"은주발은 그대에게 맡기겠네. 그리고 내 딸에게는 토지 몇 백 이랑에다 노비 몇 사람이 있으니, 자네는 그것을 신표로 가지고 내 딸을 잊지 말게."

이튿날 서생은 고기와 술을 가지고 개녕사 옛 자취를 찾아갔다. 과연 시체를 임시로 안치한 무덤이 있었다. 서생은 제물을 차려놓고 슬피 울면서 그 앞에서 지전(紙錢)을 불사른 뒤, 정식으로 장례를 지내주었다. 그리고 제문을 지어 조상했다. (제문 생략)

장례를 지낸 후에 서생은 슬픔을 이기지 못하고 토지와 가옥을 다 팔아 절간으로 가서 연달아 사흘 저녁 재를 올렸다. 이에 여인이 공중에 나타나 서생을 부르며 말했다.

"저는 낭군의 은덕을 입어 이미 다른 나라에서 남자의 몸으로 태어나게 되었습니다. 비록 저승과 이승이 막혀 있지만 낭군의 은덕에 깊이 감사의 뜻을 올립니다. 낭군께서도 이제 다시 착한 업을 닦으시어 저와 함께 속세의 누를 벗어나십시오."

서생은 그 뒤 다시는 장가 가지 않고 지리산에 들어가 약초를 캐면서 살았는데, 그가 어디서 세상을 마쳤는지 아는 사람이 없었다.

작품 해설

　이 작품은 기본적으로 이승의 남자와 저승 여자와의 사랑을 그린 애정소설인데, 학계에서는 이를 명혼소설(冥婚小說)이라고도 부른다. 산 사람이 죽은 사람의 영혼과 만나 관계를 맺는 이야기는 중국뿐만 아니라 우리나라에도 널리 알려진 것으로, 따로 시애설화(屍愛說話)라고 부르기도 한다. 이미 지적한 것처럼 이러한 내용의 이야기는 『삼국유사』 속의 「조신몽설화」나 『수이전』 속의 몇몇 이야기와 상통한다.

　「만복사저포기」에서 나타내고자 하는 것이 무엇인지에 대해서는 보는 사람마다 조금씩 다르다. 연애지상주의를 부르짖으면서 동시에 억압과 위선에 둘러싸인 중세기 여성의 해방을 주장하고 있다고 보거나, 불교사상을 배경으로 한 인생의 무상함을 나타낸다고 보기도 한다. 여기서는 산 자와 죽은 자 사이의 사랑이 살아 있는 사람들끼리의 사랑보다 강렬하게 묘사되고 있다. 이와 함께 이러한 사랑의 의지를 좌절시키려는 세계의 횡포를 함께 고발하고 있다. 그 세계는 여인을 죽게 만든 왜구의 침입일 수 있으며, 둘을 헤어지게 만든 유한(有限)한 운수(運數)일 수도 있다.

　이처럼 현실에 일어나는 문제점을 직접적으로 보여준다는 점에서, 이 작품은 현실주의를 지향하며 비극성을 내포하고 있다. 그러나 이러한 작품 결말의 비극성을 달리 해석하여 도교적 초월주의의 반영으로 보는 견해도 있다. 한편 작품 속의 주인공 양생은 김시습의 분신일 수도 있다. 사랑하는 여인과 함께 온전한 가정을 누리지 못한 작자의 꿈이 반영된 것이 곧 양생의 삶이라는 것이다.

■ 무량사 찾아가는 길

무량사는 충남 부여군 외산면 만수리에 있으며 마곡사의 말사이다. 만수산이 부여와 보령에 걸쳐 있는 탓에 부여와 홍성, 청양 등지에서도 갈 수 있다.
보령에서는 40번 국도를 따라 외산까지 간 후, 외산 중심지에서 왼쪽 무량사 가는 길로 접어들어 약 1.6km 가면 무량사가 나온다. 청양읍에서는 부여로 난 29번 국도를 따라 약 4.3km 가면 길 오른쪽으로 금정 새마을회관과 함께 606번 지방도로가 나온다. 이 길을 따라 7.1km 정도 가면 외산에 닿고 마을 중심지에서 오른쪽으로 무량사 가는 길이 나 있다. 부여에서는 보령으로 이어진 40번 국도를 따라 24.3km 가다 보면 외산에 닿는다. 부여에서 무량사까지는 시간마다 버스가 다니고 외산에서 부여까지는 20분 간격, 보령까지는 40분 간격으로 버스가 다닌다.
이 절의 극락전 뒤 계곡을 지나면 산신각이 나오는데, 그곳에는 김시습의 영정이 모셔져 있다. 무량사의 부도밭에서는 여러 스님들의 부도 사이에 서 있는 김시습의 부도를 만날 수 있다.

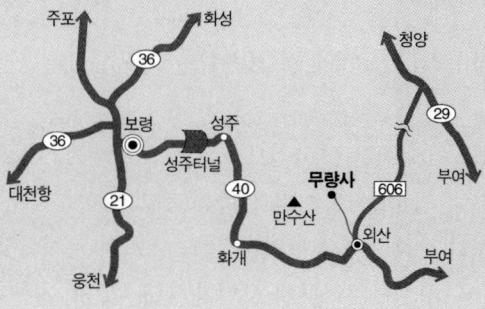

구속을 싫어한 진보적 지식인, 허균

1. 구속과 자유의 공간에서 빚어낸 문학

허균(許筠, 1569~1618)은 일반적으로 국문소설의 효시작으로 알려진「홍길동전」을 지었으며 김시습, 박지원과 함께 우리 소설문학사의 뚜렷한 획을 긋고 있는 작가이다. 그는 당시 엄격한 유교 윤리와 예학(禮學)에 사로잡힌 편협한 시각에서 벗어나 양명학뿐만 아니라 불교, 도교, 천주교 등 여러 방면의 지식을 수용했다. 아울러 독창적인 우리 문학을 주장했으며 억압받던 하층민의 입장을 대변하는 글을 남겼다. 이처럼 기존의 가치와 사고방식에 구속 받지 않는 삶을 살았던 그였기에, 후세의 문인들과 여러 사서에서는 그를 부정적으로 평가하기도 한다. 더욱이 자신의 문집 어디에도「홍길동전」에 대한 기록을 남기지 않아 고전소설 작자로서의 영예를 위협받고 있기도 하다.

파란만장한 벼슬살이

허균의 자는 단보(端甫)요 호는 교산(蛟山)·학산(鶴山)·성소(惺所)·성수(惺叟)·성옹(惺翁)·백월거사(白月居士)이고, 본관은 양천(陽川)이다. 그는 학자요 문장가로 이름이 높았던 동지중추부사(同知中樞府事) 초당(草堂) 허엽(許瞱)의 막내아들이다. 부친 허엽은 청주 한씨 부인과의 사이에 아들 허성(許筬)과 두 딸을 두었는데, 한씨 부인이 일찍 죽자 다시 예조참판 김광철(金光轍)의 여식을 후취로 맞이하였다. 그리고 강릉 김씨 부인 사이에서 허봉(許篈), 허난설헌(許蘭雪軒), 허균을 낳았다.

허균은 서울의 마른내〔乾川洞: 지금의 오장동 부근〕에서 태어났다. 강릉을 그의 출생지로 보는 사람들도 있다. 하지만 허균의 부친이 그가 태어나기 이태 전 중국에 사신으로 갔다온 뒤 서울에서 내직(內職)으로 벼슬살이했던 점을 감안한다면 그의 출생지가 '서울'일 것으로 짐작된다. 허균은 자신의 출생지가 유명한 인물이 태어난 곳임을 자랑하며 상당히 자부심을 가졌던 듯하다. 그의 문집 『성소부부고』(惺所覆瓿藁)의 「성옹지소록」(惺翁識小錄)을 보면, 자신의 집이 있던 마른내에는 청녕공주(青寧公主) 저택에서부터 본방교(本房橋)까지 서른네 집이 있었는데, 그곳에서 국초(國初) 이래로 김종서, 정인지, 양성지, 김수온, 유성룡, 이순신, 원균 등의 명인(名人)이 태어났다고 쓰고 있다.

허균은 5세 때부터 글을 배우기 시작하여 9세에는 시를 지을 줄 알아 장차 훌륭한 대문장가로서의 소질을 일찍부터 발휘하였다. 그러나 그의 두 형, 곧 허성, 허봉뿐만 아니라 누이인 허난설헌까지 모두 글재주가 뛰어났던 점을 감안한다면, 어린 시절 허균의 뛰어난 글재주는 전혀 놀랄 일은 아니다. 허균의 학문은 친형 허봉과 누이로부터 상당히 많은 영향을 받았다. 또한 어머니의 사랑을 받으면서 배움에 힘써 15세 때에는 둘째 형 허봉으로부터 글솜씨를 칭찬받을 정도에 이르렀다. 허균은 의금부도사 김대섭(金大涉)의 딸과 혼인한 17세 무렵에, 귀양에서 풀려난 둘째 형에게 고문(古文)과 한유(韓愈)·소동파(蘇東坡)의 시를 배웠으며, 서애(西厓) 유성룡(柳成龍)에게 나아가 글을 배웠다.

허균은 문학수업을 하던 이 시기에 자신의 일생에 중요한 영향을 끼친 스승을 만나게 되는데, 그는 삼당파(三唐派) 시인의 한 사람인 손곡(蓀谷) 이달(李達)이었다. 이달은 둘째 형의 친구로 당시 원주의 손곡리에 살고 있었다. 그는 어머니의 신분이 천한 탓에 벼슬길에 나아가지는 못했지만 뛰어난 글솜씨를 가지고 있었다. 허균은 누이와 함께 그에게서 시 짓는 법을 익혔다. 더욱이 손곡은 허균의 인생관과 문학관에 깊은 영향을 주었으며, 세상을 살아가는 데에 많은 도움을 주었다. 이후 허균이 서류천인(庶類賤人)에게 관심을 갖게 된 것도 모두 이 스승으로부터 비롯된 것이었다. 이 점에서 문학수업을 하였던 원주 땅은 허균의 인생에서 가장 중요한 삶의 공간이었다고 할 수 있다.

　20세 되던 해 허균은 그를 아껴주던 둘째 형 허봉을 잃었다. 이는 허균이 12세 때 부친을 잃은 후 겪은 두번째 가정적인 불행이었다. 더욱이 생원시험에 합격한 이듬해 22세에는 그를 가장 아껴주던 누이 난설헌마저 죽었다. 막내로서 친형과 친누이를 잃은 허균의 충격은 상당히 컸을 것으로 보인다. 이러한 가정적인 불행은 계속 이어져 24세 때는, 임진왜란이 일어나자 난을 피하여 함경도 단천(端川) 땅까지 갔다가 그곳에서 부인 김씨와 첫아들을 잃고 만다. 이때 허균은 가지고 갔던 소를 팔아 부인의 장례를 치렀다고 전한다. 허균은 29세 되던 해 김효원(金孝元)의 딸을 재취로 맞이하였다.

　그는 단천에서 돌아오는 길에 외가가 있는 강릉의 애일당(愛日堂)을 찾아 여기서 2년간 머물렀다. 이때 허균은 퇴락한 애일당을 다시 짓고 애일당의 뒷산 '교산'(蛟山)을 자신의 호로 삼았다. 그리하여 이곳은 그가 마음의 평안을 얻고, 문학적 영감을 교감한 삶의 중요한 공간이 된다. 그러나 지금은 그 애일당의 흔적을 찾아볼 수 없다. 다만 교산 언덕 위에 허균을 기념한 시비(詩碑)만 세워져 있다.

　허균은 26세(1594, 선조 27) 되던 해 2월, 정시문과(廷試文科)에 을과(乙科)로 급제하여 승문원(承文院) 사관(史官)으로 벼슬을 시작하였으며, 29세 때는 문과 중시(重試)에 장원급제하였다. 그는 병조좌랑으로 있던 이듬해, 황해도 도서(黃海道都事)로 부임하였다. 그러나 서울의 기생들을 그곳 임지까지 데려와 즐기고 무뢰배들과 어울리며 직무를 등한히 한 죄로 부임한 지 여섯 달 만에 파직당하였다. 파직과 복직의 파란만장한 벼슬살이가 비로소 시작된 셈이다. 벼슬살이는 그의 적성과 성미에 맞지 않았던 듯, 대개의 뛰어난 문학작품은 벼슬길에서 물러난 시련과 고난의 시기에 이루어졌다. 정치나 벼슬의 공간은 그를 오히려 구속하는 족쇄가 되었음에 틀림없다.

교산시비 애일당의 뒷산인 교산은 이무기가 기어가는 형상을 하고 있다 하여 붙여진 이름이다. 여기에 세워진 '교산시비'의 전면에는 「누실명」이, 뒷면에는 허균의 생애가 새겨져 있다.

그는 다시 맏형 허성의 도움으로 2년 뒤 관직에 복귀하였으며, 33세 때 형조정랑을 거쳐 이듬해에는 사예(司藝), 사복시정(司僕寺正)을 역임하였다. 이 해에 원접사 이정구(李廷龜)의 종사관이 되어 활약하기도 하였다. 36세 되던 해에는 수안군수(遂安郡守) 재직 시절 불교에 심취했다는 이유로 탄핵을 받아 두번째 파직을 당하였다. 그는 이 무렵 불교에 빠져들어 한때 승려가 되기 위해 출가를 결심했을 정도였다 한다.

허균은 37세에 명나라의 사신 주지번(朱之蕃)을 영접하는 종사관이 되었는데 그에게 학문과 문장력을 높이 인정받았다. 그리고 누이 난설헌의 시를 주지번에게 보여 누이의 시집을 중국에서 출판하는 계기를 만들었다. 그는 이런 공로를 인정받아 이듬해에 삼척부사(三陟府使)로 부임하였다. 그러나 여기서도 불상을 모시고 염불과 참선을 한다는 이유로 탄핵받아 석 달 만에 파직되었다. 그 뒤 40세에 다시 공주목사로 부임하게 되는데 이때부터 서류(庶流)들과 어울렸다. 그는 처삼촌인 심우영, 이경준 등과 사귀었으며, 또한 그들을 돕기도 하였다. 그러나 이 일이 광해군이 보낸 충청 지방 암행어사의 감사에 걸려 또다시 파직되었다.

그 후 허균은 전라도 부안의 봉산(蓬山)에 내려가 그곳의 산천을 유람하였다. 이때 명기(名妓) 매창(梅窓 : 桂娘)을 만나게 된다. 그녀는 원래 천민 출신의 시인 유희경(劉希慶)과 깊은 정을 나누고 있었다. 허균의 『성소부부고』를 보면, 그가 매창과 시를 읊으며 즐기다가 밤이 되자 매창이 그녀의 조카딸을 자신의 침소로 들여보낸 일을 기록하고 있다. 허균은 매창이 죽자 그녀를 기리는 다음과 같은 시를 남겼다. 매창의 무덤은 현재 부안에서 가까운 '매창뜸'이라는 공동묘지에 있다.

> 아름다운 글귀는 비단을 펴는 듯하고
> 맑은 노래는 구름도 멈추게 하네.
> 복숭아를 훔쳐서 인간 세계로 내려오더니
> 불사약을 훔쳐서 인간 무리를 두고 떠났네.
> 부용꽃 수놓은 휘장엔 등불이 어둡고
> 비취색 치마엔 향내가 아직 남아 있구나.
> 이듬해 작은 복사꽃 필 때쯤이면
> 그 누가 설도(薛濤 : 중국의 名妓)의 무덤을 찾아오려나.
> ―「애계랑」(哀桂娘)

허균은 41세(1609) 되던 해 명나라의 책봉사신이 오자 원접사 이상의(李尙毅)의 부름을 받아 서장관의 일을 하기 위해 서울로 올라왔다. 이 해에 첨지중추부사(僉知中樞府事)가 되었고 이어서 형조참의가 되었다. 이듬해 (1610)에는 명나라 성절사로 가라는 명령을 받았지만 몸이 아프다는 핑계로 거절했다가 면직되었다. 그러다가 이 해에 궁중에서 치르는 과거시험〔殿試〕의 시관(試官)이 되었는데, 이때 '자서제질사돈방'(子婿弟侄查頓榜)이라는 사건으로 물의를 일으켰다. 박승종, 이이첨 등이 친인척을 과거에 부정으로 합격시킨 사건인데, 허균도 이때 큰형의 둘째 아들과 여서(女婿) 박홍도를 부정으로 뽑았다. 이 일로 인하여 42일 동안 옥고를 겪은 뒤 전라도 함산(咸山 : 咸悅)으로 유배당했다. 그는 함산 유배지에서 자신의 문집 『성소부부고』를 직접 정리하여 완성하였다.

 이 사건은 그에게 상당히 충격적이었다. 왜냐하면 다른 사람들은 별 탈 없이 넘어갔지만 세력이 없던 자기만 유배당했기 때문이다. 그 뒤 허균은 처세를 완전히 바꾸어 당시 대북파(大北派)의 영수로 권력을 휘두르던 이이첨(李爾瞻)에게 아부하며 가까이 지내게 된다. 게다가 2년 뒤 서자 출신의 박응서, 서양갑, 심우영 등의 칠서지옥(七庶之獄)이 일어나자 신변의 위험을 느껴 더욱 이이첨과 가까이 지냈다. 이 옥사는 박응서 등이 주동이 되어 혁명을 일으키려다가 사전에 발각된 것인데, 그들과 평소에 어울리던 허균은 여기서 용케 빠져나올 수 있었다.

 허균이 44세 되던 해, 당쟁의 회오리에 휩쓸리던 허균에게 그나마 믿음을 주고 의지가 되었던 큰형 허성마저 세상을 떠나고 말았다. 그는 이제야말로 혼자 남게 되었다. 이이첨과 친하게 지내면서 그는 이이첨이 주선한 벼슬 호조참의의 신분으로 천추사(千秋使)로 중국을 다녀왔고(46세), 다시 이듬해에는 동지겸진주사(冬至兼陳奏使)인 민형남(閔馨男)의 부사(副使)가 되어 중국에 갔다. 중국을 왕래하면서 그는 명나라의 학자들과 사귀는 동시에 『태평광기』뿐만 아니라 천주교 기도문과 지도 등을 얻어 국내에 가져왔다. 두 번에 걸친 사신 일로 인해 그는 48세에 형조판서가 되어 광해군의 신임을 받게 되었다.

 이 무렵 윤선도(尹善道)가 이이첨의 권력 남용을 탄핵하는 상소〔丙辰上疏, 1616〕를 올리는 사건이 일어났다. 이에 광해군은 이 사건의 내막을 자세히 알아보려고 하였다. 그러자 이이첨은 자신의 권력을 유지하기 위해 영창대군의 모친인 인목대비 폐모론을 들고 나왔다. 이때 49세로 좌참찬(左參贊)의 직위에 있던 허균은 이이첨의 조종에 따라 폐모론을 강력히 주장하게 되었고 그 흉계를 꾸미는 일을 담당하였다. 이 때문에 허균은 유생들의 공격 대상이 되었다. 그러던 차에 당시 폐모론을 반대하던 영의정 기자헌(奇自憲)이 길주로 유배를 가게 되었다. 이에 원한을 품은 그의 아들 기준격(奇俊格)은 아버지를 구하기 위하여 허균의 죄상을 폭로하는 상소를 올렸다. 그러자 허균도 상소를 올려 변명하였다.

그런데 이이첨은 허균이 광해군의 총애를 받는데다가 허균의 딸이 왕의 후궁으로 가게 되는 것을 보고, 그의 세력이 커지는 것을 막기 위해 그를 제거할 음모를 꾸미게 되었다. 허균이 50세가 되던 해 8월, 남대문에 괴서(怪書)가 붙여진 사건이 일어났다. 결국 이 일은 허균의 심복인 서얼 출신 현응민(玄應旻)이 저지른 것으로 밝혀졌다. 이에 이이첨은 허균과 기준격을 대질심문시킨 끝에 역적 모의의 죄목을 뒤집어씌워, 허균을 그의 동료들과 함께 서쪽 저자거리〔西市〕에서 책형(磔刑 : 능지처참형)으로 죽이고 말았다. 그는 당쟁의 와중에 휩쓸려 권력투쟁의 전면에 나섰다가 50세의 나이로 불운하게 죽고 만 것이다.

허균에 대해서는 총명하고 영민하며 시를 짓고 감식하는 능력이 뛰어나다는 평가가 내려지면서도, 한편으로는 인목대비의 폐모를 앞장서서 주장하고 기생이나 무뢰배들과 어울려 지내는 등의 반인륜적이고 경박한 행위를 일삼는다는 이유 때문에 부정적인 평가가 내려지기도 한다. 허균의 전 생애를 돌이켜볼 때 그는 가정적으로 매우 불행하였으며, 그로 인한 정신적 충격과 갈등을 심하게 겪었다. 그가 44세 되던 해 마지막 남은 혈육 큰형 허성마저 죽자, 그 이후로는 더이상 자신을 주체하지 못하고 당쟁의 격랑 속에 자신을 내맡기게 되었던 것이다.

허균은 벼슬살이를 하는 동안 잦은 파직을 당하면서도 중국의 사신을 접대하는 서장관으로 활약하였다. 파직 이유는 그의 돌출적이고 경박한 행동에서 비롯되었는데, 특히 외직(外職)에 나가서는 거의 1년을 지탱하지 못했다. 이로 인해 그는 귀양살이를 계속하게 된다. 그러나 유배는 그에게 자신의 생애를 돌이켜보는 계기가 되었고, 이 시기에 그는 문학활동을 집중적으로 하거

허균 묘소 양천 허씨 묘역에는 초당 허엽과 그의 세 아들인 허성, 허봉, 허균 등의 묘가 있다. 맨 위쪽에 허엽의 묘가 있는데 두 부인과 합장되어 있다. 그리고 그 왼편 아래로는 두 부인과 합장된 허균의 묘가 있으며, 그 왼편으로 허봉과 허성의 묘가 차례로 자리한다.

나 자신의 글을 정리하였다. 그는 『성수시화』(惺叟詩話)에서 "아무리 부귀영화를 누리던 사람이라 해도 귀양살이를 하면서 어렵고 험난한 체험을 하게 되면 비로소 삶의 진실을 근거로 하여 이루어지는 기묘한 문학을 할 수 있다"고 말했다. 고난의 체험을 통한 문학, 그것이 곧 허균 문학의 본질이라고 할 수 있다. 한편 종사관으로 활약했다는 것은 그만큼 글재주가 뛰어났음을 의미하는데, 특히 그의 시적 감식안은 당대 최고의 수준이었다.

 허균의 자유분방한 성격은 막내로서 부친을 일찍 여의고 홀어머니의 편애를 받으면서 자라 자유롭고 무절제한 생활에서 비롯된 탓도 있다. 하지만 기존의 지식 외에도 새롭고 다양한 지식을 적극적으로 수용하려는 그의 진보적인 개방성과 천재적인 능력 등에서 이룩되었다 할 것이다. 따라서 그의 개혁성과 진보성은 높이 평가받아야 마땅하다. 다만 그에게 내려진 '경박자'(輕薄者)니 '표리부동자'(表裏不同者)니, 혹은 '천지간의 한 괴물' 등의 부정적인 평가는 45세 이후 중앙의 정치판에 뛰어들어 당쟁의 급류에 편승했던 그의 마지막 생애에 국한해야 할 것이다. 어쨌든 허균은 재주는 있으나 덕이 부족했던 문제적 인물이었음이 분명하다.

허균은 역모의 죄로 저자거리에서 능지처참형을 받았기 때문에 그의 무덤이 과연 남아 있을까 하는 의구심마저 든다. 하지만 그의 무덤으로 알려진 곳이 있는데, 현재 경기도 용인시 원삼면 맹리 건지산 아래쪽에 자리잡은 양천 허씨의 묘역이 그곳이다. 원래 이들 묘는 다른 곳에 있었는데 후손들의 노력으로 이곳에 한데 이장했다고 한다. 그러나 허균의 무덤은 그가 반역죄로 처형된 후 어떤 방법으로든 명예회복이 되지 않았기 때문에 가묘(假墓)로 추정하는 사람들이 많다.

2. 허균의 사상과 문학

허균은 자신과 세상의 관계를 '불여세합'(不與世合), 즉 "세상과 화합하지 못한다"(「四友齋記」)고 하였다. 이때의 '세상'은 기존의 완고한 중세적 질서를 말한다. 그는 벼슬살이에서 여섯 번의 파직과 세 번의 유배를 겪었다. 이는 그가 얼마나 순탄하지 못한 세상살이를 했는지 짐작케 해준다. 그는 서얼(庶孼)들을 규합하여 역모를 꾀한 죄목으로 죽음을 당할 만큼 기존의 체제와 사고방식에서 벗어난 행위를 보여주었다. 광해군이 통치하던 당시는 당쟁이 격화되고 사회의 구조적 모순이 드러났으며, 주자학적 이념과 질서가 동요되던 시기였다. 그는 중세적인 체제 속에서 살면서도 체제비판적인 사고방식의 소유자였다.

그런데 「홍길동전」을 허균이 지었다는 사실은 택당 이식(李植)의 『택당집 별집』의 기록에 근거할 뿐, 그 밖의 어느 문헌에도 더이상 자세한 사실은 남아 있지 않다. 따라서 과연 이 소설 작품을 허균이 지었느냐 하는 문제는 학계의 큰 쟁점이 되어왔다. 이러한 저작 문제를 해결하기 위하여 다각적인 방향에서 연구가 진행되었다. 그 가운데 하나의 방법이 '허균의 사상'을 살펴는 일이었다. 곧 허균의 사상이 「홍길동전」의 작품적 의미와 어느 정도 일치하느냐를 따지는 것이다. 이는 그의 문집 속에 흩어져 있는 여러 글을 통하여 그의 사상을 밝히고, 이것이 소설 작품 속에 어느 정도 일치하는지를 규명하는 작업을 말한다.

그 동안 허균의 사상적 특징으로 상당히 많은 부분이 거론되었다. 그의 뚜렷한 사상적 흔적으로는 정치사상을 들 수 있다. 이것은 『성소부부고』에 '논'(論)의 형식으로 된 각종 글 속에 제시되고 있다. 이들은 대체로 이념과 내정의 개혁, 국방정책의 강화, 신분계급의 타파 등으로 정리된다. 「정론」(政論)에서 그는 나라를 다스릴 때는 유능한 신하가 있어야 하며 권신(權臣)이나 소인배가 있으면 임금은 이상정치를 펼 수 없다고 하였다. 「관론」(官論)에서는 관원이 너무 많아 기구와 관료를 줄여 국고의 손실을 막아야 한다고 했으며, 「후록론」(厚祿論)에서는 관리에게 의식주를 해결할 정도의 넉넉한 봉록을 주어야 부패와 착취를 막을 수 있다고 하였다. 또한 「병론」(兵論)에서는 군정(軍政)의 난맥상을 예로 들면서 모든 계층에게 병역의 의무를 부여해야 한다고 주장하였다.

특히 그의 소설을 이해하는 데 중요한 논설은 「호민론」(豪民論)과 「유재론」(遺才論)이다. 「호민론」에서는 위정자가 백성을 두려워해야 한다고 주장하였다. 그는 백성을 객관적 사회현실을 이해하고 행동하는 정도에 따라 항민(恒民), 원민(怨民), 호민(豪民)으로 나누면서 이들의 저항적 잠재력을 예리하게 파악하였다. 그에 의하면 세 부류의 백성 가운데 호민은 가장 무서운 존재로, 나라의 돌아가는 상황을 지켜보다가 적당한 때가 오면 분연히 떨쳐 일어나 자신의 주장을 관철시키는 자이다. 이런 점에서 호민은 현실에 대한 문제의식을 바탕으로 이를 극복하기 위해 노력하는 인물이다. 호민이 나머지 두 부류의 백성을 모아 기존 체제에 반기를 들면 농민저항이 된다. 허균은 한나라 때의 황건적, 당나라 때의 황소, 그리고 우리나라의 견훤과 궁예가 호민에 해당한다고 말한다. 이로 미루어 「홍길동전」의 주인공 길동은 호민의 부류에 속한다고 할 수 있다.

「유재론」에서 그는 불평등한 인재등용을 비판함으로써 국가와 사회의 모순된 제도 아래서 인간의 차별 문제를 부각시켰다. 그는 인재란 신분의 높고 낮음에 관계없이 하늘에서 내려주는 것인데, 나라에서 가문과 과거만으로 등용을 제한하는 것은 불합리하다고 보았다. 특히 그는 벼슬길에 나아가지 못하는 인재로서 서자(庶子)와 개가(改嫁)한 집 자손을 들고 있다. 적서차별을 부르짖는 「홍길동전」이야말로 그의 이러한 생각을 대변하고 있다고 보아야 할 것이다. 그는 세상의 부당한 차별로 불행하게 살다간 인물들의 전기를 쓰기도 하고, 시선집인 『국조시산』(國朝詩刪)에서는 서얼들의 시를 수록하기도 하였다.

또한 당시에 이단시되던 불교와 도교에도 깊은 관심을 나타냈다. 그는 한때 출가를 생각했을 만큼 불교에 깊은 관심을 나타냈으며, "불교의 오묘한 진리를 접하지 않았다면 평생을 헛되이 보냈을 것"이라고 말하기도 했다. 그는 불교를 신봉하여 자주 파직을 당하면서도, 자신의 소신을 굽히지 않았다. 그는 삼척부사에서 파직당하고 난 뒤 그때의 심정을 다음과 같이 읊고 있다.

> 예교(禮敎)가 어찌 자유를 구속하리오
> 부침(浮沈)을 오로지 정(情)에 맡겨두리라.
> 그대들은 그대들의 법을 따르는 것이고
> 나는 나대로 나의 생을 살아가련다.
> 친우들 서로 와서 위로를 하고
> 처자는 맘 속으로 불평하지만,
> 즐거운 소득 하나 있는 것 같아
> 이백과 두보 이름 나란히 했네.
>
> ―「문파관작」(聞罷官作)

이 한시에서는 기존 예교의 구속에서 자유롭고 자신만의 법대로 살려는 심정을 토로하고 있다. 그는 그만큼 성리학의 역사적인 한계를 충분히 인식하고 있었다. 그러나 허균은 불교적 지식이 상당했음에도 불구하고, 유학 자체를 부정하지는 않았다. 그는 다른 글에서 "불서(佛書)를 읽는 까닭은 그 글이 좋기 때문이며 그것으로 파적(破寂)거리를 삼는다"고 했다. 이로 미루어 불교서적의 구득은 자신의 문장 묘미를 계발하기 위한 노력에서 비롯된 것으로 이해된다. 더욱이 불교에 대한 관심은 그의 심리적인 갈등과 관련이 깊다. 그는「문파관작」의 첫번째 시에서 "불교를 대하는 것은 마음이 머물 곳이 없기 때문"이라고 밝히고 있다. 한마디로 벼슬살이에 대한 좌절과 가정적 불행에 따른 마음의 불안정을 위안받기 위하여 불교에 심취한 것이라고 볼 수 있다.

이러한 심리적인 갈등은 불교뿐만 아니라 도교에도 관심을 갖게 하였다. 그리고 그는 이단시되던 양명학에 대해 상당히 높은 수준의 지식을 지녔다. 도교에 대해서는 주로 양생술과 신선사상에 깊은 관심을 나타냈다. 허균은 노자를 비롯하여 31열선(列仙)에 대한 찬(贊)도 지었으며, 단학 수련에도 상당한 지식을 나타냈다. 또한 그는 은둔사상을 동경하여 4천 권이 넘는 중국 선가(仙家)의 서적을 발췌하여 『한정록』(閑情錄)으로 집대성하기도 하였다. 그 밖에 서학(西學 : 천주교)에도 관심을 가져 중국에 사신으로 갔을 때는 이에 관한 기도문을 가지고 온 적이 있었다.

이처럼 허균은 기존의 성리학적 예교에 얽매이지 않고, 당시에 이단시되던 여러 방면의 사상과 지식에 폭넓게 관심을 갖고 수용하는 열린 시각의 소유자였다. 또한 억압받는 백성에 대해서도 관심을 기울였으며 신분 질서를 부정하고 평등사상을 주장하는 진보적인 입장을 보이기도 하였다. 그는 한마디로 당대의 문제적 인물이면서 시대적 선각자였던 것이다.

주체성과 독창성의 문학

허균은 문학에 대해 어떠한 생각을 갖고 있었을까. 그는 우선 '감정의 자유로운 발현'을 중시하였다. 그리하여 "남녀의 정욕은 하늘이 부여한 것이니 성인의 가르침을 어길지언정 하늘이 준 본성을 감히 어길 수 없다"고 하였다. 이 때문에 그는 백성의 진솔한 감정이 토로된 국풍(國風), 곧 민요를 시도(詩道)의 정도(正道)로 삼았다. 또한 자연스런 감정을 발현하기 위하여 '현실의 체험'을 중시하거나 '인간의 꾸밈없는 마음의 경지를 포착'하는 것을 강조하였다. 문장이 부귀공명의 편안함보다는 어려움을 겪고 난 후에야 더욱더 묘경(妙境)에 들 수 있다는 것은 이미 자신이 유배생활을 통해 터득한 바이다. 그는 시란 천기(天機), 즉 진솔하고 자연스러운 마음을 포착할 때 최고의 경지에 이를 수 있다고 믿었다. 하늘이 부여한 진솔한 감정을 강조한 것도 바로 이러한 이유 때문이다.

다음으로 그는 '개성을 중시하는 문학관'을 가지고 있었다. 그는 중국 역대 한시의 대가들의 글을 인용하는 '의고주의'(擬古主義)를 비판하고 자기만의 글과 개성을 강조했다. 자신의 시가 당시(唐詩)와 같다거나 송시(宋詩)와 같다는 말을 듣기보다 오직 '허균의 시다'라고 평가받기를 좋아했다.

> 지금 시를 짓는 사람들은 한(漢)·위(魏)·육조(六朝)·당(唐)을 말하고 그 아래로 소동파(蘇東坡)·진사도(陳師道)를 말한다. 그러면서 모든 사람이 그 자리를 빼앗을 수 있다고 말한다. 이 말은 망녕된 소리다. 이는 기껏 말 뜻을 주워모아서 그대로 답습하거나 글귀를 적절히 표절해서 뽐내는 것에 지나지 않는다.
> —「시변」(詩辨)

허균은 이 글에서처럼 선진(先秦)시대의 글을 모범으로 삼고 또한 이러한 방향에서 고문운동(古文運動)을 일으킨 한유, 유종원, 구양수, 소동파 등의 전례를 따르는 일을 거부하였다. 문장은 무조건 고문을 본받아야 한다는 당시의 풍조를 거부한 것이다. 여기서 고문이란 '한문학에서 모범이 되는 성현의 글(문장)'을 의미한다. 또다른 글에서 그는 "유종원 이전의 글이 모범이 되는 이유가 오직 상하(上下)의 자연스러운 감정을 통하게 했다는 데 있다"면서, "한유, 유종원도 자기 시대의 문제를 제대로 다루었기 때문에 평가를 받는다"고 하였다. 이와 관련하여 그는 고문이 아닌 '상어'(常語)의 사용을 주장했으며, 남의 글을 표절하는 것을 반대하였다.

> 내가 보건대 (유종원·구양수·소동파 등의 글은) 비록 간략하고 웅혼하며 길고 분방하여 굳세고 기이한 듯하니, 이는 당시의 상어(常語)를 변화시켜 진실함을 만든 것이며 쇠를 녹여 금을 만든 것이다. (……) 그대는 이들의 글을 자세

히 보았는가? (……) 유종원·구양수는 스스로 유종원·구양수가 되었다. 서로 답습하지 아니하고 각각 일가를 이룬 것이다. 배우기를 원하는 자는 이런 경지를 배우는 데 있어야 하며 남의 집 아래에다 집을 짓고 답습하고 훔치고 닦아내다가 비난을 받는 것을 스스로 부끄러워해야 한다.

—「문설」(文說)

 허균은 개성적인 시를 쓰기 위해서는 상어(常語)를 사용해야 한다고 주장한다. 상어란 '당대의 일상어'로서 한자를 완전히 버린 것이라기보다는 '비어(卑語)나 속어(俗語)를 섞어 쓴 우리말식 한문 표현'이라고 할 수 있다. 당대의 한문을 우리말식으로 바꿔 쓰는 일은 다시 조선 후기의 문인들이 해결해야 할 과제가 되었으니, 연암 박지원은 고문을 버리고 시속문(時俗文)으로 바꿔 쓰려고 하였다. 허균은 송강 정철의 글을 평하기를, "정송강은 속구(俗謳)를 잘 지었다. 그의 「사미인곡」과 권주사(勸酒辭)는 들을 만하다"고 하였다. 속구란 '우리말로 된 글'을 말한다. 그가 속구를 긍정적으로 평가한 것은 그의 국문에 대한 인식이 남달랐음을 의미한다. 이러한 인식은 서포 김만중에게서도 찾아볼 수 있다. 허균은 또한 '남의 글을 답습해서는 안되고 자기 나름의 독창적인 경지를 개척해야 한다'고 주장하였다. 이는 당시 중국의 글을 모범으로 삼아 모방하기를 일삼던 당대 풍습을 비판한 것이었다.
 이처럼 일찍이 허균에게서 찾아볼 수 있는, 우리 것에 대한 주체적인 인식과 독창적인 문학에 대한 자각은 고루한 인식에 젖어 있던 당대 사대부의 문학관과는 상당히 달랐다. 그런 점에서 허균의 근대적 문학관은 주목할 만하다.

시를 알았던 사람

 허균 문학의 참모습을 살필 때는 한시 창작과 「홍길동전」 외에, 시화집의 편찬에도 주목할 필요가 있다. 그는 25세에 이미 시화서(詩話書) 내지는 시 비평서라고 할 수 있는 『학산초담』(鶴山樵談)을 찬(撰)하였다. 이 책은 삼당파 시인(三唐派詩人)을 비롯하여 그의 형인 허봉, 누이인 난설헌 등의 시에 대한 시 비평이 주류를 이루고 있다. 아직 그가 과거시험에 합격하기 1년 전에 엮어진 것이니, 시를 이해하는 그의 능력이 어느 정도인지를 짐작할 수 있다.

그는 중국의 사신을 접대하거나 중국을 왕래할 때, 또는 각 지방을 다스리러 내려가거나 여행할 때, 혹은 수시로 이야기를 들었을 때는 전해듣거나 보고 들은 바를 기록하거나 시로 제작하는 열의를 보였다. 29세에는 연행(燕行)에서 지은 시 37편을 묶은 「정유조천록」(丁酉朝天錄), 이듬해에 원접사의 종사관으로 서행(西行)한 뒤 지은 시 19편을 모은 「무술서행록」(戊戌西行錄), 31세에는 황해도 도사로 있을 때 지은 시를 묶은 「좌막록」(佐幕錄), 33세에는 해운판관(海運判官)을 지낼 때 지은 일기 「조관기행」(漕官紀行), 34세에는 원접사 이정구를 모실 때 지은 시를 엮은 「임인서행록」(壬寅西行錄), 또 같은 해에 금강산을 유람하면서 지은 「풍악기행」(楓岳紀行), 38세에는 명나라의 사신 주지번을 대접하며 서행하면서 쓴 일기인 「병오기행」(丙午紀行) 등을 남겼다.

또한 허균은 39세에는 삼척부사에서 파직된 뒤 명시(名詩)들을 모아 『동국시산』(東國詩刪)을 엮었고, 41세에는 원접사 이상의의 종사관으로 서행하면서 시와 「을유서행록」(乙酉西行錄)을 지었다. 이듬해에 병이 들어 요양하면서 궁인을 만나 궁 안의 일을 자세히 들은 뒤 「궁사」(宮詞) 100수와 『한정록』(閑情錄)을 지었다. 이 『한정록』은 중국 사신 주지번이 준 책을 읽고 은일(隱逸)·한적(閑適)·퇴휴(退休)·청사(淸事)의 사문(四門)으로 나누었다가, 다시 연행(燕行)에서 구입한 책 4천여 권을 읽고 16권으로 증보한 것이다.

그리고 그의 나이 43세에는 함산으로 귀양 가서 「지소록」(識小錄)을 엮었다. 이곳에서 또한 이미 39세 때 엮었던 『동국시산』을 다시 손질하여 석 달 만에 『성수시화』를 완성하였다. 이 책은 최치원부터 허균 당대에까지 800여 년 동안의 시들을 96조목으로 나누어 일일이 품평하고 있는바, 위로는 사대부에서부터 아래로는 여류, 우사(羽士), 승려, 창기(娼妓)에 이르기까지의 시를 망라하고 있다. 그는 이 귀양지 바닷가에서 쌀겨마저 먹지 못하는 어려운 나날을 보내면서, 그 옛날 산해진미조차 먹기 싫어했던 일을 생각하며 「도문대작」(屠門大嚼)을 지었다. 이 제목은 '푸줏간을 지나면서 크게 입맛을 다신다'는 뜻이다. 그는 이 책을 통하여 옛날의 영화를 생각하며 생계의 고통을 잊고

자 한 것이다. 그리고 그는 이곳에서 43년 동안 문필생활의 총결산인 문집 『성소부부고』를 정리하여 엮었다. 이 책은 그가 죽기 전에 외손에게 전해졌다고 하며 부록으로 『한정록』이 있다.

그 밖에도 44세 이후 2년간 부안에 살면서 호남지방을 여행할 때 지었다는 「계축남유초」(癸丑南遊草), 46세 이후 2년간 중국을 두 번 왕래하면서 견문한 바를 기록한 「을병조천록」(乙丙朝天錄) 등이 있었다고 하나 지금은 전하지 않는다. 또한 임진왜란 사실을 적은 「동정록」(東征錄)은 『선조실록』의 편찬에 중요한 자료가 되었다고 하지만 역시 전해지지 않는다.

허균에 대해서는 후세의 문인들이 "시를 안 사람"이라고 했고, "감별력이 뛰어난 사람"이라고도 했다. 『국조시산』은 그의 시적 감식력을 잘 보여준 시선집으로 후세의 문인들에게 높은 평가를 받았다. 그는 "성정(性情)의 자연스런 발로(發露)"를 가장 중시하였으며, 송시(宋詩)보다는 당시(唐詩)를 좋아하였다. 이는 그의 스승인 손곡 이달에게 영향을 받은 것으로 보인다.

그러나 그의 시는 "재주는 뛰어나지만 격률(格律)은 뒤떨어진다"는 평가를 받는다. 그는 당시(唐詩)를 시의 전범으로 삼으면서도 시법에 얽매이지 않고 솔직한 감정을 다양하게 표현하려고 하였다. 그의 유명한 시 「궁사」(宮詞)의 한 부분을 살펴보자.

건춘문 밖 의장대 소리 우레 같고
사헌부 정재(呈才)로 조그만 잔치 열었네.
한 줄로 꽃 속에서 궁녀가 나오더니
양궁(兩宮)께서 비로소 서총대(西蔥臺)로 거둥하시네.

건춘문은 세자궁이 있는 곳이고 서총대는 임금이 거둥하여 무관들의 무예를 점검하던 곳이다. 봄날에 임금이 그곳으로 행차하는 거둥과 그때의 의례를 묘사하고 있다. 그는 벼슬살이를 하면서도 자연으로 돌아가고 싶은 마음을 다음과 같이 읊었다.

전원이 거칠건만 어느 때나 돌아갈까.
머리가 흰 이 사람은 벼슬살이에 뜻이 적네.
적막한 산림에 봄일〔春事〕 다 지나가고
성긴 비에 장미 젖는 것을 다시금 보게 되네.

고요한 낮졸음은 비 내릴 때부터요,
베갯머리 더운 바람 관청에 넉넉하네.
소리야, 점심 먹으라 재촉하지 말아라.
꿈 속에서 바야흐로 무창(武昌)의 고기를 먹나니.
― 「초하성중」(初夏省中), 2

성기게 내리는 비에 핀 장미를 보고 자연으로 돌아가고픈 심정을 노래하고 있다. 단잠에 취해 있을 때 깨우지 말라는 것은 그러한 생각을 꿈속에서나마 실현하고픈 심정 때문이었을 것이다. 그의 자연으로 돌아가고자 하는 의지는 아마도 자신의 잦은 파직과 그로 인한 벼슬살이의 좌절에서 비롯된 것인지도 모른다.

한편 그의 시 가운데는 백성들의 곤궁한 생활상을 묘사하는 것들도 있다.

해 저문 날 황촌(荒村)에서 눈물 짓는 아낙
귀밑머리 서리 같고 두 눈마저 침침하네.
남편은 빚 못 갚아 북녘 집에 갇혀 있고
아들은 도위(都尉) 따라 서원(西原)으로 떠나갔네.
난리통에 집안에 쓸 만한 것 불타 없고
이 산 저 산 피난길에 옷가지도 다 잃었네.
먹고 살 일 아득해서 살 맛마저 안 나는데
관가 차인(差人) 무슨 일로 또 문을 두드리나.
― 「기견」(記見)

난리통에 괴로움을 겪는 것은 아낙네들이다. 남편은 빚으로 감옥에 갇혔고 아들은 전쟁터로 끌려갔다. 그런데도 관청에서는 또 수탈하기 위해 문을 두드린다. 원망으로 가득 찬 백성들의 얼굴에 흐르는 눈물을 보는 듯하다.
　또한 허균은 여성들의 입장을 따뜻한 시선으로 노래한 시들을 짓기도 하였다. 그 유명한 시가 「노객부원」(老客婦怨)이라는 서사시이다. 원래 「풍악기행」이라는 시편 속에 있는데, 허균은 금강산을 찾아가는 도중에 철원의 한 객점에서 늙은 여자를 만나 그때 들은 이야기를 이 작품으로 형상화하였다.

　　동주성 서편으로 가을해가 뉘엿뉘엿
　　보개산 마루턱엔 저녁노을 끼었구나.
　　객점을 찾아드니 머리 센 할머니 남루한 차림으로
　　사립문 열고 나와서 길손을 맞이하네.
　　이 할머니 하는 이야기 "나는 본디 서울 사람으로
　　유리파산하고 외톨이 타관살이하는 신세라오.
　　지난번 난리에 왜놈들이 서울을 함락할 제
　　자식 하나 데리고 어머님과 낭군을 따라(……)

　이 작품의 서두는 이렇게 시작된다. 늙은 여인을 객점에서 만나 그녀로부터 자신의 이야기를 듣고 그것을 전달하는 형식을 취하고 있는 이 시는, 그녀가 임진왜란으로 남편과 자식, 그리고 시어머니를 따라 유리걸식하다가 어머니와 낭군을 왜군에게 잃고 또한 아들마저 빼앗긴 채 자기만 혼자 남게 된 사연을 이야기한다. 그러던 중 아이가 살아 돌아왔다는 소문을 들었건만, 자신의 처지를 생각하며 그를 만나지 못한다는 내용이다. 난리통에 겪는 아낙네의 고통을 솔직하게 그려가는 시인의 관찰력이 예리하다.
　허균은 민간에 떠도는 이야기를 채취하였을 뿐만 아니라, 거기서 떠도는 노래에도 관심을 가지고 있었다. 민요에서 인용한 것을 시로 형상화한 작품으로 「황주염곡」(黃州艶曲)이 있다. 모두 아홉 수로 된 이 작품을 보면, 일관된 서사적 줄거리는 없지만 대개는 남녀 사이의 여러 애정담이 나열되어 있다.

윗녘에 정방산(正方山 : 황주에 있음) 높고 높고
아래로 족금계(簇錦溪) 흘러흘러.
차라리 창기(娼妓)가 될지언정
상인(商人)의 아내는 되지 마소.
상인 낭군 강물 따라 떠나갈 제
팔월에는 돌아온다 기약하고
구월이라 중양(重陽)날이 지났건만
담근 술 익었는데 임 소식은 없네.(……)

이 시에서는 한 여인이 기약하고 떠난 뒤 소식이 없는 장사꾼 남편에 대한 그리움과 안타까움을 하소연하고 있다. 이 밖에도 젊은 남녀의 밀회와 사랑을 묘사하거나 중국 비단을 무역하는 상인이 기생을 만나 재산을 탕진한다는 내용도 실려 있다.

모순된 사회현실을 타파하다

다음은 허균의 산문을 살펴보자. 먼저, 소설 「홍길동전」에 대해서는 작품의 저자, 작품의 주제, 그리고 형성의 근원이 소재나 내용 등의 여러 측면에서 연구가 이루어졌다. 이 작품의 저작자 문제는 상당히 중요하다. 그러나 "허균이 홍길동전을 지었다"는 택당 이식(李植)의 기록(『택당집 별집』)이 있는데다 이를 부정할 만한 근거가 없기 때문에 「홍길동전」 작자의 영광은 여전히 허균에게 있다고 봐야 할 것이다.

그런데 「홍길동전」은 허균의 친필본이나 그가 생존하던 당시와 가까운 시기에 이루어진 판본은 발견되지 않고 있다. 현재는 19세기나 20세기 초에 이루어진 판본만 있는데, 허균 시대와는 거의 3백 년 가량의 시간적인 격차가 있다. 이런 이유 때문에 이 작품이 과연 한글로 지어졌는지, 아니면 한문으로 지어진 것인지부터 의견이 분분하다. 현재 한문본은 유일하게 서강대 도서관에 소장된 필사본(30장본)이 남아 있는데, 이것은 조선 후기에 이루어진 것으로 인식되고 있다. 따라서 「홍길동전」은 한글로 먼저 지어진 것으로 믿어진다.

그리고 판본 가운데 1905년에 한남서림(翰南書林)에서 출간된 목판본이 가장 오래된 것이라는 주장이 많다. 그렇다면 약 3백 년 정도의 시간적인 거리가 있는데, 그 판본이 과연 원전(原典)의 모습을 얼마나 유지하고 있느냐 하는 것도 큰 논란거리가 될 수 있다.

「홍길동전」의 주제에 대해서는 계급타파, 특히 적서차별의 폐지를 강조하고 있다는 주장이 있었다. 여기에 지배층의 불의(不義)한 재물을 빼앗아 빈민을 구제하려 했다는 주장, 모순된 사회현실을 타파하고 더 나아가 율도국의 왕이 됨으로써 사회혁명을 고양하려 했다는 주장 등이 제기되었다. 그 동안 국문학계의 업적들을 정리해보면 대강 이러한 견해에서 크게 벗어나지 않는다. 따라서 이 작품은 근본적으로 사회소설이자 의적소설(義賊小說)이라 할 수 있다.

이 작품의 형식과 소재가 어디서 비롯되었는지에 대해서도 논란이 있었다. 이 작품의 형성 배경으로 중국의 「수호전」이 주목되면서 이 둘을 비교하는 논의가 일찍부터 있어 왔다. 그 결과 「홍길동전」에 나타난 사회적 배경, 등장인물의 성격 등에서 「수호전」과 비슷한 부분이 발견되어 이 작품이 중국소설을 기초하여 씌어졌다고 보는 견해도 있다. 그 밖에 「삼국지」, 「서유기」 등과 비교되기도 하였는데, 이러한 비교문학적인 관점은 더 나아가 서양의 악한소설(惡漢小說)과 비교하는 데까지 이르렀다. 이는 세계문학 속에서 한국문학 작품의 특성을 찾으려는 노력의 하나로 나온 것이다.

그러나 이 작품의 소재를 국내에서 찾으려는 시도도 있다. 먼저 국내의 역사적 사실에서 작품의 소재를 찾으려는 노력을 들 수 있다. 예컨대 광해군 당대의 '칠서지옥 사건'(七庶之獄事件), 연산군대의 '홍길동'(洪吉同), 명종대의 '임꺽정'(林巨正), 선조대의 '이몽학의 난' 등이 거론된다. 여기에 이 작품이 갖는 구조적인 특징을 고려하여, 이것이 우리 문학의 오랜 서사적인 전통 속에서 형성되었음을 주장하는 견해가 대두되면서 보다 근본적인 배경 논의를 이끌어냈다. 즉 「홍길동전」에서 추출되는 전기적(傳記的) 유형은 우리 신화나 민담에서도 찾아볼 수 있다는 것이다. 특히 조동일 교수는 영웅의 일생을 근간 구조로 하는 한국 서사문학을 신화에서부터 소설에 이르기까지 두루 검토하면서, 「홍길동전」이 신화에서 비롯된 '영웅의 일대기' 구조를 수용하여 소설화한 첫 작품인 것으로 파악하였다. 이러한 논의를 통하여 이 작품이 우리 서사문학의 전통 속에서 발생하였음을 알게 되었다. 그 밖에도 소위 「지하국대적퇴치담」(地下國大敵退治譚)이라는 민담에서 그 형식적 연원을 따지는 견해도 제기되었다. 이러한 것들은 궁극적으로 「홍길동전」이 단지 중국소설의 영향으로 생겨났다는 견해를 불식하고, 우리의 서사적 전통과 연관되어 형성되었음을 밝히는 소중한 작업으로 평가된다.

「홍길동전」에서 홍길동은 집안에서 적서차별을 겪게 되는데 자기를 죽이려는 음모를 알아채고는 자객을 죽인 뒤 집을 나선다. 그 뒤 활빈당의 두목이 되어 의적행세를 하다가 부친으로부터 호부호형(呼父呼兄)하는 것을 허락받고 나아가 병조판서의 벼슬에 제수되면서 나라를 떠나 해외로 나아가 율도국의 왕 노릇을 하는 것으로 끝난다. 이런 점에서 이 작품은 적서차별과 봉건지배체제의 모순에 저항하고 또 이를 극복하고 있다. 즉 작가는 홍길동 개인의 문제가 단지 개인적인 차원에 머무르지 않고 사회적인 문제로까지 나아가게 하여 근본적으로는 사회 전체의 모순에서 비롯되었음을 인식시키고 있다. 홍길동은 활빈당이라는 도둑집단을 만들어 통치체제에 저항하고 백성을 구제한다. 이것은 자신의 문제를 백성, 즉 사회 전체의 불만과 연결시키는 것이다.

홍길동이 건설했던 율도국은 고전소설사에서 처음으로 등장하는 이상국가로서 박지원의 「허생전」에 나오는 남방의 섬과 유사하다. 율도국의 위치에 대하여 설성경 교수는 그곳이 일본의 '오키나와'라는 흥미로운 주장을 제시한 바 있다. 또한 홍길동의 고향에 대해서 장덕순 교수는 전남 장성군 황룡면 아곡리(阿谷里), 곧 '아치실'이라는 견해를 내세운 적이 있다. 그곳에서는 실제로 마을 사람들이 "홍판서가 외직에 있을 때 이 마을에 들러 이곳의 여자와 사귀었는데, 여기서 난 아들이 홍길동이며 태어난 곳도 납터골이라고 부른다"고 이야기한다. 더욱이 이 마을에서 10리쯤 떨어진 곳에는 홍길동의 태(胎) 무덤이 있다고 마을 사람들이 믿는다고 하니 재미있는 일이다.

허균의 산문으로 주목할 만한 작품으로 「홍길동전」 외에 다섯 편의 전(傳)

이 있다. 이것들은 전통적인 전 양식을 충실히 따르면서도 독창적인 허구성을 가미한 작품들이다. 그리고 등장인물도 전통적인 전과는 달리 재능은 있지만 불우한 일생을 살았던 인물이거나 도가 계통의 인물이라는 특이성을 갖는다.

「남궁선생전」에서 주인공 남궁두(南宮斗)는 서울에서 벼슬할 때 시골에 있는 그의 첩이 간통을 하자 활로 쏘아 죽인 뒤 붙잡혀 고생을 한다. 남궁두는 승려가 되어 무극의 치상산(雉裳山)의 노인에게 선술(仙術)의 비결을 익혀 신선의 도를 터득하였지만, 노인은 그가 수련을 제대로 못한다며 속세로 내려보냈다. 허균이 부안에 있을 때 남궁두가 와서 비결을 주고 갔는데 종적을 모른다고 하였다. 이로 보아 남궁두는 실제 인물인 듯한데 『어우야담』, 『동야휘집』 등의 야담집에도 이와 유사한 내용이 전한다.

「장산인전」(張山人傳)을 보면 의인(醫人) 장산인은 부친이 전해준 책으로 귀신을 부릴 줄 알았고, 지리산에서 기인으로부터 신선의 술법을 익혔다. 18년 만에 하산하여 서울에서 흉가의 뱀을 죽이기도 한다. 임진왜란 때에는 왜적의 칼을 맞았지만 피가 흰 구름처럼 뿜어져 왜적이 도망갔다고 한다. 그는 죽은 뒤 산 사람처럼 친구의 집에 묵기도 하였다. 여기서는 도가적 인물이 자신의 기이한 능력을 겨우 뱀이나 죽이는 데 활용하여 능력이 제대로 쓰이지 못함을 고발하고 있다.

「장생전」(蔣生傳)에서 밀양 좌수의 아들로 거지노릇을 하는 장생은 재주를 부려 자신의 집 종이 잃어버린 머리꽂이를 찾아오고, 동냥해온 것을 모두 다른 거지에게 나누어준다. 수표교에서 죽었는데 송장은 벌레가 되었다. 그의 친구가 새재를 넘다가 그를 만났을 때는 자기는 죽지 않고 동해의 한 섬으로 날아간다고 했다. 재능을 감추며 살아가는 장생은 불우한 인물로서, 작자는 그가 죽어서 동해의 섬[海東一國土]을 찾아갔다고 함으로써 현실을 부정하는 의식을 보여준다.

「손곡산인전」(蓀谷山人傳)은 허균의 스승인 손곡 이달을 입전(立傳)한 것이다. 그는 서자로서 문장은 뛰어났지만 쓰이지 못했다. 이를 탓하며 불평도 일삼았는데, 사람들이 그를 미워했다고 한다. 능력은 있으나 쓰이지 못하는 인물의 전형을 그리고 있으니, 여기서는 당대의 신분제도에 대한 비판의식이 드러난다.

「엄처사전」(嚴處士傳)에서 가난한 엄처사는 효도와 청렴한 행위로 고을에 이름이 자자했다. 능력을 인정받아 나라에서 그를 불렀지만 끝내 나아가지 않고 78세에 죽었다. 그는 선비였지만 세상과 조화를 이루지 못한 인물이다. 효성이 지극한 인물이지만 벼슬을 구하지 않았다는 점에서 세상과 타협하기를 거부한 인물이라고 해야 할 것이다.

이상 다섯 편 전의 주인공들은 비범한 능력을 가지고 있지만 신분이 미천하다는 이유로 벼슬길에 나아가지 못하고 불우하게 인생을 보낸 인물들이다. 이러한 주인공들에 대한 안타까움은 허균의 「유재론」의 입장과 다르지 않다. 또한 이들 주인공은 당대 현실에 모순을 느끼고 그 현실을 부정하고 다른 세계를 추구한다는 점에서 공통점을 갖는다. 그리고 그 세계는 도가적 세계이다. 게다가 현실을 넘어선 피안의 세계를 지향하고 있으니, 이는 「홍길동전」에서 주인공이 율도국을 건설하는 점과 같다. 그런 점에서 「홍길동전」의 율도국, 「남궁선생전」의 치상산, 「장산인전」의 지리산, 「장생전」의 해동일국토(海東一國土)는 동일한 성격의 세계이다.

또 하나 주목되는 것은 이들 작품에서는 모두가 인간에 대한 가치관념을 천민의 세계로까지 확대시키고 있다는 점이다. 허균은 당대에는 금기시되던 천민이나 소외된 인물을 주인공으로 입전(立傳)하였다. 이들에 대해 긍정적으로 그리고 있다는 것은 궁극적으로 이들의 인간적 가치를 옹호했음을 의미한다. 허균문학에서 보여주는 이러한 인간적 가치의 인식은 조선 후기 박지원의 여러 전(傳) 작품에서 발견된다.

3. 「장생전」 감상

허균의 한문소설 다섯 편 가운데 하나인 「장생전」은 「홍길동전」과 관련성이 깊다. 그런데다가 조선 후기 전 작품들과 유사성이 많은 탓에 일찍이 연구자들로부터 주목을 받아왔다. 허균의 문집 『성소부부고』(권8 文部 5, 傳)에 실려 있다.

장생전(蔣生傳)

장생(蔣生)은 어떠한 사람인지 알 수 없었다. 그는 기축년(己丑年 : 선조 22, 1589) 사이에 서울에 드나들며, 비렁뱅이 노릇을 하였다. 누가 그의 이름을 물었다. 그러자 그는 이렇게 대답하였다.

"저도 모릅니다."

또한 그의 아버지와 할아버지가 살고 있는 곳을 물었다. 그러자 그는 다음과 같이 대답하였다.

"우리 아버지가 밀양(密陽) 좌수(座首)로 계실 때에 어머니는 나를 낳은지 겨우 3년 만에 세상을 떠났습니다. 아버지는 비첩(婢妾)의 고자질에 혹하여 나를 전장(田庄)을 맡긴 종의 집으로 쫓아냈습니다. 그 뒤 나이 열다섯에 평민의 여자에게 장가들었는데, 몇 해 만에 아내는 죽고 말았습니다. 그래서 호서와 호남의 수십 고을을 떠돌아다니다가 이제 막 서울로 온 것이지요."

장생의 얼굴은 매우 아름답고 빼어났으며 눈매는 그림 같고 이야기와 웃기를 잘 했으며 특히 노래를 잘 불렀다. 노래를 애처롭게 하여 남의 마음을 움직였다. 그는 늘 빨간 비단으로 지은 겹옷을 입되 아무리 춥고 더워도 바꿔입지 않았고, 어떤 술집이나 기생방 치고 그가 드나들며 익숙하게 놀지 않은 곳이 없었다. 또 술을 보면 곧장 가득히 부어 들고 노래를 불러 기쁨이 극도에 달한 뒤에야 자리를 일어섰다.

그는 술이 반쯤 취하면 눈먼 점쟁이, 술 취한 무당, 게으른 선비, 소박맞은 여인, 밥 비렁뱅이, 늙은 젖어미 등의 시늉을 하되 거의 실물에 가까웠다. 또한 가면으로 십팔 나한(十八羅漢)을 본받되 거의 흡사하였고, 또 입을 움직이며 호각·퉁소·피리·비파·기러기·고니·두루미·따오기·까치·학 따위의 소리를 짓되 진짜인지 거짓인지를 분간하기 어려웠다. 밤중에 닭 울음, 개 짖는 소리를 흉내내면 이웃집 개와 닭이 모두 따라서 우짖었다.

아침 나절이면 나가서 들이나 저자거리에서 동냥을 구하여 하루에 얻은 것이 거의 서너 말이 되면, 두어 되만 밥을 지어먹고 나머지는 다른 비렁뱅이들에게 나누어주었다. 그러므로 많은 비렁뱅이들이 그의 뒤를 따르곤 하였다. 그 이튿날도 역시 그렇게 하는데, 남들은 그가 하는 일을 측량하지 못하였다.

그는 일찍이 유명한 악공(樂工) 이한(李漢)의 집에 몸을 의지하였다. 계집종 하나가 그에게 호금(胡琴)을 배우느라고 아침 저녁으로 만나게 되어서 친숙해졌다. 하루는 그 계집종이 자주빛 봉미(鳳尾 : 머리꽂이)를 잃어버렸지만 그 잃은 장소를 몰랐다. 그녀는 "아침에 네거리로 오다가 길에서 준수한 청년을 만났는데, 그가 웃으며 농을 건 뒤 몸을 스치더니 이내 봉미가 사라졌다"고 되뇌이며 울기만 하였다. 장생은 "에이, 어린 녀석이 감히 이런 짓을 해. 얘야, 울지 마라. 저녁 나절이면 내 소매 속에 넣고 오마" 하고는 나는 듯이 어디론지 가버렸다.

저녁이 되자 그는 그 계집종을 불러냈다. 서편 네거리 곁 경복궁 담을 돌아서서 신호문(神虎門) 모퉁이에 이르자, 큰 띠로써 계집종의 허리를 맨 뒤 왼팔에다 걸고는 몸을 한번 솟구쳐 나는 듯이 몇 겹이나 되는 문에 뛰어들었다. 때마침 해는 저물어서 길을 분간할 수 없었다.

별안간 경회루 위에 닿았다. 청년 둘이 촛불을 잡고 나와 맞이하였다. 그들은 서로 쳐다보며 크게 한바탕 웃고, 이내 들보 위 컴컴한 구멍 속에서 금·구슬·비단·견직 따위를 수없이 많이 끄집어냈다. 계집종이 잃어버렸던 봉미도 그 속에 있었다. 그 청년은 이를 돌려주었다. 장생이 말하였다.

"두 아우님은 행동을 삼가서 세상 사람으로 하여금 우리의 자취를 알게 하지 마시오."

돌아올 때는 날아왔는데, 북편의 성에 이르러 계집종을 그의 집으로 보냈다. 그 이튿날이었다. 날이 채 밝기 전에 계집종은 이한의 집을 찾아 감사의 뜻을 표하려 하였다. 장생은 오히려 취하여 자는데, 코 고는 소리가 컸다. 그러나 사람들은 장생이 밤에 문을 나간 것을 전혀 알지 못하였다.
 임진년(壬辰年 : 선조 25, 1592) 사월 초하룻날이었다. 그는 술 몇 말을 마신 뒤에 크게 취하여서 네거리를 가로막은 채 춤을 추며 노래를 쉬지 않고 불렀다. 밤이 되자 수표다리 위에 거꾸러졌다. 다음날 사람들이 보니 그는 이미 죽은 지 오래였다. 그의 시신은 썩어서 벌레가 되어 낱낱이 날개가 돋혀 어디론지 날아가 버렸다. 그리하여 하룻밤 사이에 다 없어져버렸고, 다만 옷과 버선만 남아 있을 뿐이었다.
 무인(武人) 홍세희(洪世熹)는 연화방(蓮花坊)에 살고 있었다. 그는 장생과 가장 친밀한 사이였다. 그 해 사월에 장수(將帥) 이일(李鎰)을 따라 왜적을 막으러 갔었는데, 조령(鳥嶺)에 이르러 장생을 만났다. 장생은 짚신에다 막대를 끌고 있었다. 그의 손을 잡고 몹시 기뻐하자, 장생이 말하였다.
 "나는 실은 죽은 게 아닐세. 저 동해 속에 한 섬나라를 발견하러 가는 길이라네."
 그가 계속해서 말하였다.
 "자네 올해에는 죽지 않을 텐데, 전쟁이 일어나면 높은 숲으로 들어가지, 물가로는 가지 말게나. 그리고 정유년(丁酉年 : 1597)에는 결코 남쪽으로 오지 말 것이며, 혹 공무가 생겨서 남으로 오더라도 산성엔 오르지 말게."
 말을 끝내자 곧 나는 듯이 어디론지 사라져버렸다. 그 후로는 그의 간 곳을 알 수 없었다. 그 후 홍세희는 탄금대(彈琴臺) 싸움에 장생의 말을 기억하고는 산 위로 내달려 올라가 죽기를 면하였다. 정유년 7월에 그는 마침 금군(禁軍)으로 입직(入直)하였다가, 임금의 명령을 받들어 이원익(李元翼) 상국(相國)에게 교지(敎旨)를 전달하러 영남으로 내려가게 되었다. 그는 장생이 일찍이 경계해주었던 말을 모두 잊어버렸다. 마침 돌아오는 길에 성주(星州)에 이르러서 왜놈들이 쳐들어왔다. 그러자 그는 '황석성(黃石城)의 경비가 튼튼하다'는 말을 듣고는 급히 그 성으로 들어갔다. 그러나 성이 함락되었고, 홍세희는 결국 목숨을 빼앗기고 말았다.
 나는(곧 허균) 일찍이 젊었을 때 협사(俠邪 : 俠士)들과 친하게 사귄 적이 있었다. 장생과 더불어 농담을 나눌 정도로 가까운 탓에, 그의 방술(方術)을 빠짐없이 다 구경할 수 있었다. 아아! 그것은 참으로 신기한 것이었다. 이를 두고 옛 사람이 말하는 '검선'(劍仙)이라 할 수 있지 않겠는가!

작품 해설

　밀양좌수의 아들로 비렁뱅이 행세를 하는 장생은 잘생긴 외모에다 노래까지 잘 하는데 기생집 오입쟁이 노릇을 하였다. 그는 술에 취하면 눈먼 점쟁이, 술 취한 무당, 게으른 선비, 소박맞은 여인, 밥 비렁뱅이, 늙은 젖어미 등의 흉내를 내기도 하고, 입을 움직여 모든 악기와 조수(鳥獸)의 소리를 흉내냈다. 그는 악공 이한(李漢)의 집에 하숙을 하였는데, 하루는 그 집 여종이 머리꽂이를 잃고 울기에 저녁에 여종을 데리고 경복궁 담을 넘어 경회루 위에 올라가 머리꽂이를 찾아주었다. 그는 술에 취하여 수표교 위에서 죽었는데, 시신(屍身)이 썩어서 벌레가 되어 날아갔다. 그의 친구 홍세희가 조령을 넘다가 그를 만났는데, 그는 홍세희에게 자기는 죽은 것이 아니라 동해 속의 이상적인 섬 나라를 찾으러 간다고 말하면서, 홍세희에게 몇 가지 예언을 남겼다. 훗날 그것들은 모두 현실로 나타났다.

　이와 비슷한 이야기는 다시 홍만종(洪萬宗)의 『해동이적』(海東異蹟) 속의 '장생'이나 김려(金鑢)의 『담정총서』(藫庭叢書) 속의 「장생전」 등에서도 보인다. 다만 그 구체적인 내용이나 길이가 약간 다를 뿐이다. 이로 미루어 조선 중엽에는 위의 「장생전」과 유사한 이야기들이 널리 퍼져 있었을 것으로 짐작된다.

　이 작품은 우선 기인(奇人)의 전기적 성격을 띠고 있으니, 장생은 미남자요 노래도 잘 부른데다가 성대 묘사와 여러 부류의 사람들 모습을 흉내낼 줄 아는 인물로 묘사되고 있다. 그는 비록 비렁뱅이 노릇을 하면서도 예사로운 인간이 아니어서 선도(仙道)의 술법을 익힌 이인(異人)이었다. 그의 시신이 썩어서 벌레가 되어 날아갔다는 대목에서 도교의 시해사상(尸解思想)을 엿볼 수 있다.

　또한 이 작품은 장생이 해동의 섬나라를 찾아간다는 점에서, 일찍이 허균이 「홍길동전」에서 보여준 율도국 건설과 같은 '이상향 건설'의 의지를 보여주고 있다. 이러한 섬나라 이상향의 건설 대목 외에도 장생이 걸인을 돕고 있다는 점, 잃어버린 머리꽂이를 왕궁 속의 경회루에서 찾아냄으로써 그곳을 도적의 소굴로 묘사하고 있다는 점 등에서 「홍길동전」의 내용과 상통된 부분이 많다. 홍길동이 도적의 괴수가 되어 훔친 재물을 가난한 사람들에게 나누어주며, 궁극적으로 왕권에 대항하는 행동을 하고 있기 때문이다. 경회루는 왕권의 상징인 궁중에서도 연회와 주악이 이루어지는 공간으로, 장생이 그곳에서 잃어버린 물건을 찾아온다는 것은 작가에게 그곳이 부정적으로 각인되어 있었기 때문이다. 한편, 이와 같은 장생의 행동은 연암 박지원의 한문소설 「광문자전」의 주인공 광문과도 상통되고 있어서, 허균문학이 연암문학에 어느 정도 영향을 끼쳤음을 알 수 있다.

■ 허균 묘소·교산시비 찾아가는 길

허균 묘소는 경기도 용인시 원삼면 맹리에 있다. 서울에서 원주로 향하는 영동고속도로를 타고 가다 양지교차로에서 톨게이트를 지나 약 500m 쯤 가면 용인에서 이천으로 향하는 42번 국도와 만나는 양지사거리가 나온다. 여기서 17번 국도를 따라 직진하여 약 9km 정도 가면 오른쪽에 원삼으로 난 17번 시군도로가 있고, 그곳을 조금 지나면 원삼휴게소가 보인다. 휴게소 1000여m 못미처에서 굴다리 밑으로 좌회전해 600m 정도 가면 왼편 산 아래에 허균의 묘소가 있는 양천 허씨 묘역이 나온다. 용인에서는 이천으로 난 42번 국도를 타고 가다 양지사거리에서 우회전하여 찾아갈 수도 있다. 영동고속도로와 42번 국도 사이에 새 국도가 건설 중이며, 또한 백암으로 향하는 17번 국도 옆으로도 새 도로가 확장 공사 중이다. 이곳 양천 허씨 묘역 입구에는 허난설헌의 시비가 세워져 있다. 시비의 앞면에는 난설헌허초희시비'(蘭雪軒許楚姬詩碑)라고 씌어 있고, 그 좌측 위쪽에는 그녀의 친필이 음각되어 있으며, 뒷면에는 그녀의 한시 「감우」(感遇)가 새겨져 있다.

교산시비는 강원도 명주군 사천면 사천진리에 있다. 오죽헌에서 주문진 쪽으로 7번 국도를 따라 5.8km 가면 사천주유소가 있는 사천교 입구 삼거리에 이른다. 여기서 1km 정도 더 직진한 다음 사천교를 넘자마자 우회전해 2.4km 가면 사천사거리에 닿는다. 여기서 좌회전해 시멘트길로 0.5km 더 가서 왼쪽 산으로 난 시멘트길을 따라 숲으로 들어가면 애일당 뒷산에 있는 교산시비를 찾을 수 있다. 이 시비는 사천해수욕장 맞은편 야트막한 야산에 자리잡고 있다. 경포해수욕장에서 해안도로를 따라 사천 쪽으로 4.5km 가도 사천사거리에 닿게 된다. 시비 근처까지는 승용차가 들어갈 수 있으나 대형버스는 큰길에 주차해야 한다.

고독과 한의 여류시인, 허난설헌

1. 가문과 규방 속에서 무르익은 시심

허난설헌(許蘭雪軒, 1563~1589)은 사대부 여류시인으로 조선조 국문학 사상 여류 한시의 최고봉으로 평가받고 있다. 우리에게는 「홍길동전」을 지은 허균의 누이로 널리 알려져 있다. 일반적으로 여류 한문학은 기녀(妓女)가 담당했지만, 일부 사대부 여성들 가운데서도 한시에 상당한 경지에 오른 사람이 간혹 있었다. 그 가운데 신사임당과 함께 허난설헌은 조선 중엽 사대부 남성 위주의 문단에 신선한 바람을 일으키며 여성의 한계를 극복하고, 남성들이 다루지 못하는 여인의 한과 사랑의 정서를 올올이 시에 아로새겼다. 그녀는 진취적이고 왕성한 창작활동으로 후대까지 높이 평가되는 독특한 작품세계를 이룩하였다.

어찌 그리 기재가 많은고

허난설헌의 이름은 초희(楚姬)이고 자는 경번(景樊)이며, 난설헌은 그녀의 호이다. 본관이 양천(陽川)으로, 부친은 학자요 문장가로 유명한 초당(草堂) 허엽(許曄)이다. 초당공은 첫째 부인 한씨로부터 아들 허성(許筬)과 두 딸을 얻었고, 둘째 부인 김씨로부터 허봉(許篈)·허난설헌·허균을 얻었다. 난설헌은 부친이 강릉부사로 재직할 때 강릉의 초당리 외가에서 태어났다.

조선시대의 여성들은 한문을 배울 기회가 없었다. 그들은 국문이 창제되면서부터 한문 대신에 국문을 익혀 겨우 언해서(諺解書)를 읽거나 편지를 쓰고 제문을 짓는 정도에 만족해야 했다. 비록 사대부 부녀자라도 한문을 정식으로 익힐 수 없었기 때문에 간신히 배웠다 하더라도 남성들과 동등한 솜씨를 발휘하여 품격 높은 시나 문장을 지을 수는 없었다. 이러한 이유로 여류 한문학은 정통의 범주가 아닌 소위 방외인문학(方外人文學)에 포함되는 예외적인 문학으로 여겨졌다. 따라서 조선 중엽까지만 해도 기껏해야 기녀들이나 사대부들과의 접촉을 통하여 시조나 한시를 짓는 정도에 그쳤다. 그러나 난설헌은 본격적인 문학을 하는 수준에 도달했으며, 사후에는 자신의 문집이 동생 허균의 손으로 출간되는 행운을 누릴 수 있었다.

허난설헌의 문학적 소양은 우선 당대 문장가의 집안이라는 선천적인 토양에서 싹틀 수 있었다. 일찍이 서애 유성룡이 "허씨 문중에 어찌 그리 기재(奇才)가 많은고"라고 탄식했듯이, 그녀의 문학적 재질은 이러한 가정적인 배경에서 비롯되었다. 또 하나 그녀의 문학적 공간으로는 시집간 뒤에 거주했던 규방(閨房)을 들 수 있다. 규방은 여성들에게 남편의 사랑과 배신, 시집살이의 온갖 설움과 갈등을 이겨내고 인고의 세월을 보내는 삶의 공간이었다. 허난설헌도 예외가 아니었다. 그녀는 규방의 고독과 한을 시로 읊어냈다. 남성들에게서는 찾아볼 수 없는 문학적 공간이라는 점에서 규방은 주목할 만하다.

허난설헌의 어린 시절은 비교적 넉넉하고 여유로운 편이었다. 부친의 벼슬살이는 순탄한 편이었고, 오빠들도 순조롭게 과거에 급제하여 벼슬길에 나아갔기 때문이다. 난설헌은 이러한 가정적인 분위기 속에서 오빠들 틈에 끼여 한문을 익히게 된다. 이미 8세 때에 「백옥루상량문」(白玉樓上梁文)을 지어 세상을 놀라게 한 점으로 미루어 그녀의 문장 자질은 탁월했던 듯하다.

난설헌의 문학적 공간으로서 허씨 가문은 속칭 5대가로 대변된다. 부친과 두 오빠인 허성과 허봉, 남동생 허균, 그리고 난설헌 자신을 세상에서는 그렇게 부르거니와, 이들은 조선 중엽을 대표하는 명문장 가문의 일원이었다. 허균은 자신의 글에서 "형과 누님의 문장은 가정에서 배운 것"이라 하였다. 우선 부친 허엽은 화담 서경덕의 문하에서 수학했는데, 난설헌과 허균 등에게서 찾아볼 수 있는 도가적 분위기는 바로 아버지를 통해 내려온 서경덕의 영향 때문이었다. 난설헌의 시 가운데 선유시(仙遊詩)가 많은 것이나, 허균이 「남궁선생전」·「장산인전」·「장생전」을 통해 도가적 취향을 보인 것 등은 이러한 가정의 분위기와 무관하지 않다.

난설헌이 글에 관심을 보이자 친오빠인 허봉은 누이동생을 직접 가르쳤다. 허봉은 난설헌과는 열두 살 차이로 18세 때 생원시에 장원으로 합격하였으니 충분히 누이동생을 가르칠 정도의 능력이 있었다. 더욱이 난설헌이 11세 때 허봉은 문과에 급제하였고 이듬해에는 사가독서(賜暇讀書)를 한 탓에 누이동생과 대면할 기회가 많았다. 허균은 친형 허봉이 소동파의 시를 익혔다가 나중에는 당시(唐詩)를 익혀 이태백의 시를 공부했다고 말한 바 있는데, 이로 미루어 허봉은 송시와 당시를 두루 익혔던 듯하다.

허봉은 누이를 자기의 글 친구인 손곡 이달에게 시를 배울 수 있도록 주선하였다. 이때 허균도 함께 이달에게 시를 배웠다. 오빠와 이달을 통한 문장 수업은 그녀의 작품세계 형성에 큰 영향을 끼쳤다. 이들은 첫째 난설헌이 당대의 사회현실에 대해 비판적인 인식을 가질 수 있게 하였다. 특히 이달은 어머니가 천류 출신인 탓에 능력이 있음에도 평생 불우하게 지낸 사람이었으니, 그녀는 스승의 처지를 이해하고 그를 통해 현실의 부조리를 깨우쳐 갔다. 허균과 난설헌의 작품에서 찾아볼 수 있는 현실비판의 경향은 바로 스승 이달과의 만남을 통해 형성된 것이다.

둘째로 중국의 당시를 익힘으로써 당시풍의 시를 짓게 되었다는 점이다. 조선 초에는 대개 문인들이 소동파(蘇東坡), 황정견(黃庭堅)을 숭상하여 송시풍(宋詩風)의 시를 지었지만, 16세기 후반부터는 당나라의 시를 익히는 사람들이 많아졌다. 그 대표적인 사람을 '삼당파'(三唐派)라고 하는데 바로 이달, 최경창(崔慶昌), 백광훈(白光勳)이 그들이다. 이 가운데 이달의 시는 가장 뛰어났다고 한다. 난설헌은 특히 이태백의 시를 좋아했다. 이태백의 시 가운데 악부시(樂府詩)를 변형하여 직접 짓기도 했다. 「소년행」(少年行)·「대제곡」(大堤曲)·「강남곡」(江南曲)·「출새곡」(出塞曲) 등은 이달에게서 시를 배웠던 시절에 쓴 것들이다. 또한 그녀가 당시를 배우던 모습은 다음의 시를 통해서도 확인된다.

> 요즘 들어 최경창과 백광훈 등이 성당(盛唐)의 시를 익혔나니
> 아무도 아니 쓰던 대아(大雅)의 시풍이 이에 다시 한번 울리는구나.
> 낮은 벼슬아치는 벼슬 노릇이 어렵고 변방의 살림은 시름만 쌓이네.
> 나이 들어갈수록 벼슬길은 막히니 시인 노릇 힘들다는 걸 이제야 알겠구나.
> ―「견흥」(遣興), 5

이 시에서 그녀는 삼당파 시인들이 시를 잘 짓는 만큼 인정을 받지 못하고 불우하게 살아가는 처지를 안타깝게 여기고 있다. 여성답지 않게 당대의 시대적 사정을 날카롭게 직시하고 있으면서 스승의 불운을 동정하고 있다.

난설헌이 가진 문학적인 자질은 허문(許門)에서 싹트고 닦아졌지만, 남성 문인들처럼 열려진 공간에서 발휘될 수는 없었다. 그녀가 작품을 가다듬고 만들어낸 공간은 다름아닌 규방이었다.

규방에서 쌓이는 그리움과 한

그녀는 한 살 위인 안동 김씨 집안의 김성립(金誠立)과 결혼하였다. 그녀가 정확히 몇 살 때 결혼했는지는 알 수 없으나 14, 15세 무렵으로 추정하는 사람들이 많다. 김성립의 집안 사람들은 5대나 계속 문과에 급제한 문벌이었으나, 막상 그는 능력이 변변치 못했던 듯하다. 그는 난설헌이 27세로 죽은 해에야 문과에 급제하였고, 벼슬도 정8품인 홍문관 저작(著作)에 머물렀다. 허균은 『성옹식소록』(惺翁識小錄)에서 매부가 경전이나 역사의 문리(文理)는 잘 깨우치지 못하면서도 글은 지을 줄 안다고 평가한 바 있다.

그러나 뛰어난 재주를 가진 난설헌은 평범한 가정주부의 역할을 감당해내지 못했던 듯하다. 우선 남편과의 금슬이 좋지 못하였다. 허균은 『학산초담』(鶴山樵談)에서 누이에 대해, "살아 있을 때에는 부부의 사이가 좋지 않더니,

죽어서도 제사를 받들어 모실 아들도 하나 없구나"라고 말하였다. 그녀는 결혼생활 초부터 남편이 글 공부에만 매달려 홀로 지내는 시간이 많았다. 게다가 벼슬이 없던 남편은 똑똑한 부인을 외면하였다.

무엇보다도 난설헌은 시어머니와의 갈등이 가장 고달팠다. 그녀가 바느질이나 살림보다 독서와 글짓기를 좋아했으니, 이런 며느리를 곱게 봐줄 리 없었다. 그런데 이러한 시가(媤家)에서의 고통과 불화는 어쩌면 그녀의 성격에서 비롯됐다고 보는 학자들이 있다. 그것은 허씨 가문의 사람들이 대체로 남들과의 관계에서 조화롭게 지내지 못했다는 지적 때문이다. 허엽, 허성, 허봉 등은 직언을 잘 하였으나 상대적으로 적이 많았고, 허균도 경솔하고 경박하다는 평을 받았다.

허난설헌의 가슴에 맺힌 한은 크게 세 가지였다. 하나는 이 넓은 세상에 하필 조선에 태어났는가, 또 하나는 왜 여자로 태어났는가, 마지막으로 왜 수많은 남자 가운데 김성립의 아내가 되었는가 하는 것이다. 그녀는 여자에게만 강요되는 심한 굴레를 이렇듯 한탄하였다. 어쨌든 그녀에게 결혼생활은 속박과 장애일 뿐이었다.

한편, 그녀가 의지할 곳은 자식밖에 없었겠지만 두 아이는 일찍이 차례로 죽고 말았다. 그리고 뱃속에 있는 아이까지 잃었다. 허균은 자신의 문집에서 그러한 누이의 처지를 이렇게 기술하고 있다.

돌아가신 나의 누님은 어질고 문장이 있었으나, 그 시어머니에게 인정을 받지 못했다. 또 두 아이를 잃었으므로 한을 품고 돌아가셨다. 언제나 누님을 생각하면 가슴 아픔을 어쩔 수 없었다.

남편과의 관계가 원만하지 못했던 여인으로서 자식은 의지처요 희망이었을 것이다. 그런 그녀가 어린 두 아이를 잃었으니 그 슬픔이야 오죽했을까. 그녀는 그때의 심정을 다음과 같이 시로 읊었다.

지난해에는 사랑하는 딸을 여의고

올해에는 하나 남은 아들까지 잃었네.
두 무덤 나란히 마주보고 서 있구나.
사시나무 가지에는 쓸쓸히 바람 불고
솔숲에선 도깨비불 반짝이는데
지전(紙錢)을 날리며 너의 혼을 부르고
너의 무덤 위에다 술잔을 붓노라.
너희들 남매의 가여운 혼이야
생전처럼 밤마다 정답게 놀고 있으리라.
비록 뱃속에도 아이가 있지만
어찌 제대로 자라기를 바라겠는가.
하염없이 황대의 노래〔黃臺詞〕를 부르며
피눈물 흘리며 슬퍼하는 소리 삼킨다.

―「곡자」(哭子)

　자식을 잃은 어미의 마음이 절실히 우러난 시이다. 남편과 시어머니에게 버림받고 오직 자식들에게만 정을 붙이고 살던 그녀에게 자식의 상실은 말할 수 없는 고통이었을 것이다. 따라서 이 시에는 피눈물을 흘리면서 써 내려간 고통스런 심정이 절절히 담겨 있다.
　이러한 가정적인 불행은 허난설헌에게 삶의 고통과 좌절감을 가져다주었다. 원래 규방은 여인에게 닫혀진 공간으로서, 인고의 삶을 이겨내기 위해서는 배출의 자리가 마련되어야 한다. 그 가운데 하나가 노래요 시일 것이다. 따라서 규방에서 이루어진 여성문학이야말로 삶의 문학이자 끈질긴 생명의 문학임에 틀림없다.
　난설헌은 가정적인 불행을 겪으면서 독서와 글짓기에 몰두하였다. 그녀가 지어낸 한시는 대부분 이러한 규방의 공간을 통해 배출한 것이었다고 해도 과언이 아니다. 그녀는 갇혀 있는 규방에서 사랑의 그리움과 울분을 시로 읊어갔다. 남편이 아내를 멀리하고 화류계의 여자들과 놀아날 때, 그녀는 한편으로는 남편에 대한 사랑의 그리움과 함께 또 한편으로는 미움의 감정을 갖고 있었다. 남편이 한강의 서재에서 독서를 하고 있을 때 그녀는 다음의 시를 지어보냈다.

> 제비는 처마 비스듬히 짝 지어 날고
> 지는 꽃은 요란하게 비단옷 위를 스친다.
> 규방에서 기다리는 마음 아프기만 한데
> 풀은 푸르러도 강남(江南) 가신 임은 여태 돌아오지 않네.
> ―「기기부강사독서」(寄其夫江舍讀書)

돌아오지 않는 남편에 대해 애틋한 그리움을 노래하고 있다. 남편이 글 공부에만 매달리는 바람에 신혼 초부터 별거와 다름없는 생활을 했던 그녀로서는 남편에 대한 사랑의 그리움이 간절했을 것이다.

> 해맑은 가을 호수 옥처럼 파란데
> 연꽃 우거진 곳에 예쁜 배〔舟〕를 매었네.
> 물 건너 임을 만나 연꽃 따 던지고
> 행여나 누가 보았을까 반나절 부끄러워했네.
> ―「채련곡」(採蓮曲)

연꽃은 그녀가 간절히 기원하는 사랑의 대상이다. 연꽃이 우거진 곳에 배를 띄우고 사랑하는 임에게 연꽃을 따서 던지는 모습이 잘 그려져 있다. 보는 사람에 따라서는 이 시를 이성에 대한 사랑을 그리워한 음탕한 것으로 이해할 수도 있다. 이수광(李睟光)이 『지봉유설』에서 이들 두 시가 바로 "음탕함이 흐르는 까닭에 문집에 실리지 못했다"고 말한 것은 이러한 입장을 반영한 것이다. 그러나 남편과 이성을 그리워하는 마음은 난설헌도 여인인 이상 당연히 있었을 것이 아닌가. 진솔하고 솔직한 마음을 토로한 것을 두고 굳이 나쁘게 평가할 것은 없지 않을까 한다.

그러나 난설헌의 가슴 한켠에는 남편의 배신에 대한 미움의 정도 있었다.

이런 마음을 숨김없이 토로하며 남편을 원망하기도 하였다.

　　원컨대 이승에서 김성립을 이별하고
　　죽어서 길이 두목지(杜牧之)를 따르리라.

하루빨리 남편과 헤어진 뒤 죽어서 시를 짓고 싶은 심정을 노래하였다. 남편을 미워하는 마음이 이 정도였으니, 그녀의 결혼생활이 얼마나 고통스러웠는지 짐작할 만하다.

연꽃 스물일곱 송이 떨어져

그런데 그녀에게는 이렇게 불행한 결혼 생활뿐만 아니라, 친정집의 불행까지 잇달아 닥쳐왔다. 부친 허엽은 그녀가 18세 때 경상감사 벼슬을 마치고 서울로 오는 도중에 상주 객관(客館)에서 죽었고, 오빠 허봉은 그녀가 21세 때 갑산으로 귀양을 갔다. 허봉은 3년 만에 유성룡과 노수신(盧守愼)의 노력으로 유배에서 풀려났으나, 난설헌이 죽기 1년 전에 객사하고 말았다. 벼슬에 뜻이 없어 백운산에 들어가 글을 읽으며 자연을 즐기다가, 술이 지나쳐 병을 치료하러 산을 나왔다가 금화현의 생창역(生昌驛)에서 38세의 젊은 나이로 요절한 것이다.

허난설헌은 오빠 허봉을 무척 따랐다고 하는데, 그녀의 문집에는 오빠에게 쓴 시 3편이 남아 있다. 다음은 그 가운데 하나이다.

　　멀리 귀양 가는 갑산 나그네
　　함경도 길 가느라고 마음 더욱 바쁘겠네.
　　쫓겨가는 신하야 가의(賈誼)와 같겠지만
　　쫓아내는 임금이야 어찌 초나라의 회왕(懷王) 같으랴.
　　가을 비낀 언덕엔 강물이 잔잔하고
　　고개 위의 구름은 저녁노을이 물드는데,
　　서릿바람 받으며 기러기 울어 예니

난설헌 시비 경기도 광주군 초월면 지월리에 있는 안동 김씨 묘역에는 난설헌의 무덤과 함께 시비가 서 있다. 이 시비의 정면에는 「몽유광상산」이라는 시가, 그 뒷면에는 「곡자」라는 시가 새겨져 있다.

걸음을 멈춘 채 차마 길을 가지 못하네.

—「송하곡갑산」(送荷谷甲山)

오빠 허봉과 헤어지는 서러움을 이렇게 읊었다. 허봉은 동인(東人)으로 율곡 이이를 탄핵하다 선조 16년(1583)에 귀양을 갔다. 이 시에서는 장사(長沙)에 귀양 갔던 가태부(賈太傅)처럼 국왕 선조에게 상소하다 귀양 가는 오빠를 그리고 있다.

그나마 동생 허균마저 귀양을 가게 되어 그녀에게는 더이상 아무런 희망도

고독과 한의 여류시인, 허난설헌 105

허난설헌 묘소 안동 김씨 묘역 아래에 난설헌의 묘가 있다. 묘 오른쪽에는 시비가, 왼쪽에는 '증정부인 양천 허씨지묘'라는 비석이 서 있다. 이 비의 뒷면에는 1978년에 이숭녕 선생이 기록한 그녀의 생애가 새겨져 있다. 난설헌의 묘 옆에는 그녀보다도 먼저 세상을 떠난 어린 남매의 작은 무덤이 함께 자리하고 있다.

없었다. 삶의 의욕을 잃은 그녀는 27세(1589)의 짧은 나이로 그만 꽃다운 생애를 마감하였다. 그녀는 마지막으로 숨을 거두기 전에 그 동안 자신이 써두었던 시문(詩文)을 모두 태워버리라고 유언하였다. 따라서 그녀가 지어 직접 모아두었던 많은 시편들은 남아 있지 않다. 실로 안타까운 일이다.

　그녀는 죽기 전(1585) 꿈속에서 선계(仙界)인 광상산에 올랐다가 두 선녀의 청으로 시를 썼는데, 잠에서 깨어나 그때 읊은 시를 생각하며 다음의「몽유광상산」(夢遊廣桑山)을 지은 바 있다.

　　푸른 바닷물이 구슬 바다에 넘노니
　　푸른 난새는 채색 난새와 어울렸구나.
　　아리따운 연꽃〔芙蓉〕스물일곱〔三九〕송이

붉게 떨어져 달밤 서리에 싸늘하네.

　그녀는 나이 27세 되던 해에 홀연히 의관을 정제하고 집안 사람들에게 "금년이 바로 3, 9의 수(27세)에 해당되니, 오늘 연꽃이 서리에 맞아 붉게 되었다" 하고는 눈을 감았다고 한다. 『패림』(稗林)의 「이순록」(二旬錄 : 具樹勳 지음)에 전해오는 이야기다. '연꽃 스물일곱 송이'는 그녀의 향년 연수와 같으니, 실로 자신의 죽을 나이를 예견한 '시참'(詩讖)이라 할 만하다.
　난설헌에게 한을 남겼던 남편 김성립은 부인이 죽은 그 해에 과거에 급제하였으며, 곧바로 남양 홍씨(南陽洪氏)와 결혼했으나 요절하였다. 1592년에 임진왜란이 일어나자 왜병을 막다가 31세의 나이로 전사한 것이다. 시신을 수습하지 못하여 의관(衣冠)만으로 장례를 치렀는데, 재혼한 탓에 남양 홍씨와 합장되었다. 허난설헌은 죽어서도 혼자 누워 있게 된 셈이다. 그런데 김성립은 생전에 뛰어난 벼슬을 하지 못해 기림을 받을 수 없었지만, 그가 그토록 박대했던 난설헌 덕분에 오히려 그의 묘역을 찾는 후세의 사람들이 많으니 인생유전이라고나 할까.

2. 허난설헌의 문학세계

난설헌 문집의 편찬 경위

　난설헌의 작품은 유언에 따라 모두 불태워졌다. 그러나 현재 전해오는 작품들은 그녀의 친정에 보관되었던 것을 허균이 문집으로 엮은 것이다. 허균이 난설헌 시집을 처음 엮은 것은 난설헌이 죽은 지 1년 뒤인 1590년으로, 그는 유성룡의 발문(跋文)을 붙여 아는 이들에게 몇 부 필사하여 돌렸다. 그 후 1598년 정유재란의 원군(援軍)으로 조선에 들어온 명나라의 오명제(吳明濟)에게 허균이 난설헌의 시 200편을 외워주었다. 나중에 오명제는 중국에 돌아가 『조선시선』(朝鮮詩選)을 엮었는데, 다시 이를 저본으로 삼아 『열조시집』(列朝詩集 : 錢謙益 편)과 『명시종』(明詩綜 : 朱彛尊 편) 등에 차례로 실렸다.

허균은 또한 1606년에 명나라에서 사신으로 정사(正使) 주지번(朱之蕃)과 부사(副使) 양유년(梁有年)이 들어오자 종사관(從使官)이 되어 접대하면서, 누님의 시를 중국에 알리기 위해 『난설헌고』(蘭雪軒藁) 초고를 그들에게 건네주었다. 그리하여 주지번에게는 「소인」(小引)을, 양유년에게는 「제사」(題辭)를 얻게 되었고, 그는 이것들을 묶어서 1608년 4월에 공주목사로 재직하던 도중 그곳에서 『난설헌집』을 출간하였다. 중국에서는 난설헌의 문집이 발간되어 대단한 평판을 받았다. 명나라의 문인 조문기(趙文奇)는 그녀의 「백옥루상량문」을 읽고, "신선이 되어 백옥루에 올라간 느낌이 들었다"고 말했다 한다.

현재 전해오는 대부분의 난설헌 문집의 판본은 1692년(숙종 18)에 동래부(東萊府)에서 중간(重刊)된 것이다. 이 『난설헌집』은 임진왜란 당시 일본에 전해져 1711년(숙종 37)에 분다이야(文台屋次郎)에 의해 간행되었다. 또한 1913년에는 안왕거(安往居)가 허경란(許景蘭)의 『경란집』을 부록으로 붙여 신활자본으로 서울의 신해음사(辛亥吟社)에서 다시 발간하였다. 그는 여기서 "옛 판본의 글씨가 닳아지거나 잘못된 곳이 많아서 바르게 고쳤다"고 하였다.

문집에 전하는 작품을 보면 시가 210수, 부(賦)가 1편, 그리고 산문이 2편인데, 이 가운데 칠언절구 시가 142편으로 작품 수가 많은 편이다. 이 밖에도 다른 문헌에 그녀의 이름으로 되어 있는 작품들이 몇 편 전해오고 있다. 그런데 문집 속에 있는 작품들이 진짜 난설헌의 작품인지에 대해서는 조선조 문인들이 약간의 의문을 제기하고 있다. 그것은 이 작품들이 중국시의 표절이라는 신흠(申欽)의 주장과, 일부 중국 시인의 작품이 첨가되었다는 김만중(金萬重)의 주장, 그리고 허균이 위작(僞作)했을 것이라는 이수광(李晬光)의 주장 등이 그것이다. 그렇지만 그 시들이 중국시의 표절이라면 중국인들이 그녀의 작품을 보고 문집을 간행할 때 쉽게 알아볼 수 있었을 것이라는 점에서 이들 주장은 신빙성이 없어 보인다.

현실 초탈의 염원을 시로

　허난설헌의 남아 있는 한시 작품에는 몇 가지 두드러진 특징들이 발견된다. 첫째, 신선의 세계를 동경하며 현실을 초탈하려는 염원을 드러내고 있다. 그녀의 시에는 '신선'과 '꿈'이라는 낱말이 자주 등장한다. 시 속에 등장하는 선계(仙界)는 가정적인 불운을 현실적으로 도피하고 싶은 마음에서 비롯된 것으로 초탈의 염원을 드러낸 이상세계라 할 수 있다. 210여 수의 시 가운데 이러한 '신선시' 계열이 무려 128수나 된다. 신선세계에 대한 동경은 물론 허씨 가문의 도가적 취향과 무관하지 않다.

　　난새를 타고 한밤중 봉래도(蓬萊島)엘 내려서
　　기린 수레 천천히 올라타고 향기론 풀잎을 밟는다.
　　바닷바람이 불어 벽도화(碧桃花) 가지를 꺾었으니
　　구슬 쟁반에 가득 신선의 과일을 따다 담았네.

　　무지개 치마 위에 가벼운 옷 얹어 입고
　　학의 등에 올라타 찬 바람 내며 자부(紫府)로 돌아오네.
　　바다엔 달빛이 밝고 은하수도 스러졌는데
　　옥퉁소 소리 속에 색구름 피어오르누나.
　　　　　　　　　　　　　　　　　—「보허사」(步虛詞), 1·2

　신선의 세계를 그녀는 난새, 기린 수레, 학의 등을 타고 자유로이 노닌다. 현실적으로 이룰 수 없는 꿈을 이상의 공간인 선계에 가서 해소하고 싶은 욕망을 드러내고 있는 것이다. 그녀의 꿈은 따라서 날아다니는 매개물을 통하여 비약과 상승을 지향한다. 다음의 시에도 이러한 모습이 나타나 있다.

　　어젯밤 꿈에 봉래산에 올라
　　갈파(葛坡)의 물에 잠긴 용(龍)의 등을 탔었네.
　　신선들은 푸른 지팡이를 짚고

부용봉(芙蓉峰)에서 나를 맞아주었네.
발 아래로 아득히 동해를 굽어보니
술잔 속의 물처럼 조그맣게 보이는구나.
꽃 밑의 봉황새는 피리를 불고
달빛은 고요히 황금 물동이를 비춘다.

—「감우」(感遇), 4

  그녀는 꿈에 신선이 산다는 봉래산에 가서 용의 등을 타고 신선들을 만난다. 선계는 그녀의 현실적 좌절감을 해소하는 공간인 셈이다. 그녀의 이러한 신선시에서는 도가적 분위기를 띠는 시어들이 상당수 등장한다. 위의 시들만 보아도 자부, 벽도화, 신선, 봉래도, 신선의 과일 등이 사용되고 있다. 그리고 난새, 학, 용 등은 영원불멸성을 띠는 천상적인 매개체라 할 만하다.
  신선의 세계를 지향하는 신선시 계열의 작품은 위의 시들 외에도「동선요」(洞仙謠),「망선요」(望仙謠),「유선사」(遊仙詞) 등이 있다. 이 가운데「유선사」가 대표적인 것으로 무려 87수나 된다. 칠언절구로 된 이 작품은 특히 명나라 사신이며 시인인 주지번에 의해 명편(名篇)이라고 칭찬을 받았다.

천년의 요지(瑤池)에서 주 목왕(穆王)과 헤어지고
잠깐 파랑새에게 한 무제를 찾게 했네.
새벽에 하늘에서 피리소리 들려오고
시녀들은 모두 다 흰 봉황을 타고 있네.

—「유선사」(遊仙詞), 1

  「유선사」의 첫번째 작품이다. 많은 도가적 시어를 사용하면서 선계의 모습을 그리고 있다. 그러나 신선의 세계는 한가롭고 정겨운 공간만은 아니다. 이 세계는 현실세계와 겹쳐 있다. 다시 말하면 현실세계와 구분되지 않아 보인다는 것이다. 이곳에서도 그녀는 눈물과 외로움을 드러내고 있다.

다락은 붉은 노을에 잠기고 땅은 먼지가 가셔
양귀비의 쓰라린 눈물 비단 수건을 적시네.
아름다운 달은 은하수 그림자에 잠기고
추위에 겁 먹은 앵무새는 밤에 임을 부르네.

추녀의 풍경도 고요하고 대궐문 닫혔는데
돗자리에 바람이 이니 다락이 서늘하다.
외로운 학이 바다에 뜬 달에 놀래고
퉁소 소리 푸른 구름 속에 울려 퍼진다.
—「유선사」(遊仙詞), 23·65

양귀비의 눈물은 비단 손수건을 적시고 임을 부르는 앵무새는 추위에 겁을 먹는다. 또한 문이 닫힌 서늘한 다락방에 외로운 학이 한밤중에 바다 위로 떠오르는 달에 놀란다. 눈물짓는 양귀비와 외로운 학은 아마도 난설헌 자신일 것이다. 현실의 처지가 꿈속에서도 여전한 모습으로 나타나고 있음이 이 시를 통하여 확인된다. 결국 신선세계를 지향해도 여전히 고독과 시름이 가득한 정서를 드러내고 있는 것이다.

둘째로 난설헌의 시를 보면 여성의 삶의 고뇌와 고민을 드러내며, 또한 다른 미천한 여성의 처지를 다루고 있기도 하다. 그녀의 시에는 여성 특유의 사랑의 감정이 잘 드러난다. 애정을 다룬 시들은 자식과 형제간의 사랑을 읊은 시들과, 남녀간 사랑의 감정을 읊은 시들로 다시 나누어진다.

먼저, 전자의 경우에 해당하는 시인「곡자」(哭子)는 어머니로서 진솔한 모성애를 가감없이 드러내고 있다는 점에서 그녀의 대표작이라 할 만하다. 난설헌은 형제간의 사랑을 보여주는 시도 썼는데, 앞서 살핀「송하곡갑산」(送荷谷甲山)이라는 시가 그 좋은 예라 할 수 있다. 다음의 시도 오빠에게 보낸 것이다.

어둑한 창가에 촛불은 깜박거리고
반딧불은 높은 집을 날아갑니다.

시름 겨운 밤은 깊어 쌀쌀하고
가을이라 나뭇잎은 우수수 집니다.
가서 계신 변방에선 소식이 멀고
끝없는 근심만 풀 길이 없죠.
멀리 청련궁(靑蓮宮)을 바라보니
쓸쓸한 산에는 달만 밝습니다.

―「기하곡」(寄荷谷)

  반딧불은 날아가고 낙엽이 떨어지면서 가을 밤이 쓸쓸하게 깊어가는 상황을 묘사하고 있다. 공산(空山)을 비추는 달은 그녀와 오빠를 연결해주는 매개체이다. 그녀는 오빠가 있는 곳을 당나라의 시인 이태백이 머무는 궁(宮)으로 미화했다. 청련(靑蓮)은 이태백의 호이니, 그가 천상에서 지상으로 귀양온 '적선'(謫仙)임을 연상하며 사용한 것이다. 이 시에서처럼 그녀의 시에 곧잘 등장하는, 떨어지는 낙엽이나 꽃, 그리고 쓸쓸함 등은 그녀의 규방의 고독과 한을 상징적으로 드러내는 데 매우 효과적이다.
  다음으로 남녀 사이 사랑의 감정을 드러내는 시들을 보면, 임을 그리워하는 마음을 나타내는 작품들이 눈에 띈다.

남들은 강남(江南)이 좋다지만
나는야 강남이 슬프기만 하네.
해마다 이 포구에서
애끓이며 돌아오는 배 바라본다네.

호수에 달빛 환히 비칠 무렵에
연밥 따서 한밤중에 돌아왔죠.
배 탄 채로 언덕 가까이 가면 안되요
금슬 좋은 원앙새 놀라 날아가니까요.

―「강남곡」(江南曲), 2·3

「강남곡」 네 수 가운데 두 수로서, 당나라 이익(李益)의 「강남곡」을 변형시킨 소위 '의고시'(擬古詩)이다. 이익의 작품에서는 장사꾼에게 시집을 간 여인이 남편이 떠난 뒤, 돌아온다는 날짜를 항상 어기는 것을 안타까이 여겨 차라리 뱃사공에게나 시집갔으면 하고 후회하는 내용으로 되어 있다. 그런데 난설헌의 이 시에서는 이별을 모르고 자란 여인이 열다섯 살에 뱃사공에게 시집을 가서 항상 이별 속에 살게 됨을 한탄하고 있다. 자신의 외로운 처지를 병치시키고 있는 작품이거니와, 여기서는 '물'이 사랑의 즐거움과 이별의 서러움을 가져다 주는 매개체 역할을 하고 있다.

　　연못엔 자욱이 봄비 내리고
　　쌀쌀한 냉기가 스며든다.
　　시름 겨워 병풍에 기대어 바라보니
　　담장 위의 살구꽃이 지누나.

　세 편으로 된 「효최국보체」(效崔國輔體)라는 시 가운데 셋째 수이다. 첫째 수에서는 비녀를 임에게 정표로 주고 이별했다 하였고, 둘째 수에서는 가을이 되어도 오지 않는 임에 대한 간절한 그리움을 드러내고 있다. 그리고 셋째 수인 위의 작품에서는 봄이 되었는데도 여전히 소식이 없는 임을 기다리다 지친 모습을 그리고 있다. 봄비와 떨어지는 살구꽃이 조화를 이루면서 쓸쓸한 심정을 돋우고 있다. 이러한 안타까운 그리움의 심정은 끝내 눈물과 원망으로 가득 찬다.

　　비단띠 비단치마 위에 눈물 자국이 겹쳤으니
　　해마다 봄풀을 보며 임 오시길 그렸기 때문일세.
　　거문고를 옆에 끼고서 강남곡(江南曲)을 타니
　　배꽃은 비에 지고 한낮에도 문은 닫혔네.
　　　　　　　　　　　　　　―「규원」(閨怨), 1

규방에서 원망하는 마음을 토로한 작품이다. 해마다 오지 않는 임을 그리다 지쳐 눈물을 흘리는데, 문 닫힌 집에 비가 오고 배꽃만 진다는 쓸쓸한 모습이 그려지고 있다. 규방이라는 닫힌 공간에서 고독감은 오직 눈물을 자아낼 뿐이라는 그녀의 상황인식이 잘 드러나고 있다. 그녀는 이러한 자신의 외로운 심정을 주로 난이나 연꽃(「感遇」, 「採蓮曲」) 등으로 밝히고 있으며, 금분(金盆)·귀고리·분(粉)·등잔·거울과 같은 여성 특유의 장신구를 시적 소재로 활용(「染指鳳仙花歌」)하면서 그리움과 외로움의 심정을 드러내고 있다. 이러한 심정이 잘 드러난 작품으로는 이 밖에도 「춘일유회」(春日有懷), 「한정일첩」(恨情一疊), 「견흥」(遣興), 「사시사」(四時詞) 등을 들 수 있다.

한편, 난설헌은 시를 통하여 자신의 처지에서 더 나아가 미천한 여성의 처지를 이해하기도 한다. 그녀는 가난하게 자란 적이 없으면서도 가난한 여인에 대한 노래를 읊었다.

　　얼굴 맵시야 어찌 남에게 떨어지리오,
　　바느질 길쌈 솜씨 좋은데.
　　가난한 집안에서 자라난 탓에
　　중매쟁이는 나를 몰라주누나.

　　손으로 가위를 잡느라고
　　밤은 추운데 열 손가락 곱아온다.
　　남을 위해 시집갈 옷 짜고 있지만
　　해마다 나는 홀로 잠을 잔다오.

―「빈녀음」(貧女吟), 1·4

「빈녀음」 네 수 가운데 두 수로, 단지 가난한 집에서 태어났다는 이유 때문에 시집을 못 가는 여인의 심정을 노래하고 있다. 가난하니 길쌈하고 바느질해서 생계를 보태야 하지만, 시집을 가지 못해 나이만 든다. 이 시에 등장하는 가난한 여인은 난설헌 자신과 똑같이 외로운 존재이다. 그녀는 동병상련의 심정으로 그들의 처지를 대변하려 했을 것이다.

셋째로 난설헌은 당대의 사회적인 현실문제를 비판적으로 그리기도 했다. 곧 백성들의 다양한 군상에 대해 관심을 가지면서 장사꾼들의 애환을 그리거나, 유흥가 내지는 유곽가(遊廓街)를 노래한다. 더러는 변방에 출정나간 군사들의 사정이나 성을 쌓는 백성들의 모습을 그리고 있다. 이러한 대사회적인 관심은 규방에서 지내는 사대부 여인으로서는 상상하기 어려운 것이어서, 일부 논자들은 난설헌이 이들 시를 과연 진짜 지었을까 하는 의심의 눈길을 보내고 있는 실정이다.

다음의 시는 장삿배 선원들의 고단한 삶의 모습을 보여주고 있다.

> 아침 나절 의주성 물가를 떠나자
> 북풍이 거슬러 불어온다.
> 뱃머리에서 제각각 맘껏 마시고
> 달밤에 일제히 노 저어 가네.
>
> 바람이 거세고 물살이 빨라서
> 사흘 남짓 여울에 묶여 있네.
> 젊은 아낙은 뱃전에 걸터 앉아
> 향불을 피워 놓고 돈셈〔算錢〕 배우네.
>
> ―「가객사」(賈客詞), 1·2

이 시는 세 수 가운데 두 수인데, 제목에서 알 수 있듯이 장삿배 선원들의 노래이다. 일정한 거처 없이 떠돌아다니는 장사꾼의 삶을 그리고 있는 것이다. 거센 바람 때문에 배를 띄우지 못하고 여울에 머무는 동안 젊은 여인은 돈 세는 법을 배우고 있다. 바람이 잔잔하면 다시 배를 띄우는 떠돌이 삶 속에서도 뱃길의 안전과 많은 이익을 위하여 기도하는 여인의 끈질긴 삶의 의지를 읽을 수 있다.

동쪽 집 세도는 불길과 같아
높은 다락에선 노랫소리 울렸지만
북쪽 이웃은 가난해 입을 옷이 없어
굶주리며 오막살이 신세였다오.
그러다 하루아침에 세도집 기울어지자
도리어 북쪽 이웃 부러워하리니.
흥하고 망하는 거야 거듭 바뀔 뿐
하늘의 이치를 피하기는 어려울 걸세.

―「감우」(感遇), 3

 동인(東人)의 세도가 극에 달했을 때는 풍악소리 높았지만, 몰락하자 도리어 북쪽 이웃을 부러워하는 신세가 되었다는 내용으로, 당시 동인 계열에 속한 오빠 허봉이 유배되면서 몰락하게 되는 상황을 빗대고 있다. 그러나 우의적으로는 백성들은 헐벗고 굶주리지만 양반 세도가들은 아랑곳하지 않는 당대의 시대적 모순을 극명하게 드러낸다. 아울러 그녀는 이러한 부귀의 흥망은 다만 바뀌는 것이니 이는 하늘의 이치에 해당한다고 갈파한다. 규방의 여인으로서 뛰어난 현실인식을 보여주고 있다는 데서 작품적 성과가 인정된다.

천 백성이 모두들 달공이〔杵〕 쳐들고
땅 다지는 소리 땅 밑까지 쿵쿵.
힘을 모아 잘 쌓는다지만
운중(雲中) 땅엔 위상(魏尙) 같은 원님이 없다네.

성 밖에다 또 성을 쌓고 있으니
성이 높아 도적을 막긴 하겠지.
엄청난 도적이 쳐들어와서
성 두고도 못 막으면 어쩌지요.

―「축성원」(築城怨)

「축성원」의 '원'(怨)은 원래 악부(樂府)의 시체(詩體)로 풍자가 섞인 원망 또는 하소연을 읊은 것이다. 첫째 수에서는 아무리 백성을 동원하여 성을 쌓아도 위상 같은 훌륭한 원님이 없다고 말한 뒤, 둘째 수에서는 아무리 성을 쌓아도 위상 같은 원님이 없으니 그 일은 헛수고일 뿐이라고 말한다. 여기서 위상은 한나라 문제(文帝) 때 운중 태수를 지낸 인물로, 자신의 녹봉을 군사들에게 먹여 군사들의 사기를 높여 흉노의 침입을 막았다고 한다. 중국의 고사를 적절히 사용하면서 조선에는 위상 같은 인물조차 없음을 간접적으로 비꼬고 있다.

이처럼 허난설헌의 시에는 뛰어난 시대적인 문제의식이 드러나 있지만, 그녀의 작품에는 감정의 노출이 극심하여 시구마다 원한과 눈물이 반복되고 있다는 점을 들어 일부 평자들은 그녀의 시를 부정적으로 평가하기도 한다. 따라서 이태백과 같은 당나라 시인들의 시들을 변형한 소위 '의고시'에서 그녀의 시적 가치를 찾으려 하고 있다.

논란이 일고 있는 난설헌의 국문 가사

난설헌은 또한 「규원가」(閨怨歌)와 「봉선화가」(鳳仙花歌)를 남긴 작가로서 인정받고 있다. 그러나 이 두 작품을 그녀가 지은 것으로 보는 데에는 아직 논란거리로 남아 있다. 「규원가」의 경우 『고금가곡』(古今歌曲)에서는 그녀의 작품이라 하였지만, 홍만종의 『순오지』(旬五志)에서는 허균의 첩인 무옥(巫玉)이 지은 것으로 되어 있다. 가람 이병기는 난설헌의 한시 「소년행」(少年行)의 내용과 유사하다는 점을 들어 허난설헌의 작품으로 보는 데에 동의한다.

그리고 「봉선화가」는 『정일당잡지』(貞一堂雜識)에 필사본으로 남아 있는데, 이를 처음 소개한 가람 이병기는 내용상 난설헌의 「염지봉선화가」(染指鳳仙花歌)·「선요」(仙謠)·「선사」(仙詞)·「광한전백옥루상량문」의 일부 구절과 같다는 이유를 들어 그녀의 작품으로 간주하였다. 그러나 이 작품을 정일당 김씨(貞一堂金氏)가 지었다는 주장도 많은 편이어서 쉽게 단정하기는 어려울 듯하다.

그런데 허균은 누님의 유고를 모으면서 이들 가사에 대해서는 전혀 언급을 하지 않았다. 게다가 그는 『성수시화』에서 송강 정철의 가사작품인 「사미인곡」, 「권주사」(勸酒辭)를 높이 평가한 바 있다. 따라서 만일 난설헌의 국문가사가 당시 있었다면 어떠한 평가를 내렸을 법한데 전혀 그러한 모습을 남기고 있지 않은 점이 의심스럽다. 그렇다고 이들 두 국문가사를 난설헌의 작품이 아니라고 무조건 단정하기도 어려운 일이다.

「규원가」는 일명 「원부사」(怨夫詞) 또는 「원부사」(怨婦辭)라고도 하는데, 규방에서 지내는 여인의 한을 노래하고 있다.

엊그제 젊었더니 / 하마 어이 다 늙거니
소년행락(少年行樂) 생각하니 / 일러도 속절없다
늙어야 설운 말씀 / 하자 하니 목이 멘다

이 작품의 서두 부분으로서, 늙은 여인이 늘그막에야 자신의 서러운 신세를 말하겠다는 내용이다. 여기서 첫머리의 "엊그제 젊었더니 / 하마 어이 다 늙거니"라는 구절은 바로 난설헌이 지은 것으로 보기에는 무리가 있음을 말해주는 증거로 제시되곤 한다. 그것은 그녀가 이미 27세의 비교적 젊은 나이에 요절했기 때문이다. 만일 그녀가 이 작품을 지었다면 27세 이전에 썼을 텐데, "늙어서야 자신의 서러운 신세를 한탄하는 사정"을 토로했다고 보기는 어렵기 때문이다. 이러한 이유에서 이 작품은 난설헌의 작품으로 보는 데 곤란한 점이 있다.

「봉선화가」는 봉선화로 손톱에 물들이는 풍속을 노래한 것으로, 이와 다른 내용의 「봉선화가」가 따로 있기도 하다. 이 작품은 화자가 봉선화를 대하게 된 연유와 봉선화라는 이름의 유래, 그 아름다움과 함께 향기가 없는 점, 춘삼월에 이 꽃을 심는 일 등을 먼저 서술한 뒤 밤에 봉선화 물을 들이는 모습을 노래하고, 꿈속에 여인이 나타나자 깨어나 꽃신선일 것이라고 여기는 내용으로 되어 있다.

「봉선화가」는 난설헌이 지었음을 전제로 할 때, 시기상으로 조선조 규방가사의 첫 작품으로 이해된다. 그렇지만 여전히 작자 문제가 걸려 그 사적 의의는 보류된다. 다만 여인의 섬세한 생활 감정이 잘 드러나 있으며, 규방에 살면서 꽃을 키우고 꽃과 함께 살아가는 여인의 상황을 잘 표현하고 있다는 점에서 규방가사로서 중요한 비중을 차지하고 있다. 더욱이 이 작품은 꽃노래 계통의 가사 가운데 원형적인 작품이라는 점에서도 그 문학사적 가치가 높다.

3. 한시 작품 감상

난설헌은 여성 특유의 이별과 기다림, 그리움 등을 시로 그려냈다. 따라서 그녀의 시적 정조(情調)는 주로 고독과 한으로 모아진다. 여기서는 결혼생활의 고독과 외로움이 잘 드러난 작품 가운데 네 계절별로 그리움을 토로한 「사시사」를 소개한다. 모두 4수로서 『난설헌집』의 칠언고시(七言古詩) 조에 수록되어 있다.

네 계절의 노래(四時詞)

봄의 노래 : 春

뜨락이 고요한데 봄비에 살구꽃은 지고
목련꽃 핀 언덕에선 꾀꼬리가 우짖는다.
수실 늘인 장막에 찬 기운 스며들고
박산(博山) 향로에선 한 가닥 향 연기 오르누나.
잠에서 깨어난 미인은 다시 화장을 하고
향그런 허리띠엔 원앙이 수 놓였다.
겹발을 걷고 비취 이불을 갠 뒤
시름 없이 은쟁(銀箏) 안고 봉황곡을 탄다.
금굴레(金勒) 안장 탄 임은 어디 가셨나요
정다운 앵무새는 창가에서 속삭인다.
풀섶에서 날던 나비는 뜨락으로 사라지더니

난간 밖 아지랭이 낀 꽃밭에서 춤을 춘다.
누구 집 연못가에서 피리소리 구성진가
밝은 달은 아름다운 금술잔에 떠 있는데,
시름 많은 사람만 홀로 잠 못 이루어
새벽에 일어나면 눈물 자욱만 가득하리라.

여름의 노래 : 夏

느티나무 그늘은 뜰에 깔리고 꽃 그늘은 어두운데
댓자리와 평상에 구슬 같은 집이 탁 틔었다.
새하얀 모시적삼에 땀방울이 송글송글
부채를 부치니 비단 장막이 흔들린다.
계단의 석류꽃 피었다가 모두 다 지고
햇발이 추녀에 옮겨져 발 그림자 비꼈네.
대들보의 제비는 한낮이라 새끼 끌고
약초밭 울타리엔 인적 없어 벌[蜂]이 모였네.
수 놓다가 지쳐 낮잠이 거듭 밀려와
꽃방석에 쓰러져 봉황 비녀 떨구었다.
이마 위의 땀방울은 잠을 잔 흔적
꾀꼬리 소리는 강남(江南) 꿈을 깨워 일으키네.
남쪽 연못의 벗들은 목란배[木蘭舟] 타고서
한아름의 연꽃 꺾어 나룻가로 돌아온다.
천천히 노를 저어 채련곡(採蓮曲) 부르니
물결 사이로 쌍쌍이 흰 갈매기는 놀라 날으네.

가을의 노래 : 秋

비단 장막으로 찬 기운 스며들고 새벽은 멀었지만

텅 빈 뜨락에 이슬 내려 구슬 병풍은 더욱 차갑다.
못 위의 연꽃은 시들어도 밤까지 향기 여전하고
우물가의 오동잎은 떨어져 그림자 없는 가을.
물시계 소리만 똑딱똑딱 서풍 타고 울리는데
발〔簾〕 밖에는 서리 내려 밤벌레만 시끄럽구나.
베틀에 감긴 옷감 가위로 잘라낸 뒤
임 그리는 꿈을 깨니 비단 장막은 허전하다.
먼길 나그네에게 부치려고 임의 옷을 재단하니
쓸쓸한 등불이 어두운 벽을 밝힐 뿐.
울음을 삼키며 편지 한 장 써놓았는데
내일 아침 남쪽 동네로 전해준다네.
옷과 편지 봉하고 뜨락에 나서니
반짝이는 은하수에 새벽별만 밝네.
차디찬 금침에서 뒤척이며 잠 못 이룰 때
지는 달이 정답게 내 방을 엿보네.

겨울의 노래 : 冬

구리병 물시계 소리에 찬밤은 기나길고
휘장에 달 비치나 원앙 금침이 싸늘하다.
궁궐 까마귀는 두레박 소리에 놀라 흩어지고
동이 터오자 다락 창에 그림자 어리네.
발〔簾〕 앞에 시비(侍婢)가 길어온 금병의 물 쏟으니
대야의 찬물 껄끄러워도 분내는 향기롭다.
손 들어 호호 불며 봄산〔春山〕을 그리는데
새장 앵무새만은 새벽 서리를 싫어하네.
남쪽 내 벗들이 웃으며 서로 말하길
고운 얼굴이 임 생각에 반쯤 여위었을 걸.

숯불 지핀 화로가 생황을 덮일 때
장막 밑에 둔 고아주를 봄술[春酒]로 바치련다.
난간에 기대어 문득 변방의 임 그리니
말 타고 창 들며 청해(青海) 물가를 달리겠지.
몰아치는 모래와 눈보라에 가죽옷 닳아졌을 테고
아마도 향그런 안방 생각하는 눈물에 수건 적시리라.

작품 해설

'봄의 노래'에서는 잠 못 이루는 봄밤의 외로움을 하소연하고 있다. 봄의 정겨운 모습을 그리면서 임과 나와의 유희를 꿈꾸지만 임은 그 자리에 없다. 앵무새가 정답게 속삭이고 나비가 꽃 속에서 춤을 추는 광경이며, 어느 집 연못가에서 벌어지는 구성진 피리소리는 임을 기다리는 자신의 심정을 더욱 쓸쓸하게 할 뿐이다. 여기서 원앙새와 앵무새는 '외로운 나'와 대비되며, 나비가 날아오르고 피리소리 흩어지는 것은 흘리는 눈물과 자못 대비된다. 서로 상치되는 심상을 적절히 사용함으로써 외로운 작자의 심정을 극명하게 드러내는 데 성공하고 있다.

'여름의 노래'에서는 한여름의 정경 속에서 임에 대한 그리움을 드러내고 있다. 앞부분부터 중간까지는 여름날의 정겨운 모습을 세밀하게 묘사하고 있다. 나무 그늘 밑에 댓자리 깔고 무더위에 부채를 부치는 모습, 제비가 새끼를 돌보고 한낮에 벌이 약초밭에 모여 있는 모습 등은 여느 시골 풍경과 다르지 않다. 사물을 세세하고 정겹게 묘사하는 시인의 관찰력이 뛰어나다. 한낮 무더위에 졸음이 밀려오고 오수를 즐기는데, 꾀꼬리 소리에 깨어보니 친구들이 노래를 부른다. 맨끝의 쌍쌍이 갈매기가 노는 모습을 통하여 임이 없이 홀로 지내는 작자의 처지를 대비시키고 있다. 쓸쓸함, 외로움이라는 말을 하지 않고도 임에 대한 그리움을 토로하는 솜씨가 돋보인다.

'가을의 노래'에서는 차가운 가을처럼 쓸쓸한 풍경을 그리면서, 시름 많은 작자가 밤에 임에게 보내는 편지를 쓰는 모습을 노래하고 있다. 여기서는 가을의 모습이 온통 차갑고 텅 비었으며 쓸쓸하다. 임 생각 꿈을 꾸지만 깨어보니 장막만이 여전히 허전할 뿐이다. 임은 가을이 되도록 오지 않고 소식도 없다. 임에게 보내는 편지와 함께 옷을 지어 부치려는 안타까운 마음을 드러내는데, 이러한 마음을 위로하는 것은 달이다. 잠 못 이루는 나를 달빛이 정답게 비추는 것이다.

'겨울의 노래'의 전반부에서는 궁중 궁녀의 외로운 마음을 그렸으며, 후반부에서는 규방 여인의 고독을 그려냈다. 궁중에 사는 궁녀는 밤이 깊지만 임금의 은총이 없어 원앙 금침만 비어 있다. 여기서는 물시계 소리와 두레박 소리가 정겨운 대상이 아니다. 또다시 하룻밤을 지낸 뒤 차가운 물로 얼굴 씻는 일은 앵무새가 새벽 서리를 싫어하는 것과 같다. 외로운 궁녀의 심사와 앵무새를 적절히 대비시키고 있다. 후반부에서는 변방에 수자리 떠난 임을 그리는 규수의 고독을 그려냈다. 난간에 기대어 임을 그리는데, 그 임은 추위와 바람에 가죽옷조차 다 해어졌을 것이다. 그리고 아마 임도 나를 그리워하고 있을 것이라고 믿는다.

이상에서 보았듯이 작자는 네 계절의 풍경 속에서 외로운 여인의 심정을 대입시키는 솜씨를 발휘하고 있다. 자연이 돌고 돌듯이 인간의 사랑도 돌아오고 풍요로워야 한다. 그러나 네 계절을 노래한 시들에 공통되는 정서는 한마디로 외로움뿐이다. 난설헌은 규방 속에서의 고독과 한을 여기서도 그대로 투영시키고 있다.

■ 허난설헌 묘소 찾아가는 길

허난설헌 묘소는 경기도 광주군 초월면 지월리에 있다. 서울에서 청주로 향하는 중부고속도로를 타고 내려가다 곤지암교차로에서 광주로 이어진 3번 국도를 타야 한다. 톨게이트를 빠져나와 3번 국도를 타고 광주 방면으로 1.2km 정도 가면 길 오른쪽에 LG정유 주유소가 보이는데 이 주유소를 끼고 곧바로 337번 지방도로로 우회전한다. 왼쪽에 난 중부고속도로와 나란히 달리다가 초월초등학교를 지나 퇴촌과 지월로 갈라지는 삼거리가 나오면 지월 방면으로 좌회전한다. 이 길을 따라가다 작은 다리를 지나 나오는 삼거리에서 다시 우회전하여 비포장길로 들어선다. 비포장길을 조금 가다보면 앞쪽에 중부고속도로와 그 밑으로 난 굴다리가 보이는데 굴다리 못미처 왼쪽으로 승용차 한 대가 겨우 지날 만한 시멘트길이 나온다. 이 시멘트길을 따라 조금 올라가면 넓은 공터가 나온다. 공터 끝자락 언덕에 돌계단이 있는데 이 돌계단을 올라가면 난설헌 묘가 있다.

안동 김씨 묘역에 있는 난설헌의 묘는 고속도로 바로 옆에 있어서 상당히 시끄럽다. 그녀의 묘소 왼쪽 아래로 10여 걸음 떨어진 곳에는 그녀의 두 아이의 무덤이 나란히 있다. 난설헌의 묘에서 다시 여러 계단을 오르면 후처와 합장된 김성립의 묘가 나온다.

조선시를 선언한 자주적 시인, 정약용

1. 기나긴 유배생활에서 일궈낸 사상과 문학

정약용(丁若鏞, 1762~1836)은 조선 후기의 실학을 집대성한 사상가이자 학자이면서 또한 문학가이기도 하다. 그의 학문의 영역은 정치, 경제, 역사, 지리, 문학, 철학, 의학, 군사, 자연과학, 교육 등 거의 모든 부분에 걸쳐 있다 해도 과언이 아니다. 그가 살았던 18세기 후반부터 19세기 초는 임진왜란과 병자호란 후 누적되어 있던 왕조의 질서와 사회제도 및 법률, 그리고 유교 이념의 모순이 폭발하여 국가적 위기 상황에 처해 있었다. 아울러 동요하고 있는 조선 사회를 바로 세우기 위한 새로운 질서와 제도들이 요청되는 시기였다.

정약용은 젊은 시절에는 정치의 중앙무대에서 정조의 각별한 신임을 받으며 자신의 재능을 마음껏 펼쳤다. 그러나 40세부터 무려 18년 동안이나 귀양살이를 해야 했다. 그는 유배 시절의 대부분을 경전 연구와 집필을 통하여 국가와 민족을 구하기 위한 방책을 제시하였다. 그는 57세 때 유배 생활에서 풀려나 고향에 돌아와 75세로 세상을 떠나기까지 더이상 중앙무대에 나아가지 않고 저술 활동에만 몰두하였다. 이로 미루어 벼슬길에 나선 10여 년을 제외하면 그의 전 생애는 집필을 통해 우리 민족사에 커다란 기여와 역할을 했다고 볼 수 있다. 만일 정약용이 벼슬길을 순탄하게 걸었다면 지금의 방대한 저작물을 남기지 못했을지도 모른다. 곧 격동하는 시대적·공간적 환경이 그를 위대한 사상가로 만들었다는 것이다. 그리고 이러한 삶의 공간은 정약용의 문학에도 틀림없이 커다란 영향을 끼쳤을 것이다.

정약용의 자는 미용(美庸)이요, 호는 사암(俟菴)·다산(茶山)·자하도인(紫霞道人)이고, 본관은 나주이다. 그의 부친은 진주목사 재원(載遠)이며 모친은 해남 윤씨로 공재 윤두서의 손녀이다. 정약용의 생애는 크게 네 시기로 구분된다. 제1기는 과거에 급제하기 전까지 학업에 몰두했던 수학기요, 제2기는 28세 때 전시에 합격하여 관직에 나아간 뒤 39세에 형조참의를 사직할 때까지 벼슬살이를 했던 사환기(仕宦期)이며, 제3기는 40세에 유배를 당하여 유배지 장기(長鬐)와 강진(康津)에서 18년간 지냈던 유배기요, 제4기는 57세에 유배에서 풀려나 고향에 돌아와 75세까지 살았던 소요자적기(逍遙自適期)라 할 수 있다.

어디 가서 이런 언덕을 얻을 수 있으랴

다산은 1762년 광주군(廣州郡) 초부방(草阜坊) 마재(馬峴里: 지금의 남양주시 와부면 능내리)의 소내(苕川)에서 태어났다. 소내는 다산이 75세의 생애를 마감할 때까지 10여 년의 벼슬살이와 18년의 귀양살이 기간을 제외한 40여 년 동안을 머물러 살았던 곳으로, 그에게 제1의 정신적인 고향이라 할 수 있다. 그리고 18년간 귀양살이를 했던 강진의 '다산초당'은 그가 제2의 고향으로 삼을 만큼 중요한 정신적인 고향이었다. 원래 다산의 선조는 조선 초에 서울에 살면서 8대에 걸쳐 과거 급제자를 내었으나, 그의 고조 도태(道泰)가 당쟁을 피하여 경기도의 마재로 이사한 후 그곳 소내에 사는 동안 조부까지 3대가 벼슬을 하지 못하였다가 부친인 재원(載遠)에 이르러서야 음사(蔭仕)로 벼슬길에 나아가게 되었다.

한강변에 있는 마재의 소내는 한국 천주교 초창기에 이름을 날렸던 인물들과도 관계가 깊다. 이는 다산의 집안이 당시 천주교와 밀접한 관련을 맺고 있었기 때문이다. 그의 맏형 정약현(丁若鉉)은 천주교 보급에 앞장섰던 이벽

(李蘗)의 매부이며, 황사영(黃嗣永)의 장인이기도 하다. 황사영은 약현의 사위로서 청나라인 주문모(周文模) 신부의 입국부터 신유옥사(辛酉獄事)까지의 교세 및 박해 상황을 북경에 알리려다 발각된 소위 '황사영 백서사건'의 장본인이다. 둘째 형 정약전(丁若銓)은 병조좌랑의 벼슬을 지내다 은퇴하여 학문 연구에 몰두한 학자로 천주교에도 깊은 관심을 가졌다. 그러던 중 1801년 신유옥사 때에 연좌되어 전라도 신지도(薪智島)로 귀양 갔으며, 다시 황사영 백서사건으로 흑산도에 이배되었는데 끝내 그곳에서 숨을 거두고 말았다. 막내 형인 정약종(丁若鍾)은 우리나라 최초의 천주교 전교회장(傳敎會長)으로 신유옥사 때 참수되었다. 특히 약종의 큰아들 철상(哲祥)은 아버지와 같이 죽었으며, 약종의 부인 유소사(柳召史)와 아들 하상(夏祥), 그리고 딸 정정혜(丁情惠)는 1839년의 기해옥사(己亥獄事) 때 죽임을 당했다. 이때 순교한 이들 세 가족은 1984년에 천주교의 성인으로 부여된 우리나라 103위 가운데 한 분들이다. 또한 다산의 누이와 결혼한 이승훈(李承薰)은 부친을 따라 연경에 갔다가 그곳에서 우리나라 사람으로는 최초로 1783년에 천주교 영세를 받아 다음해에 귀국하였다. 그는 명동에 최초의 교회를 세워 포교활동을 하였는데, 1801년 신유옥사 때 참수당하였다.

다산 역시 이러한 집안의 분위기에서 벗어날 수 없었다. 이것은 그의 일생에 중대한 전환점을 제공하였고 아울러 그에게 커다란 시련을 겪게 하였다. 그는 23세 때 큰형수의 제사를 지내고 서울로 오던 두미협(斗尾峽)의 배 안에서 이벽(李蘗)을 통하여 둘째 형 약전과 함께 처음으로 서교(西敎)에 대하여 듣고 한 권의 책을 읽어보게 되었다. 정약용이 훗날 쓴 글에 의하면 그는 천주교를 알게 된 뒤 상당히 관심이 있었던 듯하다. 그러나 그는 과거공부에 열중한데다가 천주교에서는 제사를 지내지 않는다는 점을 알고는 다시는 돌아보지 않았다고 한다.

다산은 어린 시절을 마재의 소내에서 보냈다. 물론 가끔은 아버지의 임지인 전라도의 화순과 경상도의 예천을 찾아가기도 하고, 또 둘째 형 약전과 함께 화순의 동림사(東林寺)에서 얼마 동안 공부하기도 했다. 하지만 10대의 대부분을 이곳에서 머물렀다고 할 수 있다. 다산에게 고향은 장차 돌아갈 이상향이자 그의 평안한 삶을 꾸려나갈 현실이기도 하였다. 훗날 강진에서 유배 생활을 할 때 채소를 기르면서 전원 생활을 꿈꿨던 것도 그의 고향 소내가 있었기 때문에 가능했을 것이다.

  화순현감으로 있던 아버지를 뵙고 난 뒤 과거공부를 위하여 고향인 소내로 돌아왔을 때 다산은 귀향의 기쁨을 다음과 같이 노래하였다.

> 어느새 고향에 이르니
> 문 앞에는 봄 강물이 흐르는구나.
> 기뻐 약초밭 둑에 다다르니
> 고깃배들은 옛 모습 그대로일세.
> 꽃들은 만발하고 숲 속의 집은 고요한데,
> 소나무는 들길에 그윽히 드리웠네.
> 수천 리 남쪽을 유람했어도
> 어디 가서 이런 언덕을 얻을 수 있으랴.
> ─「환소천거」(還苕川居)

  다산에게 있어 고향이 어떤 의미를 가졌는지 짐작케 하는 시이다. 그러나 벼슬길에 나아간 후부터 그는 고향에 쉽게 가지 못하였고, 더욱이 기나긴 귀양살이를 겪는 동안에는 가고 싶어도 갈 수 없는 처지가 되었다. 그는 18년 동안의 유배 생활을 끝내고 그립던 고향 소내의 전원으로 돌아온 후 전원의 여름 풍경을 다음과 같이 읊었다.

> 산앵도 잘 익어 검붉고
> 들딸기 붉게 익어 곱기도 해라.
> 텅 빈 집안엔 새들만 있고
> 숲속엔 아이들이 흩어져 놀고 있네.
> 심다 남은 모는 논둑에 쌓여 있고
> 주운 보리이삭은 광주리에 가득하네.

높은 곳 천수답엔 먼지가 날려
혼자서 하느님께 기도드린다.
　　―「우차육방옹 농가하사6수」(又次陸放翁 農家夏詞六首)

　이 시에는 평화로운 소내의 모습이 잘 그려져 있다. 그러면서도 다산은 농부의 심정이 되어 자연의 이치에 순응하며 비가 오기를 기도하고 있다.
　정약용은 15세(1776) 되던 해 자신보다 두 살 위인 남인계 풍산(豊山) 홍화보(洪和輔)의 딸과 결혼하였다. 그의 결혼은 자신의 일생에 아주 중요한 의의를 지닌다. 그것은 이 해에 영조의 뒤를 이어 정조가 왕위에 올랐기 때문이다. 정조는 등극하자 아버지인 사도세자를 옹호했던 남인계의 시파(時派) 인물들을 다시 등용하기 시작했다. 그리하여 남인계였던 다산의 아버지도 음사(蔭仕)로 벼슬길에 나아갔다. 그리고 정약용도 21세에는 청운의 꿈을 안고 서울로 올라와 남대문 근처에 형제들과 함께 머무르면서 공부에 열중하였다.
　정약용은 그 결과 22세 때 비로소 소과(小科)에 합격하였고, 태학(太學)에 들어가 학문을 익혔다. 28세(1789)에는 대과에 급제하여 벼슬살이를 시작하였다. 정조의 총애를 받던 정약용은 한강에 배다리〔舟橋〕를 만들거나 수원성을 설계하고 기중기를 만들어 성을 쌓는 일에 공을 세웠다. 33세에는 경기도 암행어사의 직책을 맡게 되면서 조선 말기 사회상과 백성의 어려운 삶을 직접 보고 느낄 수 있었다.
　그런데 정약용을 시기하는 무리들은 그를 천주교 신자라고 몰아붙여 그의 벼슬살이를 마감하게 만든다. 남인의 시파(時派)는 다시 천주교에 우호적인 신서파(信西派)와 이를 비판하는 공서파(攻西派)로 나뉜다. 그런데 1795년 청나라 주문모 신부가 체포되고 둘째 형 약전이 연좌되면서, 정약용은 천주교 신자라는 공서파의 공격을 받게 되었다. 정조는 이에 다산을 충청도의 홍주목(洪州牧)의 금정도찰방(金井道察訪)으로 유배를 보냈다. 그 뒤 정조는 정약용을 다시 동부승지로 불러앉혔으나 공서파의 맹렬한 비방에 왕도 어쩔 수 없이 황해도 곡산부사(谷山府使)로 임명하여 2년 동안 있게 하였다. 곡산에 가기 전 정약용은 천주교와 자신의 관계에 대하여 왕에게 자세히 아뢰었다. 그는 임기를 마치고 다시 내직(內職)에 있다가 형조참의를 마지막으로 11년 동안의 벼슬살이를 그만두었다. 조정에서 그를 서교신자(西敎信者)라고 계속 무고(誣告)하자, 그는 39세인 1800년 봄에 가족을 이끌고 고향인 마재의 소내로 돌아왔다. 그러던 다산에게 청천벽력 같은 일이 일어났다. 그를 총애하던 정조가 갑작스럽게 죽은 것이다.

  그 뒤를 이어 어린 순조가 즉위하자 벽파(辟派)에 속하던 대왕대비가 수렴청정을 하기 시작하였다. 그리고 공서파는 신서파를 공격하기 위한 명분을 찾다가 1801년 천주교에 대한 대대적인 탄압을 가하였다. 이것이 유명한 신유옥사이다. 이 옥사로 다산의 셋째 형 약종은 죽임을 당했고, 둘째 형 약전은 신지도로, 그리고 다산 자신은 장기현(長鬐縣 : 지금의 경북 영일군 장기면)으로 유배되었다. 온 가족이 큰 피해를 입게 된 것이다. 게다가 유배된 그 해 가을에 황사영의 백서사건이 일어났다. 황사영이 북경의 주교(主敎) 구베아(Gouvea)에게 신유옥사의 일을 알리기 위하여 비단에 박해의 전말과 그 대책을 기록하여 몰래 전하려다가 관원에게 발각된 이 사건을 계기로, 정부에서는 천주교의 탄압을 더 한층 엄하게 하였다. 결국 다산과 약종은 이 사건 뒤에 서울로 압송되어 다시 천주교 관계를 문초받았다. 그러나 혐의가 없던 다산은 다시 강진으로 귀양 보내졌고, 그의 형 약전은 머나먼 흑산도로 보내졌다. 그리고 약전은 다시는 육지를 밟아보지 못한 채 1816년에 고향과 귀양 간 동생을 그리워하다 그곳에서 죽었다.

    띠로 이은 주막집 새벽 등잔불이 어스름해
    잠자리 일어나 샛별 바라보니 이별할 일 참담하다.
    그리운 정 가슴에 품은 채 묵묵히 두 사람 말이 없네.
    억지로 말을 꺼내니 목이 메어 눈물나네.
                                        ― 「율정별」(栗亭別)

  정약용과 형 약전은 함께 유배지로 가다가 나주 북쪽 5리쯤에 있는 율정 주막에 이르렀다. 율정은 목포와 해남으로 갈리는 삼거리에 있었다. 이제 하

다산초당 다산이 유배 시절 머물며 제자들을 가르쳤던 곳이다. 초당 옆에 연못이 있고 그 옆에는 서암과 동암이, 그리고 조금 떨어진 곳에 천일각이 있다. 다산의 손길이 직접 닿았던 흔적으로는, 그가 차를 달일 때 썼다는 초당 앞의 널찍한 바위와 집 뒤의 샘, 그리고 '丁石'이라는 글씨가 새겨진 집 뒤편의 바위 등이 있다.

룻밤을 묵고 나면 기약없이 헤어져야 했다. 11월 2일 형과 동생은 목이 메인 채 작별인사를 하였다. 그 뒤 형은 불귀의 혼이 되어 다시 그곳을 지나갔고 다산도 형이 죽은 3년 뒤에 유배에서 풀려나 고향으로 돌아갔다. 아마도 그는 형을 생각하면서 또다시 그곳을 눈물지으며 지났으리라.

유배지에서 태어난 『목민심서』

다산이 유배지 강진의 동문 밖 주막에 도착하여 귀양살이를 시작할 때는 사람들이 그를 만나주지도 않고 피했다고 한다. 그는 그 주막을 '생각과 용모, 언어와 행동 이 네 가지를 마땅하게 한다'는 뜻으로 '사의재'(四宜齋)라 이름 짓고는 두문불출하였다. 그곳에서 술집 노파의 도움을 받으면서 서서히 안정을 되찾아 학문과 저술에 몰두하게 되었다. 4년 뒤인 1805년 겨울부터는 강진읍 뒷산인 보은산방(寶恩山房)의 고성암(高聲庵)으로 거처를 옮겨 주역의 연구에 몰두하였고, 다시 이듬해에는 읍내에 살던 제자인 이청(李晴)의 집으로 이사하였다. 그는 그곳에서 아이들을 가르치면서, 자기를 찾아와 배움을 구한 황상(黃裳), 이청 등을 제자로 삼아 학문을 가르쳤다. 그들은 다산이 어려울 때 몰래 도우면서 학문을 익혀 큰 학자가 되었다. 그리고 나중에 다신계(茶信契)의 일원으로 참여하였으며 다산이 고향으로 돌아간 뒤에도 해마다 햇차를 스승에게 보내기도 하였다. 다신계는 다산이 귀양에서 풀려나자 18명의 제자와 강진에 있는 여섯 제자를 모아 만든 일종의 학문 토론 모임이다.

다시 이듬해 봄인 1808년에는 강진현 남쪽 만덕산(萬德山) 서쪽에 있던 처사(處士) 윤단(尹慱)의 산정(山亭)으로 옮겨 살았다. 그곳이 바로 다산학(茶山學)의 산실인 '다산초당'(茶山草堂)으로 지금의 강진군 도암면 만덕리 귤동 마을 뒷산에 위치한다. 그는 산의 이름을 호로 삼아 '다산'(茶山)이라 하였는데, 그곳의 좌우에 동암(東庵)과 서암(西庵)을 지은 뒤 동암에 1천여 권의 책을 두었다. 그는 못을 파고 꽃을 가꾸었으며 채소도 심으면서 제자들을 가르쳤다. 지금의 다산초당은 폐허가 되었던 것을 1957년에 기와집으로 복원한 것이며, 동암과 서암은 1974년에 복원되었는데 이때 새로이 천일각(天一閣)이 지어졌다. 천일각이 있는 그곳은 한눈으로 구강포 앞바다가 보이는데, 아마도 그는 그곳에 서서 귀양간 형을 그리워하고 고향과 그의 처자식을 생각하며 눈시울을 붉혔을 것이다. 어쨌든 그곳 초당은 사람과 수레의 시끄러운 소리가 들리지 않는, 현실정치와는 먼 땅이었지만 오히려 다산에게 조선 후기의 위대한 학자로 남을 수 있는 학문적 분위기를 제공하였다.

다산초당에 거처하도록 도와준 윤단은 원래 해남 윤씨로 다산의 외가 쪽 사람이었다. 다산의 어머니는 해남 윤씨로, 그녀는 공재 윤두서의 손녀이다. 공재가 고산 윤선도의 증손자이니, 다산에게 귤동 마을의 해남 윤씨들은 외가 친척들인 셈이다. 윤단의 아들들인 윤문거(尹文擧) 삼형제는 정약용을 다산으로 초빙하였고, 그들의 아들과 조카들은 다산으로부터 글을 배웠다. 그와 함께 다산은 초당으로 옮긴 이후로는 해남 연동리에 있는 외가에서 그들의 도움으로 많은 책을 빌려 볼 수 있었다. 그때 읽었던 방대한 책은 결국 다

다산 묘소 생가인 여유당을 지나 언덕에 자리잡고 있다. 부인 홍씨와 합장되어 있으며 치장이 화려하지 않고 소박하다. 묘 앞에는 팔당호가 펼쳐져 있다.

산의 학문의 소중한 토양이 되었음은 물론이다. 지금도 다산초당에 오르는 길가에는 다산의 제자였던 윤종진(尹鍾軫)의 무덤이 있어, 죽어서도 스승이 머물렀던 초당을 지키고 있다.

다산은 또한 초당의 천일각 옆으로 나 있는 길을 따라 근처 만덕산에 있는 백련사(白蓮寺)를 종종 찾아가 혜장선사(惠藏禪師, 1772~1811)와 교류하였다. 혜장은 다산이 강진 읍내의 주막집인 사의재에 있을 때부터 알고 지냈던 사이로 유학에도 조예가 깊었으며 다산은 그에게 차(茶)를 배웠다. 다산이 유배 초기에 거처를 사의재에서 보은산방으로 옮길 수 있었던 것도 혜장선사의 덕이었다고 한다. 혜장과 다산은 비록 연령 차이는 있었지만 서로를 이해하며 학문과 인생을 논하였다. 다산은 혜장이 1811년에 죽자 그의 묘비명을 써주기도 하였다.

다산은 또한 초의선사(草衣禪師, 1786~1866)와도 교류하였다. 23세나 위

여유당 전경 다산의 생가로 원래 홍수에 떠내려갔던 것을 1975년에 복원하였다. ㅁ자형의 전통 한옥으로 오른쪽에는 사당이, 왼쪽에는 유물전시관이 있다. 여유당은 다산이 귀양지에서 돌아와 마현에서 만년을 보낼 때 삼은 호이기도 하다.

인 다산은 그를 제자로 삼아 유학을 가르치며 훈계하였다. 초의선사는 시문과 서화에도 능통한 승려로, 다도(茶道)에 일가견을 이루었다. 다산은 유배지에서 근처 만덕산의 백련사와 해남 대둔산의 대흥사 승려들과도 교류하였다. 그런 인연으로 그는 『만덕사지』(萬德寺志)와 『대둔사지』(大芚寺志) 등의 편찬을 주도하기도 하였다. 다산은 학문에 정진하면서 차츰 그곳을 제2의 고향으로 삼았다. 아마도 18년의 유배 생활 동안 그곳에 정을 붙이고, 그곳의 인정과 자연을 좋아하게 되었기 때문이었을 것이다.

다산의 나이 57세인 1818년 봄에 『목민심서』(牧民心書)를 완성하였는데, 이 해 8월 여름 귀양에서 풀려났다. 그리고 그는 9월 2일 강진의 다산을 떠나 9월 14일 처자식이 있는 고향 땅 소내로 돌아왔다. 그 후 다산은 더이상 벼슬길에 나아가지 않았다. 고향에 돌아온 그는 모든 학문을 마무리하였다. 그는 여생을 고향 땅 처자식들 곁에서 편안히 보내다가 1836년에 75세의 나이로

생을 마감하였다. 그날은 그의 결혼 60주년이 되는 회혼일(回婚日)이었다. 그의 묘는 귀양에서 돌아와 거처하면서 저술에 몰두했던 마재의 소내에 있는 여유당(與猶堂) 뒤편에 자리잡고 있다.

2. 애민과 사회비판의 시문학

다산은 뛰어난 시인이었다. 2,200수가 넘는 많은 시를 지었다는 점 외에도 그의 뛰어난 문학적 역량은 그를 국문학사상 탁월한 시인으로 인정하기에 충분하다. 그러나 그의 산문에는 문학성이 뛰어난 작품이 별로 없다. 그것은 그가 도에 기초한 문장을 중시하고 그것이 치세(治世)에 기여해야 한다고 주장하면서, 인재(人災) 가운데 가장 큰 것을 '패관잡설'(稗官雜說)이라 하여 소설을 해롭다고 보았기 때문이다. 따라서 그의 문학작품은 시가 대부분일 수밖에 없다.

자주적 조선시의 선언

다산은 문학을 구체적으로 어떻게 이해하고 있었을까. 우선 시에 관하여, 그는 시가 성정(性情)을 도야하는 데 중요하다고 보면서 그것이 사람의 깨끗함을 드러낼 수 있어야 한다고 하였다. 다산이 말하는 참된 시란 인간의 기본적인 윤리를 옹호하고, 어지러운 사회를 구제할 수 있는 것이어야 한다. 그가 도에 근본을 둔 인륜시와 날카로운 사회비판의 사회시를 많이 쓴 이유도 바로 여기에 있다. 그는 「자찬묘지명」(自撰墓誌銘)에서 시를 '간림(諫林)'이라 하여 "간언이 담긴 언어"라고 보았다. 특히 그는 『시경』(詩經)이 백성을 교화하는 노래가 아니라 오히려 '백성들의 비판적 말'이 담겨진 책이라 하였다. 이는 그간의 문인들이 파악한 『시경』에 대한 생각과는 전혀 다르다. 사회악에 대한 풍자와 고발을 통하여 사회를 구제할 수 있어야 한다는 그의 신념은, 젊은 시절 경기도 암행어사로 나가 백성들의 현실에 눈을 뜨면서 강해졌다. 그리고 유배지 강진에서 백성들의 참혹한 삶과 함께하면서 이러한 의식들은 시로 형상화되었다. 한편, 다산의 문학론에서 중요한 것은 소위 '자주적 조선시'를 선언한 '주체적 문학정신'이다.

> 노인의 즐거운 일 하나는
> 붓 가는 대로 마음껏 시를 쓰는 것.
> 어려운 운자(韻字)에 신경 안 쓰고
> 고치고 다듬느라 늦지도 않네.
> 흥이 나면 뜻을 싣고
> 뜻이 이루어지면 바로 시를 쓰네.
> 나는 조선 사람이기에
> 즐거이 조선시를 쓴다.
> 그대들은 마땅히 그대의 법을 따르면 되지
> 시 짓는 법이 맞지 않는다고 말하는 자가 누군가.
> 까다로운 중국시의 격과 율을
> 먼 곳의 우리들이 어찌 알 수 있겠는가.
> (……)
> 배와 귤은 그 맛이 다른 것처럼
> 오직 입맛에 맞는 것을 좋아할 뿐이라네.
> ─「노인일쾌사6수 효향산체」(老人一快事六首 效香山體)

다산이 71세에 지은 시다. "조선인의 기호와 성정에 일치되는 조선시를 써야만 참다운 시가 될 수 있다"는 말은, 문학의 주체성과 자아확립을 주장한 것이나 다름없다. 이는 멀리 "한자로 시를 쓰면 온전한 우리의 감흥을 드러낼 수 없다"는 퇴계 이황이나 서포 김만중의 생각과 일치한다. 중국시, 곧 한시 짓는 법을 굳이 따를 필요가 없다는 대담한 주장은 우리 문화에 대한 자부심 없이는 불가능한 일이다.

이러한 생각이 있었기 때문에 다산은 일찍부터 시를 지을 때 중국의 고사를 찾아 쓰는 일에서 벗어나 『삼국사기』나 우리의 고문헌, 그리고 각 지방에서 일어난 이야기를 소재로 쓸 것을 강조하였다. 우리 풍속과 역사 속에서 시적 소재를 구하고자 하는 노력은 다산의 선배들인 성호 이익이나 연암 박지원에게서도 찾아볼 수 있다. 다산은 두 아들에게 보내는 편지글에서 양반 자제들이 조선의 고사를 모르면서 유독 중국의 것만을 선호하는 풍조를 비판하면서, 우리나라 선배들의 문헌을 직접 읽으라고 권장하기까지 하였다. 그가 아들에게 읽기를 권한 필독서를 보면 역사, 지리서, 문집류 외에도 야사(野史), 의학서, 농학서, 상소문 등도 눈에 띈다.

실제로 다산의 시 중에서 악부시(樂府詩)는 조선의 역사와 풍속, 현실을 소재로 삼았으며, 조선의 고유한 언어를 한시의 언어로 활용하고 있다. 유배지에서 지어져 서울에까지 널리 알려진 「탐진악부」는 민요적 취향이 드러나고 우리말이 시어로 잘 활용되고 있다. 특히 그는 현지의 토속적 방언을 그대로 시어로 쓰고 있는데, '麥嶺'(보릿고개), '兒哥'(아가 : 새색시), '馬兒風'(마파람), '絡蹄'(낙지) 등은 한자어로 되어 있지만 우리말의 음에 따라 바꾸어 놓은 것이다.

애민과 사회비판의 시들

다산의 시가 갖는 특징으로는 우선 강렬한 사회 비판의식을 들 수 있다. 그는 자신이 살았던 조선 후기 당대의 제반 모순을, 단순히 관념적 차원에서가 아니라 실제 현실생활 속에서 사실적으로 생동감 있게 그려내고 있다. 그는 당쟁의 치열함, 인재 선발의 폐해와 부조리, 삼정(三政)의 문란 등을 비판적으로 고발하고 있다.

> 당쟁의 화는 오래도록 그치지 않으니
> 이런 일은 참으로 통곡할 만하다.(……)
> 다투는 기운이 맑은 하늘을 가리고
> 티끌만한 일로도 살육을 일삼으니,
> 새끼 양은 죽어도 소리 한번 못 치는데
> 승냥이와 호랑이는 오히려 두 눈을 부릅뜬다.

> 높은 자는 날카로운 이빨을 갈고
> 낮은 자는 화살촉을 갈고 있네.
> 누가 있어 큰 잔치 베풀어
> 화려한 집에 휘장을 치고,
> 천 동이의 술을 담고,
> 만 마리 소를 잡아 안주 만들어,
> 옛 감정 풀고 함께 맹세하여
> 복과 평화 오기를 기약할 건가.
>
> ―「고시27수」(古詩二十七首), 14

다산이 경상도 장기 유배지에서 쓴 시로 망국적인 당파싸움을 비판하면서 누군가 나서서 묵은 감정을 풀어 태평한 세월이 오기를 갈구하고 있다.

그런데 그는 당파싸움 외에도 당대의 정치적 문란과 탐관오리의 횡포 등을 '우화적 수법'으로 풍자함으로써 시의 높은 경지에 도달한다. 「고시27수」를 보면, 당쟁의 실상을 승냥이와 호랑이가 노려보며 싸우는 모습으로 형상화하고 있다. 새끼 양이 청렴결백한 군자를 비유한 것이라면, 승냥이와 호랑이는 사납고 악독한 사람을 비유한 것이다. 여기서 후자는 당파싸움을 일으키는 당대의 벼슬아치로서 티끌만한 일에도 살육을 일삼는 존재로 묘사되고 있다.

이러한 우화적인 수법은 이처럼 사회현실의 모순을 비판하는 시에서 자주 사용되면서 뛰어난 작품적 성과를 거두고 있다.

> 하늘이 어진 사람 내려보낼 때
> 왕후장상 집안만 가리지 않았을 텐데,
> 어찌하여 가난하고 천한 집에도
> 재주가 뛰어난 자 있음을 보지 못하나.
> 서민 집에 아이 낳아 두어 살 됨에
> 이목이 수려하고 빼어났는데,
> 그 아이 자라서 글 읽기 청하니

아비가 하는 말, "콩이나 심어라.
네가 글을 배워 어디다 쓰려나.
좋은 벼슬 너는 할 수 없단다."(……)
지체 높은 가문에 아이 태어나면
낳으면서 곧장 귀한 몸이 된다.
어린 놈에게 사람 꾸짖는 법 가르치니
자라선 이미 오만해졌네.
아첨하는 무리들이 구름처럼 모여들어
행전(行纏)도 채워주고 신발까지 신겨주며,
"너무 일찍 일어나지 마시오.
행여 병이 날까 두렵습니다.
고생하여 공부하지 않아도
자연히 벼슬한답니다."(……)

―「고시24수」(古詩二十四首), 14·15

  이 시는 당시 신분제도의 모순을 꼬집고 있다. 양반은 공부하지 않아도 자연히 벼슬을 할 수 있지만 뛰어난 능력을 가진 하층 계급의 자식은 벼슬의 길이 막혀 있는 현실을 비판하고 있는 것이다. 이러한 모순에 가득 찬 사회에서 상류 양반층과 벼슬아치는 백성들에게 착취를 일삼았다. 가혹한 세금은 백성을 죽음으로 몰아갔고 여기에 가뭄과 같은 자연재해는 백성들에게 혹독한 시련을 안겨주었다. 다산의 시를 보면 관청의 세금독촉이 얼마나 심했는지 알 수 있다. 세금 때문에 자신의 양기(陽器)를 잘라버렸다는 「애절양」(哀絶陽)은 널리 알려진 시다.

가마 메는 너나 타는 나는 본래 한 동포
하느님으로부터 평등함을 받았네.
너희들은 어리석게 이런 일 달게 여기니
내 어찌 부끄러움이 없겠는가.(……)

가마 메는 중들은 그래도 나은 편이요,
　　가마만 메야 하는 백성들은 가련하구나.
　　큰 깃대 앞세우고 쌍마교 나타나서
　　촌마을 사람들 모조리 동원하니,
　　닭처럼 내몰고 개처럼 부리면서
　　소리치고 꾸중하기 범보다 더 심하네.(……)
　　기진하여 논밭에 돌아오면
　　지친 몸 신음소리 실낱 같네.
　　가마 메는 그림을 그려서
　　돌아가 어진 임금에게 바치고 싶네.

　이 시는 다산이 유배지에서 돌아와 71세에 쓴 「견여탄」(肩輿歎)이라는 시의 뒷부분인데, 관리들이 명산에 유람 오면 승려들이 그들을 가마에 태우고 험한 길을 오르내려야 하는 고통을 그리고 있다. 그래도 그들은 나은 편이며 백성들은 더욱 더 고통스러워한다고 고발하고 있다. 어진 임금에게 이 모습을 그림으로 그려 알리고자 하는 마음에는, 돌아가신 정조에 대한 그리움과 함께 어진 임금이 없는 아쉬움도 있었을 것이리라.
　다산의 시는 자연에 대한 애정과 예찬을 담은 것도 많으며, 인간 관계의 다정한 정을 토로한 시들도 꽤 있다. 다산에게 자연은 돌아가야 할 정신적인 의지처였다.

　　나 홀로 내 집을 지키며
　　처자식과 사랑하며 살리라.
　　산밭에 기장 심고
　　무논에 모를 심어
　　힘써 김 매고 가꾸어주면
　　가물든 비가 오든 따지지 않겠네.
　　가을에 어느 정도 추수는 할 것이니

그것으로 내 생명을 보전하리라.
                           ―「의고2수」(擬古二首), 1

  34세 때 금정찰방으로 유배된 뒤에 지은 이 시에서 다산은, 장차 고향에서 처자식과 함께 살고 싶은 심정을 노래하고 있다. 강진 유배지에서 그는 때때로 이웃의 채소밭을 구경하면서 채소를 가꾸고 싶은 간절한 마음을 토로하기도 하였다. 그는 실제로 가족들에게 놀고 먹지 말며 생산에 참여할 것을 권장하였으니, 그의 아내가 고향에서 몸소 누에치기를 한다는 소식에 기뻐 시를 짓기도 하였다. 고향에 돌아온 그는 밭을 갈고 양잠을 하였다.

   누에 친 후 뽕나무 앙상하더니
   여린 뽕잎 새로 돋아 예쁘게 자라네.
   이번처럼 힘을 다하여도 세금으로 바쳐야 하니
   가을 누에 쳐서 한 해를 살아봐야지.
   ―「하일전원잡흥 효범양이가24수」(夏日田園雜興 效范楊二家二十四首), 5

  이 시에는 몸소 농사를 지어 그 결실을 세금으로 바치면서도 다시 내일을 준비하려는 다산의 심정이 드러나 있다. 그러나 그에게 고향의 전원은 평온하고 풍요롭지만은 않았다. 가난과 세금 독촉, 그리고 흉년으로 인해 굶주림에 시달리는 백성들의 모습은 다산이 몸소 겪었던 조선 후기의 현실이었다.

   잘 자라던 내 모를
   내 손으로 뽑아야 하다니.
   무성하게 자라던 내 모를
   내 손으로 죽여야 하다니.
   잘 자라던 내 모를
   잡초처럼 뽑다니.(……)
   나에겐 아들 셋이 있어

젖 먹고 밥 먹고 있으니,
아들 하나 제물로 바쳐서
이 어린 모를 살렸으면.

— 「발묘」(拔苗)

 못자리의 모를 가뭄 때문에 심지 못하고 대신 다른 것을 심기 위하여 모를 뽑는 농부의 심정을 그리고 있다. 어떤 부인은 하도 원통하여 아들 하나를 바쳐서라도 비를 오게 할 수 있으면 좋겠다고 말했다 한다. 이처럼 다산이 유배지에서 본 가뭄의 참상은 차마 눈뜨고 볼 수 없는 지경이었다.
 다산은 경기도 암행어사로 나갔을 때 백성들은 굶어 죽어가는데도 고관대작들의 집에서는 술과 고기 냄새가 진동한다고 노래(「飢民詩」)하여, 백성들에 대해 애틋한 감정과 함께 잘못된 정치에 대한 분노를 담기도 하였다. 이러한 애국애민의 정신은 다산의 문학을 관통하고 있다. 그리고 이는 경세제민을 위해 수많은 저서를 낳게 하는 원동력이 되었음에 틀림없다.

3. 작품 감상

 다음에 소개할 두 편의 글은 비록 시와 전(傳)이라는 양식적인 차이가 있지만, 똑같이 조선 후기 불우한 한 기인(奇人)을 형상화한 것이다. 한 인물을 서로 다른 양식으로 그려내고 있는 이 두 편의 글을 통해서 다산의 문학적 형상화 작업의 내용을 잘 살펴볼 수 있다.

천용자가(天慵子歌)

 천용자, 그의 자(字)는 천용인데
 뭇 사람들이 어리석다고 손가락질하네.
 평생에 갓 망건 쓰지를 않아
 헝클어진 머리 더욱 심란해보이는데,

술은 입술을 닿지도 않고 곧장 뱃속으로 넘어가니
달거나 시거나 싱겁거나 텁텁하거나
쌀술이건 보리술이건 가릴 것이 있는가?
고양이 눈같이 맑은 술이나 고름같이 탁한 술도 좋다네.

가야금 하나 어깨에 둘러메고
왼손에는 피리요 오른손에는 지팡이.
봄바람 불 때면 묘향산 이른여섯 골짜기로
가을달 밝을 때는 금강산 일만 이천 봉우리로,
가야금 뜯고 피리 불며 길게 휘파람 불면서
구름 속 노닐다가 노을에 잠자 머문 적 없어라.
산길에 우거진 숲 헤쳐 잠자는 범 찾아내고
물길에 돌을 굴려 못 속의 용 놀래네.

집 나오면 솜옷은 거지에게 주고
해진 옷과 바꿔 입어 남루한 누더기라.
돌아와 집에 가면 아내의 바가지 소리 사나워
울면서 땅을 치고 하늘을 부르며 가슴을 치건만,
천용자는 말없이 대꾸도 않고
머리 숙여 찡그리면서도 공손하기 짝이 없지.
길에서 주운 주먹만한 괴석(怪石)을
자루를 풀어 꺼내 보석처럼 쓰다듬네.

배고프면 이웃집에 곧장 달려가
새로 빚은 술 얻어 서너 잔 마시고
얼큰하면 소리 높여 부르는 노래.
빠른 것은 이칙(夷則 : 12율의 하나)에 맞고,
느린 것은 임종(林鍾 : 12율의 하나)에 맞네.

노래 끝엔 종이 찾아 붓을 놀려 묵화(墨畵) 그리는데
가파른 봉우리 성난 바위 급한 여울에 오래된 소나무 모습일세.
뇌성벽력 천둥소리 음산한 풍경이요,
눈 녹은 높은 산의 의연한 모습이네.
해묵은 칡넝쿨 얽힌 모습 그리다가도
송골매 보라매가 싸우는 광경 그리기도 한다.
더러는 구름 타고 하늘 나는 신선도 그리는데
수염 눈썹은 찌를 듯이 곤두서지.

초라한 중 오똑이 앉아 등 긁는 모습 그리면
상어 빰에 원숭이 어깨 비뚤어진 입에다
속눈썹 눈을 덮은 괴상한 몰골이라네.
혹 용 귀신이 불 뿜으며 뱀과 싸우는 모습 그리다가도
요사한 두꺼비가 달을 가려
방아 찧는 토끼를 범하는 그림도 그리지.

부녀자 모란꽃 작약꽃 붉은 부용은
팔이 잘린대도 그리려 하지 않네.
곧잘 그림 팔아 술빚으로 충당하는데
하루에 번 돈 하루 술값에 날리지.
자기 이름 관가에 알려지길 꺼려하여
혹시라도 알리려는 자 있을 땐 무서운 노기가 칼날 같다네.

상산(象山 : 곡산)에 부임한 지 두 해가 지나
누각 세우고 못 파고 세상이 화평하다.
천용자 찾아와서 문 두드리며
사또님 만나자고 외치는 큰 소리.
돌계단 뛰어올라 중문 안에 들어오는데

맨발에 붉은 다리 일하던 농부 같네.
읍(揖)도 절도 하지 않고 두 다리 뻗고 앉아
번번이 하는 말이 술 달라는 소리뿐.

맑은 바람이 사방에 상쾌하게 부는지라
첫눈에 그가 보통 사람이 아닌 줄 내 알고는,
손 잡고 가슴을 열어 큰 포부 이야기하며
비 오는 아침 달 뜨는 저녁 늘 어울려 지내니,
배우지 못한 미명(彌明 : 道士)이 한유(韓愈)를 찾았고,
지공(支公 : 東晉의 중 支屯)이 대옹(戴 : 南宋의 隱者)을 방문한 일과 서로 비슷하네.
천용자 성(姓)은 장씨(張氏)인데
고향을 물으니 입을 다무네.

— 『여유당전서』, 시문집, 권3

장천용전(張天慵傳)

장천용(張天慵)은 해서(海西 : 황해도)에 살고 있는 사람이다. 그의 원래 이름은 천용(天用)이었다. 관찰사 이의준(李義駿)이 순행하다가 곡산(谷山)에 이르러서, 그와 함께 놀고 난 뒤 그의 이름을 '천용'(天慵)으로 고쳐주었다. 그는 그 후로 바뀐 이름으로 행세하였다.

나는 곡산에 부임하던(1797) 그 다음 해에 못을 파서 그 위에 정자를 세웠다. 어느 날 밤 달빛 아래 조용히 앉아 있으면서 퉁소 소리가 듣고 싶어 한숨을 지었다. 어떤 사람이 앞으로 나와 말하였다.

"이 고을에 장생(張生)이라는 자가 있는데, 퉁소도 잘 불 뿐더러 거문고도 잘 뜯습니다. 그러나 그는 관청에 들어오기를 좋아하지 않으니, 어서 아전을 그의 집으로 보내 데려오도록 하십시오."

"그렇지 않아. 만일 그가 진짜 고집이 있다면, 억지로 데려오게 할 수는 있

겠지만 어찌 그렇게까지 하면서 퉁소를 불게 할 수 있겠는가? 그대는 그 사람에게 가서 나의 뜻을 전하시오. 그가 오지 않겠다면 그만이지, 억지로 할 것까지는 없네."

얼마 뒤 사자(使者)가 그 일을 마치고 내게 와서 고하였다.

"장생이 벌써 문 밖에 도착하였습니다."

그가 방으로 들어왔다. 그는 망건을 벗은 머리에 버선을 벗은 발에다, 옷은 입었으나 띠는 두르지 않았다. 이윽고 술에 잔뜩 취하여 눈빛이 희미해졌고, 퉁소를 쥐었으나 불지는 않은 채 오직 자꾸만 소주를 찾았다. 서너 잔을 주었더니 더욱 비틀거리며 아무 의식도 없었다. 좌우에 있는 사람들이 그를 붙들고 나가 밖에다 재웠다. 다음날 다시 그를 못 위의 정자로 불렀다. 그에게 술 한 잔을 권하자 천용이 얼굴빛을 가다듬으며 말하였다.

"퉁소는 제 장기(長技)가 아니옵고, 그림 그리기를 잘 하옵니다."

나는 그림을 그릴 견본(絹本)을 가져오게 하였다. 그는 산수(山水)·신선·호승(胡僧)·괴조(怪鳥)·수등(壽藤)·고목(古木) 등 수십 폭을 그렸다. 수묵이 능수능란하여 그 흔적을 볼 수 없고, 모든 것이 제 모습을 그대로 드러내며 예스럽고 괴이하였다. 이는 사람들이 생각하는 것을 뛰어넘는 것이었다. 사물의 모습을 묘사함에 있어서는 가는 붓으로 섬세하게 그려 신기한 정채가 빛을 발하여, 사람들에게 놀라움을 금치 못하게 하였다. 이윽고 붓을 던지고는 술을 찾아서 또 크게 취하였다.

사람들에게 그를 부축하여 보내게 하였다. 다음날 그를 다시 불렀는데, 그는 이미 어깨에 거문고 하나를 메고, 허리에 퉁소 하나를 꽂은 채 동쪽으로 향하여 금강산으로 들어갔다고 하였다.

그 이듬해 봄에는 청나라 사신이 오게 되었는데, 일찍이 천용에게 신세를 입은 적이 있었던 사람이 평산부(平山府) 관가를 수리하는 일을 맡았다. 그는 천용에게 단청(丹靑) 일을 부탁하였다. 그런데 천용과 같이 일을 하던 사람이 부친상을 당하였다. 천용이 상주의 막대기를 보니, 기이하게 생긴 대나무인데 묘한 소리가 났다. 천용이 이내 밤에 몰래 그 막대기를 훔친 뒤, 구멍을 뚫어 퉁소를 만들었다. 그리고는 태백산성(太白山城)의 중봉(中峰) 꼭대기에 올라가서 퉁소를 불다가 날이 새자 돌아왔다. 상주가 대단히 화가 나서 천용을 꾸짖었다. 천용은 그곳을 떠났다.

그 뒤 몇 달이 지나 나는 곡산부사의 임기를 마치고 돌아왔다. 다시 몇 개월 지나서 천용이 특별히 가람산(岢嵐山)의 산수화를 그려 가져왔다.

"올해는 꼭 영동(嶺東 : 강원도)으로 거처를 옮겨 살 생각입니다."

천용에게는 아내가 있으나 외모가 못난데다가 일찍부터 바람병을 앓았다. 그래서 길쌈도 못 하고 밥도 못 지었으며, 아이도 못 낳았다. 또한 성격이 불량하여 늘 누워서 천용에게 바가지를 긁었지만, 천용은 조금도 부부 사이를 긴밀히 하는 데 게을리하지 않았다. 이웃 사람들이 모두 그를 이상하게 여겼다.

—『여유당전서』, 권17, 전(傳)

작품 해설

장천용이라는 인물을 다산이 처음 만난 것은 곡산부사로 부임한 뒤였다. 다산은 못을 파고 정자를 지은 뒤 퉁소를 불 수 있는 사람을 수소문했는데, 그때 소개받은 인물이 장천용이었다. 장씨는 다산이 시에서 진술한 대로 대단히 기인에 가깝고 사람을 사로잡는 힘이 있었던 모양이다. 사또를 대면하면서도 절도 하지 않고 그냥 술만 찾는 모습은 예사롭지 않아 보인다. 다산은 정조 23년에 곡산부사의 임기를 마치고 서울로 돌아왔는데, 몇 달 뒤 장천용이 기이한 산수화를 들고 찾아왔다. 이때 천용의 집안 내력과 사정을 소상하게 알게 된 모양이다.

그리하여 다산은 이 인물에 대한 관심과 호기심으로 시가 양식인 「천용자가」를 먼저 지었고, 산문 양식인 「장천용전」을 나중에 지었다. 창작 연대는 시의 경우 다산이 그곳에 부임한 다음해인 정조 22년(1798)이고, 전의 경우는 그가 임기를 마치고 돌아온 다음, 곧 정조 23년 이후에 이루어진 듯하다.

시 「천용자가」는 크게 내용면에서 둘로 나누어진다. 전반부는 주인공 장천용의 기이한 삶과 행동, 그리고 그가 그리는 그림들을 생동감 있게 표현하고 있다. 그리고 후반부는 다산이 장천용을 직접 만나는 대목이 나온다. 전반부를 보면 천용은 의복에 전혀 신경을 쓰지 않으면서 술을 좋아한다. 그리고 방

방곡곡 명산을 찾아다니며 일상에 구속받지 않는 자유로운 삶을 살아간다. 무엇보다도 눈길을 끄는 것은 그의 타고난 예술적 소양이다. 그는 퉁소를 잘 부르며 가야금을 잘 타고 노래를 잘 부르는 등 뛰어난 음악적 소질을 지닌데다가 그림까지 잘 그리는 예인이었다. 특히 그는 부녀자의 모습이나 꽃들보다는 산수화를 즐겨 그리는 인물로 묘사되고 있다. 그럼에도 불구하고 그는 자신의 이름이 관가에 알려지는 것을 매우 꺼려했던 듯하다. 다른 사람들이 자기를 알리겠다는 소리를 하면 노여움이 칼날처럼 날카롭다고 하였으니, 그는 세속의 명리를 좇은 인물은 아니었다.

산문 양식과 시에 묘사된 장천용의 성격을 보면, 집을 나올 때 입었던 좋은 옷은 거지에게 걸쳐주는 대신에 자신은 누더기 옷으로 바꿔입었던 것으로 보아, 그는 정이 많고 남을 돌볼줄 아는 가슴이 따뜻한 사람으로 여겨진다. 특히 「장천용전」의 후반부에서 그는 아내의 바가지에도 불구하고 여전히 그녀에게 변함없는 애정으로 대하는 인물로 그려지고 있다. 이로 보아 그의 성격이 어떠했는지 어느 정도 짐작이 간다. 또한 한시의 후반부를 보면 그는 사또를 만나도 인사를 하지 않는 거리낌 없는 행동을 하고 있다. 장천용의 구속받지 않는 삶과 행동은 단순한 객기에서가 아니라, 크나큰 뜻이 담겨 있음을 알 수 있다. 다산은 그가 예사롭지 않은 인물임을 알아보고 잘 대해주었다. 장천용은 다산이 자기를 인정해주는 사람이었기 때문에 서울까지 찾아가 그림을 바치고 속마음을 털어놓기까지 하였다.

두 작품을 통해 우리는 다산이 기이한 행색의 하층인물을 대하고 바라보는 따뜻한 시선을 읽을 수 있거니와, 그가 장천용에게 큰 관심을 가졌음은 위에 실린 서로 다른 양식의 두 편의 글을 통하여 확인되는 바이다.

■ 다산 생가·다산초당 찾아가는 길

다산 생가는 경기도 남양주시 조안면 능내리에 있다. 기차로는 서울 청량리역에서 하루 3번 다니는 중앙선 통일호를 타고 능내역에서 내리면 된다. 승용차로는 서울에서 46번 국도를 타고 교문사거리를 지나 도농삼거리까지 와서 오른쪽 양평 방면으로 우회전한 후 6번 국도를 따라 14.8km쯤 가면 팔당댐에 닿는다. 팔당댐을 지나 2.9km 더 가면 중앙선 철교 밑에 이르는데, 그 철교 밑을 지나 곧바로 오른쪽으로 난 마을길을 따라 1.3km 가면 다산 생가가 나온다. 주차장에는 대형버스도 여러 대 주차할 수 있다.

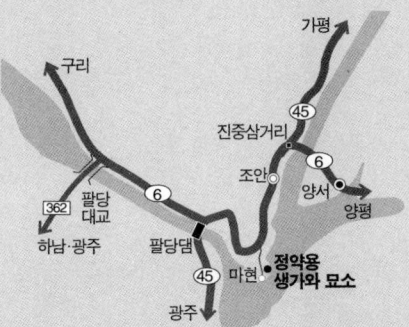

다산초당은 전남 강진군 도암면 만덕리 귤동마을에 있다. 강진읍에서 나와 영암 쪽으로 향하는 18번 국도를 따라가면 오른쪽에 추도리 판매점이라는 작은 가게가 있고, 왼쪽에는 다산초당으로 가는 3번 군도로가 나 있다. 이 길을 따라 5.9km 가면 오른쪽에 백련사로 가는 시멘트길이 보이며, 다시 3번 군도로를 따라 1.2km 더 가면 길 오른쪽으로 다산초당이 있는 만덕리 귤동마을에 이른다. 다산초당 입구에는 넓은 주차장과 민박집이 있다. 강진에서 다산초당 앞을 지나는 버스가 하루 11회 있다(※ 이 책 310쪽 '녹우당 찾아가는 길' 지도 참조).

2부
문학과 이념의 거리

향가에 실린 불심, 균여대사
『삼국유사』의 위대한 서사시인, 일연
「도산십이곡」을 지은 동방유학의 스승, 이황
고산구곡을 노래한 유학자, 이이

향가에 실린 불심, 균여대사

1. 갈 수 없는 땅, 대사의 발자취

　균여(均如, 923~973)는 고려 초기에 화엄종의 교풍(敎風)을 바로잡고 교세를 떨친 인물이자 뛰어난 학승(學僧)이다. 그리고 한국문학사적으로 보아 그는 우리에게 소중한 향가 11수를 전해준 위대한 작가이기도 하다. 그가 남긴 「보현십종원왕가」(普賢十種願往歌) 11수는 10구체 향가의 전형으로서 우리 시가문학사의 소중한 자산이 되고 있다. 균여의 이 작품들은 순전히 개인적인 문학적 욕구에 의해서라기보다 종교적인 신앙심에서 씌어진 것이다. 따라서 그는 종교와 문학과의 거리감을 단축시키고 나아가 고전문학이 갖고 있는 이념과 그것의 문학적 형상화라는 과제를 일찍부터 부과시켰다고 할 수 있다.
　균여의 출생지와 활동 무대는 고려의 수도가 있는 황해도와 경기도 북부였다. 이러한 공간적 배경을 바탕으로 균여는 고려 초기에 신라 중심의 불교를 다시 한반도 중앙의 무대로 끌어올릴 수 있었다. 그리고 남쪽에서 분열되었던 화엄종을 하나로 통합시켜 고려 중심의 불교로 승화시켰다. 또한 방언과 향찰로 표기된 국문학 작품을 제작함으로써 신라시대에서 고려시대 초기로 이어지는 향가문학을 꽃피우게 했다. 이러한 사실들은 그가 처한 시간적·공간적 환경이 갖는 의의가 얼마나 큰 것인지를 보여준다.

균여의 생애에 관해서는 현재 해인사의 고려대장경 보판(補板)에 있는 『석화엄교분기원통초』(釋華嚴敎分記圓通鈔)의 부록으로서 혁련정(赫連挺)이 찬술한 『대화엄 수좌 원통 양중대사 균여전』(大華嚴首座圓通兩重大師均如傳: 약칭 『균여전』)이 있을 뿐이다. 따라서 그의 생애에 대해서는 전적으로 『균여전』에 의거할 수밖에 없다. 해인사에는 그의 전기 외에도 현재까지 거의 1백여 권에 이르는 많은 저술이 함께 전해오고 있다. 균여는 원래 포교를 위하여 방언, 즉 향찰로 불경을 주석하였다고 한다. 그러나 오늘날에는 그러한 방언본이 남아 있지 않으며, 현재의 해인사 소재 그의 저술은 방언본이 씌어진 지 수백 년 뒤인 14세기에 와서 후세 사람들이 "방언을 삭제하고 한문으로만 새긴 것"으로 전해지고 있다.

균여의 생애를 보면 활동무대가 주로 고려의 수도인 개성 근처였다. 그런 이유로 균여의 발자취를 찾아가기 위해서는 남북이 통일될 때를 기다려야 할 것 같다. 따라서 그가 남긴 삶에 관한 언급은 순전히 해방 이전의 관계 기록에 의존할 수밖에 없다.

균여와 성불사, 영통사

균여는 속성이 변씨(邊氏)로 이름이 균여인데, 그의 아버지는 환성(煥性)이며 어머니는 점명(占命)이다. 그는 923년 황해도 황주 북쪽에 있는 형악(荊岳)의 남쪽 기슭 둔대엽촌(遁臺葉村)에서 태어났다. 황주는 대동강과 재령강을 끼고 있는 비옥한 평야지대로 경의선이 지나는 교통의 요지이다. 경의선을 타고 개성을 지나 금천, 평산, 신막을 거치면 사리원 바로 다음 역이 황주이다. 황주에서 배를 타고 대동강을 내려가면 남포항에 도달할 수 있다. 황주는 예로부터 사과맛이 좋기로 소문난 곳이기도 하다. 그래서 북쪽의 황주와 남쪽의 대구는 사과의 대명사로 불렸다. 황주의 남쪽 끝 정방산에는 우리에게 널리 알려져 친숙한 노래의 고향인 성불사(成佛寺)가 자리잡고 있다.

균여가 태어난 곳인 '형악'이 과연 오늘날의 어떤 산인지는 정확히 알려지

성불사 황해도 황주군 주남면 정방리 정방산에 있는 사찰로, 황해도의 36개 말사를 관장하던 31본산 가운데 하나였다. 신라 말에 도선이 창건하였고, 1374년 나옹이 중창하였다. 임진왜란 때 불탔다가 다시 지어졌는데, 1924년에 제3차로 중수되었다.

지 않았을 뿐만 아니라 그에 관한 유적도 자세히 알 수가 없다. 『균여전』을 보면 황주판관인 이준(李晙)이 균여의 옛 집터를 다시 수리하여 그곳을 경천사(敬天寺)로 불렀다 한다.

균여의 탄생에 관해서 다음과 같은 일화가 전해온다. 그의 어머니 점명(占命)은 917년 4월 7일 밤, 하늘에서 한 쌍의 누런 봉새가 내려와 품안에 안기는 꿈을 꾸었다. 이런 꿈을 꾸고 난 뒤 923년, 어머니 나이 육십에 아이를 가져 7개월 만에 균여를 낳았다. 그런데 아기가 너무 못생겨 부모는 길거리에 내다버렸다. 그런데 까마귀 두 마리가 날아와 깃털로 아이를 감싸주었다. 지나가던 사람이 이 사실을 알리자, 부모는 그제서야 뉘우치며 그 아이를 거두어 길렀다 한다.

이 이야기에서 찾아볼 수 있는, 신비스런 태몽, 7개월 만에 태어나고 추한 외모, 기아(棄兒), 짐승들의 아이 보호 등은 '신화적 인물'들의 출생담에 늘 나타나는 것이다. 이로 보아 균여 이야기는 우리나라의 이야기 전통을 충실히 계승하고 있다.

균여는 어려서부터 총명하여 암기에 능하였다고 한다. 그는 강보에 싸여 있을 때부터 아버지가 가르쳐준 『화엄경』의 게(偈)를 하나도 잊어버리지 않았다. 이러한 기억력은 세 살 위인 그의 누이 수명(秀明)도 가지고 있었다. 그녀는 걸승(乞僧)이 읽어주는 화엄경 여덟 권을 조금도 빠뜨리지 않고 기억하였으며, 균여가 들려주는 경전을 그대로 기억하곤 하였다.

균여는 어려서 아버지를 여의고, 15세에 종형인 선균(善均)을 따라 부흥사(復興寺)에 갔다. 그곳에서 식현화상(識賢和尙)을 만나 출가하여 그 밑에서 배웠다. 그가 처음에 출가한 부흥사는 황해도 금천군 남쪽에 있었다고 하나, 지금은 그 위치를 정확히 알 수가 없다. 금천군은 개성이 속한 경기도 개풍군과 인접하여 있는데, 나중에 금천군은 황해도에, 개풍군은 경기도에 속하게 된다. 두 도 경계에 있는 제석산(帝釋山) 밑에는 '청석골'이 있는데, 그곳은 조선 명종 때 황해도와 경기도 일대에서 활약하던 임꺽정 무리들의 본거지이기도 하다.

균여는 식현의 자질이 신통치 않음을 알고, 밤에 몰래 영통사(靈通寺)의 의순공(義順公)에게 가서 공부를 배우고 새벽에야 돌아왔다. 나중에야 식현이 이 사실을 알고 균여가 의순공에게 가서 배우는 것을 허락하였다. 균여는 영통사의 의순공으로부터 본격적인 공부를 배우게 된다. 균여가 그 절에서 어떻게 득도했는지에 대해서는 『균여전』에 자세히 전하지 않는다. 다만 그가 고려의 임금 광종으로부터 아낌을 받아 재능과 신이한 행적을 보이는 대목만 기술되어 있을 뿐이다. 따라서 영통사와 균여의 관계를 자세히 짐작할 수가 없다. 그러나 그가 본격적인 공부를 이곳에서 했다는 점에서, 그의 생애에 영

영통사 고려 현종 18년에 창건되었다. 대각국사 의천이 출가하고 입적한 절로 유명하며, 특히 고려 왕실과 관계가 깊다. 언제 폐사되었는지 분명하지 않는데, 『동국여지승람』에는 이 절을 읊은 이규보·변계량·권근 등의 시가 실려 있다.

통사는 대단히 중요한 곳이었으리라고 여겨진다.

　영통사와 균여에 얽힌 이야기로 다음과 같은 것이 전한다. 균여는 낡은 영통사의 백운방(白雲房)을 고쳤는데, 이 때문에 지신(地神)이 노하여 그곳에 재변(災變)이 매일 일어났다. 그런데 균여가 노래 한 수를 지어 벽에 붙이자 그 괴변이 곧 없어졌다. 현재 그 노래는 전해지지 않지만, 매우 주술적인 효험이 있었던 것으로 여겨진다. 향가가 주술적인 힘을 지녔다는 사실은 『삼국유사』의 기록들을 통해 알 수 있거니와, 이러한 사례가 이와 같은 균여의 이야기에서도 다시 한번 확인되는 것이다. 이로 미루어 균여는 자신의 이적(異迹)을 과시할 때는 대개 노래의 힘을 빌렸던 듯하다.

　균여가 머물렀다는 영통사는 경기도 개풍군 영남면 용흥리 오관산 기슭에 있는 사찰로 추정된다. 영남면에는 개성시와 바로 이웃하여 있었기 때문에 고려 왕실의 능이 많이 남아 있으며, 이 지역은 보부상으로 전국을 누비는 개성상인의 본고장이기도 하다. 영통사의 남쪽 가까운 곳에는 나중에 균여가 주지로 있었던 귀법사(歸法寺)가 자리잡고 있는데, 이곳은 균여가 왕실과 밀접한 관계를 맺으며 활동하던 곳이라고 할 수 있다.

영통사는 우선 대각국사 의천과 관련이 깊다. 의천은 이곳에서 출가하였는데, 입적 후에 그의 사적을 새긴 비가 세워지기도 하였다. 이 비는 북한의 보물급 문화재 제36호로서, 비문은 당대의 문장가인 김부식(金富軾)이 지었다. 영통사는 특히 고려 왕실에서 참배를 많이 한 곳으로 알려져 있다. 인종을 비롯하여 고려 후기의 많은 왕들이 이곳에 행차하여 분향하였으며, 왕실 주관의 각종 재가 열렸다. 그래서 이 절과 관련이 깊은 왕들의 진영(眞影)을 모신 진영각(眞影閣)을 두기도 하였다. 영통사에는 현재 북한이 문화재로 지정한 유물이 남아 있는데, 국보급 문화재 제37호인 5층탑, 제38호인 서3층탑, 그리고 보물급 문화재 제35호인 동3층탑, 제37호인 당간지주 등이 있다. 하지만 아직까지 갈 수 없는 땅이라서 현재 남아 있는 옛 사진으로만 당대의 흔적과 숨결을 더듬을 수밖에 없다.

불법을 펼치고 백성을 이롭게

균여는 화엄교리(華嚴敎理)의 대가였다. 신라 말기에 가야산 해인사에는 나중에 후백제 견훤의 복전(福田)이 된 관혜(觀惠)와 고려 태조의 복전이 된 희랑(希朗)이라는 두 사람의 화엄종 사종(司宗)이 있었다. 그런데 그 법문은 각각 남악(南岳)과 북악으로 불리며 갈려 대립과 반목을 거듭하였다. 균여는 원래 북악(北岳)의 법통을 이었다. 그러나 이러한 종단의 분열을 안타깝게 여긴 그는 전국의 절을 돌아다니며 한 길로 돌아오도록 교법(敎法)을 널리 펴 후진을 이끌었다. 그러면서 화엄경의 교리를 다시 주석하고 잘못된 교리를 바로잡기에 힘썼다. 이에 따라 국가가 왕륜사(王輪寺)에서 승시(僧試)를 보일 때 균여의 설(說)을 정통으로 삼았다. 고려 초기에 분열된 화엄종의 두 갈래를 하나로 묶어 통합시킨 공으로 그는 화엄종을 처음 전한 신라의 의상(義湘)에 이어 고려 때에 그 교풍을 바로잡고 교세를 크게 떨친 중흥적 존재로 평가받고 있다. 그런데 균여가 고려 초에 그의 능력을 펼칠 수 있었던 것은 그가 광종의 '전제정치의 협조자'로서 왕권에 밀착된 인물이었기에 가능했다는 일부 주장이 있다. 이유야 어떻든 그가 자리한 화엄종에서의 위치는 왕권의 도움이 없으면 불가능하다는 점에서 이 견해는 상당히 음미할 만하다.

균여는 광종 14년(963)에 왕이 발원하여 세운 나라의 절 귀법사의 초대 주지가 되었다. 광종이 균여를 위하여 이 절을 창건했다고 하니, 그에 대한 애정이 어떠했는지 알 수 있다. 절이 완성되자 균여는 왕명으로 향불을 받들고 절의 무리를 거느리며 불법을 널리 펼쳤다. 이 절은 경기도 개풍군 영남면 용흥리 마전동 탄현문(炭峴門) 밖에 있으며 송악산 아래에 자리잡고 있다. 균여가 본격적으로 공부하였던 영통사와 가까운 곳이다. 그러나 이 절은 조선 중엽에 와서는 이미 폐사가 되었다. 그리고 해방 전까지 당간지주와 함께 초석들이 흩어져 있었으며, 지금도 그 자리에는 석탑의 부분 석재들이 남아 있다고 한다. 국찰(國刹)로서 귀법사에는 광종 이후 목종, 선종 등의 여러 왕의 행사가 있었다. 선종은 1087년에 대장경을 봉안하는 법회에 참석하였고, 의종은 1161년 4월 초 한 달간 이 절에 머무르기도 하였다.

균여는 973년(광종 24) 6월 17일에 귀법사에서 51세로 세상을 떠났다. 그의 유해는 귀법사의 동남쪽에 있는 팔덕산(八德山)에 묻혔다. 그 산은 귀법사에서 1백 보 정도 떨어진 아주 가까운 곳이다. 균여는 비교적 젊은 나이에 죽었는데, 그의 죽음에 대해서는 광종 말기의 정치적 상황과 연관지어 왕권과 밀착된 균여가 호족세력의 압력을 받아 오히려 왕에 의하여 죽임을 당했을 것이라는 주장이 있다. 광종의 전제정치의 확립을 위한 지배 이데올로기를 제공하였던 균여가 거꾸로 정치적 이유로 희생당했다는 것이다. 그러나 이에 대해서는 다소 논란의 여지가 있다. 하지만 한번쯤 생각해볼 만한 견해로 보인다. 균여의 제자는 3천 명 정도 되었으며, 그 가운데 담림(曇琳)과 조(肇)는 일대의 고승으로 수좌(首座)에 올랐다.

균여는 학덕이 높고 신이한 행적을 남긴 고승으로 광종의 총애를 받았지만, 이상하게도 그에 대한 비문이 남아 있지 않다. 그런 탓에 그의 사후에는 많은 사람들이 균여의 전기가 없음을 아쉬워하였다 한다. 균여가 죽은 뒤 문하시랑평장사(門下侍郎平章事) 김정준(金廷俊)이 균여가 거처하던 곳을 수리하여 이를 감로원(甘露院)이라 하였고, 급사중(給事中) 고정(高挺)이 균여에 대한 기문(記文)을 썼다. 이것은 혁련정이 쓴 『균여전』을 참조한 것이다. 일찍이 전중성(殿中省)의 내급사(內給事)인 강유현(康惟顯)이 쓴 균여의 전기가 있었지만 사실이 많이 누락되어 간략한 편이었다. 당시에 혁련정은 균여의 전기가 없음을 애석하게 여기고 있던 차에, 창운(昶雲) 스님으로부터 『균여전』의 찬술을 의뢰받았다. 이때 창운은 그가 쓴 「실록구고」(實錄舊藁)를 맡겼다. 혁련정은 이를 참고로 하여 1년 만에 『균여전』을 완성하였으니, 이때가 1075년(문종 29)으로 균여가 죽은 지 138년이 지난 뒤였다.

2. 불멸의 향가 11수

균여의 문학을 이해하는 데는 『균여전』이 거의 전부라고 할 수 있다. 이 책은 서두와 말미에 저자의 서두와 후서(後序)가 있고, 본문의 내용은 열 부문으로 나누어져 있다. 그 내용은 출생과 성장기에 관한 「강탄영험분」(降誕靈驗分), 출가와 수도에 관한 「출가청익분」(出家請益分), 자매의 현명함에 관한 「자매제현분」(姉妹齊賢分), 화엄종의 분열을 통합시킨 균여의 노력에 관한 「입의정종분」(入義定宗分), 균여의 불경해석 서적에 관한 「해석제장분」(解釋諸章分), 신이한 행적담에 관한 「감통신이분」(感通神異分), 향가 11수를 소개한 「가행화세분」(歌行化世分), 그 향가에 대한 최행귀의 번역시를 소개한 「역가현덕분」(譯歌現德分), 귀법사의 승려 정수(正秀)와의 대립에 얽힌 이야기를 담은 「감응항마분」(感應降魔分), 균여의 죽음에 관한 「변역생사분」(變易生死分) 등으로 되어 있다.

균여의 향가문학에 대해 언급하기 전에 지적해둘 것이 바로 '자주적인 표기 방식'에 의한 저술활동이다. 앞에서 언급한 것처럼 그는 한자를 차용하여 국문으로 경전의 어려운 글을 풀이하였으며, 우리말 가요를 제작하여 향찰로 기술하였다. 이러한 표기 방식은 신라 이후 내려온 전통이지만, 당대의 화엄종 고승이 불경의 풀이본을 이러한 방식으로 표기했다는 것은 상당한 의의를 가진다. 이런 이유로 인하여 대각국사 의천은, "균여·범운(梵雲)·진파(眞

派)·영윤(靈潤) 등의 스님은 불경을 그릇되게 하여 말이 글을 이루지 못하고 뜻이 통하지 않게 하였다"는 비난을 하였다. 현재 남아 있는 그의 저술이 후세 사람에 의하여 "방언이 삭제되고 한문만 남은" 것도 그런 이유 때문임은 자명하다. 균여의 이러한 표기 의식은 불교의 포교를 위한 방편에서 비롯되었지만, 한자 표기에 전적으로 의존하지 않는 '자주적인 국자의식(國字意識)'을 드러냈다는 점에서 국문학적·문화적 의의가 크다고 볼 수 있다.

균여가 우리 국문학에 남긴 업적은 향가의 창작이다. 향찰로 표기된 향가는 오늘날 모두 25수밖에 남아 있지 않는데, 그 가운데 11수는 균여의 「보현십종원왕가」(약칭 「원왕가」)이다. 그런데 균여는 이 「원왕가」 외에도 향찰식 표기의 시가를 많이 창작했던 것으로 보인다. 그것들은 현재 전해오지 않는다. 다만 『십구장원통기』(十句章圓通記) 하권의 다음과 같은 글귀를 통해 어느 정도 짐작할 수 있다.

(균여가 조사(祖師)들의 글을 풀이한) 그 글이 다 방언고훈(方言古訓)으로 되어 있고 노래의 초안을 베껴두었지만, 후세에 이르러서는 그것을 베낀 책[歌草之書]마저 전하지 못했다.

균여의 향가는 『균여전』의 일곱번째 부문인 「가행화세분」에 수록되어 있으며, 여덟번째 부문인 「역가현덕분」에는 균여와 같은 시대의 사람인 최행귀(崔行歸)가 967년(광종 18)에 이 「원왕가」를 한시로 번역한 11수가 수록되어 있다. 따라서 일단 균여의 「원왕가」는 적어도 967년 이전, 즉 균여의 나이 45세 이전에 지어졌을 것으로 추정된다.

「원왕가」는 『대방광불화엄경』(大方廣佛華嚴經) 40권, 「보현행원품」(普賢行願品)에 들어 있는 열 가지 종류의 '원왕'의 내용을 풀이한 가요이다. 「보현행원품」은 화엄사상의 중심에 해당한다. 문수보살의 설법을 듣고 보리심(菩提心)이 생긴 선재동자(善財童子)가 여러 성(城)을 찾아다니면서 53명의 선지식(善知識)에게 수도의 방법을 묻고 마지막으로 보현보살로부터 구도의 과정에서 닦아야 할 열 가지 행원(行願)을 전해받는다. 이것이 보현의 십종

광대행원(十種廣大行願)이다. 즉 예경제불(禮敬諸佛), 칭찬여래(稱讚如來), 광수공양(廣修供養), 참회업장(懺悔業障), 수희공덕(隨喜功德), 청전법륜(請轉法輪), 청불주세(請佛住世), 상수불학(常隨佛學), 항순중생(恒順衆生), 보개회향(普皆廻向) 등이 그것이다. 균여는 이것을 사람들에게 쉽게 알 수 있도록 우리 노래로 풀어서 짓되, 각 노래의 뜻을 종합한 「총결무진가」(總結无盡歌)를 하나 더 지었다. 그리하여 노래는 모두 11수가 되었다.

균여는 이「원왕가」의 서문에, "원왕의 내용을 세속의 도리에 따르기 위하여 우리말에 의탁하여 노래를 지었으니, 세상 사람들이 착한 근본을 이루기 바란다"고 하였다. 이로 미루어 균여의 이 노래는 기본적으로 포교를 목적으로 지어진 것으로 보인다. 그러면서도 그는 이러한 방식의 노래 제작이 당대의 유식층으로부터 받을 비난을 우려하였다. 당시로서는 노래를 통해 백성들에게 불교의 교리를 전파하는 방식이 파격적이었던 듯하다. 그러나 균여 이후 고려 말엽에는 가사를 통하여 불교의 교리를 백성들에게 전파하는 나옹 스님 같은 승려를 만날 수 있으니, 균여의 선각적인 업적은 크게 주목받아야 할 것이다.

그러나 「원왕가」는 단순히 종교적인 포교의 노래에 그치지 않고, 높은 문학적 아름다움을 지니고 있다. 다시 말하면 균여는 종교적 내용을 향가라는 문학적 형식에 담아내면서, 우리 가요가 지니는 미적인 전승력을 강하게 담고 있는 것이다. 그의 향가를 어떻게 보느냐는 문제를 언급하기 위해서 당대인의 인식을 찾아볼 필요가 있다. 이를 위해 균여의 향가를 한시로 번역한 최행귀의 발언은 주목할 만하다.

균여의 향가에 대하여 최행귀는 "11수의 향가는 가사가 맑고 글귀가 아름다우며[詞淸句麗], 중국의 사부(詞賦)에 비길 만하다"고 지적하였다. 앞부분은 균여의 향가가 지니는 문학적인 아름다움을 말한 것이고, 뒷부분은 우리말로 된 작품에 대한 평가로서 당당한 주체성의 선언이라 할 만하다. 최행귀는 향찰로 된 이 노래가 우리나라 사람들에게만 알려지고 있는 사정을 안타깝게 여겨 이것을 중국 사람들에게 소개하였다. "우리의 비단 같은 작품이 중국에 전해지는 일이 드물었기" 때문에, 「원왕가」를 몸소 한시로 번역한 것이다. 그러자 그가 예상했던 대로 이「원왕가」를 중국 사람들이 서로 다투어 베껴 가서 자기 나라에 전하게 되었다. 그 뒤 중국 사신이 균여를 만나보기 위해 귀법사를 찾아왔다가 뜻을 이루지 못하자, "어디 가야 부처님을 만나 뵐 수 있는가?" 하며 안타까워했다고 한다.

한편 균여의 향가는 백성들 사이에 널리 알려졌으며, 주술적인 효험도 있었다. 이 노래는 "우리나라에 널리 유포되어 가끔 담벽에도 씌어 있었다"고 『균여전』의 찬자(撰者)는 기록하고 있다. 이처럼 백성들 사이에 널리 퍼졌다는 것은 균여의 향가가 매우 부르기 쉽고, 노래가 지니는 형식적·내용적 아름다움이 대단했음을 말해준다. 아울러 그 노래를 많은 사람들이 부르게 되어 아마도 균여가 원했던 대로 백성들이 착한 마음을 갖게 되지 않았을까 한다.

「원왕가」가 보여준 신이한 영험에 관해 다음과 같은 이야기가 전해온다.

"사평군(沙平郡)의 나필급간(那必及干)이 고질에 걸려 3년 동안이나 낫지 않았다. 균여가 이 일을 민망히 여겨「원왕가」를 입으로 전해주고 늘 읽기를 권했다. 그랬더니 어느 날 하늘에서 '그대는 대성(大聖)의 노래의 힘으로 고통을 벗어나리라' 하는 소리가 들렸다. 그 뒤 나필의 병은 나았다."

그의 노래가 갖는 영이함은, "영통사 백운방을 짓는 것을 지신(地神)이 재변을 일으켜 방해하자 균여가 노래를 지어 벽에 붙여 물리쳤다"는 이야기에서도 거듭 확인된다. 이는 아마도 노래(향가) 자체가 갖는 주술적인 힘 때문이기도 하지만, 고승 균여가 가지는 놀라운 능력에 의해서 그러한 일들이 가능하지 않았을까 생각된다.

그렇다면 균여의「원왕가」11수의 문학사적 의의는 무엇일까. 우선 그는 이 향가를 통하여 문학과 종교의 거리를 좁혔으며, 이러한 문학과 이념의 조화문제를 앞으로도 해결해야 할 과제로 남겼다. 아울러 그는 향가를 통해 딱딱한 종교적 교리만을 강조하지 않고 거기에 문학적 형상력을 발휘함으로써 뛰어난 시가 작가로서 남을 수 있었다.

또한 그의 작품은 문학의 본래적 기능 가운데 하나인 효용적 기능을 잘 발휘하고 있다. 균여는 불법(佛法)을 펼치고 백성들을 이롭게 하기 위하여 향가를 지었다. 여기에는 불교의 교리를 쉽게 널리 알린다는 교훈적인 측면 외에도 그들의 고질병을 고쳤다든지 하는 주술적인 측면도 포함된다. 그렇기 때문에 균여는 이 노래를 염송하면 자신이 원하는 바를 이룰 수 있다고 하였다. 균여는 이처럼 문학이 담당해야 할 과제로서 '구제'(救濟)의 문제를 일찍부터 부과시켰다. 그리고 그는 향가 11수를 제작함으로써 신라대에 이룩된 시가 양식이 고려 초기에도 지어지고 있음을 우리에게 다시 한번 확인시켜 주었다. 그의 작품은 향가의 가장 완성된 형태로 알려진 10구체로 되어 있는데, 이 10구체 향가는 통일신라 이후에 유행되던 것이다. 그의 작품을 보면 3단의 짜임을 가지면서 제9구의 첫머리에 감탄사, 곧 낙구(落句)가 한결같이 나옴으로써 장차 시조가 10구체 향가에서 형태적으로 기원했을 것이라는 논의의 소중한 근거를 제공하고 있다.

그 밖에도 『균여전』에는 향가의 형식, 나아가 우리 시가의 형식에 관한 최행귀의 귀중한 발언이 실려 있어 주목된다. 이는 물론 균여의 향가 자체에 대한 평가를 의미하지는 않는다.

　　시는 당나라 말로 얽음으로써 5언 7자로 다듬고, 가(歌)는 우리말로 배열하여 3구 6명(三句六名)으로 가다듬는다(詩搆唐辭磨琢於五言七字 歌排鄕語 切磋於三句六名).

5언 7자는 당시(唐詩)의 형식을, 3구(句) 6명(名)은 향가의 형식을 설명한 것이다. 당시에는 오언시와 칠언시가 있다. 이로 미루어 아마도 향가에는 그 형식이 3구와 6명이라는 두 가지로 존재했던 듯하다. 3구 6명에서 '구'와 '명'이 과연 무엇인지에 대해서는 학자들마다 의견이 분분하다. 여기에서는 중국 당시의 경우 '언'(言)과 '자'(字)가 거의 같은 뜻으로 쓰이고 있다고 여겨진다. 그런 점에서 혹시 구와 명도 같은 뜻으로 쓰이지 않았을까 하는 생각을 갖게 된다.

3. 작품 감상

향가 11수 가운데 첫번째 작품인 「예경제불가」를 수록한다. 균여의 작품은 『균여전』의 일곱 번째 부문인 「가행화세분」에 원문이 실려 있으며, 그 맨 첫머리에 균여의 서문이 들어 있다. 균여가 향가를 지은 목적과 그의 생각을 살펴보기 위하여 서문을 해석하여 싣는다. 그 다음으로 김완진 교수가 해독한 향가(『향가해독법연구』)로서 현대어로 풀어쓴 부분(現代語譯)을 제시한다. 그리고 여덟번째 부문인 「역가현덕분」에 있는 최행귀의 한역시를 소개한다.

서문

대개 사뇌(詞腦)란 것은 세상 사람들이 놀고 즐기는 데 쓰는 도구요, 원왕(願王)이라 하는 것은 보살이 수행하는 요체가 된다. 그러므로 얕은 데를 지나야 깊은 곳으로 갈 수 있고, 가까운 데부터 시작해야 먼 곳에 다다를 수 있는 것이니, 세속의 이치에 기대지 않고는 천한 바탕을 인도할 길이 없으며, 비속한 말에 따르지 않고는 넓은 인연을 나타낼 길이 없다.

이제 알기 쉬운 가까운 일을 바탕으로 생각하기 어려운 심원한 종지(宗旨)를 깨우치게 하고자 열 가지 큰 서원의 글에 의지하여 열한 장의 거친 노래를 지었다. 여러 사람의 눈에 극히 부끄러운 일이나 여러 부처님의 마음에는 부합하기 바란다. 비록 뜻을 잃어버리고 말이 어긋나 성현의 오묘한 뜻에 알맞지 않더라도 서문을 쓰고 시구를 짓는 것은 범속한 사람들의 착한 본바탕을 이루게 되기를 바란다. 웃으며 외우려는 사람은 염송하는바 소원의 인연을 맺을 것이며, 훼방하면서 염송하는 사람도 염송하는바 소원의 이익을 얻을 것이니라.

엎드려 바라노니 훗날의 군자들이여, 비방도 찬양도 뜻대로 하소서!

— 제7, 「가행화세분」(歌行化世分)

예경제불가(禮敬諸佛歌)

마음의 붓으로
그리온 부처 앞에

절하는 몸은
법계(法界) 없어지도록 이르거라.
티끌마다 부첫 절이며
절마다 뫼셔놓은
법계 차신 부처
구세(九世) 내내 절하옵저.
아아, 신어의업무피염(身語意業无疲厭)
이리 종지(宗旨) 지어 있노라.

부처님께 예경하는 노래(禮敬諸佛頌)

마음으로 붓을 삼아 부처님을 그리오며	以心爲筆畵空王
우러러 절하오니 두루 시방세계 비춰오시라!	瞻拜唯應遍十方
한 티끌, 티끌마다 부처님의 나라 뵈이고,	一一塵塵諸佛國
곳곳의 절마다 온갖 부처님 뫼시옵니다.	重重刹刹衆尊堂
보고 들을수록 부처로부터 멀어진	
다생(多生)의 나를 만나오니	見聞自覺多生遠
영겁(永劫)의 긴 시간일망정	
어찌 예경(禮敬)하지 않겠습니까?	禮敬寧辭浩劫長
몸과 말, 그리고 생각의 세 업(業)을	身體語言兼意業
싫은 생각 하나 없이 닦으오리다.	總無疲厭此爲常

― 제8, 「역가현덕분」(譯歌現德分)

작품 해설

이 향가는 「보현행원품」(普賢行願品)의 앞의 대목을 형상화하여 노래로 지은 것이다. 우선 '마음'과 '붓'을 들어 고도의 은유적 수법을 사용하고 있다는 점에서 균여의 시적인 자질이 돋보인다. 마음으로 부처를 그리워〔慕〕하며, 붓으로 이를 그린다〔畵〕고 함으로써, "그린다"는 말 속에 담긴 중의성을 잘 활용한 셈이다. 또한 "티끌마다 많은 부처"라는 말 속에는 수많은 부처, 곧 중생을 제도하는 부처들을 가리키면서도 '모든 중생은 곧 부처'라는 불교의 기본적 교리를 드러낸다.

균여는 부처를 그리워하며 우러러 절하니 티끌마다 부처나라가 보이고 온 절마다 여러 부처를 모신다고 하였다. 그러나 실제로는 아무리 노력해도 부처와 멀어진 다생(多生)의 나를 만날 수밖에 없으니, 영겁의 긴 시간 동안이라도 예경해야 되겠다고 토로한다. '다생'이란 과거, 현재, 미래의 삶을 말한다. 그리하여 그는 몸, 말, 생각의 업을 정진하여 닦겠노라고 다짐하고 있다.

균여는 화엄경의 중심사상을 가장 손쉽게 백성들에게 전달하기 위하여 이 향가를 지었다. 결국 이 노래(향가)를 듣고 부름으로써 궁극적으로 마음속에 선한 마음을 불러일으켜 깨우쳐 부처가 될 수 있음을 말하려고 했을 것이다.

간단한 시 속에 이처럼 불교의 핵심적인 교리를 함축시켰다는 점에서 균여의 시가 갖는 문학적 형상화의 정도를 짐작할 수 있다. 「보현행원품」에 나오는 말대로 부처를 진심으로 예경하라고 강조하면서도 중의적인 어휘와 은유적 표현 기법을 사용하고 어려운 불교 교리를 함축적으로 제시하는 등 뛰어난 문학적 기량을 보여주고 있다. 이러한 문학적 표현력은 비단 이 한 편의 향가에만 해당되는 것은 아닐 것이다. 딱딱한 종교적 교훈시 내지 포교시(布敎詩)로만 보지 말고 역동적인 언어의 활용으로 인한 고도의 문학작품으로 보면서 이 작품을 읽는다면, 문학과 종교, 나아가 문학과 이념의 거리를 한층 좁힐 수 있을 것이다.

■ 영통사 위치도

개풍군은 경기도에 속한 군으로 예성강·임진강·한강을 끼고 있으며 북쪽으로 황해도와 인접하고 남쪽으로는 경기도 강화군과 김포군을 마주하고 있다. 고려의 옛 도읍지인 송도(松都)가 위치했던 지역이어서 특히 고려시대의 유물과 유적이 많다.
귀법사와 영통사는 개성시 바로 위쪽의 영남면 남쪽인 용흥리에 있다. 용흥리 옆으로는 개성에서 장단을 거쳐 금천으로 가는 큰 도로가 있다. 한편 영남면과 영북면의 경계지에는 천마산이 있는데, 이곳은 일찍이 이규보가 청년 시절에 머물면서 「동명왕편」을 지었던 곳이기도 하다. 천마산에는 유명한 박연폭포가 있다.

『삼국유사』의 위대한 서사시인, 일연

1. 스님의 행적을 밟으며

일연(一然, 1206~1289)이 찬술한 『삼국유사』의 가치는 새삼 강조할 필요가 없을 정도이다. 이 책의 가치에 대해서는 역사학, 국문학, 불교학 등 다방면에 걸쳐 실증적이고 치밀한 연구가 진행되어 왔다. 그리고 일연에 대해 승려로서 그가 찬술한 저서를 중시하여 불교적 측면에서 그의 사상적 배경과 불교사적 위치 등을 밝히는 작업도 꾸준히 진행되고 있다. 일연이 생존한 시기는 무신의 난 이후 대몽 항쟁기를 거쳐 원나라의 지배기로 이어지는 격동기라는 점, 그가 충렬왕의 비호 아래 당대의 불교계를 주도했다는 점에서 역사적·종교적으로 상당히 중요한 위치를 차지한다.

불교의 중흥에 힘쓰다

일연의 성은 김씨(金氏)이며 처음의 법명(法名)은 견명(見明)으로, 경주(慶州)의 속현이었던 장산군(章山郡: 지금의 경산)에서 태어났다. 그의 부친 김언필(金彦弼)은 미미한 한직을 거친 것으로 보아 지방의 향리층이었던 듯하다. 일연은 9세에 지금의 광주(光州) 땅인 해양(海陽) 무량사(無量寺)에서 공부를 하였으나 본격적인 승려 생활을 했던 것은 아니었다. 그는 14세 되던 해 설악산 진전사(陳田寺)로 출가하여 대웅(大雄)의 제자가 되어 구족계(具足戒)를 받았다.

그가 본격적인 승려 생활을 시작한 진전사는 강원도 양양군 강현면 둔전리의 속칭 탑골에 있다. 이 절은 본래 가지산문(迦智山門)의 개산조(開山祖)인 도의(道義)가 은거하던 사찰이었다. 지금은 그 터만 남아 밭 가운데 삼층석탑이 서 있을 뿐이다.

일연은 22세 되던 해인 1227년 승과(僧科)에 응시하여 상상과(上上科), 곧 장원에 급제하였다. 이후의 일연의 생애는 크게 네 시기로 구분된다. 첫째 포산(包山)의 여러 사찰에서 지내던 시기(1227~1248), 둘째 정안(鄭晏)의 초청에 의하여 남해(南海) 정림사(定林社)에 거주하던 시기(1249~1260), 셋째 원종(元宗)의 명에 의해 강화도 선월사(禪月社)에 주석한 후 경상도 지역의 오어사(吾魚社), 인홍사(仁弘社) 등지에서 주석하던 시기(1261~1276), 넷째 충렬왕의 명에 의해 운문사(雲門寺)에 주석하다가 그 뒤 국존(國尊)에 책봉되고 인각사(麟角寺)에서 입적한 말년까지의 시기(1277~1289)가 그것이다.

일연은 승과에 합격한 뒤 포산, 지금의 경북 현풍의 비슬산 보당암(寶幢庵)으로 옮겨 여러 해 동안 머무르며 참선에 몰두하였다. 1236년 10월 몽고가 고려에 침입하여 전주의 고부(古阜)까지 이르자 병화(兵火)를 피하여 무주암(無住庵)으로 옮겼다. 이때 그곳에서 문수보살의 계시를 받아 크게 깨달음을 얻었다. 1237년에는 거처를 묘문암(妙門庵)으로 옮겼는데, 이 해에 나라에서는 일연에게 삼중대사(三重大師)의 계급을 내렸다. 그리고 1246년에는 다시 선사(禪師)가 되었다.

일연이 현풍 비슬산의 여러 사찰에 주석하던 이 시기는 대몽 항쟁기로, 최충헌의 뒤를 이어 그의 아들 최우(崔瑀)가 집권하던 때였다. 최우는 수도를 강화도로 천도하여 몽고와 싸웠으며, 1245년에 선원사(禪源寺)를 세워 그곳에서 두번째 대장경을 주조하였다. 그러나 일연은 약 22년간 비슬산에서 보내면서 뚜렷한 행적을 드러내지 않았다. 이는 외침에 대하여 그와 그가 속한

선원사터 1976년에 동국대학교 학술조사단에 의해 발굴 조사가 이루어졌다. 해인사에 보관된 팔만대장경판은 맨 처음 이 선원사에 보관되었다고 한다. 지산리 일대는 지금도 도감(都監)마을로 불린다. 일연은 원종의 부름을 받아 한때 이 선원사의 주지로 있었다.

선종(禪宗)인 가지산문의 소극적인 대응과 연관이 있지 않나 싶다.

1249년에 정안(鄭晏)은 남해에 있던 자신의 사저(私邸)를 정림사로 삼고 일연을 초대하였다. 정안의 부친은 최우의 장인인 탓에 최씨 정권과 밀접한 관계가 있던 실력가였다. 그러나 정안은 최우의 전횡을 싫어하여 남해에 은거하였고 사재를 희사하여 대장경 간행에 참여하기도 하였는데, 최우가 죽은 뒤 최항(崔沆) 밑에서 벼슬을 하다가 죽임을 당하였다. 일연은 정림사에 머무르면서 남해의 분사대장도감(分司大藏都監)의 작업에 약 3년 동안 참여하였다.

일연은 몽고의 침입으로 인한 전란을 피하여 수행에 전념하다가, 정안과의 관계를 계기로 중앙의 정치무대에 발을 내딛게 된다. 그리하여 일연은 최씨 정권의 마지막 실력자 최의(崔竩)를 제거한 사람 가운데 하나인 박송비(朴松庇)의 지원으로, 1259년(고종 46) 그의 나이 54세에 대선사(大禪師)가 되었다.

이때는 대내외적으로 정치적인 격변기에 해당한다. 새로 즉위한 원종(元宗)

은 최씨 정권이 붕괴된 뒤 몽고에 항복하면서 화해를 모색하고 있었다. 그런 와중에 일연은 1261년(원종 2) 왕의 부름을 받고 강화도의 선월사(禪月社)에 머무르게 되었다. 이 선월사는 아마도 최우가 세웠던 선원사임에 틀림없다. 이 절은 고려 당시에는 송광사와 함께 2대 선찰(禪刹)로 꼽혔지만, 조선 초에 이미 폐허가 되었고 지금은 그 터만 남아 있다.

강화도의 선월사에 거주하면서 일연은 목우화상(牧牛和尙) 지눌(知訥)의 법통을 계승하였다고 자처하였다. 나아가 자신이 속한 가지산문의 재건에 힘을 쏟았다. 그는 왕에게 간청하여 가지산문의 근거지인 경상도 지역의 여러 사찰에 거주하였다. 먼저 그는 1264년에 경북 영일군(迎日郡) 운제산(雲梯山)에 있는 오어사(吾魚社: 지금의 영일군 대송면 항사리)로 거처를 옮겼다. 이때 비슬산 인홍사(仁弘社)의 주지 만회(萬恢)가 그 주석을 양보하므로 일연은 그 절의 주지가 되어 후학을 지도하였다. 그리고 1268년에는 조정에서 왕명으로 선종과 교종의 고승 1백 명을 불러 개경의 운해사(雲海寺)에서 대장낙성회향법회(大藏落成廻向法會)를 베풀었을 때, 일연이 그 법회를 주관하였다. 또한 인홍사를 중수하면서 충렬왕으로부터 친필 사액(賜額)을 받아 인흥사(仁興社)로 개명하기도 하였으며, 같은 해에는 비슬산의 용천사(湧泉寺)를 중수하여 불일사(佛日社)로 고쳤다. 이처럼 그의 활약은 대단하였다.

『삼국유사』를 집필하다

일연은 그의 나이 72세인 1277년부터 충렬왕의 명에 의하여 경북 청도 운문사에서 1281년까지 지냈다. 이곳에서 그는 『삼국유사』를 집필하기 시작한 듯하다. 『삼국유사』의 정확한 집필 연대는 알 수 없는데, 학자들마다 그 추정 연대가 조금씩 다르다. 운문사에 머물던 시기에 썼다는 주장이 있는가 하면, 인각사에서 입적하기 전까지 편찬 작업이 이루어졌을 것이라는 주장도 있다. 그러나 짐작컨대 일연은 남해의 정림사에 있을 때부터 자료를 준비하기 시작하였으며, 이곳 운문사에서 문도(門徒)들의 도움을 받으며 『삼국유사』의 대부분을 집필했던 것이 아닌가 생각된다. 물론 나머지 부족한 부분은 인각사에서 이루어졌으리라.

운문사 전경 임진왜란 때 병화를 입었으나 다시 중건되었고, 지금은 비구니 전문강원으로 승려교육과 경전 연구기관으로 자리매김을 하고 있다. 일연이 72세 때 충렬왕의 명에 따라 이 절의 주지로 약 4년 동안 머물면서 『삼국유사』의 대부분을 집필하였다.

『삼국유사』가 집필된 곳으로 여겨지는 운문사는 경북 청도군 운문면 신원리 호거산(虎踞山)에 있는 사찰로, 560년 신라시대 때 한 승려에 의해 지어졌고 608년 원광법사가 크게 중건하였다. 그 후 거의 폐사가 되다시피했는데, 후삼국시대에 신라의 고승인 보양(寶壤) 스님이 중창하고 작갑사(鵲岬寺)라 하였다. 보양은 당나라에 유학하고 돌아와 밀양의 봉성사에 있다가 청도(淸道)까지 내려온 고려 태조 왕건을 도왔다. 왕건은 그에 대한 보답으로 '운문선사'(雲門禪寺)라는 사액을 내렸으며 이후로 이 절은 운문사로 불렸다. 보양 스님과 운문사의 관계는 『삼국유사』의 「보양이목」(寶壤梨木) 조에 자세히 전해온다. 그 후 고려에 와서는 다시 원응국사(圓應國師)가 1129년(인종 7)에 기거하면서 중창하여 당시로서는 밭 2백 결에 노비 5백 명을 둘 정도로 절의 위세가 대단하였다. 그러나 무신의 난 이후 운문사의 노비들이 반란을 일으킴으로써 이 사찰의 화려한 영광도 끝나고 만다. 그들은 운문산의 험한 지형을 이용하여 반란군을 조직하여 관군에 완강히 저항하였지만 결국 패하고 말았다. 당대의 대문호인 이규보도 이때 종군하였다. 반란이 끝나고 몽고의 간섭기로 들어가면서 일연은 1277년에 운문사의 주지로 임명되어 내려왔다. 이곳이 우리에게 소중한 것은 이미 지적한 대로『삼국유사』를 집필했던 곳이기 때문이다. 그는 이곳에 거주하면서 가지산문을 크게 일으키면서 교육에 힘썼다.

몽고가 일본을 원정하기 위하여 고려에 많은 물자와 병사를 징발하는 어려운 수탈의 시기에『삼국유사』를 집필하던 일연은 1281년(충렬왕 7) 6월에 충렬왕이 이러한 정벌군사들을 격려하기 위하여 경주에 내려왔을 때 왕의 부름을 받는다. 그는 왕의 행재소(行在所)에 1년간 있다가 다시 왕의 간곡한 요청으로 개경의 광명사(廣明寺)로 올라가 머무르면서 극진한 예우를 받았다. 이듬해 그는 '국존'(國尊)으로 책봉되어 '원경충조'(圓經冲照)라는 칭호를 받았다.

일연은 비록 출가한 몸이었지만 효성이 지극하였다. 그는 고향에 계신 늙은 어머니를 생각하여 왕에게 옛 절로 돌아가기를 간청한 끝에 간신히 허락을 얻어 집으로 돌아갔다. 그리고 절 아래에 있는 집에서 어머니가 96세로 돌아가실 때까지 가까이서 모셨다. 일연이 얼마나 인간적인 정이 넘쳤는지 알 수 있는 일화다.

모친이 죽은 1284년에 조정에서는 의흥(義興), 곧 지금의 군위군 화산(華山)의 인각사를 수리하고 땅을 하사하여 일연이 머무를 수 있도록 하였다. 그는 인각사에서 당시의 선문을 망라하는 구산문도회(九山門都會)를 두 번이나 개최했는데, 그 규모는 일찍이 유례가 없었다. 이는 일연이 속한 가지산문이 그를 중심으로 하여 고려의 선종계(禪宗界), 나아가 불교계의 전체 교권을 장악한 사례라고 할 수 있다. 일연은 충렬왕의 비호를 받으며 자신의 교단세력을 확장하였는데, 이러한 그의 노력으로 고려 말기에는 불교 교단의 중심세력으로 성장할 수 있었다.

일연은 1289년 6월에 병이 들었다. 그리고 7월 7일 왕에게 올리는 글을 쓴 뒤 다음날 입적하였다. 향년 84세였다. 나라에서는 보각(普覺)이라는 시호를 내렸다. 그 해 10월에는 인각사 동쪽 언덕에 탑이 세워졌다.

인각사 보각국사탑 인각사에는 보각국사탑과 비가 있다. 이들은 마을 뒷산 부도골 주변에 있었던 것인데, 탑은 절 문 밖의 도로변으로, 비는 경내로 옮겨졌다. 높이 약 2.4m인 이 탑은 고려 중기의 부도탑 양식을 그대로 따른 것으로 보인다.

　인각사(麟角寺)는 경북 군위군 고로면 화북리 화산에 있는 사찰로 신라의 고승 원효가 창건하였는데, 절 입구의 바위가 흡사 기린이 뿔을 얹은 형상이라 하여 그렇게 불리웠다 한다. 이 절은 일연이 중창한 뒤로 조선 중기까지 대규모의 불교행사를 개최할 정도로 크게 번성하였으나, 그 뒤로는 쇠락하여 지금은 법당과 두 동의 요사채만 있다. 지난 1996년 7월경에는 이 절에서 주지를 공모하여 중흥을 꾀하는 노력을 보임으로써 불교계에 신선한 자극을 주기도 했다.

일연의 부도와 비는 본래 절에서 떨어진 마을 뒷산의 부도골에 있었던 것인데, 한말(1898~1910년경)에 일본인들이 사리를 훔치면서 파괴되었다고 하며, 부도는 1962년에 지금의 위치로 옮긴 것이다. 비석은 두 동강이 나 심하게 손상된 채로 절의 경내에 남아 있는데, 비문의 글자체는 왕희지(王羲之)의 행서와 초서체를 집자하여 새겨진 것이다. 이 때문에 그 탁본이 서첩용(書帖用)으로 널리 유행하였으며, 금석학 연구자들의 관심이 되기도 하였다. 그 동안 이 비 전체 내용의 부분적인 영인(影印)과 탁본이 소개되어 그 완전한 면을 알 수 없었지만, 최근에는 한국학중앙연구원에 소장되어 있는 완전한 탁본이 영인되어 학계에 소개된 바 있다.

　　비문은 고려 당대의 문장가인 민지(閔漬)가 찬한 것이며, 그 뒷면에 있는 비음기(碑陰記)는 일연의 제자인 진정대선사(眞靜大禪師) 청분(淸玢: 곧 混丘, 1251~1322)이 1295년(충렬왕 21)에 스승의 행장(行狀)과 함께 이 비를 건립하면서 찬술한 것이다. 이 비음기 역시 왕희지의 글씨를 집자한 것이다. 이 비음기 비문에는 일연의 생애가 적혀 있는데, 이에 대한 내용은 이미 언급한 대로이다. 비음기에는 그 밖에 이런 이야기도 전한다. 즉 일연은 입적한 뒤에 사람들이 그의 사리탑을 세울 때, "인각사에서 5리 떨어진 숲속에 고총(古塚)처럼 생긴 곳이 길상(吉祥)의 땅이므로 안치할 만하다"고 일러주는 영험을 보이기도 했다는 것이다. 그런 점에서 지금의 탑은 애초에 놓여 있던 곳으로 옮겨져야 하지 않을까 싶다. 그것은 원래의 장소가 일연이 말한 대로 길지(吉地)이기 때문이다.

2. 『삼국유사』의 특징과 국문학사적 업적

　　일연과 국문학의 관계를 말하기 위해서는 『삼국유사』를 빼놓을 수 없다. 선승(禪僧) 일연의 선시(禪詩)는 현재 남아 있지 않다. 이는 아마도 그의 시가 현재 우리에게 전해지지 않았기 때문일 것이다. 따라서 그의 문학에 대한 논의를 위해서는 『삼국유사』 속에 있는 각종 설화와 그가 지은 찬시를 거론할 필요가 있다. 우선 『삼국유사』에 대해 간략히 살펴보고 그 특징을 살펴보자.

민족문화의 보고 『삼국유사』

『삼국유사』는 일연이 말년에 찬술한 것으로, 그 정확한 연대는 알 수가 없다. 그러나 대개 그가 운문사에 주석한 70대 후반부터 84세로 세상을 떠나기 전까지 집필했다고 보는데, 집필 자료는 젊어서부터 수집된 것이었다. 이 책은 그의 제자 무극(無極)에 의해 1310년대에 간행되었는데, 그것이 초간인지는 분명치가 않다. 조선 초기에도 『삼국유사』의 간행이 이루어졌는데 현재 보물 제419호로 지정된 송은본(松隱本)은 완본이 아니고 3, 4, 5권만 남아 있다. 1512년(중종 7)에 경주부윤 이계복(李繼福)이 중간(重刊)한 『삼국유사』는 중종임신본(中宗壬申本) 또는 정덕본(正德本)이라고 하는데, 현재는 남아 있지 않다. 그리고 이것을 다시 인쇄한 몇 종의 간행본이 현재 국내외에 전한다. 5권의 완본인 순암수택본(順庵手澤本)은 이계복이 판각한 뒤 32년 이내에 인출된 것으로 순암 안정복(安鼎福)이 소장하면서 가필한 것이다. 이것은 일본인 이마니시(今西龍)가 1916년부터 소장하였는데, 현재는 일본의 텐리대학(天理大學) 도서관에 소장되어 있다. 그 밖에도 서울대학교 규장각 소장본과 고려대학교 도서관 소장본이 귀중본으로 남아 전해온다.

『삼국유사』는 전체가 5권 2책이며, 여기에 「왕력」(王歷)·「기이」(紀異)·「흥법」(興法)·「탑상」(塔像)·「의해」(義解)·「신주」(神呪)·「감통」(感通)·「피은」(避隱)·「효선」(孝善) 등 9편 144항목으로 구성되어 있다. 「왕력」은 삼국·가락국·후고구려·후백제 등의 간략한 연표이며, 「기이편」(57항목)은 고조선부터 후삼국까지의 단편적인 역사로 분량이 가장 많아서 1, 2권에 이어진다. 「기이편」의 서두에는 이 편을 설정하는 이유를 밝히는 서문이 있다. 「흥법편」(6항목)에는 삼국의 불교 수용과 그 융성에 관한 내용이, 「탑상편」(31항목)에는 탑과 불상에 관한 사실이, 「의해편」(14항목)에는 신라 고승들에 대한 전기가, 「신주편」(3항목)에는 신라의 밀교적 신이승(神異僧)들에 대한 이야기가, 「감통편」(10항목)에는 신앙의 신령한 이적담이, 「피은편」(10항목)에는 현실을 초탈한 고고한 인물의 행적이, 「효선편」(5항목)에는 부모에 대한 효도와 불교적인 선행담이 수록되어 있다.

『삼국유사』의 체제는 정사(正史)인 『삼국사기』나 불교사서인 『해동고승전』과도 다르다. 이 책은 중국의 세 가지 고승전(高僧傳)의 영향을 받았지만 「왕력편」, 「기이편」, 「효선편」 등은 중국의 것들과 다른 면모를 보여준다. 『삼국유사』는 삼국의 역사 전반에 관한 사서로 편찬된 것은 아니며, 또한 삼국의 불교를 전반적으로 포괄한 불교사서도 아니다. 따라서 이 책의 성격을 역사서나 불교사서로 특별히 한정시킬 수는 없다. 한마디로 일연이 관심을 가진 분야와 그에 관한 자료들을 선택적으로 수집하고 분류한 '자유로운 형식의 사서'이다. 그런 점에서 이 책의 성격에 대하여 불교사서, 설화집, 잡록적 사서, 야사 등의 지적이 나온 것은 충분히 이해된다.

먼저 사학사적 측면의 경우, 『삼국유사』는 『삼국사기』와 함께 한국 고대사에 관한 사서(史書)로 이해되고 있다. 『삼국사기』가 왕명에 의한 관찬사서(官撰史書)라 한다면 『삼국유사』는 개인이 편찬한 사서라 할 수 있다. 또한 이 책은 『삼국사기』와는 달리 인용된 사료와 저자의 의견을 엄밀히 구분하면서 서술하는 방법을 취하고 있다. 곧 일단 전거(典據)를 밝혀 인용하면서 거기에 자기의 의견을 첨가하는 형식을 취하고 있는 것이다. 일연은 이 책의 집필을 위해 많은 사료를 수집하였다. 심지어 향전(鄕傳)과 같은 민간 전승기록을 참조하거나 자신이 직접 현장을 찾아가 확인하기도 하였다. 이 책에는 역사·불교·설화 등에 관한 서적과 문집류, 고기(古記), 사지(寺誌), 비갈(碑碣), 안첩(按牒) 등의 고문적(古文籍)에 이르는 많은 문헌이 인용되었다. 특히 지금은 전해오지 않는 문헌들이 많이 인용되었기 때문에 더욱 중요하다.

이러한 사서적 측면을 지니는 『삼국유사』에는 몇 가지 특징이 있다. 첫째, 한국 고대사를 자주적인 입장에서 이해하려는 노력을 보인다는 점이다. 개국신화로서 단군신화를 맨 처음 거론하면서 단군을 중국의 요나라와 동시대로 처리하고 있다. 그리고 일연은 한국사의 기원에 대하여 '고조선→위만조선→마한'으로 이어지는 체계를 세움으로써 한국사의 자주적 역사 전개 과정의 기초를 제공하고 있다. 이러한 체계는 유학자들의 사고방식이나 김부식으로 대표되는 사대주의적 사관과는 다른 것으로, 그 후 우리나라의 통사에 오랫동안 적용되었다.

둘째, 강한 민족의식과 이에 따른 서민 전통문화에 대해 긍정적인 재평가를 하고 있다. 일연은 문화에 대한 자부심을 과시하면서, 중국에 대해서는 부정적으로 서술하고 있다. 아울러 국가와 왕권에 대해 기술하면서도 서민생활과 그 문화에 대한 서술의 양을 많이 할애하고 있다. 이러한 그의 관심은 일연이 살았던 당대의 귀족적이고 고답적인 문화에 대한 반발과 저항의 소산이다. 동시에 원나라의 정치적인 간섭이 심했던 당시 상황에서 주체적인 저항의식의 발로라고 이해할 수 있다.

셋째, 『삼국유사』에 실려 있는 사실(史實)에는 신이(神異)가 바탕을 이루고 있다. 일연은 「기이편」 서문에서 "괴력난신(怪力亂神)은 말하지 않는다"는 유교적 합리주의를 반대하면서, "장차 제왕이 일어날 때는 부명(符命)과 도록(圖籙)을 받게 되므로 반드시 남보다 다른 일이 있음"을 전제하였다. 그리고 중국 고대 제왕들의 신이한 일들을 소개한 뒤에 "우리 삼국의 시조가 모두 신이하게 탄생한 것이 결코 이상하지 않다"고 말하고 있다. 이는 중국에 대한 자국의 역사 전통의 자주적 대등성을 말하는 일이며, 역사 속의 신이에 대한 적극적·긍정적 인식에 해당한다고 말할 수 있다. 이러한 새로운 인식은 당대의 신진사류들에게서 공통적으로 나타나는 일이며, 이규보의 「동명왕편」이나 이승휴의 『제왕운기』에서도 그러한 점을 찾아볼 수 있다. 바로 이러한 이유에서 『삼국유사』의 가치를 역사 속의 신이한 일을 기술하지 않은 『삼국사기』보다 더 높이 평가하는 것이다.

넷째, 불교사적 측면도 간과할 수 없다. 『삼국유사』에는 전체적으로 일종의 불국토사상(佛國土思想)이 흐르고 있다. 단군신화에서 환인을 제석(帝釋)으로 보았고, 신라의 왕통을 불타와 같은 종족으로 보고 있으며, 신라와 고구려가 전세(前世)에 불국토였다고 하였다. 또한 『삼국유사』는 삼국시대의 불교사서, 고승전, 불교설화집, 탑상 및 사찰연기집이라고 할 정도로 한국고대의 불교사라 해도 과언이 아니다. 「왕력」과 「기이편」을 제외하고 나머지 7편이 불교와 관계된 내용을 서술하고 있다. 아울러 고대미술의 주류인 불교미술의 연구를 위한 가장 오래된 문헌이기도 하다. 바로 「탑상편」은 불교사찰,

탑, 불상에 대한 기본 사료를 제공하고 있으며, 이러한 불교 자료는 고고학의 자료가 되기도 한다. 또한 일연은 불교의 서민대중의 신앙이나 생활 습속에 대해서도 상당한 관심을 가졌다. 이는 그가 대승적·구세적 입장에서 불교의 이상을 온 세상에 퍼뜨리려는 사고방식을 가졌기 때문에 가능한 일이다.

다섯째, 『삼국유사』는 구비문학을 비롯하여 물질전승과 행위전승 등에 관한 민족지학적(民族誌學的)인 자료를 제공하여 한국민속학이나 인류학 등의 연구에 많은 도움을 주고 있다. 이 책에는 신화, 전설, 민담과 같은 설화 자료 외에도 풍속, 신앙, 예술, 오락, 세시풍속, 통과의례 등의 각종 자료가 남아 있다. 예컨대 『삼국사기』에서 누락시킨 민족의 시조 단군에 관한 신화를 수록하고 있다거나, 불교 외에도 무속이나 민간신앙, 민속놀이나 오락, 연중 행사에 따른 풍속, 장례, 제례 등과 같은 다양한 형태의 고유문화를 기록하고 있는 것이다. 그런 점에서 『삼국유사』는 우리 민족문화에 대한 보고로서 그 가치가 매우 크다.

여섯째, 국문학사적 가치도 빼놓을 수 없다. 『삼국유사』는 한국 고대어의 연구에 귀중한 자료를 제공한다. 이 책에는 향찰로 표기된 향가, 서기체(誓記體)의 기록, 이두(吏讀)로 된 비문류(碑文類), 각종 지명 및 인명의 표기 등 고대어의 연구에 기초가 되는 자료가 풍부하게 산재해 있다. 또한 국문학사상 가장 중요한 가치를 지니는 향가 14수가 실려 있다는 사실을 간과해서는 안된다. 이에 대한 연구는 이미 상당히 진척이 되었으며 이것이 한국 시가문학사에서 갖는 가치와 의의는 대단히 중요하다.

뛰어난 시인으로서의 면모

한편 문학가로서의 일연의 면모는 어떠한가. 선승으로서 일연의 선시나 개별적인 문학작품이 현재 따로 전해오지 않지만, 그렇다고 문학가로서 일연의 모습을 찾아볼 수 없는 것은 아니다. 『삼국유사』는 전체가 민족의 생활과 문화를 바탕으로 한 '일대 서사시'라는 평가가 있다. 곧 신화와 전설 외에도 신이한 영험담, 신앙과 생활풍속이 실려 있는 민족문화의 총체적인 서사시라는 것이다. 그렇다면 일연은 다름 아닌 위대한 서사시인이라 할 수 있다.

또한 일연은 『삼국유사』에서 모두 44편의 칠언절구 한시를 창작하고 있다. 소위 '찬시'(讚詩)가 그것인데, 해당 항목의 이야기 말미에 자신의 감흥을 불교적인 입장에서 시로 읊고 있다. 이것은 단순히 종교적인 시라고 볼 수 없는 뛰어난 서정적인 풍취를 보이는 시임에 틀림없다. 향가 가운데 「천수대비가」, 「풍요」, 「도솔가」, 「제망매가」, 「원가」, 「우적가」 등에는 이들 가요에 대한 감상과 비평을 곁들인 그의 찬시가 실려 있다.

바람은 종이돈 날려 죽은 누이동생의 노자(路資)를 삼게 하고
피리는 밝은 달을 일깨워 항아(姮娥 : 달 속의 선녀)가 그 자리에 멈추었네.
도솔천(兜率天)이 하늘처럼 멀다고 말하지 말라
만덕화(萬德花) 그 한 곡조로 즐겨 맞았네.
—「월명사 도솔가」(月明師 兜率歌) 조

재(齋) 마치니 법당 안의 석장(錫杖)은 한가한데
향로에 손질하고 혼자서 단향(檀香) 피운다.
남은 불경 다 읽으니 더 할 일이 없어
불상을 만들어 합장하고 쳐다보네.
—「양지사석」(良志使錫) 조

앞의 시는 경덕왕대의 월명사가 일찍 죽은 누이동생을 위해 재(齋)를 올리면서 지었다는 향가 「제망매가」의 가사 끝에 붙여진 것이다. 월명사는 피리를 잘 불었다고 하는데 피리를 불 때면 달이 움직이지 않고 멈춰 있었다고 한다. 「제망매가」의 내용을 활용하면서도 월명사에 얽힌 이야기를 적절히 시 속에 인용하는 시인의 재주가 놀랍다. 뒤의 시는 승려 양지(良志)가 영묘사(靈廟寺)의 장육존상을 만들 때 여인들이 흙을 나르며 불렀다는 「풍요」의 가사 끝에 붙여진 것이다. 이를 보면, 법당 안의 한가한 정경과 함께 불상을 손질하고 향불을 피우는 모습을 잘 묘사하고 있다. 시적 자아는 절에서 뒷일하는 사람이거나 아니면 승려일 수도 있다. 이 시를 읽으면 마음의 평안함이 느

껴진다. 이처럼 이 시는 「풍요」의 가사와는 다른 한 편의 훌륭한 서정시로 다가온다.

> 압록강에 봄은 깊어 물풀은 곱고
> 백사장 갈매기는 한가로이 졸기만 한다.
> 문득 저 멀리 노 젓는 소리에 놀라니
> 어느 곳 어선인지 길손이 도착했네.
> ―「순도조라」(順道肇羅) 조

> 금교(金橋)에 눈이 쌓여 얼고 풀리지 않으니
> 계림(雞林)의 봄빛이 아직도 온전히 돌아오지 않았네.
> 예쁘다, 봄의 신은 재주도 많아서
> 먼저 모랑(毛郞)의 집 매화나무에 꽃이 피게 하였네.
> ―「아도기라」(阿道基羅) 조

삼국시대 때 이 땅에 불교를 전래시킨 순도와 아도에 관한 항목에서 뽑은 시들이다. 앞의 것은 순도가 고구려에 불교를 전한 기사 끝에 붙어 있다. 이를 보면 순도를 길손에 비유하면서 봄을 맞아 푸르름을 더해가는 강변의 한가한 정경을 그리고 있으니, 이는 한 편의 훌륭한 서정시라고 할 수 있다. 뒤의 것은 고구려 사람 아도화상이 모례(毛禮)의 집에 숨어 지내면서 신라에 불교를 전한 기사 끝에 붙어 있다. 아도화상을 '봄의 신(神)'으로 묘사한 것도 눈부시지만, 계림에 아직 불교가 전파되지 못한 상황에서 모례의 집에 먼저 불교를 전파시킨 아도화상의 노력을 '모례의 집 매화나무에 먼저 꽃을 피우게 한 것'으로 그리고 있다는 점에서 일연의 시적 자질이 대단한 경지에 이르렀음을 보여준다.

이 밖에도 일연은 삼국시대 때 전승되어 온 시가를 우리에게 전해주고 있다. 그가 전해준 고대가요는 신라가요 향가 14수 외에도 한역가 2편, 가사 미상의 노래 9편 등 25편에 이른다. 또한 당시에 구전되는 가요를 수록하면서 작품에 얽힌 배경설화와 함께 창작 동기도 같이 싣고 있다. 우리가 고대 국문학의 실상을 어느 정도 가늠할 수 있었던 것은 순전히 일연의 우리 가요에 대한 관심과 깊은 이해 덕분이다. 한마디로 일연은 뛰어난 시인이자 비평적 안목을 갖춘 비평가이면서 문학사가(文學史家)로서 면모를 여실히 과시하고 있는 것이다.

3. 일연이 전해준 건국신화

『삼국유사』 전편에는 신이(神異)가 바탕이 되고 있다. 괴상하고 신이한 이야기는 말하지 않는다는 유교적 합리주의를 일연은 서두에서부터 강하게 비판하고 있다. 그리하여 중국에서도 장차 제왕이 일어날 때 신이한 일들이 일어남을 예로 들어 우리나라의 제왕들에게도 그런 일이 일어나는 것이 자연스러운 것이라고 보았다. 이러한 사고방식 덕분에 『삼국사기』에서 누락된 민족의 개국신화인 '단군신화'를 일연은 맨 첫머리에 실었던 것이다. 일연의 신화에 대한 긍정적인 인식이 가장 잘 드러나는 부분이라는 점에서 「기이편」의 서문을 먼저 소개한다. 또한 단군신화는 『삼국유사』의 것이 온전하다. 그 밖의 다른 문헌에도 실려 있지만 『삼국유사』의 것이 신화연구에서는 기초자료가 된다. 따라서 단군신화의 참다운 모습, 완전한 내용을 이해하기 위해서는 『삼국유사』의 단군신화를 다시 살펴볼 필요가 있다.

기이편(紀異篇) 서(敍)

서(敍)하여 말한다. 대체로 옛 성인은 예절과 음악으로 나라를 세웠고, 인과 의로 가르쳤다. 그런데 괴력난신(怪力亂神)에 대해서는 말하지 않았다. 하지만 제왕이 일어날 때에는 반드시 부명(符命)을 얻고 도록(圖籙)을 받게 된다. 이 때문에 보통 사람과는 다른 점이 있게 마련이다. 그런 연후에야 큰 변화를 타고 대기(大器)를 잡으며, 대업(大業)을 이룰 수 있다.

그러므로 하수(河水)에서 그림이 나왔고, 낙수(洛水)에서 서(書)가 나와서 성인(聖人)이 일어났다. 무지개가 신모(神母)를 두르더니 복희(伏羲)를 낳고, 용이 여등(女登)과 교접하여 염제(炎帝)를 낳았다. 황아(皇娥)가 궁상(窮桑) 들에서 놀 때 장차 백제(白帝)의 아들이라는 신동(神童)이 나와서 황아와 사귀면서 소호(少昊)를 낳았다. 간적(簡狄)은 알을 삼켜 설(契)을 낳고, 강원(姜嫄)은 한 거인의 발자국을 밟은 뒤 기(弃)를 낳았다. 요(堯)의 어머니는 잉태한 지 14개월 만에 요를 낳았고, 패공(沛公)의 어머니는 큰 못에서 용과 교접하여 패공을 낳았다. 이 후로도 이런 일이 많지만 여기서는 이루 다 기록할 수 없다.

 이렇게 볼 때 삼국의 시조가 모두 신비스러운 곳에서 나왔다는 것이 어찌 괴이할 수 있겠는가? 이 기이편(紀異篇)을 이 책의 첫머리에 싣는 것은 그 뜻이 실로 여기에 있는 것이다.

단군신화(檀君神話)

 『위서』(魏書)에는 이렇게 씌어 있다. 지금부터 2천 년 전에 단군왕검(壇君王儉)이 있었는데, 그는 아사달(阿斯達)에 도읍을 정하고 개국하여 조선(朝鮮)이라 하였다. 이는 요(堯)임금과 같은 시기이다.

 『고기』(古記)에는 이렇게 씌어 있다.

 옛날에 환인(桓因:帝釋)의 서자(庶子) 환웅(桓雄)이 자주 천하에 뜻을 두고, 인세(人世)를 탐내어 구하였다. 그 아버지가 아들의 뜻을 알고 삼위태백(三危太伯)을 내려다보니 인간을 널리 이롭게 할 만하였다. 이에 천부인(天符印) 3개를 주어 내려가서 (세상을) 다스리게 하였다. 웅(雄)이 무리 3천을 이끌고 태백산(太伯山) 꼭대기의 신단수(神壇樹) 밑으로 내려가서 이곳을 신시(神市)라 불렀다. 이가 곧 환웅천왕(桓雄天王)이다. 그는 풍백(風伯)·우사(雨師)·운사(雲師)를 거느리고 곡식·수명·질병·형벌·선악 등을 주관하고, 인간의 360여 가지 일을 주관하여 인간 세계를 다스려 교화시켰다.

 그때 곰 한 마리와 호랑이 한 마리가 같은 굴 속에 살고 있었는데, 항상 신웅(神雄)에게 빌어 사람이 되기를 원하였다. 그때 신(神:桓雄)이 신령스런 쑥 심지[炷] 1개와 마늘 20개를 주면서, "너희들은 이것을 먹고 1백 일 동안 햇빛을 보지 않으면 곧 변하여 사람이 될 것이다"라고 하였다. 곰과 호랑이는 이것을 받아먹었는데, 금기(禁忌)한 지 삼칠일(三七日:21일) 만에 곰은 여자의 몸이 되었으나, 호랑이는 그 금기를 참을 수 없어 사람이 되지 못하였다. 곰녀(熊女)는 더불어 혼인할 사람이 없으므로 매일 단수(壇樹) 밑에서 아기 배기를 축원하였다. 이에 웅(雄: 桓雄)이 잠깐 변하여 혼인하니, 잉태하여 아들을 낳았다. 이름을 단군왕검(壇君王儉)이라 하였다.

(단군왕검은) 당고(唐高: 堯舜)가 즉위한 지 50년인 경인년(庚寅年)에 평양성에 도읍하고 비로소 조선(朝鮮)이라 하였다. 또 백악산(白岳山) 아사달(阿斯達)로 옮기니, 이곳 이름은 궁홀산(弓忽山) 또는 금미달(今彌達)이라 한다. 그는 1천5백 년 동안 나라를 다스렸다. 주나라 무왕(武王)이 즉위한 기묘(己卯)에 기자(箕子)를 조선(朝鮮)에 봉하였다. 이에 단군은 장당경(藏唐京)으로 옮기었다가 후에 돌아와 아사달에 숨어서 산신이 되었는데, 그의 나이가 1908세였다고 한다.

당(唐)의 『배구전』(裵矩傳)에는 이렇게 씌어 있다. 고구려는 본디 고죽국(孤竹國)인데 주(周)가 기자(箕子)를 봉하여 조선(朝鮮)이라 하였고, 한(漢)나라가 삼군(三郡)을 나누어 설치하되 현도(玄兎)·낙랑(樂浪)·대방(帶方)이라 하였다. 『통전』(通典)에도 또한 이 말과 같다.

—「기이편」(紀異篇), 고조선(古朝鮮)

『단군기』(檀君記)에 이르기를, "단군이 서하(西河) 하백녀(河伯女)를 맞아들여 아들을 낳아 부루(夫婁)라 하였다"는데, 지금 이 기록(解慕漱와 河伯女의 관계 기사를 말함)을 살펴보니 해모수(解慕漱)가 하백녀(河伯女)와 사통(私通)하여 뒤에 주몽(朱蒙)을 낳았다 한다. 단군기(檀君記)에 이르기를, "아들을 낳아 부루(夫婁)라 하였다" 하니 부루(夫婁)와 주몽(朱蒙)은 이모형제(異母兄弟)일 것이다.

—「기이편」(紀異篇), 고구려(高句麗)

작품 해설

고조선조에는 『위서』, 『고기』, 『배구전』 등 세 문헌이 인용되고 있는데, 신화에 해당하는 부분이 바로 『고기』 이하의 내용이다. 이 『고기』의 내용을 보면, '환웅의 치세담'과 '단군의 탄생과 건국담'으로 크게 나뉜다. 환웅천왕의 이야기는 전체 사건의 핵심을 이루고 있는데, 단군 이야기가 오히려 부수적이어서 환웅이 국조(國祖)이자 신화의 주인공으로 나타난다. 그런 점에서 전자의 이야기는 '환웅신화'(桓雄神話)라고 할 수 있으며 후자의 이야기는 '단군신화'(檀君神話)라고 할 수 있다.

그런데 이 환웅신화는 단군이 고조선을 건국하고 그 아버지로 환웅이 설정되면서 신화적 고유성은 단군신화 속에 합쳐지고 말았다. 그 결과 우리는 환웅신화의 고유성 내지는 독자적 전승력을 전혀 고려하지 않은 채 단지 전체를 하나의 '단군신화'로 처리하고 있다. 이 점은 앞으로 고쳐져야 할 것이다.

단군신화에 관한 전승 문헌은 주지하듯이 상당히 국내에 많다. 『삼국유사』외에도 『제왕운기』, 『세종실록지리지』, 『신증동국여지승람』, 『응제시주』등이 대표적인 문헌들이다. 그러나 이들 자료를 면밀히 분석해보면, 고려시대의 문헌과 조선시대의 문헌 사이에는 기록된 내용이 조금씩 차이가 있다. 그 가운데 주목할 만한 것이 바로 단군의 아들인 '부루 탄생담'이다. 조선시대의 것에는 이 이야기가 단군신화 속에 곧장 함께 나오는데 비하여, 고려시대의 문헌에는 이 '부루 탄생담'이 단군신화 속에 있지 않고 부여나 고구려 관련 기사 속에 분리되어 나타난다. 『제왕운기』에도 그러한 모습이 여실히 드러나거니와, 『삼국유사』에서는 이것이 위에서 보듯이 고구려조에 실려 있다. 그럼에도 불구하고 부루는 엄연히 "단군이 하백녀(河伯女)와 결혼하여 낳은 아들"로 되어 있다. 조선시대의 문헌들에도 이러한 내용은 한결같이 동일하게 나타난다.

이제 우리는 단군신화 속에도 환웅신화와 단군신화, 그리고 단군의 아들인 부루에 관한 이야기가 중층적으로 합쳐져 있음을 알게 되었다. 그런데도 '환웅 - 단군 - 부루'의 세 이야기가 합쳐진 것을 오늘날 우리는 하나의 '단군신화'로 부르고 있다. 따라서 우리는 단군신화에 대한 그 동안의 고정된 인식을 불식할 필요가 있다. 왜냐하면 문헌의 실상이 그러하기 때문이다. 환웅신화는 단군신화와 그 구조가 다르다. 이것은 건국시조가 천상에서 직접 하강하여 나라를 세운다는 신화인 소위 '직접하강형'(直接下降型) 신화에 해당한다. 반면에 단군신화는 천상에서 하강한 부친이 지상에서 모친과 신성한 결혼을 하여 거기서 시조를 낳고 그 시조가 나라를 세운다는 신화인 '천부지모형'(天父地母型) 신화에 속한다. 천부지모형 신화에는「단군신화」속에 있는 '부루 탄생담', 동부여의 해부루신화, 고구려의 주몽신화, 유리신화 등이 있다. 한마디로 이 신화 유형은 북방계 지역의 여러 나라에서 향유 전승되는, 동일한 줄거리를 갖는 '보편적인 신화구조'인 셈이다.

■ 운문사·인각사 찾아가는 길

운문사는 경북 청도군 운문면 신원리에 있다. 경부고속도로 경산교차로에서부터 69번 지방도로를 따라 8.3km쯤 계속 가다보면 길 왼쪽에 자인초등학교가 나온다. 자인초등학교 앞에서 역시 오른쪽으로 난 69번 지방도로를 따라 16.7km 가면 쌍용정유 금천주유소와 함께 삼거리가 나온다. 삼거리에서 왼쪽으로 난 20번 국도로 꺾어들어 경주 방면으로 4.3km 가면 운문댐 입구에서 다시 길이 두 갈래로 나뉜다. 여기서 오른쪽으로 난 69번 지방도로를 따라 9.8km 가면 신원리 삼거리가 나오는데, 오른쪽으로 난 6번 군도로를 따라 1.4km 가면 운문사 입구 주차장이 나온다. 주차장에서 운문사까지는 1.6km이다. 승용차는 운문사까지 갈 수 있으나 대형버스는 주차장에 주차해야 한다. 대구 남부시외버스터미널에서 운문사까지는 아침 7시부터 저녁 7시까지 약 30분 간격으로 시외버스가 다닌다. 청도에서 운문사까지는 군내버스가 하루 10회 다닌다.

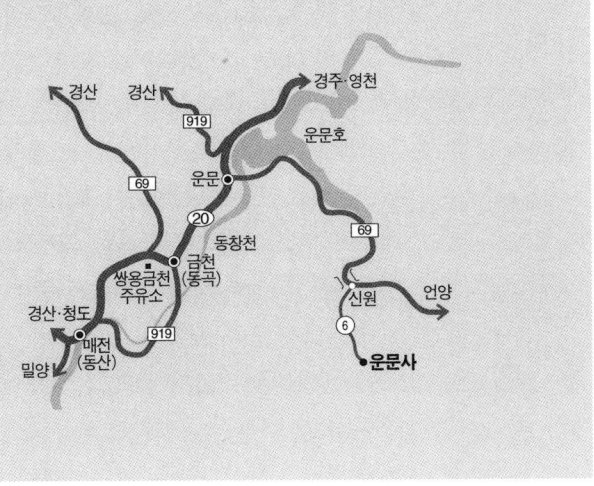

인각사는 경북 군위군 고로면 화북리에 있다. 군위읍에서 대구·팔공산 방면으로 난 5번 국도를 따라 약 7km쯤 가면 길 왼쪽에 쌍용남부주유소가 나오고 주유소를 지나면 바로 길 왼쪽에 우보로 가는 919번 지방도로가 나온다. 이 길을 따라 8.5km 가면 우보에 닿는다. 우보파출소 맞은편으로 난 길을 따라 0.6km 가면 의성에서 영천으로 이어지는 28번 국도와 만나는 삼거리가 나온다. 삼거리에서 오른쪽 영천으로 난 28번 국도를 따라 13.3km 가면 길 오른쪽에 쌍용정유 화수휴게소 주유소가 나오고 주유소를 지나 다리를 건너면 길 왼쪽으로 고로·청송으로 가는 908번 지방도로가 나온다. 이 길을 따라 2.5km 가면 길 오른쪽에 인각사가 있다. 인각사에는 따로 주차장이 없으므로 길 한편에 잠시 주차해야 한다. 군위에서 우보를 지나 인각사로 다니는 버스는 하루 6회 있다. 인각사 입구에는 '일연시비'가 서 있는데, 『삼국유사』 속의 「조신 이야기」 말미에 있는 일연의 찬시 앞부분이 소개되어 있다.

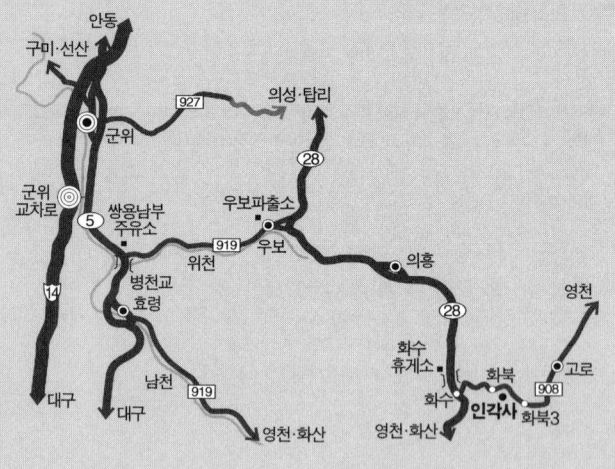

「도산십이곡」을 지은 동방유학의 스승, 이황

1. 세속과 자연의 갈림길에 서서

율곡 이이(李珥)와 함께 조선 성리학의 쌍벽을 이루었던 이황(李滉, 1501~1570)을 두고 호암(湖岩) 문일평(文一平)은 "불교사상에 원효가 대표자라면 유교사상에서는 퇴계가 대표자일 것"이라고 하였다. 일본에서도 퇴계를 중국의 정주(程朱)에 이어 유학의 정통을 잇는 한국의 대표적 인물로 평가하고 있다. 동방유학의 큰스승인 퇴계는 조선시대 대부분의 문인처럼 유학자이면서 문학자였다. 여기서는 문학인으로서의 퇴계에 관해 주로 살펴보기로 한다.

물러나 시냇가에 거처한다

이황의 자는 경호(景浩)요 호는 퇴계(退溪)·도옹(陶翁)·퇴도(退陶)·청량산인(淸凉山人)이며, 본관은 진보(眞寶)이다. 그는 1501년 음력 11월 25일에 경상도 예안현 온계리, 곧 지금의 안동군 도산면 온혜리에서 진사 이식(李埴)의 7남 1녀 가운데 막내로 태어났다. 원래 그의 아버지는 의성 김씨와 결혼하여 2남 1녀를 두었다. 그런데 부인이 29세의 젊은 나이로 일찍 세상을 떠나 다시 춘천 박씨와 재혼하여 4형제를 두었다. 그러나 퇴계는 불행하게도 아버지의 가르침과 사랑을 제대로 받아보지 못하고 자랐다. 왜냐하면 퇴계가 태어난 지 7개월 만에 아버지는 나이 40세로 병을 얻어 세상을 떠났기 때문이었다. 퇴계의 어머니는 32세에 과부가 되어 전처 소생의 자녀와 친자식을 혼자서 도맡아 길렀다. 아버지가 없는 상황 속에서 어머니는 농사와 누에치기로 집안 살림을 꾸리며 가족의 생계를 이끌어갔다.

퇴계는 아버지를 대신한 어머니로부터 엄한 가정교육을 받으며 자랐다. 퇴계가 "나에게 가장 영향을 준 분은 어머니"라고 했을 만큼 퇴계의 어머니는 신사임당에 못지않은 훌륭한 분이었다. 어머니는 늘 자식들에게 "과부의 자식은 몇백 배 더 힘써야 조소를 받지 않는다"면서 몸가짐과 행실을 삼가도록 훈계하였다. 퇴계는 자신의 어머니에 대해, "어머니는 비록 문자는 익히지 않았어도 식견과 사려는 사군자(士君子)와 같았다"고 술회한 바 있다. 어머니의 가르침 덕분에 두 형제, 곧 퇴계와 그의 형인 해(瀣)는 과거 대과(大科)에 급제하여 현달할 수 있었다.

퇴계의 생애를 논의의 편의를 위해 다음과 같이 네 단계로 구분한다. 첫번째는 대과에 급제하기 전까지 학업에 몰두하던 수학기(修學期, 1501~1534), 두번째는 34세에 과거에 급제한 뒤 비교적 순탄하게 중앙무대에서 벼슬을 하던 사환기(士宦期, 1534~1543), 세번째는 43세에 중앙정치의 폐해를 보고 벼슬을 단념하기로 마음먹은 뒤 귀향과 벼슬을 반복했던 학문과 벼슬의 반복기(1543~1549), 네번째는 50세 때 고향에 돌아와 한서암(寒栖庵)을 짓고 학문과 교육에 몰두하면서 70세로 임종하기까지의 학문전념기(1550~1570)가 그것이다.

과거에 급제하기 전까지 퇴계는 일정한 스승을 두지 못하였다. 부친이 일찍 세상을 뜨는 바람에 집안 형편이 어려웠기 때문이었을 것이다. 어머니 외에 그에게 영향을 크게 주었던 분은 바로 숙부였던 송재(松齋) 우(堣)이다. 퇴계는 12세에 숙부로부터 논어를 배웠는데, 송재공은 조카인 해(瀣)와 황(滉)의 재주를 늘 칭찬하였다고 한다. 당시 경상도 관찰사로 있던 이우는 아들 수령(壽笭)과 두 조카 해와 황, 그리고 두 사위 조호연(曺好淵)과 오언의(吳彥毅)를 청량산(淸凉山)으로 보내 독서를 시켰다. 이 산은 그의 고향인 온

퇴계종택 퇴계가 살았던 집을 복원하여 20세기 초 퇴계의 13대 후손에 의해 새로 지어진 이 집은 안채와 사랑채, 사당채로 구성된 전형적인 경북지방 종가의 모습을 갖추고 있다.

혜리에서 약 40여 리 떨어진 곳에 있었는데, 그의 5대조가 송안군(松安君)으로 책봉되면서 나라로부터 받은 산이다. 퇴계에게 청량산은 마음의 고향이었다. 그는 중년에도 자주 이 산을 찾았으며 그의 제자들도 청량산을 좋아했다.

> 청량산 육륙봉을 아는 이 나와 백구
> 백구야 어찌하랴만 못 믿을손 백구로다
> 도화야 물 따라가지 마라, 주자(舟子) 알까 하노라

이 시조는 「도산십이곡」(陶山十二曲) 외에 퇴계의 유일한 시조이다. 퇴계는 15세에도 숙부와 함께 이 산을 찾아가 공부하였다.

16세에는 사촌동생 수령과 친구들을 데리고 집에서 가까운 천등산(天燈山) 봉정사(鳳停寺)에 들어가서 공부하였다. 그러나 불행히도 퇴계의 나이 17세에 안동부사로 있던 그의 숙부마저 별세하였다. 이제 의지할 곳조차 없

어진 그는 더욱 학업에 몰두하였다. 20세 전후에는 침식을 잊고 주역 공부에 몰두하여 병을 얻기도 하였다. 퇴계가 익히고 얻은 학문은 순전히 독학으로 이루어졌는데, 이는 그의 끊임없는 사색과 탐구의 정신이 있었기에 가능했다.

퇴계는 21세에 결혼한 뒤 23세에 서울의 성균관에 들어가서 공부하였다. 그는 여기서 처음으로 『주자전서』를 구해보았다. 이 책은 그에게 주자를 만나는 기쁨과 함께 본격적인 학문을 할 수 있는 계기를 가져다 주었다. 이후 27세까지 퇴계는 세 번의 과거를 보았으나 모두 낙방하였다. 율곡 이이가 과거를 아홉 번 보아 모두 장원급제한 사실을 감안한다면, 퇴계는 분명히 '대기만성형 수재'였던 듯하다. 그는 27세부터 향시(鄕試)를 비롯하여 여러 과거 시험에 합격하여 34세에 드디어 대과 을과에 급제하였다. 그러나 이 사이에 가정의 불행도 함께 겪었다. 27세에 부인 허씨가 둘째 아들 채(寀)를 해산하고 죽게 되어, 30세에 권씨와 재혼하였다. 이처럼 퇴계는 가족들과의 이별이 잦아서, 가정적으로 상당히 불행한 삶을 살았던 듯하다.

퇴계는 과거에 합격한 뒤 승문원 부정자(副正字)라는 벼슬에서 출발하여 43세까지 비교적 순탄하게 중앙무대에서 관료 생활을 했다. 벼슬살이를 하던 중 37세 되던 해에 어머니가 세상을 떠나자 퇴계는 고향에 내려가 3년상을 치렀다. 다시 중앙에 올라가 벼슬하던 그는 조정이 어지러워지자 벼슬을 그만두고 고향에 내려갈 결심을 하게 된다. 이 무렵 10년 연하의 친구 하서(河西) 김인후(金仁厚)가 낙향하는 것을 보고 이런 마음을 갖게 된 것이다. 그는 43세 되던 해 10월 종3품인 성균관사성(成均館司成)에 오르자 성묘를 핑계 삼아 고향에 내려갔다. 순탄하게 벼슬을 하던 퇴계가 귀향을 서두르게 된 것은 이미 어지러워지고 위태로운 조정의 당쟁과 분란 때문이었다. 더이상 중앙 관료생활에 대한 미련이 없어진 것이다.

이후로 퇴계는 52세까지 벼슬살이와 고향에서의 학문 생활을 반복한다. 45세 되던 해에는 서울로 올라가 벼슬을 하던 중 을사사화가 일어나 이기(李芑)에 의하여 벼슬이 삭직(削職)되는 아픔도 겪었지만 곧 복직되기도 하였다. 더이상 벼슬에 뜻이 없어진 그는 46세에 병을 핑계로 다시 귀향하고 말았다. 이때 그는 고향인 낙동강 상류 토계(兎溪)의 동쪽가에 양진암(養眞庵)을 세우고 독서와 사색의 학문 생활에 몰두하기 시작하였다. 이때 그는 '토계'를 '퇴계'(退溪)라고 고쳐 부른 뒤 스스로 퇴계를 호로 삼았다. 퇴계에는 "물러나 시냇가에 거처한다"(退居溪上)는 뜻이 담겨 있다. 이 해에는 두번째 부인 권씨마저 세상을 떠났다.

그러나 세상은 퇴계가 자연에 머물러 있는 것을 허락하지 않았다. 다시금 계속해서 벼슬을 제수받던 그는 중앙의 정치무대에서 벗어나고 싶어 외직을 지망하였다. 47세에는 안동부사에 제수되었으나 고향의 벼슬살이라 내키지 않았다. 그리하여 48세가 되어서야 충청도 단양군수로 나갈 수 있었다. 그러나 단양에 온 지 얼마 되지 않아 이번에는 둘째 아들 채(寀)마저 젊은 나이에 세상을 떠나고 말았다. 사랑하는 아내를 이태 전에 잃고 다시 자식을 잃은 그의 마음이 오죽했겠는가.

집안 일로 가슴앓이를 하던 퇴계는 형이 충청감사로 부임하자 자원하여 풍기군수로 전임하였다. 형제가 한 고을에 벼슬을 하지 않던 관례를 그가 지켰기 때문이다. 단양에서의 근무는 9개월로 끝났다. 그러나 이때 퇴계는 관기(官妓) 두향(杜香)과 따뜻한 정을 나누었던 듯하다. 엄격한 도학자인 퇴계에 어울리지 않을 이러한 로맨스는 소설가 정비석에 의하여 소설화(『名妓列傳』)되기도 하였다. 그러나 그들의 만남과 사랑에 대해서는 구체적으로 알려진 바 없다. 다만 상상으로만 그칠 뿐이다. 이것을 양반 사대부의 호기로운 연애담으로 보지 않고, 중년의 도학자가 한 여인을 통하여 마음의 상처를 위로받은 만남쯤으로 이해해볼 수 있다.

두향은 퇴계가 풍기군수로 전근 가자 평생 수절하면서 그를 그리워하였다. 그러던 중 퇴계가 죽었다는 소식을 듣고 자신을 강선대(降仙臺) 기슭에 묻어 달라고 하며 스스로 목숨을 끊었다고 한다. 나중에 충주댐이 생기면서 그곳은 물에 잠기게 되었고 퇴계의 후손들이 그 묘소를 찾아내어, 단양 팔경 가운데 하나인 옥순봉(玉荀峰)의 맞은편 제비봉 기슭에 이장하였다. 퇴계의 후손들은 해마다 퇴계의 제향이 끝난 뒤 두향지묘(杜香之墓)라는 묘표가 있는 곳에 가서 제사를 지낸다.

다음은 정비석이 소개했던 영조 때 문인 이광려(李匡呂)의 '두향시'이다.

외로운 무덤이 국도변에 있어
흩어진 모래에 꽃이 붉게 비추네.
두향의 이름이 사라질 때면
강선대의 바위도 없어지리라.

도산서원에서 학문에 몰두하다

단양에 있을 때 백성들의 흉년을 구제하고 단양천에 둑을 막아 수리사업에 힘썼던 퇴계는, 풍기군수로 재직하는 동안 조선 최초의 사액서원(賜額書院)인 소수서원(紹修書院)을 마련하였다. 풍기는 고려 말 주자학의 시조인 순흥 태생의 안향(安珦)이 공부하던 곳으로, 전임 군수 주세붕(周世鵬)이 그곳에 백운동서원(白雲洞書院)을 창설했었다. 그런데 퇴계는 이 서원에 편액(扁額)과 서적, 그리고 공부할 땅을 조정에 청원하여 하사받은 것이다. 이 일이 있은 뒤 그는 벼슬을 버리고 귀향하였다. 경상감사에게 세 번이나 사직서를 올렸으나 회답이 없자 명을 기다리지 않고 근무한 지 1년 2개월 만에 그만둔 것이다. 50세가 되던 새해에 퇴계는 감사로부터 2계급 강등 처분을 받았지만 오히려 이제는 살 것 같다고 기뻐했다 한다.

고향에 돌아온 그는 퇴계 냇가에 한서암(寒栖庵)을 짓고 본격적으로 학문 연구에 몰두하였다. 이 해에 퇴계는 가장 가까이 따르고 친했던 형인 온계(溫溪) 해(瀣)를 잃는 아픔을 겪는다. 형은 사헌부에 있으면서 을사사화의 주동자 이기(李芑)를 탄핵하였다가 오히려 모함을 받고 매를 맞아 유배를 가는 도중 양주에서 죽었다. 일찍이 충청감사로 부임하던 형을 퇴계는 풍기군수로 전근 간 뒤 죽령의 촉령대의 소혼교(消魂橋)에서 맞이하여 배웅한 바 있다. 퇴계는 이때의 기쁨을 이렇게 노래하였다.

천지 개벽할 때 축대를 만들어
우리 형님 감사 행차 맞이하고 보내노라.
맑은 물소리는 반가운 정 넘치는 듯
우뚝 솟은 봉우리는 이별의 한을 쌓는구나.

도산서원 도산서원은 서당과 서원이 혼합된 구조를 보이고 있다. 주요 건물로 전교당, 상덕사가 있는데, 상덕사는 서원의 사우(祠宇)로서 이황과 제자 월천 조목의 위패가 있고, 전교당은 서원의 강당으로 원내의 여러 행사와 유림들의 회합장소로 사용된다.

안영협(雁影峽) 골짜기에 둘로 나뉜 그림자
소혼교 위에 애끊는 그때 심정
험한 재를 부디 잘 넘으시고
명년 다시 오실 언약 저버리지 마소서.

그러나 이 시는 이별의 마지막 노래가 되고 말았다. 이듬해 형이 죽었기 때문이다. 소혼교 위치로 추정되는 지점에는 현재 퇴계학회 경북지부가 세운 '퇴계선생 죽령유적비'가 세워져 있다.

퇴계가 고향에서 학문에 전념하는 일도 그리 쉽지만은 않았다. 은퇴 후 2년이 지난 52세 때 다시 조정에서는 퇴계를 홍문관 교리로 임명하였다. 3년 11개월의 비교적 긴 벼슬살이를 거친 퇴계는 성균관 대사성의 자리에 오르자 신병을 이유로 사퇴하였다. 이처럼 벼슬에 임명받은 뒤 나아가지 않거나 사퇴를 한 것이 43세 이후로 무려 20여 차례나 된다. 이러한 형식적인 임명과 사퇴는 그가 죽을 때까지 계속 반복된다. 말년에 퇴계가 이처럼 벼슬길에 나아가지 않는 이유는 학문과 교육에 대한 열망 때문이었다. 퇴계가 50대 이후에 탁월한 연구와 저술서를 내고 있는 것이 이를 입증하며, 이는 그가 고향에서 암자를 짓고 학문에 전념하는 시기와 일치한다.

60세에는 제자들이 점점 늘어나면서 한서암이 비좁아지자 도산(陶山) 남쪽에 도산서당(陶山書堂)을 지었다. 퇴계는 호를 '도옹'(陶翁)이라 하고, 이 서당을 중심으로 후진을 지도하고 학문과 저술에만 몰두하였다. 그 뒤 명종이 자주 그를 불렀지만 나아가지 않았다. 그런데 퇴계가 67세 되던 해, 명나라에 새로운 임금이 즉위하고 사절단이 우리나라에 오자 조정에서는 사신의 영접을 위하여 또다시 퇴계를 불렀다. 하는 수 없이 서울로 올라갔던 그는 그것도 잠시뿐(2개월) 또다시 병으로 귀향을 하고 말았다. 새로이 임금에 오른 선조는 퇴계의 명성을 듣고 그를 간곡히 불렀고, 68세의 나이에 그는 다시 의정부우찬성(議政府右贊成)을 제수받아 서울로 갔다. 이때 그는 선조에게 「무진육조소」(戊辰六條疏)를 올렸으며, 「성학십도」(聖學十圖)를 저술하여 왕에게 바쳤다. 이듬해 69세가 된 퇴계는 이조판서의 벼슬을 물리치고 왕에게 귀향을 허락받았다.

고향에 돌아와 학문과 교육에 전념하던 퇴계는 1570년 70세의 고령에도 불구하고 종가의 시제(時祭)에 무리를 하여 병을 얻었다가 악화되어 음력 12월 8일 오후에 조용히 눈을 감았다. 조정에서는 사흘 동안 정사를 파하고 영의정의 예로 장사를 치렀다. 무덤에는 그의 유언대로 '퇴도만은진성이공지묘'(退陶晚隱眞城李公之墓)라고 새긴 묘비만이 세워졌다. 그가 죽은 지 4년 만에 제자들이 도산서당 뒤에 서원을 짓기 시작하여 그 이듬해 2월에 위패를 모셨고, 11월에는 문순(文純)이라는 시호가 내려졌다. 그리고 1575년에 선조로부터 한석봉(韓石峰)이 쓴 '도산서원'의 사액이 내려졌다.

도산서원은 홍선대원군의 서원철폐 당시에도 존속된 47개 서원 중의 하나인데, 영남 유림들의 정신적인 중추 구실을 하고 있다. 1969년과 1970년에 걸쳐 정부가 대대적으로 보수하여 성역화하였는데, 현재 이 서원은 사적 제170호로 지정되어 있다.

퇴계 묘소 묘소에는 단촐하게 상석과 한 쌍의 석상만 세워져 있다. 묘소 앞이 훤히 트여 있으면서도 나무들로 둘러싸여 아늑하다.

2. 퇴계의 문학과 「도산십이곡」

퇴계는 뛰어난 성리학자이면서도 2천여 수에 달하는 한시와 시조 등을 남겼다. 그 동안 학계에서는 유학자로서 퇴계의 학문에 대한 논의와 함께 문학에 대한 논의도 진지하게 이루어져 왔다. 이를 통하여 퇴계는 자신의 문학 행위를 다름 아닌 성리학의 이념을 구현하는 하나의 수단으로 인식했음이 확인되었다. 조선조 대부분의 학자들과 마찬가지로 퇴계 역시 문학을 단순히 하나의 여기(餘技)로 간주하지 않았던 것이다.

성정을 기르는 데 도움이 되는 시

퇴계는 평생 도학(道學)을 일으키는 일에 전념하였다. 그가 벼슬을 사양하고 굳이 고향의 자연과 더불어 살았던 것은 자연과의 화합을 체험하고 심성(心性)을 기름으로써 학문을 완성하기 위해서였다. 그는 자신의 문학이 이러한 심신의 함양과 계발에 도움이 되어야 한다고 믿었다. 변치 않는 자연은 변하지 않는 마음을 깨우치고, 자연은 사물과 자신과의 간격, 안팎(內外), 거칠고 세밀함(精粗)의 구분이 없는 상태를 느끼게 해준다고 보았다. 곧 자연과의 만남을 통해서 비로소 만물의 원리요 핵심인 이(理)가 드러날 수 있다는 것이다. 퇴계는 물아일체(物我一體)의 즐거움이나 자연의 아름다움을 도의(道義)의 근본을 체득한 감격으로 이해하였다.

청산(靑山)은 엇뎨하야 만고(萬古)에 푸르르며
유수(流水)는 엇뎨하야 주야(晝夜)에 긋디 아니난고
우리도 그치지 말아 만고상청(萬古常靑)호리라.
— 「도산십이곡」, 5

누르고 탁한 물이 도도히 흐르면 형체를 감추고
고요한 물이 잔잔히 흐를 때 비로소 분명해진다.
가련하구나, 이와 같이 거센 물결 속에서 견디며
천고(千古)의 반타석(盤陀石)은 굴러서 기울어지지 않는구나.
— 「반타석」(盤陀石)

첫번째 시조를 보면 만고에 푸른 청산과 밤낮으로 그치지 않고 흐르는 물을 보면서 그러한 자연과 일체를 이루면, 세상에 혼탁해진 마음이 깨끗해질 뿐만 아니라 도의(道義)의 근본이 드러나게 된다고 노래한다. 이러한 의식은 두번째 한시에서 그대로 드러난다. 탁한 물과 고요한 물의 대비를 통하여 자연의 참된 모습을 부각시키면서, 천고의 세월에도 본연의 모습을 간직하고 있는 반타석을 예찬하고 있다. 이 돌은 자연의 질서이며 우주의 원리인 도요 이(理)가 된다. 이러한 자연 속에서 찾아지는 아름다움을 사람이 본받을 때 비로소 심성이 고와지고 학문은 완성될 수 있다. 물아일체의 경지를 노래한 이러한 시를 읊으면서 퇴계는 심성을 도야하고 있는 것이다.

퇴계가 생각하는 문학은 본격적인 것이 아니다. 그는 문장의 수식에 힘쓰거나 과거를 위한 글을 배격하였다. 문장은 뜻을 전달하기 위해서 필요할 뿐이지 그 자체로서 숭상할 필요가 없다는 것이다. 특히 시는 사람의 심성을 기르는 데 소중하다고 했다.

> 시는 비록 말기(末技)이나, 성정(性情)에 근본을 두며 체(體)와 격(格)이 있으므로 참으로 쉽게 여겨 할 수가 없다. (글을 쓰는) 일은 능하다 해도 계속 익혀야 하는데, 더욱이 말을 조심해서 하거나 마음의 도를 수습하는 데 방해가 되니, 마땅히 경계해야 할 태도이다. 마땅히 고금명가(古今名家)의 저작을 취해서 착실하게 공들여 스승으로 삼고 본받으면, 타락하지 않는 데 가깝게 된다.
> ―「여정자정」(與鄭子精)

퇴계는 시가 비록 말단의 기예이나 성정을 기르는 데 도움이 될 수 있다고 하면서, 문학을 독창적인 창작으로까지 나아가게 함을 반대하고 있다. 고금명가의 저작물들을 익히고 배워서 그것을 본받아 글을 써야 한다는 것이다. 퇴계는 유학의 경전뿐만 아니라, 도잠(陶潛: 도연명)과 주희(朱熹: 주자)의 시를 좋아하여 늘 애송하였다고 한다. 그가 고금의 성현이 쓴 경전이나 시에 의거하여 시를 지으려 했다는 데서 그의 문학사적 의의는 충분하다. 왜냐하면 그의 가르침을 받았던 제자들이나 학문적 영향을 크게 받았던 영남의 사대부들에게 문학에 대한 그의 태도가 그대로 반영될 수 있기 때문이다. 아닌 게아니라 국문 시가만을 보더라도 퇴계 이후의 영남문인들(영남가단)에게는 도학적인 분위기와 지나치게 고전의 전거(典據)에 치우친 작품들이 많은 것은 사실이다.

퇴계가 시를 짓고 시를 중시한 것은 이처럼 성리학적 도리인 이(理)를 실현함으로써 성정을 다스리기 위함이었다. 그리고 시가 본질적으로 갖는 감흥, 즉 내면적 정서의 고양을 통하여 도의를 실현하려 하였다. 이러한 두 가지 목적을 한마디로 요약하면, 퇴계의 시 창작은 곧 학문적인 수양의 방편이었던 셈이다. 그는 "『시경』(詩經)을 배워야 이학(理學)을 할 수 있다"고 말하거나, "시를 배우지 않으면 말을 할 수가 없다"고 하였다. 그에게 시란 학문의 완성을 위한 필수적인 과정이거나 조건이었음이 분명하다.
 시가 성정에 바탕을 두고 있기 때문에, 창작되는 시에 담긴 내용은 도리에 어긋나는 것이면 안된다.

> 훌륭한 곡식은 돌피 익은 아름다움을 받아들이지 않고
> 가는 티끌도 오히려 거울 닦는 산뜻함을 해치게 되니,
> 정(情)에 지나친 시어(詩語)는 모름지기 깎아버릴 것이요,
> 노력해서 공부하여 각자 날마다 새로울지니라.
> ―「증이숙헌」(贈李叔獻)

 퇴계는 율곡 이이에게 이 시를 주었다. 이 시에서 그는 정에 지나친 시어는 성정의 도야에 해가 된다고 하였다. 정이 지나치다는 것은 마치 산뜻하게 닦인 거울을 더럽게 하는 행위와 같다고 보았다. 퇴계는 「도산십이곡」의 발문에서 교만하고 방탕하며〔矜豪放蕩〕 아울러 비루하게 희롱하고 친압(親狎)하거나〔褻慢戲狎〕, 세상을 희롱하는 불손한〔玩世不恭〕 것을 배격하고 있다. 그는 이처럼 시가 갖는 서정적 측면인 감정의 발로를 지나치게 경계하고 있다. 그런 이유 때문인지 퇴계의 시는 "활기가 없고 담담"〔枯淡〕하다거나 "차갑고 담담"〔冷淡〕하다는 평가를 받는다.
 그럼에도 불구하고 퇴계의 시를 보면, 자연을 대할 때 일어나는 감흥을 노래한 것이 많다. 그는 자연의 아름다움뿐만 아니라 그 속에서 '규범성'을 찾으려고 하였다. 그러므로 이때의 감흥은 단순히 술과 노래와 춤을 통해 일어나는 것과는 성격이 다르다.

> 눈에 가득한 뭇 봉우리들이 나를 맞이하기에 기뻐하고
> 치솟는 구름이 모습을 지어 맑은 읊조림을 돕는구나.
> ―「약여제인유청량산마상작」(約與諸人遊淸凉山馬上作)

> 요즈음 나 스스로 깨닫노니, 시내와 산이 도와서

시골(詩骨)은 우뚝하고 붓[筆]은 술 솟는 샘이로다.
―「춘천향양구」(春川向楊口)

　그것은 이들 시에서처럼 자연을 대할 때 일어나는 순수한 기쁨이다. 퇴계는 자신이 말년에 거처한 도산을 시로 읊은 뒤 "도의를 기뻐하고 심성을 길러서 즐긴다"(「陶山雜詠記」)고 하였다. 그가 자연을 대하면서 얼마나 즐거워하고, 자연에서 무엇을 찾으려 했는지를 다시 한번 짐작하게 한다.
　자연과 자아가 만나면서 느끼는 감정은 순수하기 때문에 하나가 될 수 있다. 자신의 감정과 자연의 경치는 하나가 되어 한 편의 시를 이룬다. 자연을 매개로 한 시가 도의와 성정을 가꿀 수 있는 이유가 바로 여기에 있다. 이는 물아일체의 경지를 이루는 것이다.

춘풍(春風)에 화만산(花滿山)하고 추야(秋夜)에 월만대(月滿臺)라
사시 가흥(四時佳興)이 사람과 한 가지라
하물며 어약연비(魚躍鳶飛) 운영천광(雲影天光)이야 어늬 끝이 있을고
―「도산십이곡」, 6

　퇴계는 이 시조에서 자연과 인간의 성질을 같은 것으로 보았다. 곧 중장에서 "사시가흥이 사람과 한가지"라고 말한 것이 그것이다. 자연의 본성은 지극히 선한 것이니 인간의 본성도 역시 선할 것이다.

국문 시가에 대한 진정한 인식

　퇴계의 문학에 대한 생각은 한시뿐만 아니라 시조의 창작에도 똑같이 적용되고 있다. 한시와 시조가 성정을 기르는 데 같은 구실을 한다고 보았기 때문이다. 널리 알려진 그의 시조 「도산십이곡」 발문은 그의 시가에 대한 생각과 문학에 대한 생각을 알 수 있게 해준다.
　이를 보면 우리나라의 노래는 대부분 음란하여 언급할 필요가 없다고 하면서도 한림별곡류(翰林別曲類)나 이별(李鼈)의 「육가」(六歌)에 대해서는 관심

을 보였다. 그러면서도 이들 작품이 지니는 내용적인 문제를 들어 비판하였다. 그 문제란 지나치게 감정적이고 천박하며 세상을 희롱하는 불손함을 지칭한다. 그러면서도 그는 문인들이 우리말로 노래를 지을 수 있음을 인정하였으며, 나아가 이별의 「육가」의 존재 자체를 부정하지는 않았다. 그는 전해 내려오는 「어부가」(漁父歌) 계열의 작품을 몸소 수집하면서 농암 이현보가 지은 「어부가」를 "강호(江湖)의 즐거움을 보여주는 작품"이라고 칭찬하였다.

이 발문에서 중요한 것은 퇴계의 국문 시가에 대한 인식이다. 그는 한시는 노래로 부를 수 없고 읊는 데 그쳐야 하지만 시조는 노래로 부를 수 있다고 하였다. 시조의 중요성을 그가 인정한 것이며, 성정을 기르는 데도 시조가 훨씬 긴요함을 말하는 것으로 이해된다. 이 때문에 그는 이 시조를 지은 뒤 아이들에게 노래를 부르게 하거나 춤을 추게 하여 일어나는 감흥을 정서적으로 서로 통하도록 하였다. 문학이 사람의 마음을 감동시키는 효과를 그가 통찰한 셈이다. 이러한 국문 시가에 대한 진정한 인식은 퇴계 이후에도 많은 선각자들이 깨달았는데, 홍만종이나 김만중에게서도 쉽게 발견된다. 그런 점에서 퇴계의 이 발언은 문학사적으로 중요한 것임에 틀림없다.

「도산십이곡」은 퇴계가 지은 12수의 연시조로서 발문에 의하면, 이 시조는 그의 나이 65세 곧 1565년(명종 20)에 쓴 것이다. 그는 이 작품을 전육곡(前六曲)과 후육곡(後六曲)으로 나누고 전자를 '언지'(言志), 후자를 '언학'(言學)으로 불렀다. 이 가운데 언지는 천석고황의 강호에 은거하면서 성현의 도를 체득해 가는 보람과 기쁨을 읊었고, 언학은 학문과 수양을 통한 성정(性情)의 순수함을 읊었다.

이 시조에 등장하는 자연들은 모두 천리(天理)와 도의 구현물이다. 그는 자연에 살면서 자연의 아름다움과 함께 그 속에 담긴 도를 터득함으로써 자연합일, 물아일체의 경지에 이르고 있음을 노래하고 있다. 이 시조는 후에 사림파 시가의 지표가 되었거니와, 이 시조의 목판본은 현재 도산서원에 보관되어 있다.

3. 시조 감상

퇴계의 국문 시가는 「도산십이곡」이 중요하다. 원문을 제시하되 가능한 한 뜻을 훼손하지 않는 범위 내에서 현대문으로 바꾸었다. 그리고 이 시조의 발문도 함께 싣는다. 그것은 퇴계의 국문 시가에 대한 인식뿐만 아니라 문학관을 아는 데 중요하기 때문이다. 작품의 원문은 한자로 적혀 있지만 여기서는 괄호 안에 넣고 음을 먼저 달았다.

도산십이곡발(陶山十二曲跋)

「도산십이곡」은 도산노인(陶山老人 : 이황)이 지은 것이다. 노인이 이것을 지은 이유는 무엇인가. 우리나라의 노래 곡조는 대부분 음란하여 족히 말할 것이 없다. 한림별곡류(翰林別曲類)는 입에서 나왔으나 교만하고 방탕하며 아울러 비루하게 희롱하고 친압(親狎)하여, 더욱이 군자가 숭상할 바는 아니다. 오직 근세에는 이별(李鼈)의 「육가」(六歌)가 세상에 유행하는데, 그것이 이것(한림별곡류)보다 더 좋다고는 하나 세상을 희롱하는 불공(不恭)한 뜻이 있고, 온유돈후(溫柔敦厚)한 내실이 적음을 애석하게 여긴다. 노인은 본래 음률을 모르며, 세속의 음악은 오히려 듣기를 싫어했으나, 한가하게 살면서 병을 요양하는 여가에, 무릇 정성(情性)에서 느껴지는 바가 있으면 번번이 시로 나타냈다.

그러나 오늘날의 시는 옛날의 시와 달라서, 읊기는 해도 노래로 부를 수는 없으므로 노래로 부르려고 하면 반드시 이속(俚俗)의 말로 엮어야 한다. 대개 국속(國俗)의 음절이 그렇지 않을 수 없는 것이다. 그래서 일찍이 이별의 「육가」를 본떠서 「도산육곡」(陶山六曲)을 2편 지었다. 그 하나는 '언지'(言志)이고, 그 둘은 '언학'(言學)이다. 아이들로 하여금 아침 저녁으로 익혀서 부르게 하고, 궤석(几席)에 기대어 듣는다. 또한 아이들을 시켜서 스스로 노래 부르고 춤추며 뛰게 하여, 비루한 마음을 다 씻어버리고 감흥이 일어나 마음이 서로 흡족하게 통한다. 노래하는 이와 듣는 이가 서로 유익함이 없을 수 없다.

돌아보니 스스로 발자취가 자못 어그러져 있으니, 이처럼 한가로운 일이 어쩌면 시끄러운 실마리를 일으킬지를 알지 못하겠다. 또 그것이 강조(腔調)에 들어가 음절에 맞을지 맞지 않을지를 알지 못하겠다. 임시로 하나를 베껴 협사(篋笥)에 넣어두고 때때로 가져다가 즐겨 스스로 돌이켜 살피면서, 또 다른 날에 보는 이가 이것을 버리거나 혹은 취하여 가지기를 기다린다. 가정(嘉靖) 44년 을축년(1565, 명종 20) 늦은 봄 16일에 산노(山老 : 이황)는 쓴다.

도산십이곡

이런들 엇더하며 저런들 엇더하료
초야 우생(草野愚生)이 이러타 엇더하료
하물며 천석 고황(泉石膏肓)을 고쳐 무삼하료

연하(煙霞)로 집을 삼고 풍월(風月)로 버들 삼아
태평성대(太平聖代)예 병(病)으로 늘거 가뇌
이 중에 바라는 일은 허물이나 업고쟈

순풍(淳風)이 죽다 하니 진실로 거즈마리
인성(人性)이 어디다 하니 진실로 올흔마리
천하(天下)에 허다영재(許多英才)를 속여 말솜할가

유란(幽蘭)이 재곡(在谷)하니 자연(自然)이 듣디 됴해
백운(白雲)이 재산(在山)하니 자연이 보디 됴해
이 중에 피일미인(彼一美人)을 더옥 닛디 몯하애

산전(山前)에 유대(有臺)하고 대하(臺下)애 유수(有水) ㅣ 로다
떼 많은 갈며기는 오명가명 하거든
엇더다 교교백구(皎皎白駒)는 멀리 마음 하는고

춘풍(春風)에 화만산(花滿山)하고 추야(秋夜)애 월만대(月滿臺)라
사시 가흥(四時佳興)이 사람과 한 가지라
하물며 어약연비(魚躍鳶飛) 운영천광(雲影天光)이야 어늬 끝이 있을고

천운대(天雲臺) 도라드러 완락재(玩樂齋) 소쇄(蕭灑)한데
만권(萬卷) 생애(生涯)로 악사(樂事)ㅣ 무궁(無窮)하애라
이 중에 왕래풍류(往來風流)를 닐어 므슴할고

뇌정(雷霆)이 파산(破山)하야도 농자(聾者)는 못 듣나니
백일(白日)이 중천(中天)하야도 고자(瞽者)는 못 보나니
우리는 이목 총명(耳目聰明) 남자(男子)로 농고(聾瞽) 같지 마로리

고인(古人)도 날 못 보고 나도 고인(古人) 못 뵈
고인(古人)을 못 봐도 녀던 길 앞에 있네
녀던 길 앞에 잇거든 아니 녀고 엇덜고

당시(當時)예 녀든 길을 몇 해를 버려 두고
어디 가 다니다가 이제야 도라온고
이제나 도라오나니 년듸 마음 마로리

청산(靑山)은 엇뎨하야 만고(萬古)애 푸르르며
유수(流水)는 엇뎨하야 주야(晝夜)애 긋디 아니난고
우리도 그치지 말아 만고상청(萬古常靑) 호리라

우부(愚夫)도 알며 하거니 긔 아니 쉬운가
성인(聖人)도 못다 하시니 긔 아니 어려운가
쉽거나 어렵거낫 듕에 늙는 줄을 몰래라

작품 해설

「도산십이곡」은 퇴계가 말년에 치사(致仕)하고 고향에 내려와 도산서당에서 학문과 교육에 전념하면서 지은 작품이다. 퇴계는 60세에 도산서당을 세우고 모두 48수의 「도산잡영」(陶山雜詠)을 지었으며, 그것에 대한 기문(記文)을 61세에 붙였다. 그리고 우리말로 「도산십이곡」을 지었는데, 발문에 의하면 65세에 지은 것으로 보인다. 도산서당과 거기서의 생활을 한시 「도산잡영」과 산문 「도산기」, 그리고 국문의 노래 「도산십이곡」으로 지은 것이다.

한시와 산문으로 읊고 기술한 것을 굳이 국문의 노래로 읊은 것은, 발문에서 밝힌 대로 마음의 느낌을 제대로 드러낼 수가 없었기 때문이다. 즉 한시는 읊조릴[詠] 수 있지만 노래할[歌] 수 없어서, 노래하고 싶을 때는 우리말로 엮을 필요가 있다는 말이다. 고전문학의 국문 시가가 대체로 가창(歌唱)되어 왔으니, 대유학자의 이러한 진술은 대단히 중요한 의의를 지닌다고 볼 수 있다.

우리의 고전시조는 대개 유흥적·유희적 공간에서 불렸고 창작되어 왔다. 그러나 퇴계의 「도산십이곡」은 이러한 시조 창작과 전승의 일반적·보편적 공간과는 거리가 멀다. 이미 발문을 통해 확인한 바 있지만, 퇴계는 한림별곡류와 조선시대 초기 이별의 「육가」를 유흥적이고 세상을 희롱한다는 이유를 들어 나름대로 비판을 가하였다. 퇴계는 그러한 전통 시가의 내용적인 측면을 비판하면서 인간의 내면적인 윤리와 질서의 엄격함을 유지하는 내용의 국문 시가를 지었다. 한마디로 유흥적이 아닌 진지하고 본격적인 문학을 창작한 것이다. 이 시조는 이처럼 즉흥적인 오락물에서 본격적인 문학물로 전환하는 모습을 보여주었다는 점에서 고전 시가사상 중요한 의의를 지닌다.

퇴계는 자연과의 친화 과정에서 우러나오는 감흥을 표현했고, 그것을 노래로 부르기 위하여 「도산십이곡」을 지었다. 그러므로 퇴계는 부르는 자나 듣는 자가 이 노래의 효용성 때문에 더러움을 씻어내고 서로 감흥이 일어나 하나가 될 수 있다고 보았다. 여기서 노래의 기능은 '인간의 마음을 순화시키는 데 있다'는 퇴계의 생각을 확인할 수 있다.

12곡으로 된 연시조(聯詩調) 형태의 평시조 「도산십이곡」은 발문에서 언급하였듯이, 전육곡(前六曲)과 후육곡(後六曲)으로 나뉜다. 그리고 전육곡은

'언지'로 불리며, 후육곡은 '언학'으로 불린다. 언지는 사물에 접하는 감흥을 읊은 것이고, 언학은 학문과 수양에 임하는 마음을 노래한 것이니, 이들 시는 퇴계가 말년에 이룩한 원숙한 수양과 학문의 정신적 기록이라 할 수 있다.

이 시조의 내용을 보면, 먼저 첫번째 수에서는 세속에 물들지 않고 자연 속에 파묻혀 살고 싶은 마음의 고질병을 고칠 수 없음을 노래하고 있다. 두번째 수에서는 연기 노을로 집을 삼고 바람과 달을 벗 삼아 태평한 세월에 병으로 늙어가니 다만 허물이나 없었으면 좋겠다고 소원한다. 연기 노을은 여기서 자연의 풍치를 말하며 바람과 달은 자연의 아름다움을 말함이니, 작자가 자연 속에서 살아가는 모습을 그렸다 할 것이다.

세번째 수에서는 예로부터 내려오는 순박한 풍속이 죽었다는 말은 거짓말이며 사람의 본성이 어질다는 말은 옳은 말이니, 이 진실을 천하 영재에게 속여서 말할 수 없다고 한다. 여기서 퇴계가 순박한 풍속과 사람의 본성에 대한 확신을 갖고 있음을 알 수 있거니와 인성(人性)이 세상에 그대로 드러날 때 순풍(淳風)이 갖추어질 수 있을 것이다. 네번째 수에서는 난(蘭)이 골짜기에 있으니 자연히 듣기 좋고 흰 구름이 산봉우리에 걸리니 자연히 보기 좋다면서 이 가운데 아름다운 임을 잊지 못하겠다고 말하고 있다. 유란(幽蘭)과 백운(白雲)은 자연물인데, 퇴계는 이를 긍정적으로 보고 있으며 이러한 마음을 미인, 즉 임금에 대한 믿음으로까지 심화시키고 있다.

다섯번째 수에서는 산 앞에는 낚시터요, 그 밑으로는 물이 흐르고 많은 갈매기가 오고 가는데 어찌하여 하얀 망아지는 멀리 마음을 두는지 모르겠다고 노래한다. 산수가 자유자재하며 갈매기가 왕래하고 있지만, 망아지는 이를 버리고 다른 데 뜻을 지니고 있음을 지적하고 있는 것이다. 여기서 갈매기는 자연에 합일되는 자아상(自我像)을 나타내는 것이라면, 망아지는 이에 합일되지 못하는 자아상을 나타낸다고 할 수 있다. 여섯번째 수에서는 봄바람에 꽃이 온 산 가득이요 가을밤에 달빛이 누각에 가득하니 이는 네 계절의 흥취가 사람과 똑같은 것인데, 연못에 뛰는 고기와 하늘을 나는 솔개처럼 인재들이 가득하고 구름의 그림자며 햇빛이 조화를 이루는 상태야 어디 끝이 있겠느냐고 말한다. 꽃과 산, 그리고 달과 누각이 하나이며 이러한 사시(四時)의 흥취가 사람과 함께한다는 것은, 결국 작가가 자연과 인간의 조화로운 합일의 상태를 긍정하고 있음을 뜻한다.

　일곱번째 수에서는 완락재도 깨끗한데 책 속에 묻힌 생애로 즐거움이 무궁하며, 소요하는 즐거움도 대단함을 밝히고 있다. 천운대는 도산서원 근처의 경치 좋은 곳이요 완락재는 퇴계의 서재를 가리킨다. 여기서 작가는 자연 속에 둘러싸인 서재에서 학문하는 생애의 즐거움을 노래하고 있다. 여덟번째 수에서는 천둥소리가 산을 무너뜨려도 귀머거리는 못 듣고 밝은 해가 중천에 있어도 소경은 볼 수 없음을 지적하면서, 귀눈 밝은 사람이 되어 소경과 귀머거리가 되지 말자고 노래한다. 여기서 "이목이 총명한 사람"이란 학문의 도를 닦아 경지에 이른 사람을 말한다.

　아홉번째 수에서는 옛 성인이 못 보았던 길이 내 앞에도 있음을 확인하고, 자기가 이 길을 가야 함을 말하고 있다. 옛 성인이 가던 길은 곧 변치 않는 도(道)를 말함인데, 작가는 여기서 성인이 닦으려던 인간의 도리를 작가도 따르겠다는 다짐을 하고 있다. 열번째 수에서는 성인이 추구했던 도리의 탐구를 몇 해 동안 그만두었다가 이제야 돌아왔으니, 다시는 다른 곳에 마음을 돌리지 않겠노라고 다짐하고 있다. 작가는 궁극적으로 추구해야 할 '길'이 벼슬살이가 아니라 자연 속에서 학문하는 일이었음을 여기서 노래하고 있다.

　열한번째 수에서는 푸른 산이 만고에 항상 푸르며 흐르는 물이 밤낮으로 그치지 않음을 지적하면서, 학문하는 우리도 그치지 말고 만고에 푸르자고 다짐하고 있다. 산과 물의 변하지 않는 속성, 즉 불변의 미덕을 본받아 사람들도 학문에 더욱 매진해야 한다는 것이다.

　마지막 수에서는 인간 본연의 도리는 어찌보면 어리석은 자도 쉽게 알 수 있고 성인조차 모를 수 있는 것이니, 우리는 알 듯 말 듯한 이러한 인간의 도리를 닦으면서 늙어간다고 노래하고 있다. 이는 곧 끊임없는 학문의 자세를 강조하고 있음에 틀림없다. 그리고 이 마지막 노래에서 작가는 우부(愚夫)와 성인(聖人)이 인간의 도리를 닦는다는 점에서 하나가 될 수 있다고 믿는다. 이로 미루어 그는 자연과 인간과의 합일뿐만 아니라 인간과 인간의 합일의 경지를 지향하고 있다.

■ 도산서원·퇴계종택·퇴계 묘소·퇴계태실 찾아가는 길

도산서원은 경북 안동시 도산면 토계리에 있다. 안동에서 봉화 쪽으로 난 35번 국도를 타고 가다 보면 오천 문화재단지 입구에 이른다. 오천 문화재단지 입구에서 봉화 쪽으로 계속 3.2km쯤 가면 길 왼쪽에 검문소가 있는 서부리 사거리가 나온다. 사거리에서 앞으로 계속 이어지는 35번 국도를 따라 봉화·도산으로 3.9km 가면 길 왼쪽에는 분천 버스정류장이, 오른쪽에는 도산서원으로 가는 길이 나온다. 도산서원으로 난 길을 따라 약 1.5km 정도 가면 대형주차장과 함께 도산서원 매표소가 나온다. 안동역 앞에서 도산서원 주차장까지는 67번 시내버스가 하루 4회 다닌다.

퇴계종택과 퇴계 묘소는 경북 안동시 도산면 토계리에 있다. 도산서원 입구에서 다시 35번 국도를 따라 봉화·청량산 쪽으로 2.3km 가면 온혜교를 건너기 직전 도산 면사무소 앞 삼거리가 나온다. 삼거리에서 우회전하여 20번 시도로를 따라 2.6km쯤 가면 상계1교 못미처 오른쪽으로 퇴계종택이 나온다. 퇴계종택에서 다시 상계1교를 건너 1.5km 가면 하계동 삼거리가 나오는데 삼거리 바로 못미처 길 왼쪽에 양진암 구지 표지석과 함께 산으로 오르는 계단이 나 있다. 계단을 따라 산으로 오르면 퇴계 묘소에 닿는다.

퇴계태실은 경북 안동시 도산면 온혜리에 있다. 도산 면사무소가 있는 35번 국도로 나와 다시 봉화·청량산 방향으로 0.9km 가면 길 왼쪽에 온혜초등학교가 보이고 그 바로 옆으로 마을길이 나 있다. 마을길로 좌회전해서 약 450m 들어가면 오른쪽에 퇴계태실이 있는 노송정고택이 나온다.

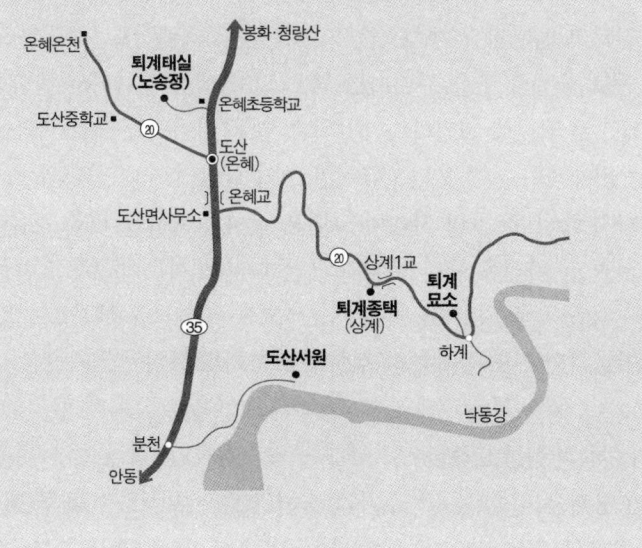

고산구곡을 노래한 유학자, 이이

1. 강물은 끝없이 바람을 머금고

이이(李珥, 1536~1584)는 위대한 유학자요, 교육자이자 대정치가이다. 그는 사림파와 훈구파간 세력 다툼의 소용돌이 속에서도 어느 한 곳으로 치우치지 않고 중용의 길을 걸어나갔다. 그리고 백성과 나라의 장래를 걱정하면서 밤낮으로 국사에 전념하다가 비교적 젊은 나이인 49세로 세상을 떠났다.

이이는 천재적인 자질을 타고났지만 그가 살았던 시대 상황과 생활에서 크게 벗어나지 않았다. 그의 시대적 고민은 정치와 교육을 위한 경륜과 학문으로 표출되었고, 자신을 둘러싼 삶의 공간에 따라 희로애락의 고민을 글로 나타내기도 하였다. 특히 그가 지은 시조「고산구곡가」나 한시, 그리고 문학론은 문학가로서의 면모를 충분히 보여주고 있기도 하다.

마음의 안식처 강릉 오죽헌

이이의 본관은 덕수(德水)요 자는 숙헌(叔憲)이며, 호는 율곡(栗谷)·석담(石潭)·우재(愚齋)이다. 그는 1536년(중종 31) 12월 26일에 강릉의 북평촌(北平村: 지금의 강릉시 죽헌동) 오죽헌(烏竹軒)에서 태어났다. 그곳은 어머

오죽헌 율곡이 태어난 곳이다. 1975년 오죽헌 정화사업으로 단장되면서 이 건물 외에도 문성사와 율곡기념관 등이 새롭게 지어졌다. 강릉에서는 율곡 이이의 유덕을 기리기 위하여 1962년부터 해마다 10월 25일을 전후로 '율곡제'를 열고 있는데, 주요 행사인 제례 행사는 오죽헌 문성사에서 거행된다.

니 사임당 신씨의 친정으로 강릉 경포대 호숫가 근처에 있다. 어머니가 그를 낳을 때 검은 용이 바다에서 집으로 날아오는 꿈을 꾸었다. 그래서 그가 태어난 방을 몽룡실(夢龍室)이라고 불렀으며, 그의 어렸을 때 이름도 현룡(見龍)이라 했다.

외조부 신명화(申命和)와 외조모 이씨는 딸만 다섯을 두었는데 그 가운데 사임당은 둘째로, 그녀가 결혼하던 해에 율곡의 외조부는 세상을 떠났다. 외조모는 대단히 인자하고 현명한 분이었다. 사임당은 홀로 된 어머니를 염려하여 부친의 3년상을 마칠 때까지 친정에서 머물렀다. 이 때문에 서울에서 벼슬살이를 하던 율곡의 아버지 이원수(李元秀)는 강릉 처가와 서울을 왕래하곤 하였다. 3년상을 마친 어머니는 서울로 올라갔지만 강릉의 친정집을 자주 내려갔다. 그 때문에 율곡은 6세 되던 해에야 비로소 서울로 올라올 수 있었다. 그 동안 외조모가 율곡을 돌보았으니 그에게 많은 영향을 끼쳤을 것이다. 율곡은 나중에 장성해서도 자주 외조모를 찾아갔으며, 위중할 때는 조정 대신들의 비난에도 불구하고 왕에게 말미를 얻어 강릉에 가서 보살피기도 하였다.

그런 점에서 율곡의 외가가 있는 강릉의 오죽헌은 율곡에게 단순히 출생지 이상의 의미를 지닌다. 그곳은 율곡이 마음의 안정과 화평을 누릴 수 있었던 공간이었다. 오죽헌은 원래 단종 때 대사헌을 지낸 최응현(崔應賢)의 집으로 우리나라 주택 건물로서 가장 오래된 것 가운데 하나이다.

서울로 올라온 율곡은 7세부터 어머니로부터 글을 배우기 시작했다. 사임당 신씨는 시문에 능하고 그림과 글씨가 뛰어났는데, 율곡은 어머니의 총명함을 그대로 물려받았다. 3, 4세 때부터 말과 문자를 알았으며 3세에 외조모가 석류를 보여주자, "석류 껍질 속에 붉은 구슬이 부스러졌다"(石榴皮裏碎紅珠)고 대답하여 주위 사람들을 놀라게 하였다. 9세에는 여러 형제가 부모를 봉양하며 함께 사는 그림을 그렸으니, 이것도 어머니 사임당의 재주를 물려받은 것이라고 할 것이다.

8세에는 부모를 따라 파주군 파평면 율곡리로 옮겨가 살았다. 율곡리는 그의 조상이 살던 터전이었는데, 그의 호 '율곡'은 이 마을 이름에서 따온 것이다. 임진강가에는 5대조 이명신(李明晨)이 지은 화석정(花石亭)이 있다. 율곡은 이사온 그 해 가을에 이곳에 올라가 다음과 같은 시를 읊었다.

> 숲 속 정자에 가을이 이미 깊었으니
> 시인의 생각은 가이 없구나.
> 멀리 물은 하늘에 닿아 푸른데
> 서리 내린 단풍은 햇볕에 붉게 빛나네.
> 산에서는 외로운 둥근 달이 솟아오르고
> 강물은 끝없이 바람을 머금네.
> 변방의 기러기는 어디로 가느냐
> 황혼의 구름 속으로 소리는 끊겼다.
>
> ―「화석정」(花石亭)

화석정 임진강가에 있으며 율곡의 5대조인 이명신이 지었다. 율곡이 8세 때 이곳에 와서 지었다는 「화석정」 시가 유명하다. 임진왜란 때 불탔다가 후손들에 의해 다시 지어졌는데, 한국전쟁 때 또다시 불에 타 1966년 지역의 유지들이 재건하였다.

    이 시는 그의 시적 자질이 어느 정도인지를 짐작하게 한다. 율곡은 서울에서 벼슬을 하다가 몸이 아프거나 사정이 여의치 않을 때는 이곳 율곡리에 내려와 머무르다가 다시 벼슬을 부름 받으면 서울로 올라갔다. 그는 죽은 뒤 이 근처의 자운산에 묻혔으니 파주는 율곡의 영원한 안식처라 해야 할 것이다.
    율곡은 13세(1548, 명종 3) 때 이미 진사 초시에 합격하여 세상을 놀라게 하였다. 그는 친구들에게 자기는 "책을 읽을 때 한꺼번에 겨우 열 줄밖에 못 읽는다"고 말했다 한다. 범인(凡人)들이 어려운 한자 어구를 한 줄도 제대로 읽기 어렵거늘 열 줄밖에 못 읽는다고 겸손해하는 것을 보면 그는 타고난 천재였던 모양이다. 그는 이후로 아홉 번의 과거에 모두 장원을 차지하여, 사람들은 그를 '구도장원공'(九度壯元公)이라고 불렀다.
    율곡은 16세에 자상하고 인자한 어머니이요 스승인 사임당 신씨를 잃게 된다. 아버지가 수운 판관으로 조운(漕運)의 임무를 수행하기 위하여 평안도로 출장을 가자 율곡도 맏형 선(璿)과 함께 따라 나섰는데, 율곡 일행이 한강 하류인 서강 나루터에 오던 도중 어머니는 병이 갑자기 위중해져 세상을 떠나고 말았다. 이때가 5월 17일, 신사임당의 나이 겨우 48세였다.

임종을 지켜보지 못한 그의 슬픔과 참담함은 이루 말할 수 없었다. 파주 천현면 동문리 자운산에 어머니를 장사지내고 3년상을 지낸 율곡은 삶과 죽음에 대한 회의를 떨쳐버리지 못하고 19세에는 금강산으로 입산하고 말았다. 그는 어렸을 때부터 불교서적 『능엄경』(楞嚴經)을 읽었을 만큼 불교에 관심이 있었다. 특히 18세 때에는 봉은사(奉恩寺 : 지금의 서울 강남 소재)를 찾은 적도 있었다. 친구들에게 보낸 작별의 편지에는 "기를 기르기 위해 산수를 즐긴다"는 말을 했으나 모친의 명복을 빌기 위함도 있었을 것이다.

율곡은 입산한 뒤 금강산 절경을 두루 탐승하기도 하였으며 스스로 '의암'(義菴)이라 칭했지만 본격적인 승려 생활을 한 것은 아니었다. 훗날 정적(政敵)들이 이 문제를 공격하였지만 그는 어디까지나 유학자로서 순수하게 불교에 대한 관심과 진리를 깨치는 방법으로서 '돈오'(頓悟)에 대해 호기심을 가졌을 뿐이다. 그는 불교의 수행과 정진 방법에 회의를 느껴 금강산을 하산하고 말았다. 이때 그의 불교에 관한 생각은 평생을 지배하였다.

1년 만에 하산한 율곡은 다시 『논어』 등의 유교경전을 읽었다. 그리고 외가인 강릉의 오죽헌을 찾았다. 그는 76세가 된 외할머니와 넷째 이모부 권화(權和)로부터 따뜻한 보살핌을 받았으며, 그 유명한 「자경문」(自警文)을 지어 자신을 경계하는 지표로 삼았다. 어머니와 외할머니가 있던 강릉은 이처럼 율곡의 출생지이자 마음을 안정시키고 지친 삶을 어루만져주는 안식처였다.

20세가 되자 그는 다시 서울로 올라가 한성시(漢城試)에 장원으로 급제하였다. 율곡은 22세에 성주 목사 노경린(盧慶麟)의 맏딸과 결혼하였다. 그의 부인은 엄한 가정교육 속에서 자라 어질고 검소하였으나 몸이 허약하였다. 율곡도 건강한 편이 아니었기 때문에 어려서 죽은 딸 외에 소생이 없었다.

율곡은 23세가 되던 해 봄, 결혼하여 머물고 있던 성주의 처가에서 강릉으로 가는 도중 예안(禮安)에 사는 퇴계 이황을 방문하였다. 58세인 퇴계는 초면이면서도 어린 율곡의 뛰어난 재주를 한눈에 알아보았다. 이틀밖에 머물지 않았지만, 퇴계는 제자들에게 율곡의 사람됨을 높이 평가하였다. 그 뒤 두 사람은 계속해서 편지를 주고받았는데 퇴계는 율곡을 끊임없이 격려하며 학문적인 논의도 서슴지 않았다. 뛰어난 인물들은 서로를 알아본 것일까. 이로부터 12년 뒤 퇴계가 죽자, 율곡은 만사(輓詞)를 지었으며 스승에 대한 예로써 흰 띠를 둘러 심상(心喪)하였다.

율곡은 23세 때 강릉에 머물다가 서울로 돌아온 해 겨울에 실시된 별시(別試)에 「천도책」(天道策)이라는 글로 장원을 차지하였다. 이 글은 그가 이미 학문의 높은 경지에 이르렀음을 말해주는 것으로 당시 시험관이던 정사룡(鄭士龍), 양응정(梁應鼎) 등을 감탄시켰다. 이 글은 또한 중국에도 널리 알려져 그가 47세에 중국의 사신을 맞이할 때 사신들이 그를 알아보고 '선생님'이라고 부르며 존경했다는 일화를 남길 정도였다.

26세 되던 해 5월에 율곡은 부친상을 당하였다. 어머니가 돌아가신 지 10년 만의 일이었다. 그는 아버지를 어머니의 묘에 합장한 뒤 3년간 묘를 지켰다. 상을 벗은 그는 이 해 7, 8월에 잇달아 과거에 장원으로 급제하여 승문원 권지(權知)에 이어 호조좌랑을 제수받았다. 29세에야 대과에 합격하여 벼슬을 시작한 것은 그의 재능에 비하여 비교적 늦은 감이 있다. 이는 아버지의 죽음으로 3년 동안 과거공부를 할 수 없었을 뿐만 아니라, 어머니를 여읜 뒤 새로 맞이한 서모(庶母)가 살림을 제대로 꾸리지 못하였기 때문이었다. 서모는 남은 자식들과의 사이가 그리 원만하지 못했다고 한다.

동서분당의 소용돌이 속에서

벼슬길에 나아간 그는 이후 국가와 백성을 위하여 사력을 다하게 된다. 30세에는 예조좌랑으로 옮기고 31세에는 사간원 정언(正言) · 이조좌랑의 일을 맡아보았다. 32세에는 명종이 승하하고 16세의 어린 왕 선조(宣祖)가 즉위하였는데 신왕에 대한 믿음과 자신감으로 왕을 적극적으로 보필하고자 하였다. 그는 33세가 되던 5월에 명나라 황태자의 생일을 축하하는 천추사(千秋使)의 서장관(書狀官)으로 연경에 다녀온 뒤, 11월에 다시 이조좌랑이 되었다. 이조좌랑의 자리는 관리를 관직에 임명하는 강력한 인사 추천권이 있었는데, 율곡이 이를 두 번씩이나 맡았다는 것은 그의 청렴성을 말해주는 사례라 할 것이다. 그는 이때 "관리의 임용을 공도(公道)에 따라 하자"고 강력히 주장하였다.

이조좌랑으로 있던 그는 강릉의 외할머니가 위중하자 사직소를 올리고 강릉으로 내려갔다. 이 문제를 두고 조정에서는 외조모를 위해 벼슬을 버리는 일은 있을 수 없다며 그의 파직을 건의했지만 왕은 이를 수용하지 않았다. 이듬해 그는 계속된 왕명으로 결국 홍문관 교리를 제수받아 서울로 올라왔다. 그러면서도 임금은 병환 중인 외조모를 그가 봉양하도록 이조에 명하여 사직하지 않은 채 강릉에 다녀올 수 있도록 하였다. 이 해 10월, 율곡은 임금의 배려로 특별휴가를 받아 강릉으로 내려간 뒤 90세의 외할머니를 지극 정성으로 보살피면서 임종을 지켜보았다. 아마도 어머니의 죽음을 지키지 못한 회한의 심정에서 더욱더 그랬는지 모른다. 이때 율곡은 자신의 출생지이자 정신적 안식처를 지키던 외할머니를 여읜 슬픔이 상당히 컸을 것이다.

34세가 되던 이듬해 서울로 다시 올라와 홍문관 교리로 벼슬을 하던 율곡은 조정의 무사안일주의에 실망하였다. 그러던 차에 8월 맏형 선(璿)의 상을 당하였다. 죽은 형의 네 자녀를 자신이 돌봐야 하는데다가 몸이 좋지 않아서, 그는 10월에 벼슬을 그만두고 처가가 있는 해주 야두촌(野頭村)으로 갔다. 그는 이후 벼슬할 때를 제외하고는 파주와 해주를 번갈아 오고 가면서 병든 몸을 다스리거나 학문에 전념하였다.

36세에 잠시 파주 율곡리에 머물던 율곡은 조정에서 관직을 제수받았으나 번번이 병으로 사퇴하였다. 해주에 머무는 동안 그의 학문적 명성을 듣고 그에게 배우려고 찾아오는 제자들이 점차 늘어갔다. 문인들과 함께 고산(高山)의 석담구곡(石潭九曲)을 구경하던 그는 각각의 아홉 골짜기에 이름을 붙였다. 그리고는 이곳에 은거하려고 마음먹으면서 장차 제자들을 가르칠 서원을 세울 계획도 세웠다.

해주에 있는 처가는 현재 황해도 벽성군 가좌면에 속해 있다. 취야리에 있는 취야정(翠野亭)은 율곡의 장인 노경린이 세운 정자로, 그는 장인의 집에 자주 머물면서 취야정에 나가 독서로 소일하였다. 그가 장차 은거할 석담구곡은 가좌면 위쪽인 고산면 석담리에 있는데, 석담은 선적봉과 지남산(指南

山)에 있는 계곡으로 석담천의 아홉 구비가 뛰어난 풍광을 이루고 있다. 율곡은 구곡(九曲)의 이름을 제1곡부터 차례대로 관암(冠巖), 화암(花巖), 취병(翠屛), 송애(松崖), 은병(隱屛), 조협(釣峽), 풍암(楓巖), 금탄(琴灘), 문산(文山)이라 붙였다.

 율곡은 36세 되던 이 무렵 청주목사에 제수되었다. 백성들을 다스릴 수 있는 외직인지라 기꺼이 나아가 선정을 베풀었다. 그는 이곳에서 향약(鄕約)을 만들었다. 그러나 큰 성과를 거두지 못해 조정에서 향약 제정이 논의될 때 반대하였다. 아직 시기상조라는 것이다. 10개월도 채 안되어 다시 부응교에 제수되자 그는 병으로 사직하고 율곡리로 돌아갔다. 이때 그는 성혼(成渾)과 함께 이기설(理氣說), 사단칠정설(四端七情說), 인심도심설(人心道心說)에 대하여 편지를 통하여 아홉 차례나 논쟁하였다. 이것이 유명한 '철학 논변'이니, 강릉이 그의 정신적 고향이라면 파주는 율곡 철학의 기틀이 확립되는 성소(聖所)라 할 만하다.

 36세에 청주목사에서 물러난 후부터 다음해 7월까지 율곡에게 여러 벼슬이 제수되었지만 모두 병으로 사퇴하였다. 그러나 다시 직제학을 제수받자 할 수 없이 조정에 나가 세 차례나 상소를 올린 뒤 사직을 허락받고 율곡리로 돌아갔다. 그렇지만 다시 직제학에 제수되자 조정에 올라와 벼슬을 하였으니, 이듬해에는 우부승지가 되면서 「만언봉사」(萬言封事)를 지어 올렸다. 그러나 그의 진언은 논의만 있었을 뿐 실제로 시행이 되지 않았다. 왕과 조정의 무사안일에 실망한 그는 사직하고 율곡리로 다시 내려갔고, 몇 번에 걸쳐 관직이 내려졌지만 모두 사퇴하였다. 하지만 다시 10월에 황해도 관찰사에 제수되었다. 6개월 근무하는 동안 그는 학교를 크게 일으키고 군정(軍政)을 정비하는 등 선정을 베풀기 위해 밤낮으로 힘쓰다가 몸을 상하고 말았다.

 이 무렵 율곡에 대해 다음과 같은 일화가 있다. 율곡은 목민관으로 황주에 들렀을 때 어린 기생 유지(柳枝)를 만났다. 16세의 어린 나이의 유지는, 대학자요 정치가인 율곡을 시중들면서 사모하게 되었다. 그러나 율곡은 그녀의 몸에 손을 대지 않았으니, 그가 47세에 명나라 사신을 맞는 원접사로 황주로 왔을 때도 끝내 유지를 받지 않았다. 유지는 율곡과 이별하고 난 뒤에도 차마 잊지 못하여 밤중에 율곡의 숙소를 찾아가기도 하였다. 이에 놀란 그는 이런 시를 써주었다.

　　문을 닫자 하니 인정이 상할 것이요
　　같이 자자 하니 의리를 해칠 것이라.

　유지는 율곡의 별세 소식을 듣고는 3년상을 치른 뒤 머리를 깎고 산 속에 들어가 버렸다고 한다. 대학자와 기생의 애틋한 사랑 이야기가 아닐 수 없다. 너무나 고결한 인격이 차마 어린 기생의 마음을 들어주지 못했다고 생각하니 어쩐지 안타까운 느낌도 든다.
　선조는 몸이 쇠약한 율곡을 가만히 있게 두지 않았다. 사직을 간청하는 그를 기어코 조정에 불렀고, 율곡도 왕의 선정을 기대하며 벼슬을 맡았지만 이미 동서붕당의 틈이 생기고 있었다. 율곡은 날로 심해지는 동서 갈등을 중재하려고 힘쓰면서 당사자인 심의겸과 김효원을 외직으로 보내기도 하였다. 자신의 직언이 받아들여지지 않는데다가 조정 신하들의 반목에 염증을 느낀 그는 이듬해(41세, 1576) 2월, 은퇴를 결심하고 사직하여 파주로 내려갔다.

십만양병설

　여러 번 벼슬을 제수받았지만 나아가지 않던 율곡은 해주 석담에서 후진 양성에 힘쓸 생각을 하였다. 그리하여 청계당(聽溪堂)과 거처할 집들을 짓고는 일가를 모아 해주로 생활의 근거지를 옮겼다. 해주에서 율곡의 일가는 함께 모여 살았다. 1백여 명에 이르는 대식구라 먹을 것도 변변치 못하였다. 가족들간의 상호 차례와 규칙을 지키기 위한 규약을 만들고 자신도 서모(庶母)와 형수를 극진한 예로 모셨다. 경제적인 어려움 때문에 율곡은 손수 대장간을 세우고 호미를 팔았다. 형편이 그러한지라 제자들을 가르치러 해주 석담에 와서는 점심을 굶었다. 이런 딱한 사정을 알고 재령군수인 친구 최립(崔岦)이 쌀을 보냈으나 율곡은, "그것은 나라의 곡물이니 받을 수 없다"며 돌려보냈다.

해주에 사는 동안 율곡은 『격몽요결』(擊蒙要訣), 『학교모범』을 짓는 등 교육을 위한 집필 작업에 힘쓰는 한편, 은병정사(隱屛精舍)를 세워 제자들을 가르쳤다. 그리고 '해주향약'을 만들어 사회를 위한 교육에도 공을 들였다. 특히 해주향약은 해주의 풍속을 교화할 뿐만 아니라 민생에 실제로 도움이 되도록 실용적인 면을 강화하였다. 그는 송나라의 철인(哲人) 주자(朱子)를 흠모하였으니, 은병정사를 세워 제자들을 가르친 것도 주자가 무이정사(武夷精舍)를 세워 제자를 가르쳤던 일을 본받은 것이다. 율곡은 신분의 차이를 두지 않고 제자들을 받아들였으며, 규약을 만들어 스스로 공부하도록 하였다. 『문인록』에 오른 율곡의 제자만 해도 85명이며, 이 가운데 김장생(金長生)·조헌(趙憲)·이귀(李貴)·변이중(邊以中) 등이 뛰어났다.

그 사이에 조정에서는 율곡을 몇 차례 불렀으나 모두 간곡한 말로 사직하였다. 그가 특히 걱정했던 문제는 동서붕당을 어떻게 해결할 것인지였다. 그러나 그의 충정어린 상소를 이해하지 못한 조정의 신하들은 그를 비난하기도 하였다. 벼슬에 나아가지 않은 4년여 기간 동안 율곡은 한가하게 제자를 가르치거나 자연과 벗하며 유유자적하게 살았다.

그러나 율곡은 45세(1580)에 젊은 임금 선조가 병환으로 아프다는 소식을 듣고 서울로 올라가려다가, 자신이 대사간에 제수되었다는 명을 받고는 취임하였다. 왕의 선정을 기대하면서 자신의 경륜을 펴보려는 의지가 있었기 때문이다. 이듬해 6월에는 대사헌으로 승진하였다가 삼사(三司)의 비판을 받아 잠시 벼슬을 그만두었으나 다시 이 해에 호조판서·대제학 등을 맡았다.

47세가 되는 해 1월, 율곡은 이조판서에 제수되었다. 그는 공정하게 인사를 했으며 유능한 인재를 중요시하였으니 훗날 임진왜란에 공을 세운 이덕형, 이항복, 이순신 등은 그가 천거한 인물들이다. 이 해 8월에는 형조판서, 9월에는 의정부 우찬성에 올랐다. 임금이 그를 특별히 아꼈기 때문이다. 이 해에 그는 명나라 사신을 맞이하는 원접사가 되었다. 명의 사신들은 「천도책」을 지은 율곡을 알아보고 예를 표하였으며, 그는 사신들과 즉석에서 시를 주고받아 뛰어난 시적 자질을 유감없이 발휘하였다.

율곡은 12월에 다시 병조판서에 임명되었다. 건강이 좋지 않아 사임하려는 그를 왕은 놓아주지 않았다. 그는 북방의 오랑캐가 자주 침노하자 왕에게 부국강병의 의견을 개진하였다. 그 가운데 하나가 유명한 '십만양병설'(十萬養兵說)이다. 그의 나이 48세가 되던 해 4월의 일이다. 십만의 군대를 양성하여 장차 있을 외적의 침입을 막자는 것인데, "평화로운 때에 군사를 양성하여 화란의 단서를 만드는 일"이라며 유성룡을 포함한 조정의 대신들이 반대하고 나섰다. 이 해 6월 북쪽의 오랑캐가 국경에 침입해온 일로 탄핵을 받은 율곡은 벼슬을 내놓고 파주로 갔다. 이때 평상시 율곡에게 좋지 않은 감정을 가졌던 사람들로부터 소인(小人)이라는 비난을 받았다. 율곡은 양화진에서 배를 타고 파주로 가는 도중 답답한 심정을 다음과 같은 거국시(去國詩)로 읊었다.

> 사방은 멀리 구름으로 캄캄한데
> 중천에 뜬 해는 밝기도 하구나.
> 외로운 신하의 한 줄기 눈물
> 한양성을 향하여 뿌리네.
>
> ―「거국주하해주」(去國舟下海州)

탄핵을 받고 물러난 율곡을 왕은 계속해서 여러 차례 벼슬을 주며 불렀다. 이조판서에 제수된 그는 서울로 올라가 왕에게 나아가 사직하였으나 받아들여지지 않았다. 그는 할 수 없이 왕과 나라를 위해 동서를 가리지 않고 고르게 인재를 등용하는 등 성심껏 일하였다. 그러나 그의 몸은 이미 쇠약해진 뒤였다. 이듬해 1월이 되자 율곡은 병석에 드러눕게 되었는데도 나라 일만 걱정하고 있었다. 그는 죽기 이틀 전에도 국방의 임무를 맡아 순무어사(巡撫御使)로 떠나는 서익(徐益)에게 병든 몸을 이끌고 좌우에 부축을 받으며 '육조방략'(六條方略)을 가르쳐주었다.

 1584년 정월 16일 새벽에 율곡은 서울 대사동(지금의 종로 옛 화신백화점 일대)에서 49세의 짧은 생애를 마쳤다. 그가 죽은 뒤 이틀 동안이나 눈을 감지 못했다 하니 아마도 어지러워진 나라 일에 대한 염려 때문이었으리라. 왕은 사흘 동안 조회를 파하고 예관(禮官)을 보내 장례를 치르게 하였다. 재산을

율곡 묘소 자운산 아래에 율곡의 부모와 율곡 내외를 비롯하여 한 집안의 묘 13기가 모여 있다. 특이하게 이들 가운데 맨 위쪽에 율곡 내외의 묘가 자리한다. 일렬로 자리한 2기의 묘가 있으니 앞쪽이 율곡의 묘이다.

남기지 않은 탓에 친구들이 돈을 모아 수의를 만들고 염습하였다. 발인하는 날에는 백성들까지 나와 횃불을 밝히며 눈물을 흘렸다. 장지는 부모가 묻혀 있는 파주의 자운산이었다.

현재 경기도 파주시 법원읍 동문리 자운서원(紫雲書院) 경내에 있는 그의 묘소는 "자손이 없어도 제사가 끊이지 않는 터"이다. 율곡의 위패와 영정이 봉안되어 있는 자운서원은 1615년(광해군 7)에 창건되어 효종이 사액(賜額)

고산구곡을 노래한 유학자, 이이 221

을 내렸으며, 김장생(金長生)과 박세채(朴世采)의 위패도 함께 모셔져 제향이 올려졌다. 그러다가 대원군 시절에 철폐되었는데 1970년에 복원되었다. 여기서는 매년 8월 두번째 정일(丁日)에 제사를 지낸다. 이 서원에는 율곡의 덕을 기리는 묘정비, 기념관 등이 있다.

문성문(文成門)을 지나 돌계단을 올라가면 율곡 가계의 묘 13기가 있다. 이 가운데 율곡의 묘는 부모의 합장묘 위쪽에 있다. 그런데 율곡의 묘는 합장묘가 아니라 위아래로 연이은 형태의 묘로 부인의 묘가 그 위에 있다. 여기에는 안타까운 사연이 있다. 부인 노씨는 임진왜란이 일어나자 남편의 무덤을 여종 한 명과 함께 지키다가 왜적들이 오자 자결하였다. 전쟁이 끝난 뒤 후손들은 흩어져 있는 부인과 여종의 유골을 구분할 수 없자 이 두 유골을 모아 묘를 썼다고 한다.

2. 율곡의 문학세계

율곡은 위대한 사상가요, 정치가이면서도 뛰어난 문학적 자질을 지닌 인물이었다. 이러한 자질은 이미 언급한 것처럼 어머니 사임당 신씨로부터 물려받은 것이다. 율곡은 16세기 사림파 문인으로서 조선 전기 사대부의 성리학적 문학사상을 가장 극명하게 체계화한 인물이다. 그는 문학론에 해당하는 글을 많이 남겼다. 그의 주장은 당대 사대부 문인들의 공통된 견해라 할 만하다.

세상을 바로 세우는 문학

먼저, 그는 "도가 드러난 것을 문(文)이라 하니, 도는 문의 근본이요 문은 도의 말단이다"(「文策」)라고 하였다. 이는 고려 말 이제현, 이색 등이 내세우기 시작하여 조선 초 삼봉 정도전에 의해 확립된 유가적 문학관으로서 소위 '재도지기론'(載道之器論)의 입장에 서는 말이다. 이 입장에 따르면 도를 이루면 문이 따라오는 것으로 문은 도를 위해 존재한다.

진정한 문학은 덕행과 학문에 의한 내적인 자기 완성에 의하여 저절로 이루어져야 한다. 따라서 문학은 문학 자체를 목적으로 삼아서는 안된다. 반면에 문장을 애써 전공하는 입장을 고수하는 집단도 있었다. 이를 사장파(詞章派)라 부르거니와 그 당시에는 대개 중앙 정계에서 권력을 잡은 훈구파 관료들이 이러한 견해를 존중하고 있었다. 성리학의 이념으로 무장한 신진사림들은 "오로지 사장(詞章)에만 힘쓰며 과거장에 드나들고 문예를 출세의 수단으로 삼는" 당대의 훈구파의 풍조를 비난하고 나섰다.

율곡 역시 사장파의 이러한 풍조가 세상을 망쳐 삼대(三代: 중국의 하·은·주)의 도통(道統)이 끊어졌다면서, 그들의 문학을 '속유(俗儒)의 문(文)'이라고 비판하고 '성현(聖賢)의 문'을 세워야 한다고 하였다. 문학을 사대부의 교양이나 취미로 보는 사장파의 입장을 비판하고, 영달의 수단으로 삼게 하는 과거제도의 폐단을 공격한 것이다. 그리하여 율곡은 표현보다는 마음에 얻은 바 이치가 먼저 중시되어야 한다고 하였다. 퇴계 이황 역시 마음을 바르게 함으로써 문학을 배워야 한다고 하여 인격수양의 수단으로서 문학을 강조하였으니, 이는 율곡과 같은 생각이라 할 것이다. 율곡도 제자들에게 "음악과 문학으로 마음을 맑게 하고 정서를 함양하는 것과 학문하는 일은 곧 하나로 통한다"고 가르쳤다.

율곡에 의하면 문학은 '소리'로써 이루어지는데, 사람이 낸 소리가 다른 사람에게 호감을 주고 그것이 글에 합당한 '선명'(善鳴)과 같다고 하였다. 그리고 그 선명은 천인합일(天人合一)의 이상적인 경지에서 사람의 마음을 잘 울려야 한다고 하였다. 이는 문학의 절대적인 경지를 말하는 것으로, 도심(道心)을 갖추고 세상을 바로잡는 문학이야말로 완전한 것임을 의미한다.

다음으로 율곡은 시, 즉 한시를 문학작품 가운데 가장 중요시하였다. 산문보다 시를 우위에 두는 사고방식은 당대의 사대부들에게는 보편적인 것이다. 그는 시가 성정(性情)에 근본을 두고 있으며 성정을 읊는 것이라는 입장을 견지하였고, 나아가 시는 마음을 정화하는 데 도움이 된다고 하였다. 정(情)을 움직이되 마음을 방탕하게 하는 기질지성(氣質之性)보다는 인간 본연의 성품인 본연지성(本然之性)을 회복해주기 때문에 시는 심성을 도야하는 데 유용하다고 생각하였다.

그러면 이러한 참된 시를 짓기 위해서는 어떻게 해야 할까. 율곡은 자신의 이러한 시적 관점에 따라 시선집을 엮은 바 있다. 아마도 중국의 역대 시들을 대상으로 삼았을 것으로 추정되는 이 책이 바로 『정언묘선』(精言妙選)이다. 모두 8편으로 분류되어 각 작품마다 평설이 붙었을 이 책은 현재 전해오지 않는다. 다만 서(序)와 총서(總敍)만이 남아 율곡의 시에 대한 인식을 짐작하게 할 뿐이다. 그는 여기서 시의 품격을 몇 가지로 나누었다. 이는 그가 갖고 있는 시적 미의식과 상통한다. 그는 가장 높은 경지의 시로서 인위성을 배제한 자연스러운 시를 내세웠다. 기교주의를 반대하는 무기교의 미의식을 보인 것이다. 그런데 율곡이 이처럼 문장을 갈고 닦거나 어휘를 단련하는 일을 인정하지 않은 데 반해, 퇴계는 문장이나 단어를 다듬어야 한다는 견해를 인정하고 있어서 두 사람의 입장은 조금 다르다. 율곡은 이러한 경지를 '충담소산'(冲澹蕭散)이라 하여, "꾸미고 장식하는 것을 힘쓰지 않고, 자연스러운 데서 현묘한 뜻, 고조(古調), 고의(古意)가 깊이 들어 있어야 한다"고 하였다.

그는 또한 여기서 "자연 속에서 조용히 자적(自適)하는 가운데 일어나는 우연한 흥취"[閑美淸適]를 담은 시를 높이 평가했다. 현실을 멀리하며 마음 속에 침잠하는 이러한 시는 서경덕, 이황 등이 탐구했던 것으로 조선시대에 크게 발달한 산수시 내지는 자연시의 경향과 상통한다.

그러면서도 그는 시에서 "세도(世道)의 성쇠와 국운의 치란(治亂)을 볼 수 있고, 나아가 시가 사람을 감동시킬 수 있음"(「仁物世藁序」, 『율곡전서』)을 믿었다. 전자는 시가 도를 실어야 한다는 소위 성리학적인 문학관을 나타낸다면, 후자는 시의 서정성을 인정하는 견해라 할 만하다. 그는 이와 관련하여 "시를 읽으면 정서가 무르녹아 정서가 메마른 자에게는 그 마음을 살찌게 한다"(「정언묘선총서」, 『율곡전집』)고 하여 서정성으로서의 시적 본질을 깨닫고 있다. 이 점 역시 시적 교화성을 크게 강조한 퇴계 이황과는 다르다. 이를 통하여 우리는 율곡이 퇴계보다는 시의 주제와 본질을 훨씬 넓고 적극적으로 인식하여 수용하고 있음을 확인할 수 있다.

그러나 율곡은 '세상과 부딪치는 시'에 대해서는 적극적인 입장을 개진하지는 않았다. 사림파 문학에서 사회문제에 대한 풍자나 비판이 눈에 띄게 돋

보이지 않는데, 이는 이미 퇴계 이황이 배척한 바가 있기 때문이다. 이 문제는 조선 후기 실학파 문인들에게서 다시 한번 크게 강조되고 있다.

「고산구곡가」와 한시

율곡의 작품세계는 크게 국문으로 된 것과 한문으로 된 것으로 나누어진다. 전자는 국문시조 10수인 「고산구곡가」(高山九曲歌)를 말한다. 그리고 후자의 경우 그의 문집에 있는 한시로 약 490여 수 정도, 그리고 사(辭) 2편과 부(賦) 7편 등이 있으며, 이 밖에도 서발(序跋)·서(書)·기(記)·설(說) 등의 산문이 남아 있다. 여기서는 그의 국문 시조와 한시를 중심으로 살펴보기로 한다.

율곡이 지었다는 국문 문학으로는, 우선 가사 「낙빈가」(樂貧歌), 「자경별곡」(自警別曲), 「낙지가」(樂志歌) 등이 있다. 하지만 이 작품들은 18세기 무렵 사대부의 위기의식의 소산으로 도학가사(道學歌辭)가 산출된 시대적 배경과 무관하지 않다. 따라서 과연 율곡 이이의 작품인지 의심 가는 부분이 많다. 다시 말하면 이이의 이름을 가탁하여 창작되었을 가능성이 높다는 것이다. 참고로 이황을 가탁하여 지은 도학가사 계열 작품으로 「퇴계가」, 「금보가」(琴譜歌), 「상저가」, 「도덕가」, 「효우가」 등이 있으니, 이에 대해서도 온전히 퇴계의 작품으로 인정하는 데에는 주저함이 많다. 이런 이유로 여기서는 이들 작품에 대한 언급은 하지 않는다.

율곡은 43세에 주자가 무이산에서 무이정사를 짓고 무이구곡(武夷九曲)의 자연을 읊은 「무이도가」(武夷櫂歌)를 본떠, 자신도 해주 석담에서 은병정사를 세운 뒤 석담구곡의 경치를 국문시조 「고산구곡가」로 읊었다. 그 시조의 내용은 서곡(序曲)을 시작으로 각각 아홉 계곡의 경치에 대한 흥취로 되어 있다. 이 작품은 각 작품마다 "일곡은 어드메오……"라는 형식으로 시작된다. 일부는 주자의 「무이도가」를 본떠 지었다고 주장하지만 단순한 모방작은 아니다. 그것은 이 작품이 「무이도가」의 유희적인 분위기를 배제하고 도교적인 면모를 극복하면서 서정적인 측면을 짙게 나타내고 있기 때문이다. 이처럼 독창적인 시세계를 율곡이 구축하고 있다는 점에서, 「무이도가」 계통의 노래는 중국과는 다른 세계상과 독자성을 이미 이 무렵에 갖추었다고 해야 할 것이다.
　더욱이 율곡이 「무이도가」를 시조의 형태로 변용시킨 데 반하여, 퇴계는 이를 한시로 차운(次韻)하고 있다는 점에서, 사림파 문인들 사이에서도 「무이도가」 계통의 노래를 수용하는 데 있어서 차이가 있음을 보여준다. 시조로서의 변용은 율곡에게만 나타나고 그 대신 이것을 한역하여 한시로 제작한 경우는 이후 송시열 등의 문인들에게 지속적으로 나타난다는 점에서 주목된다. 또한 율곡은 퇴계의 「도산십이곡」과는 달리, 이 작품을 통하여 훈계나 설교 등 기타 교훈적인 말들을 하지 않았다. 이 작품에서는 서정적인 측면도 퇴계의 것에 비하여 훨씬 강하게 나타난다. 이는 주리파(主理派) 사림과 주기파(主氣派) 사림의 근본적인 차이에서 비롯된 것인지도 모른다. 율곡은 주기파에 가까운 인물이다.
　율곡의 한시를 보면, 치국과 치세를 위해 평생을 바친 그답게 임금과 나라에 대한 생각을 담은 작품이 우선 눈에 띈다.

　　처세에 억지로 따르지 않아
　　유연히 바삐 돌아갈 마음뿐.
　　임금께선 변할 리 있으랴마는
　　변하는 세태를 누가 알리오.
　　푸른 바다 가랑비 자욱한데
　　석양에 외로운 배 저어 가네.
　　좋구나, 도도한 저 바닷물에
　　온갖 생각은 사라졌지만,
　　그래도 임 향한 일편단심은
　　아홉 번 죽어도 끝내 못 돌리겠네.

　　　　　　　　　　　　　—「승주서하」(乘舟西下)

　그의 나이 48세에 소인배들의 탄핵을 받아 벼슬을 버리고 뱃길로 낙향할 때의 심정을 읊은 시이다. 낙향하는 억울한 심정 속에도 임금을 사모하는 마음이 절절히 배어 있다. 흡사 포은 정몽주의 「단심가」를 연상하게 한다.
 율곡은 선조의 두터운 신임을 받고 있었으니, 그가 병을 얻어 직책을 감당하기 어려웠음에도 불구하고 여러 번 벼슬이 내려졌다. 38세 되던 해 홍문관 직제학에 제수되었을 때도 그는 세 번이나 상소를 올려 겨우 사임을 허락받았다. 그는 이 일을 감격하여 「감군은」(感君恩) 4수를 남겼다.

> 임금의 은혜로 속박에서 물러남을 허락받았네.
> 들길이 쓸쓸하니 홀로 문을 닫고
> 네 벽에 가득 쌓인 책을 볼 뿐.
> 초당의 밝은 햇살은 임금의 은혜로세.
> ―「감군은」, 2

> 임금의 은혜 바다 같아 갚을 길 없고
> 뱃속의 시서(詩書)마저 말하지 못하네.
> 따뜻한 날의 미나리도 임에게 바치기 어려우니
> 평생을 감군은(感君恩)만 읊고 지내리.
> ―「감군은」, 4

 물러나 있어도 임금의 은혜를 갚을 길이 없다고 노래하는 작자의 마음은 의례적인 말이 아니다. 선조의 병환 소식을 듣고 그는 서울로 달려가 문병을 하기도 하였다. 시골에서 임금의 은혜를 갚을 길은 미나리를 정성을 다하여 바치는 것이다. 초당의 밝은 햇살도 임금의 은혜로 돌리는 생각은 맹사성의 시조 「강호사시가」와 유사한 부분이 많다.
 율곡이 바라본 농촌은 가난으로 고통받는 백성들의 모습이다. 백성을 다스리는 목민관으로서 율곡은 이러한 실상을 시로 그려내기도 하였다. 다음은 「대화도중」(大和道中) 시의 일부이다.

> 노인네 헐떡이며 숨찬 소리로

울타리를 사이 두고 누군가 묻네.
할멈은 아이를 안고 나오더니
문을 막고 머무는 것 허락치 않네.(……)
한밤중에 잠 설치고 깨니
아이들이 뒷방에서 시끄럽구나.
춥다고 이불을 끌어당기며
나그네 때문이라 원망소리 높네.
씁쓰레 장탄식을 할 뿐이나
이것을 어찌 백성의 풍습이 나쁘다고만 할 것인가.
어느 때 식량 걱정을 하지 않고
도처에서 소박한 인심을 볼 수 있을까.

백성들은 가난한 탓에 잠시 쉬어가는 사람마저 문전 박대했던 듯하다. 먹고 사는 일이 해결되지 않으면 손님을 후대하는 미풍양속은 존속하기 힘들다. 맹자도 "의식이 족해야 사람들이 예절을 안다"고 하지 않았던가. 율곡도 이를 두고 백성의 풍습이 나쁘다고만 말할 수 없다 하였다. 그는 어진 정치를 기대하면서 먹고 사는 문제가 해결될 때 비로소 미풍양속을 볼 수 있다고 믿었다. 그러나 그는 여전히 백성들이 어렵게 사는 실상이나 그것의 원인이 무엇인지에 대해서는 구체적인 관심을 드러내지 않았다.

율곡의 시 가운데 유명한 것이 바로 기행시 「풍악행」(楓嶽行)이다. 율곡은 19세에 모친을 여의고 금강산에 입산하였는데, 이 무렵에 이 시를 비롯하여 「만폭동」 등 10여 편의 기행시를 남겼다. 「풍악행」은 600구 3,000언으로 된 장편인데, 그는 여기서 내외금강을 구경한 일이며, 각 봉우리와 절·암자·못 등의 생김새, 그리고 이와 관련된 각종 고사 등을 소개하고 있다.

평생에 산수를 사랑하다 보니
일찍이 내 발걸음이 한가롭지 않아.
지난번 꿈에서 보았을 때도

하늘 끝이 잠자리에 옮겨왔네.
오늘 호연히 당도하니
천 리가 함께 가까이 있구나.

　그는 경치가 빼어난 곳을 찾아다니기 좋아했으며 호연지기를 기르기 위해 금강산을 찾았다고 하였다. 그는 단발령(斷髮嶺)을 지나고 외금강에 있는 장안사, 유점사, 은선대, 불정대, 십이폭포를 거쳐 여러 암자들을 지났다. 그리고 다시 내금강에 있는 백운동, 묘길상, 마하연, 표훈사, 정양사, 만폭동, 보덕굴, 발연동을 지나고 금강산 비로봉에 올라 금강산의 뛰어난 경치와 신비를 노래했다. 이 시 「풍악행」은 단순히 장편시라는 점 외에도 이와 같이 탐승의 과정과 여정이 뚜렷히 밝혀진 한 편의 기행문학이라는 데서 문학사적 의의가 크다고 하겠다.
　이 밖에도 당대의 명사들이나 승려들과 주고받은 교유(交遊)·수창(酬唱)·송별시(送別詩) 등이 많다. 다음 시는 달을 보고 쓴 것이다.

그지없이 맑은 유리 싸늘한 구슬
구름 속에서 반쯤 얼굴을 내밀어,
예쁘게 단장한 서시와 같이
교태로이 비단 잡고 낯을 가리네.
　　　　　　　　　　—「운간월」(雲間月)

　공중에 뜬 달을 유리알로 그려낸 솜씨가 놀랍거니와, 구름이 흐르면서 달이 가렸다가 다시 나타나는 모습을 둘째 구에서 날카롭게 포착하고 있다. 달이 구름에 반쯤 가린 모습을 작자는 슬쩍 그 유명한 미인 서시의 교태로 돌리고 있다. 자연미를 그려내는 작자의 솜씨가 대단함을 이 시에서 확인할 수 있다.

3. 「고산구곡가」 감상

「고산구곡가」는 일명 「석담구곡가」(石潭九曲歌)라고도 한다. 율곡이 43세 때 황해도 해주에 있는 고산(高山) 석담에 은거하면서 지은 10수의 시조로서 연시조 형태를 지니고 있다. 『율곡전서』를 비롯하여 『악학습령』(樂學拾零), 『병와가곡집』(甁窩歌曲集), 『청구영언』, 『해동가요』 등에 실려 있다. 『시가』, 『악부』, 가람본 『청구영언』, 주씨본·일석본 『해동가요』에는 오언으로 된 송시열의 한역시가 덧붙어 있다. 「율곡선생연보」에 의하면 작자가 주자의 「무이도가」를 본떠서 지었다고 하였지만, 실제로 둘의 내용을 비교해 보면 단순한 모방작이 아님이 분명하다. 작품의 원문은 한자로 적혀 있지만 여기서는 괄호 안에 넣고 음을 먼저 달았다. 그리고 고어로 된 표기는 현대어로 바꾸었다.

고산구곡가(高山九曲歌)

고산 구곡담(高山九曲潭)을 사람이 모르더니
주모복거(誅茅卜居)하니 벗님네 다 오신다
어즈버 무이(武夷)를 상상(想像)하고 학주자(學朱子)를 하리라

일곡(一曲)은 어드메오 관암(冠巖)에 해 비췬다
평무(平蕪)에 내 거드니 원산(遠山)이 그림이로다
송간(松間)에 녹준(綠樽)을 노코 벗 오느 양 보노라

이곡(二曲)은 어드메오 화암(花巖)에 춘만(春晚)커다
벽파(碧波)에 꽃을 씌워 야외(野外)로 보내노라
사람이 승지(勝地)를 모로니 알게 한들 엇더리

삼곡(三曲)은 어드메오 취병(翠屛)에 닙 퍼졌다
녹수(綠樹)에 산조(山鳥)는 하상기음(下上其音) 하는 적의
반송(盤松)이 바람을 받으니 녀름 경(景)이 업세라

사곡(四曲)은 어드메오 송애(松崖)에 해 넘거다

담심암영(潭心巖影)은 온갓 빗치 잠겻셰라
임천(林泉)이 깁도록 됴흐니 흥(興)을 계워 하노라

오곡(五曲)은 어드메오 은병(隱屛)이 보기 됴타
수변정사(水邊精舍)는 소쇄(瀟灑)함도 가이 없다
이 중(中)에 강학(講學)도 하려니와 영월음풍(詠月吟風) 하리라

육곡(六曲)은 어드메오 조협(釣峽)에 물이 넙다
나와 고기와 뉘와 더욱 즐기는고
황혼(黃昏)에 낙대를 메고 대월귀(帶月歸)를 하노라

칠곡(七曲)은 어드메오 풍암(楓岩)에 추색(秋色) 됴타
청상(淸霜)이 엷게 치니 절벽(絶壁)이 금수(錦繡) ㅣ 로다
한암(寒岩)에 혼자 안자셔 집을 잇고 잇노라

팔곡(八曲)은 어드메오 금탄(琴灘)에 달이 밝다
옥진금휘(玉軫金徽)로 수삼곡(數三曲)을 노는말이
고조(古調)를 알 리 업스니 혼자 즐거 하노라

구곡(九曲)은 어드메오 문산(文山)에 세모(歲暮)커다
기암괴석(奇岩怪石)이 눈 속에 무쳐셰라
유인(遊人)은 오지 아니하고 볼 것 업다 하더라

작품 해설

율곡은 일찍이 석담천이 흐르는 수양산의 아홉 계곡을 구경한 뒤 각각의 계곡에 이름을 붙이고 이곳에 은거할 계획을 세웠다. 그리고 특히 다섯번째 계곡인 은병에 은병정사를 짓고 이곳에서 제자들을 가르쳤다. 율곡은 이곳 석담에 지내면서 이미 주자가 지었던 「무이도가」(武夷櫂歌)를 전례로 삼아

이 노래를 지었다.

「무이구곡」(武夷九曲)과 주변의 강호를 노래한 주자의 시들이 조선에 본격적으로 나타난 것은 사림파의 형성과 이들의 정계 등장과 관련이 깊다. 퇴계 이황과 하서 김인후 등이 본격적으로 이에 관심을 기울였다는 것은 사림파의 생활과 세력기반이 그들의 고향인 강호에 뿌리박고 있다는 사실이 이를 입증한다. 게다가 주자학에 대한 사림들의 높은 관심도 여기에 일조했을 것이다.

특히 중국 무이산(武夷山)의 구곡(九曲)은 사림들이 숭모하던 바가 되어 우리나라 도처의 뛰어난 경치에는 사림(士林)들에 의해 '구곡'(九曲)이 경영되었다. 율곡 이이, 우암 송시열 등이 대표적이다. 주자의 「무이도가」 10수와 함께 '무이구곡도'(武夷九曲圖)도 사림들에게 많은 영향을 끼쳤다. 사림들이 중국을 여행할 수 없자 '무이구곡도'를 그려 주자를 숭모하는 마음을 내보였기 때문이다.

이 「고산구곡가」는 성리학적 문학관에 입각한 시적(詩的)인 교화보다는 시 고유의 서정성을 드러내고 있다. 삼강오륜 같은 유가적인 덕목을 강조하지 않고 있는데, 이러한 특징은 그의 한시에서도 쉽게 찾아볼 수 없다. 또한 비록 한자어가 많이 들어 있지만 일상적이며 평범한 어휘를 사용하고 있기도 하다.

이 작품을 통하여 율곡은 고산구곡의 자연경치에 대해 단순한 서경에 그치지 않았다. 곧 자연을 대하면서 느끼는 성정을 음영한 것이다. 예컨대, 제이곡을 노래한 시조를 보면, '봄의 꽃'을 통하여 중국적인 이상향[桃源]이 아닌 나름대로의 이상향을 그려보이며, 제삼곡을 노래한 시조에서는 '잎과 산새'에서 자연이 흐르는 이치를 간파하고 있다. 그는 자연과 더불어 살면서 짐승과 수목들을 보고 즐거워하며, 자연의 오묘한 진리를 깨닫고자 하였다. 이는 강호를 노래한 사림들의 자연시 경향과 같은 맥락에 있다.

이 작품의 내용을 보면, 먼저 서곡에서는 고산구곡담을 사람이 모르다가 띠를 베어 집 지으니 벗님들이 온다고 한 뒤, 주자의 무이산 생활을 생각하며 성리학을 배우겠다고 다짐한다. 서곡 종장의 구절로 인하여 「고산구곡가」는 주자의 「무이도가」와 밀접한 연관성이 있다고 지적되기도 한다.

제일곡은 관암(冠巖)을 읊은 것으로, 잡초 뒤덮인 들에 안개가 걷히니 먼 산이 그림 같은데, 솔밭에 술통을 놓고 벗이 오는 모습을 보고 있다고 노래한다. 제이곡은 화암(花巖)을 읊은 것으로, 푸른 물에 꽃을 띄워 야외로 보낸다면서 사람이 이와 같은 명승지를 모르니 알게 하고 싶다고 하였다. 제삼곡은 취병(翠屛)을 읊은 것으로 푸른 나무에 산새가 위아래로 우짖는데 반송(盤松)이 바람을 받으니 여름 경치가 그지없다고 노래하였다. 취병은 말 그대로 푸른 병풍같이 나무나 풀로 덮인 절벽을 말한다.

한편, 제사곡은 송애(松崖)를 읊은 것으로, 못 가운데 바위 그림자가 온갖 빛으로 잠겼으니 수풀 속 샘이 깊도록 좋아 흥에 겹다고 말한다. 제오곡은 은병(隱屛)을 읊은 것으로, 냇가의 은병정사(隱屛精舍)는 무척 깨끗한데 여기서 제자를 가르치면서 음풍영월하며 소일하고 싶다고 하였다. 은병은 굽이진 곳이 있어 눈에 띄지 않는 절벽을 말하는데, 율곡이 은거하면서 사는 해주의 고산을 지칭할 수도 있다. 제육곡은 조협(釣峽)을 읊은 것으로, 나와 물고기 중 누가 더 자연을 즐기는가 하고 물은 뒤, 황혼에 낚시대를 메고 달빛을 받으며 돌아온다고 노래한다. 조협은 낚시질하기 좋은 골짜기를 말하는데, 이곳에서 낚시질하는 자신과 물고기를 견주어 자연과의 합일을 시도하고 있다.

그리고 제칠곡은 풍암(楓巖)을 읊은 것으로, 가을 색깔이 좋은데 맑은 서리가 엷게 치니 절벽이 흡사 수 놓은 비단 같다면서, 찬 바위에 혼자 앉아 돌아갈 집을 잊고 있는 자신의 모습을 노래하고 있다. 자연과 하나가 되는 경지를 묘사하고 있는 것이다. 제팔곡은 금탄(琴灘)을 읊은 것으로, 달이 밝은데 좋은 거문고로 서너 곡을 노래하니 옛 가락을 알 사람이 없어서 홀로 즐긴다고 하였다. 옥진금휘란 아주 좋은 거문고를 뜻하며, 금탄은 거문고를 타듯이 물소리가 흥겹게 들리는 여울목을 말한다. 끝으로 제구곡은 문산(文山)의 경치를 읊은 것으로, 돌산에는 해가 다 저물고 기암 괴석이 눈 속에 묻혔는데 노는 이(遊人)는 이곳을 와보지도 않은 채 이곳 겨울 경치가 별로 볼 것이 없다는 말만 하고 있다고 하였다. 작가는 여기서 자연을 직접 찾지도 않으며 실제의 아름다움을 모르는 이가 많음을 지적하면서, 기암 괴석이 뒤섞여 아름다운 문산이야말로 풍류를 능히 즐길 만한 곳임을 자랑하고 있다.

■ 자운서원·화석정 찾아가는 길

자운서원은 파주시 법원읍 동문리에 있다. 서울에서 문산으로 난 1번 국도인 통일로를 따라가다가 문산삼거리에서 우회전하여 파주군 적성면으로 향하는 37번 국도를 타고 간다. 선유리 독서동 삼거리에서 다시 오른쪽으로 난 310번 지방도로를 따라가면 길 오른쪽에 자운서원 표지판이 있고 왼쪽에는 자운서원으로 가는 길이 나 있다. 이 길을 따라 2.1km 가면 자운서원에 닿는다. 파주에서 나와 56번 지방도로를 따라가다 법원읍 사거리에서 좌회전하여 310번 지방도로를 타고 가는 방법도 있다. 서울 서부(불광동)터미널에서 법원읍으로는 약 10분 간격으로 직행버스와 31번 시내버스가 다닌다. 법원읍에서 자운서원까지는 버스가 다니지 않으니 걸어가거나 택시를 이용해야 한다. 자운서원은 대형버스도 여러 대 주차할 수 있는 넓은 주차장을 갖추고 있다.

화석정은 파주시 파평면 율곡리에 있다. 자운서원에서 다시 310번 지방도로로 나와 문산 쪽으로 6.6km 가면 선유리 독서동 삼거리에 이른다. 삼거리에서 오른쪽 적성 방면으로 37번 국도를 따라 0.8km 가면 나오는 선유리 새능마을 길 왼쪽에는 화석정 표지판이 있고 6번 시도로가 나 있다. 이 길을 따라 1.6km 가면 다시 길 오른쪽에 화석정 표지판과 함께 화석정 입구가 나온다. 승용차는 화석정 앞까지 갈 수 있으나 대형버스는 화석정 입구에 잠시 주차해야 한다.

3부
자연과 인간, 우리의 노래

호남가단의 터잡이, 송순
가사문학의 일인자, 정철
시조문학의 최고봉, 윤선도
판소리의 수호자, 신재효

호남가단의 터잡이, 송순

1. 면앙정에서 무르익은 풍류와 자연애

송순(宋純, 1493~1582)은 하서 김인후, 금호 임형수, 옥계 노진, 고봉 기대승, 제봉 고경명, 백호 임제 등의 수많은 문인을 배출한 인물이다. 그리고 그의 시가는 송강 정철에게 직접적인 영향을 끼쳐 송강문학(松江文學)을 낳게 하였다. 그가 길러낸 이들 문인은 호남의 대표적 인물들로서 고전문학사에서도 그 비중이 크다. 그런 점에서 송순은 호남 제일의 가단을 형성한 장본인이며 강호가도(江湖歌道)의 선구자라 할 수 있으니, 분명히 그는 호남시가뿐만 아니라 우리 고전문학사에서 빛나는 위치를 차지하고 있음에 틀림없다.

꽃이 진다 슬퍼마라

송순은 자가 수초(遂初)·성지(誠之)요 호는 기촌(企村)·면앙정(俛仰亭)으로, 1493년에 전남 담양군 기곡면(錡谷面 : 지금의 봉산면)의 기촌(企村)마을에서 태어났다. 관향은 신평(新平)으로 원래 면앙정의 제5세인 현덕(玄德)까지는 충청도 신평, 홍주, 연산 등지에서 살았는데, 제4세인 희경(希景 : 고조)이 아우 구(龜)와 함께 전라도 담양으로 이주하였다. 희경은 조선 태종 2

년에 등과(登科)하여 20년간 벼슬을 하였으나 그의 아우 구가 조선을 섬기지 않으면서 고향을 등지고 전라도 장성으로 옮겨와 살게 되자, 그도 51세에 벼슬을 그만두고 동생이 있는 전라도로 내려와 지금의 담양에 터를 잡은 것이다.

송순의 자질은 어렸을 때부터 뛰어나 3세 때 글을 읽을 줄 알았으며, 9세에는 「곡조문」(哭鳥文)이란 시를 지어 주변 사람들을 놀라게 하였다. 다음의 그 시를 보면 송순의 시적 자질이 예사롭지 않았음을 쉽게 짐작할 수 있다.

나는 사람이고 너는 새이니
새의 죽음을 사람이 곡하는 것은 맞지 않으나
네가 나 때문에 죽었으니 슬퍼하노라.

유년기에는 숙부 송흠(宋欽)으로부터 인격과 학문을 배웠으며, 21세에 진사가 되어서는 당시 담양부사인 눌재(訥齋) 박상(朴祥)의 문하에 입문하였다. 그 뒤 박상의 아우인 박우(朴祐)의 지도를 받았으며, 26세 때는 능성현감(綾城縣監)이던 취은(醉隱) 송세림(宋世琳)에 나아가 사사했다.

박상은 조광조(趙光祖)에게 배워 영남 사림파의 사상과 학문을 계승한 인물이었으니, 송순은 호남인으로는 드물게 사림파의 학문을 체득할 수 있었다. 게다가 박상은 성현·신광한·황정욱과 함께 서거정 이후 4대가로 칭송될 만큼 문장가로서 이름이 높았다. 그리하여 송순은 스승의 학문 외에도 뛰어난 문학을 아울러 익힐 수가 있었다. 박상은 송순에게 "남을 다스릴 때는 경(敬)으로써 하고, 일을 처리할 때는 직(直)으로써 하라"고 굳게 가르침으로써, 훗날 그가 벼슬길의 격랑에 나가서도 관용과 대도로 일관한 삶을 영위할 수 있도록 하였다. 송세림은 「상춘곡」의 작가 정극인(丁克仁)과 같은 고향인 태인(泰仁) 사람으로 골계야담집 『어면순』(禦眠楯)을 펴냈는데, 송순에게는 인간적인 영향을 준 사표(師表)가 되었다.

송순은 27세(1519, 중종 14)가 되던 해 10월 별시문과에 급제하였는데, 당시 시험관이었던 조광조, 김구(金絿) 등은 그를 보고 김일손(金馹孫) 이후 이처럼 뛰어난 문장가는 없었다고 칭찬하였다 한다. 그러나 그는 득의의 벼슬길을 시작하면서 사림들이 조정의 간신들에게 해를 입는 것을 목격하였다. 그리고 그 해 겨울에 남곤, 심정 등이 조광조, 김정 등을 귀양 보내자 이를 통분히 여기며 벼슬을 그만두려 했지만 부모를 생각하여 단념하기도 하였다. 그는 28세에 동호(東湖)에 사가독서(賜暇讀書)할 때 올렸던 한시들 속에 당시의 사회상을 비판하는 마음을 드러냈는데, 남곤의 일당이던 승지 최세절(崔世節)이, "이 시에는 중상(中傷)의 뜻이 있다"며 시비를 거는 바람에 하마터면 화를 입을 뻔하였다.

> 날은 저물고 달은 아직 돋지 않아
> 뭇 별이 다투어 반짝이는 저 하늘
> 산천의 기운은 가라앉아 가네.
> 그 누가 알랴, 이 속에서 홀로 아파하는 이 마음을.
> ―「모사」(暮思)

송순은 간신 김안로(金安老)의 전횡을 극간하다가 미움을 사게 되었는데, 1533년(41세)에 김안로가 권세를 잡아 세상이 어지럽자 고향 담양에 면앙정(俛仰亭)이라는 정자를 짓고 귀향하였다. 그러나 임금인 중종이 김안로 일당에게 사약을 내리면서 5일 뒤에 송순은 홍문관 부응교(弘文館副應敎)로 제수되어 다시 중앙의 벼슬길에 나아갔다. 이후 그는 승정원 우부승지(47세), 경상도 관찰사(48세), 사간원 대사간(49세), 전라도 관찰사(50세), 한성부 우윤(51세) 등을 역임하였다. 그는 어머니의 나이가 많아지자 외임(外任)을 자청하여 광주목사(光州牧使)로 옮기면서 정성껏 어머니를 봉양하였다.

그리고 그는 53세 되던 해 12월에 어머니가 돌아가시자 3년간 시묘하였다. 그 사이에 인종이 즉위했다가 이듬해 세상을 떠났다. 그 뒤를 이어 명종이 즉위하였으나 문정왕후가 수렴청정하면서 윤원형(尹元衡) 일당이 권세를 휘두르게 되었다. 일찍이 송순은 명종 때 윤원형이 을사사화를 일으켜 수많은 선비를 죽인 일을 비분강개하여 시를 지은 적이 있었다. 그런데 그 시가 공교롭게도 어느 잔치 자리에서 불려졌다.

꽃이 진다 하고 새들아 슬퍼 마라
바람에 흩날리니 꽃의 탓 아니로다
가노라 희짓는 봄을 새와 무삼하리오

―「상춘가」(傷春歌)

 시조로 지어졌을 이 노래를 진복창(陳復昌)이 같은 자리에서 듣고는, 이는 누군가를 비방하는 노래라고 단정지으며 누가 지었는지를 그 기녀에게 캐물었으나 그녀는 끝내 대답하지 않았다. 송순이 정적(政敵)으로부터 위험을 벗어나게 된 사건이었다. 그러나 다시 출사한 그는 끝내 진복창, 허자(許磁) 등으로부터 '사특(邪慝)한 언론(言論)을 편 자'라는 모함을 받고 충청도 서천(舒川)으로 귀양을 갔다. 그러다가 며칠 만에 평안도 순천으로 옮겨졌으며, 다시 수원부(水原府)로 갔다가 1년 6개월 만에 풀려났다. 황윤석은 이 일을 두고 면앙정의「가장」(家狀)을 쓰면서, "여러 무리에게 해를 입으면서도 오직 한 번만의 귀양살이로 평생을 지낸 분이 또 어디 있는가"라고 하였다. 그의 인격이 어느 정도 원만했는지를 짐작하게 하는 사건임에 틀림없다.

 귀양에서 풀려난 송순은 선산도호부사가 되어 선정을 베풀면서 영남 사림들과 친교를 맺었다. 선산(善山)은 길재(吉再)가 이곳에서 김종직(金宗直)의 부친 김숙자(金叔滋)를 가르쳐 영남 사림파의 터전을 닦았던 고장이다. 이 해(1552)에 지은 지 20년이나 되어 비가 새던 면앙정을 당시 담양부사로 있던 오겸(吳謙)의 도움을 받아 고쳐 지었다. 이때 기대승이 기(記)를 짓고 임제가 부(賦)를 지었으며, 김인후·박순·고경명이 30편의 시를 주고받았다. 송순은 전주부윤(66세), 나주목사(69세) 등을 거쳐 70세에는 기로소(耆老所)에 들었고, 한성부 우윤(76세)에 이어 한성부 판윤·의정부 좌참찬 겸 춘추관사를 끝으로 77세에야 벼슬에서 물러나 향리로 돌아갔다.

 이 후에도 송순은 선조의 부름을 받았지만 고사하고 14년 동안 면앙정을 오르내리면서 풍류를 즐기며 유유자적한 삶을 누리다가 90세로 세상을 떠났다. 그가 죽을 때는 흰 기운이 지붕에서 하늘에 닿아 무지개와 같았고, 또 붉은 구름이 하늘에 가득 찼다가 흩어지니 사람들이 기이하게 여겼다고 전한다.

면앙정에서 꽃피운 호남문학

50여 년 동안 송순은 비록 재상을 역임하지는 못했지만 두루 내외직을 거쳐서 비교적 평탄한 벼슬살이를 했다. 이것은 온화하면서도 강직함을 굽히지 않은 그의 삶의 태도에서 비롯된 것으로 여겨진다. 그는 조광조를 비롯하여 기묘사화 때 죽은 명현(明賢)의 억울한 누명을 벗기기 위해 공론을 세우고, 권신(權臣) 진복창을 소인(小人)이라고 말하기도 했으며, 간신 김안로와 그 무리의 죄를 당당히 비판할 줄 알았다. 이는 그가 벼슬살이를 위하여 세태에 영합하지만은 않았음을 말해준다.

송순이 평생 관용의 대도(大道)를 걸었음은 그의 두 아들의 이름을 해관(海寬)과 해용(海容)으로 붙인 데서도 잘 드러난다. 두 이름의 끝자를 합치면 곧 '관용'이 되니, 이것은 그의 삶의 지표라 할 수 있다. 그런 이유로 그는 조선시대에 걸쳐 가장 사화의 참극이 극심했던 시기에 살면서도 큰 고통을 겪지 않고 사람들의 존경을 받을 수 있었다. 송강 정철은 송순이 죽자 "조정에 있는 60여 년을 대로(大路)로만 따랐다"고 흠모했으며, 퇴계 이황도 그를 일러 '하늘이 낸 완인(完人)'이라고 하였다.

송순은 이러한 성품 외에도 음률에 밝아 가야금을 잘 탔고 풍류를 즐길 줄 알았으며, 수많은 문인묵객과 교류하였다. 송순을 따른 친구나 후배는 80여 명에 이른다. 그의 「행장」을 보면 "김인후, 임형수, 정철 이하 20여 명의 후배들이 존경하고 따랐으니, 일찍이 성수침(成守琛)은 온 세상의 선비가 공의 문하에 있었다"고 하였다. 그리고 그와 동년배로서 의리를 지키며 친교를 나누었던 이로는 신광한(申光漢), 성수침, 이황, 주세붕(周世鵬), 윤두수(尹斗壽), 이안눌(李安訥) 등이 있었다. 이들은 하나같이 당대의 대학자요 정치가들이다. 그의 문집에는 이들과 나눈 교유시(交遊詩)가 매우 많다.

송순의 삶은 벼슬을 얻어 관직에 나아간 경우를 제외하면 대개는 고향인 담양, 그것도 그가 지은 면앙정을 중심으로 이루어지고 있다. 그는 그곳에서 거대한 문학을 이루었으니, 면앙정 주위로 모여든 문인들은 이후로 호남문학을 찬란히 꽃피우게 된다.

이 정자의 터는 원래 곽씨 소유였다. 전해오는 이야기로는 곽씨의 꿈에 금

면앙정 대나무가 양쪽에 우거진 계단을 가파르게 오르면 면앙정이 보이는데, 그 앞에는 「면앙정가」가 새겨져 있는 '면앙정 가비'가 서 있다. 송순이 정자의 앞뒤에 각각 하나씩 세웠다는 참나무 두 그루가 옛 정취를 불러일으킨다.

어옥대를 두른 선비들이 그 터 위에서 놀았다고 한다. 그 뒤 곽씨가 자식을 가르쳤지만 크게 되지 않고 집안만 가난해지자 나중에 송순에게 팔았는데, 그 꿈은 과연 면앙정을 통하여 이루어졌다. 수많은 문인, 학자, 관료들이 이곳을 무대로 시를 수작하고 풍류를 즐기며 학문을 익혔기 때문이다.

'면앙정'이란 "허리를 구부리니 땅이요, 우러러보니 하늘이라"(俛則地兮 仰則天兮) 하는 대목에서 따온 것으로, 송순이 "하늘을 우러러 부끄럽지 않고 사람에게 굽어도 부끄럽지 않다"(仰不愧於天 俯不怍於人, 『孟子』, 盡心章)고 다짐하면서 지은 이름이다. 정자 뒤쪽에서 멀리 들녘을 바라보면 넓은 평야가 펼쳐져 있고, 그 너머에는 산줄기가 이어져 호연지기를 느끼게 한다. 송순이 그의 시우(詩友)들과 즐겼을 당시 풍류와 자연의 아름다움이 오랜 세월을 뛰어넘어 그대로 눈앞에 펼쳐지는 듯하다. 다만 송순이 살았을 때는 넓은 들을 굽이쳐 흘렀을 그 시내가, 지금은 양쪽에 제방이 쌓여 수량이 적어지는 바람에 "쌍룡이 흐르는 듯 긴 깁을 펼쳤는 듯"이 흐르는 모습은 찾아보기 힘들다.

면앙정은 이후로 김인후, 임억령, 고경명, 정철, 임제, 양산보, 김성원, 기대승, 박순 등이 찾아와 시를 짓고 학문을 연마하면서 호남가단의 중심무대가 된다. 실제로 이 정자에는 퇴계 이황, 김인후, 기대승, 임제 등의 글들이 판각되어 걸려 있다. 16세기 무렵의 호남문인들 사이에는 사화(士禍)를 피하여 경치 좋은 강산을 찾아 정자나 초당을 짓고 문우들과 어울려 선비정신을 다지는 풍조가 있었다. 이들 정자는 시적 교유의 무대로서 시문학 산출의 장소였으니, 오늘날 국문학계에서는 여기서 이루어진 시문학을 따로 '누정문학'(樓亭文學)으로 부르기도 한다. 송순의 문집을 보면 그가 찾았던 누정이 약 70여 군데나 나온다. 특히 양산보의 소쇄원(瀟灑園), 김성원의 식영정(息影亭)과 서하당(棲霞堂), 김윤제의 환벽당(環碧堂) 등은 그가 시심(詩心)을 고르며 풍류와 자연미를 즐기고 느꼈던 대표적인 곳이다. 이들 누정은 주로 무등산 북쪽 원효계곡에 집중적으로 세워졌으니 이곳은 가히 누정문학의 중심지요 본고장이라 할 만하다. 게다가 면앙정은 담양군 읍내를 출발하여 창평·남면 일대에 퍼져 있는 정자의 첫머리에 놓여 있는데다가, 위에 열거된 여러 정자들이 면앙정이 창건되면서 이루어진 것이어서 그 의의가 크다. 이 면앙정이 창건된 이후 여기서 많은 시가문학이 산출되었고 하나의 가단 역할을 하였으니 가히 호남 시가문학의 원류를 이룩했던 장소가 아닐 수 없다.

송순의 회방연(回榜宴)이 이곳 면앙정에서 열렸다. 회방연은 과거에 급제한 지 60돌의 잔치를 일컫는데, 공의 나이는 이미 81세(혹자는 87세라고도 한다)였다. 이 소식을 들은 국왕도 꽃과 술을 하사하였다. 이 잔치에는 정철, 기대승, 임제를 비롯하여 도 관찰사, 각 고을의 원님 등 1백여 명을 헤아리는 수많은 명사들이 모여 밤이 깊도록 즐겼다. 송순이 침소에 들려고 할 때 정철

송순 묘소 신평 송씨 문중 묘역의 맨 위에서 두번째가 송순의 묘인데, 부인의 묘가 함께 있는 쌍분이다. 무덤은 양편 끝에 망주석이 서 있을 뿐 문인석 하나 없어 단출하기 이를 데 없다. 그리고 상석 위에는 '자헌대부 의정부 우참찬 겸 지춘추관사 송공지묘'라는 비만 서 있다.

이 "선생의 남여를 직접 메어 드리자"고 제안하여 정철, 고경명, 임제, 기대승이 일시에 가마를 붙들고 옹위하여 사람들이 찬탄했다고 한다. 송강이 타계한 지 2백 년 뒤에 정조대왕은 전라도에서 과장(科場)이 열렸을 때, 시제(詩題)로 '하여면앙정'(荷輿俛仰亭)이라는 구절을 내려 송순의 회방연 때 그 일을 기렸다고 한다.

이러한 사연이 깃든 면앙정은 선조 30년(1597)에 임진왜란으로 불탔다가 1654년에 후손들이 다시 지어 보수하였다. 면앙정에 오르는 계단 입구에는 1972년에 세운 '도기념물 제6호 기념비'가 서 있다. 한편, 송순은 사후 1704년에 담양의 구산사(龜山祠)에 배향되었다.

그의 무덤은 현재 면앙정에서 가까운 곳에 있으며, 담양군 봉산면 상덕리 소재로 되어 있다. 송순을 생각하고 면앙정 누각을 찾는 사람들은 많지만, 그의 무덤이 어디 있는지 아는 이는 드물다. 면앙정 정자와 가까운 거리에 있는 그의 무덤에 한번쯤 들러보는 것도 좋으리라.

2. 송순의 시가문학과 한문학

송순은 만년에 벼슬에서 물러나 면앙정에 머물면서 시객들과 시유(詩遊)를 즐기고 자연을 완상하였는데, 그의 이러한 생애는 농암(聾巖) 이현보(李賢輔)가 벼슬을 그만두고 고향에서 애일당(愛日堂)을 세운 뒤 시가를 지으며 영남가단을 이룩한 일과 유사하다. 이 때문에 이 둘을 호남과 영남의 강호가도를 이룩한 선구자로 각각 평가하기도 한다. 특히 송순의 시가는 새로운 강호문학을 개척하였으며, 정철로 이어지는 한국 시가의 맥을 형성시켰다는 점에서 문학사적 의의가 크다.

초려 한칸에 청풍명월 채워두고

송순의 문학은 크게 시가문학과 한문학으로 구분할 수 있는데 이에 관한 자료는 거의 그의 문집인 『면앙집』에 실려 있다. 그러나 우리말로 된 송순의 시가는 정철이나 윤선도처럼 문집에는 전하지 않고, 다만 「연보」나 「가장」에 그 면모가 대략 전하고 있다. 곧 「치사가」(致仕歌) 3편, 「몽견주상가」(夢見主上歌) 1편, 「오륜가」(五倫歌) 5편, 「면앙정장가」(俛仰亭長歌) 1편, 「단가」(短歌) 7편, 「잡가」 2편, 「자상특사황국옥당가」(自上特賜黃菊玉堂歌) 1편, 「농가」(農歌) 1편이 그것이다. 여기서 거론된 작품들 가운데 「농가」 1편을 제외한 20편이 이 문집에 한역되어 있다. 우리가 알고 있는 가사 「면앙정장가」 1편 외에 나머지는 시조로 보인다. 그것은 문집의 「연보」에 "방언(方言)과 이어(俚語)를 사용하였다"는 지적이 있기 때문이다. 이 밖에도 송순이 을사사화 때 선비들이 희생된 것을 보고 지었다는 「상춘가」(傷春歌)는 문집에 한역되어 있으며, 다른 가집(歌集)에 그 원사(原詞)로 추정되는 작품이 국문시조로 전하고 있기도 하다.

송순의 국문시가 작품은 이 밖에도 중년에 지어진 것이 더 있는데, 흩어져 수습되지 않았다고 하니 참으로 애석할 뿐이다. 그의 시가는 각종 가집에 흩어져 전하는데, 더러는 작자를 다른 인물로 표기하거나 작자 미상으로 처리하고 있다. 이 가운데 익히 아는 「자상특사황국옥당가」를 포함한 5편의 시조가 송강 정철의 『송강가사』에는 송강의 작품으로 되어 있다. 여러 가집에 실린 시조들과 『면앙집』 속에 한역된 작품을 비교하여 송순의 작품으로 추정할 수 있는 것은 대략 11수 정도이다.

송순의 이들 시조는 전반적으로 자연의 아름다움을 노래하거나 오륜(五倫)을 강조하는 주제가 담겨져 있다. 그리고 제명(題名)을 붙여 주제를 내보인데다가 대개 연시조(連詩調)의 형태로 우리말 위주의 능란한 조사법을 구사하고 있다는 점에서, 호남시가의 원류가 되며 나아가 조선조 시가문학 발전의 계기가 되고 있음이 분명하다. 다만, 여전히 시조 작품 가운데 일부분만이 원가사로 전하고, 그의 연시조 작품의 사이에 유기적인 결속력이 약하며, 작품에 대한 작자 자신의 생각이 어디에도 남아 있지 않다는 점에서 앞서 말한 특징이 곧 송순의 시가문학의 전반적인 특징이 된다고 단정짓기는 어렵다.

풍상(風霜)이 섞어친 날에 갓피온 황국화(黃菊花)를
금분(金盆)에 가득 담아 옥당(玉堂)에 보내오니
도리(桃李)야 꽃인 체 마라 님의 뜻을 알괘라

송순의 작품으로 널리 알려진 「자상특사황국옥당가」라는 시조이다. 명종이 궁중에 핀 황국화를 꺾어 옥당관에게 주면서 노래를 지어 바치라고 하였다. 그러나 옥당의 관리들은 갑자기 당한 일이라 당황해하였다. 이때 숙직하고 있던 송순이 이 말을 듣고 이 시조 한 수를 옥당관에게 지어 올렸다. 왕이 이 작품을 보고 놀라며 누가 지었느냐고 물었다. 이에 그 옥당관이 사실대로 대답하니 왕은 감탄하며 송순에게 상을 내렸다. 순간적으로 지어냈으면서도, 풍상이 섞어치는 당시의 시대 상황을 암시하면서 황국화와 도리(桃李)를 은유적으로 비교하여 선비의 높은 뜻을 드러낸 솜씨가 가히 놀랍다.

강호시가는 조선 초기 맹사성의 「강호사시가」를 시작으로 간간이 제작되다가 송순 이후에는 성행하게 된다. 송순의 시조 「단가」 7편과 「잡가」 2편은 면앙정 주변 경치의 아름다움을 읊은 것이다. 다음의 2편은 「단가」와 「잡가」 가운데 각각 들어 있는 것이다.

넓으나 넓은 들에 시내도 김도 길샤
눈 같은 백사(白沙)는 구름같이 펴 있거든
일 없은 낙대 든 분네는 해 지는 줄 몰라라

십 년(十年)을 경영(經營)하야 초려(草廬) 한 간(間) 지어내니
반 간은 청풍(淸風)이요 반 간은 명월(明月)이라
강산(江山)을 드릴 듸 없으니 둘너두고 보리라

첫번째 시조는 『근화악부』에서 작자 미상으로 되어 있고, 두번째는 『병와가곡집』에서 김장생(金長生)이 지은 것으로 되어 있다. 자연 속에서 낚싯대를 든 사람은 작자이다. 자연 속에 도취된 작자의 생활이 잘 드러나는데, 이러한 자연 생활은 무욕(無慾)의 경지에 도달한 것이다. 초려 한 칸에 각각 청풍명월을 채워두고 나머지 강산은 두고두고 지켜보겠다는 작자의 태도는 그야말로 자연과 합일된 달관하는 삶 자체일 것이다.

이러한 자연 속의 강호는 세속의 정치현실과는 뚜렷이 대비된다. 송순은 당시의 사림들이 했던 것처럼 벼슬길에 나아가서는 백성을 위하고, 강호에 물러나서는 심성을 닦으려는 마음을 갖고 있었다. 그는 늘 벼슬살이 속에서도 자연에 귀의하고픈 마음을 가지고 있었다.

늙었다 물러가자 마음과 의논(議論)하니
이 님 바리옵고 어듸러로 가쟌 말고
마음아 너란 있거라 몸만 먼저 가리라

「치사가」 3편 가운데 1편으로 『병와가곡집』에는 작자 미상으로 되어 있다. 여기서는 세속과 자연 사이에 갈등하는 작자의 심정이 잘 드러난다. 이러한 마음을 드러내기 전인 세속에 들어서 있을 때는 인륜의 도리를 내세우기도 한다. 시조 「오륜가」 5편이 그것이다. 이 작품은 단순히 백성을 훈민, 교화하는 데에 두지 않고 선비가 몸을 닦고 이를 실천하려는 마음을 드러내고 있어

서 주세붕의「오륜가」와는 사뭇 다르다. 그런데 이들 5편의 작품 가운데 무려 3편이 송강의「오륜가」속에 들어 있는 것을 보면 이 작품이 송강에게 지대한 영향을 끼쳤음에 틀림없다. 다음의 시조는 '부자유친'을 읊은 것으로『송강가사』에 실려 있다.

> 아바님 날 나으시고 어마님 날 기르시니
> 두 분 곳 아니시면 이 몸이 살아실가
> 하늘 같은 가없은 은덕을 어듸 다혀 갑사오리

송순에게 있어서 강호는 만년에 득의의 벼슬길을 자의로 물러난 것이기 때문에 폐쇄적인 도피처라기보다는 '열린 공간'으로서 현실과 자연을 함께 영위할 수 있는 조화로운 공간이다. 이 점은 조선 중기 이후 사림들에 의해 세속과 거리감을 두며 '닫힌 공간'으로 자리잡은 강호와는 분명히 다르다. 그 조화로운 자연에 대한 노래는 가사「면앙정가」에서 절정을 이룬다.

모두 146구로 된 이 가사 작품은 조선 초기 시가사에서 작자가 분명히 밝혀지고 있으며, 후세에 끼친 영향이 크고, 가사 작품 가운데 최초로 정자를 중심으로 삼아 노래되었다는 점에서 주목받을 만하다. 아닌게아니라『지봉유설』이나『순오지』등에서는 이 노래의 뛰어남을 한결같이 칭찬하고 있다. 그 제작 연대는 송순이 면앙정을 지은 41세 무렵이라는 주장과 벼슬에서 물러난 77세 이후라는 주장이 있다. 그러나 면앙정 축조 후 지어진 그의 한시「면앙정삼언가」(俛仰亭三言歌)와 대비할 때, 그 시적 분위기가 서로 유사하다는 이유를 들어 40대에 지어졌으리라는 설이 설득력을 얻고 있다. 이 작품은 문집에 한역되어 실려 있다.

「면앙정가」는 한마디로 정자 주위 자연경치의 아름다움과 사계절의 경물(景物)을 읊어내면서 자연을 완상하고 호연지기를 즐기는 작자의 삶을 노래하고 있다. 이 작품의 구조를 보면, 우선 서사(序詞)에서는 면앙정의 위치를 밝힌 뒤 여기서 바라본 경치를 노래하고 있다.

무등산 한 활기 뫼가 동쪽으로 뻗어 있어
　　멀리 떨쳐와 제월봉이 되었거늘
　　무변대야(無邊大野)에 무슨 짐작 하느라
　　일곱 구비 한데 뭉쳐 우뚝우뚝 벌려논 듯(……)

　　넓고도 길구나 푸르거든 희지 말고
　　쌍룡이 뒤트는 듯 긴 깁을 펼쳤는 듯
　　어디로 가느라 무슨 일 바빠서
　　닫는 듯 따르는 듯 밤낮으로 흐르는 듯(……)

　그리고는 이어서 사계절의 생활을 자세하게 노래한다. 봄부터 겨울에 이르기까지의 경치가 소개되고 있는데, 봄에는 꾀꼬리가 우는 모습을, 여름에는 난간에 기댄 채 낮잠 자는 재미를, 가을에는 단풍과 함께 벼가 익어가는 들판의 풍경을, 겨울에는 눈 온 뒤의 아름다운 풍경을 그리고 있다. 이러한 풍경들은 간결하면서도 실감나게 묘사되고 있다.
　다음으로 일상의 생활과 취흥을 드러내면서, 이러한 삶의 즐거움을 옛 사람의 고사와 대비하고 있다.

　　술이 익어가니 벗이라 없을 쏘냐
　　불리고 타게 하며 켜면서 이으며
　　온갖 소리로 취흥을 재촉하니
　　근심이라 있으며 시름이라 붙었으랴
　　누으락 앉으락 굽으락 젖히락
　　읊으락 휘파람 불락 마음대로 놀거니
　　천지도 넓고 넓고 일월도 한가하다

　벗과 함께 술을 먹는데, 노래를 부르면서 악기를 타고 켜고 계속 이어지게 하니 온갖 취흥이 일어 근심 걱정이 없다는 말이다. 온갖 소리를 악기에 맞추어 흥을 돋우는 술좌석은 작자의 거리낌 없는 일상의 단면을 잘 드러내고 있다. 그런 뒤 마지막으로는 이러한 모든 즐거움을 임금의 은혜로 돌리며 감사하는 구절로 끝맺고 있다. "이 몸이 이렁굼도 역군은이샷다"라는 구절은 조선 전기의 가사에 관용적으로 나오는 것이지만, 한편으로는 작자가 세속과 단절한 채 완전히 강호에 몰입하거나 은둔해 있지 않았음을 보여준다.

이 작품은 중국의 「악양루기」와 비교되기도 한다. 그러나 우리 시가의 전통 속에서 이룩되었으니, 이 작품은 정극인의 「상춘곡」에 나타나는 자연에 대한 완상과 흥취의 전통을 이어받은 것이며, 정철의 「성산별곡」에 직접적인 영향을 끼친 것으로 평가된다. 특히 국어의 아름다움을 자유자재로 구사하는 솜씨를 보여줌으로써 호남 시가문학이 장차 나아갈 수 있는 길이 무엇인지를 예견해주고 있다는 점에서 이 작품의 문학사적 의의는 높이 평가되어야 할 것이다.

작년 양식 이미 떨어지고

송순의 한문학의 경우, 그의 문집 『면앙집』을 보면 다양한 문체의 글이 있는데 5·7언의 한시는 500수가 훨씬 넘는다. 이들 시는 그가 수많은 인사들과 교류를 나눈 덕분에 수창(酬唱)과 차운시(次韻詩)가 대부분이다. 이 시들은 교유시(交遊詩)이거나 누정시(樓亭詩)의 성격을 띠고 있어 송순 개인의 감정과 생각들이 국문시가에 비해 폭넓게 나타나고 있다.

송순의 시적 자질은 국문시가에서도 발휘되고 있지만 한문학에서도 두드러진다. 그는 29세에 예문관에 있을 때 왕이 세 개의 시 제목을 내리자 칠언율시를 지어 일등하여 활(弓)을 상으로 받았고, 47세 때는 「도원팔경시」(桃源八景詩)로 말안장을 상으로 받았다. 68세 때는 명나라 사신을 맞이하기 위해 이황, 임억령 등과 함께 조정에 불려 나갔으니, 그의 시적 재주가 예사롭지 않았음을 짐작할 수 있다. 등과(登科) 후 비교적 젊은 시기에 이룩된 송순의 시는 주로 사회에 대해 비판적 태도를 보이고 있으며, 중기 이후에는 친구들과 차운하거나 여러 정자를 찾아 자연을 완상하는 시들이 많은 편이다. 후자의 시들은 서정적 세계를 지향한 것이어서 여느 작자들의 시들과 크게 다르지 않다. 그러나 전자의 시들은 애민정신에 입각하여 백성의 고통과 아픔을 직시한 유학자 본연의 자세에서 나온 것으로, 당대의 현실을 그려내려는 날카로운 현실주의적인 작자의식을 드러내고 있어서 주목된다.

> 백 리 안의 여러 산이 평야를 에워싼 곳
> 시내 가까이에 겨우 초옥을 만들었네.
> 벼슬길 벗어난 자유로운 이 몸
> 갈매기와 더불어 좋은 짝을 이루었네.
> ―「면앙정」(俛仰亭)

송순이 32세 때, 매입해두었던 땅에 면앙정을 짓고 지은 시이다. 벼슬에서 물러나 갈매기와 벗하려는 자신의 마음을 나타냈다. 물아일체의 심경을 드러내고 있는 것이다.

당대의 현실을 직시하고 백성의 처지를 이해하는 내용의 시는 많지 않으나 그 울림의 정도와 무게는 대단하다.

> 어찌 이 속세에서
> 학을 만나볼 줄 있으랴.
> 몸에는 날개가 없으나
> 저 하늘 날고픈 마음뿐.
> 아픈 다리 끌며 가다가
> 울려고 해도 나오는 건 신음 소리.
> 앉은 채 받는 뭇 닭의 업신여김에
> 눈물이 소매를 적시네.
> ―「병학」(病鶴)

송순이 34세에 지은 것으로 자신을 병든 학에 비유하여, 아픈 다리를 끌며 닭들의 조소를 받는 처지를 노래했다. 사화(士禍) 속에 살아가는 자신을 자학하면서도 당대의 현실에 대한 암묵적인 비판을 담고 있는 시라 할 것이다.

> 천 년 된 나무, 크기가 소〔牛〕를 가릴 만하고
> 구천에 깊은 뿌리 하늘을 받칠 만하네.
> 하루아침에 시들어 참담한데도
> 마을에선 예사로 알아 가엾다 안하네.
> 대들보감 아끼는 늙은이 있어
> 종일토록 어루만지며 마음 아파한다.
> 어디서 갑자기 날아온 새 한 마리
> 나무 꼭대기에서 박박 탁탁 쪼는 소리.
> 부리는 길고 발톱은 날카로워
> 나무 속 파먹은 벌레 다 잡으려 하네.
> 남쪽 가지 북쪽 가지, 또 서쪽 가지로
> 나무껍질 온통 만신창이 성한 데 없네.
> 벌레는 깊이 숨고 딱따구리는 힘이 부쳐서
> 얼룩진 피만 부리에 흐르네.(……)
>
> ―「탁목탄」(啄木歎)

칠언고시로 송순이 37세에 지은 시이다. 딱따구리는 나무 깊이 박힌 벌레를 잡아 나무를 살리려는 유능한 인재이다. 나무를 쪼다가 부리는 상하고 발톱은 빠지고 날개는 닳아지도록 충성을 보인다 해도 그 누가 어질다 하겠느냐고 작자는 자조(自嘲)한다. 그러면 과연 나무를 병들게 하는 해충은 누구인가. 바로 부정과 탐욕에 가득 찬 못된 관리가 아닐까. 이 시에는 백성의 고통을 치유하고 싶은 작자의 심정과 함께 그러한 일을 감당하려는 의지도 엿보인다.

당대의 체제의 모순에 따른 백성들의 삶의 고통을 그려낸 시들이「전가원」(田家怨),「문개가」(聞丐歌),「문인가곡」(聞隣家哭) 등이다. 이 가운데「전가원」전문을 살펴보자.

작년 양식은 이미 떨어지고
새로 핀 이삭 여물 날 언제런지.
날마다 서쪽 언덕의 나물 뜯지만
허기를 채우기에 부족하다.
아이들 배고파 보채는 거야 참는다지만
늙으신 부모님 어찌하리오.
사립문 밖에 나가 보아도
어디로 갈지 막막하구나.
아전이란 도대체 어떤 놈들이기에
공세 바치라 닥달하고 뜯어만 가네.
쌀독을 들여다본들 쌀이 있겠으며
베틀을 바라본들 베가 있겠는가.
아전인들 무슨 도리 있겠는가
소리치고 성내며 아이들을 묶는다.
붙잡아다 원님 앞에 바치니
원님도 인정 사정 없구나.
목에다 큰 칼 씌워
치고 때리고 야단이구나.
해질녘에야 서로 끌어안고
우는 소리가 우리〔籬〕 안을 맴돈다.
하늘에 죽여달라 부르짖지만
들어줄 사람 뉘 있으랴.
슬프고 슬프구나 구원받지 못해
쌓인 시체가 빈 구렁을 메우네.

이 시를 읽다보면 농가의 원망 소리를 들을 수 있다. 보릿고개를 넘기기 힘든 백성들이 배고픔에 시달리면서도 더 가혹한 것은 세금 독촉이다. 관리는 세금 대신에 사람을 잡아다 구타하니 저녁에야 풀려날 정도로 포악함이 심하다. 서로를 껴안고 울면서 하늘을 향하여 죽여달라고 울부짖으니 백성의 절망과 분노가 하늘을 찌를 듯하다.

관리의 가렴주구(苛斂誅求)의 실상을 사실적으로 그려내면서 현실의 모순을 심각하게 인식하는 작가의 의식을 잘 보여주고 있다. 이러한 현실비판의 의지는 국문시가에는 없던 것이다. 그는 당대의 실상을 외면하지 않고 이를 비판하려는 문제의식을 지닌 사대부였음이 분명하다.

3. 한시 감상

송순의 한시 가운데 조선 중기의 사회적 실상을 냉철하게 그려내고 있는 일종의 사회시 「거지의 노래를 듣고」와 「이웃집의 곡성을 듣고」 두 편을 소개한다. 이는 일반인들에게 송순이 뛰어난 시가문학 작자라는 사실은 널리 알려졌지만, 상대적으로 예리한 사회적 인식을 담은 한시들도 짓는 뛰어난 현실인식의 소유자인 것은 제대로 알려지지 못했기 때문이다.

거지의 노래를 듣고(聞丐歌)

새벽 꿈 깰 무렵 문 두드리는 소리에 놀라
베개 밀치고 들으니 타령소리 늘어진다.
애야 나가서 웬일인지 물어봐라
늙은 거지 하나가 아침밥을 빌러왔다는구나.
그 거지 시름없고 애걸 않고 구걸하는 소리조차 의젓한데
허리춤에 찬 동냥자루 늘어져 보이누나.
그 늙은이 내력이나 알아보려 불러서 오게 하니
누더기 기운 저고리에 아래는 가리지도 못했네.
저는 본래 태어나길 부잣집 자식으로
농중(篋中)에 의복이 남아돌고 마당에 곡식이 남았었지요.
슬하에 아들 손자 알뜰한 아내가 옆에 있고
이 한세상 살아가기 남부러울 게 다시 없었지요.

동네 친구들 불러모아 고기 굽고 술잔 돌리고
늘상 잔치를 벌여 웃고 이야기하고 재미있게 놀았으니,
좋은 팔자 타고났다 남들이 시샘하고
나 또한 믿었다오 한없이 가업이 전할 것이라고.
슬프다, 인간사 덧없음 그 누가 알리오.
갑자년 여름에 미친 왕을 만나고 보니
아침에 나온 법령 독사와 같고
저녁에 나온 법령 호랑이 같고
폭풍 우레 치는 곳에 피할 겨를 전혀 없네.
본디 날개가 없으니 높이 날 수가 있나요.
조상 대대로 물려받은 백 년의 가업이
졸지에 망하려니 하루 아침거리도 안됩디다.
집도 땅도 다 잃고 남은 것이라곤 맨몸뿐
하늘로 날아갈까 땅으로 꺼질까 이 몸 간수할 곳 전혀 없어
아내는 동쪽이요 자식은 서쪽, 나는 남쪽으로
구름처럼 흐르고 빗물처럼 흩어져서 천지간에 아득하게 되었소.
영락한 떠돌이 신세 이제 어언 삼십 년
생사도 잊은지 오래이니 근심 기쁨 생각이나 있으리.
이 세상 어디간들 발붙일 곳 없으랴
지팡이 하나 표주박 하나로 사방을 떠돌았지요.
구구한 이 육신 별것 아닌 줄 알았으니
남에게 비는 것이야 목숨하나 건지면 족하다오.
뱃속에 넣은 음식 주림이나 면하면 그만이요
몸 위에 걸치는 옷가지 추위를 막아주는데
무슨 근심 다시 남아 나에게 덤벼들 게 있으리요.
이 몸 한가롭게 노닐며 평안히 해를 마치리라.
정승이고 장군이면 영화롭기야 하지마는
그대도 보셨지요 걸핏하면 재앙에 걸리던 일.

지팡이 흔들고 문을 나서 노랫소리 다시 높으니
백수노인의 의기가 어찌 저리도 당당한가.
득실이 자신과 관계 없음을 스스로 깨달은 때문이지
비렁뱅이 거지라고 모두 심상하게 보지 말아라.

—『면앙집』권1

이웃집의 곡성을 듣고(聞隣家哭)

쓸쓸한 마을 해는 저물어 행인도 드문데
담장 밖에서 통곡소리 무수히 들린다.
이 소리는 서쪽 이웃집에서 들리는 것인데
먹을 것도 없고 옷도 없는 가난한 한 노파의 울음이네.
책 덮고 눈물 흘리며 나도 모르게 탄식하네.
그 노파 한창 시절 나는 보았다네.
지난날 어진 정치 펼치던 시절 생각해보면
반드시 어진 이가 우리 고을 맡았고
세금은 백성의 능력에 맞게 매겨졌지.
일년 먹고 남은 곡식 곳간에 가득했네.
서쪽 집의 풍요한 재물 온 마을에서 으뜸이라.
곡식 꾸어가는 사람으로 문전을 메웠고
닭 잡고 돼지 잡아 마을에 잔치하니
앞마당 뒷길에는 노래와 춤이 벌어졌네.
이전부터 세상 운수 오르막과 내리막이 있어
백성들의 살림살이 모이고 흩어짐이 있게 마련
자애로운 원님 떠나고 어진 사또 다시 오지 않으니
혹독한 정치 범보다 무서운 줄 이제 알겠네.
아침에는 논 팔아 동쪽의 빚을 갚고
저녁에는 집을 팔아 서쪽 빚에 충당하고

날이면 날마다 밤이면 밤마다
폭정과 독한 법령 벌떼같이 찔러오네.
뒤주 항아리 텅 비고 빈 베틀만 남아
부뚜막의 솥들은 진작 빠져나갔고,
남편은 칼 쓰고 자식은 차꼬 차고 감옥에 갇혔으니
채찍질에 남은 살갖 썩은 냄새 나지요.
사람이 사는 것이 이 지경에 어찌 견디리
차라리 죽어 땅 속에 묻힌 것만 못하네.
하늘을 부르짖으며 울 밑에서 진종일 울어도
하늘조차 대답이 없으니 다시 누구를 믿으리오.
슬프다 너의 운명 참으로 애통하구나
사정을 듣는 사람 누군들 분노하지 않으랴.
이제 바야흐로 나라에선 상벌이 신중하니
군왕의 어진 은덕 옛 성군에 이르도다.
내 마땅히 너를 위하여 대궐에 아뢰어
혹독한 관리놈들 처벌을 받을 뿐 아니라,
돌아오지 않은 아들 풀려나게 하리니
늙어 기울어진 가업 다시 일으킬 수 있으리다.
할멈은 내 말에 머리를 흔들고 울며 부르짖기를
이웃의 어르신네 저를 지금 놀리시나요?

—『면앙집』 권1

작품 해설

먼저 첫번째 한시 「거지의 노래를 듣고」는 3단으로 구성되어 있다. 제1단은 새벽녘에 늙은 거지가 타령소리로 아침밥을 구걸하는 내용이다. 제2단은 그 거지가 직접 자신의 내력과 거지가 된 이유를 털어놓는 이야기로 짜여졌으며, 제3단은 그 거지가 퇴장하면서 속세의 득실이 자신과 무관하다는 말을 들려주는 것으로 되어 있다. 비록 거지 신세이나 제법 당당한 태도에 작자는 이상하게 여기고 관심을 갖게 되어 이 시를 쓰게 된다. 거지는 연산군의 폭정으로 자신의 전답을 잃고 처자식과 헤어져 유리걸식하게 되었다고 하였다. 그러면서도 이 시에서는 정승, 장군들도 잘못하면 화를 당한다고 하여 당시 당쟁의 위협을 풍자하고 있다. 이 거지는 자영농민층의 몰락을 상징하고 있다. 그러나 그는 현실을 정확히 직시하는 인물이라는 점에서 무기력한 백성이 아니다. 소위 '주체적 인간'이니, 허균이 말한 '호민'(豪民)에 가깝다. 당대의 현실을 냉철히 비판하면서 역사의 주체적 동력을 확신한 송순의 의식이 배어 있기도 하다.

두번째 한시 「이웃집의 곡성을 듣고」는 가렴주구 때문에 행복한 가정이 파탄된 비극적 상황을 묘사하고 있다. 풍요롭게 살던 살림을 학정으로 다 빼앗기고 남편과 자식까지 감옥에 보낸 노파의 이야기가 펼쳐지는 것이다. 이 시에서도 작자는 역시 듣는 입장이다. 여기서 주목되는 점은 그 백성이 하늘도 믿지 않고 있다는 사실이다. 그들은 아무리 어진 왕이라 하더라도 결국 전과 똑같을 뿐이라고 강하게 믿기 때문에, 작자가 이 사실을 국왕에 아뢰어 해결하겠다고 말하자 자기를 놀린다고 조소를 보낸다. 왕도 믿지 않는 당시 백성의 한탄과 좌절에 가슴이 아플 뿐이다.

■ 송순 묘소·면앙정 찾아가는 길

송순 묘소는 전남 담양군 봉산면 상덕리에 있다. 광주에서 담양으로 향하는 15번 국도를 따라가다가 봉산지서 앞 삼거리에서 오른쪽 담양 방향으로 80m 정도 더 가면 길 왼편에 가게가 나온다. 그 가게를 끼고 왼쪽으로 꺾어 들어가면 자동차 한 대 지나갈 수 있을 정도의 마을길이 나온다. 마을길 입구 오른쪽에는 LG PCS시설공사가, 왼쪽에는 창성기업이 있다. 마을길을 타고 산쪽으로 들어가면 조그만 삼거리가 나오는데, 그 오른쪽이 송순의 묘소로 가는 길이다. 약 1km 정도 산길을 타고 오르다 보면 중턱에 기덕재(基德齋)라는 제각이 있다. 이곳까지는 승용차로 겨우 오를 수 있다. 다시 그 뒤편으로 난 길을 내려가면 신평 송씨의 문중 묘역이 있다. 몇 기의 무덤이 있는 곳을 조금 더 지나면 여러 무덤이 자리한 곳이 나온다. 면앙정 누각을 가는 길에서도 묘소를 찾아갈 수 있는데, 상덕리 마을로 들어가서 마을 뒷산으로 난 길을 올라가면 기덕재가 나온다.

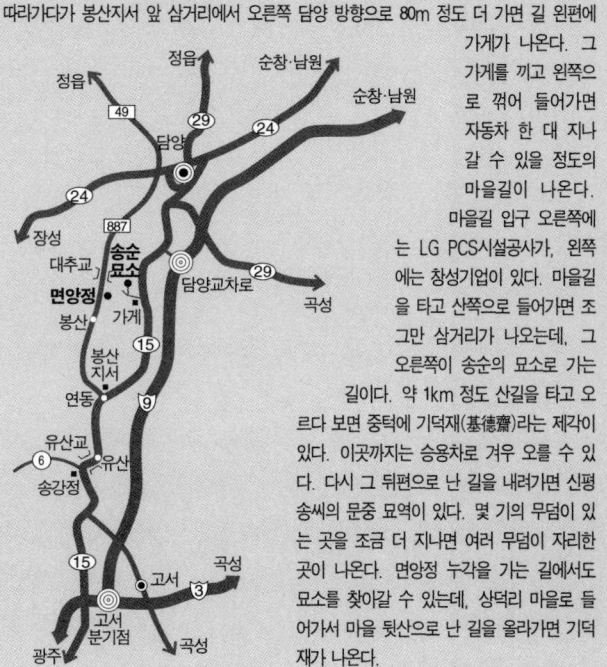

면앙정은 전남 담양군 봉산면 제월리에 있다. 광주에서 갈 때는 담양으로 향하는 15번 국도를 타고 가다가 봉산지서 앞 삼거리에서 왼쪽 봉산면으로 난 887번 지방도로를 타고 가다보면 봉산면을 지나서 대추교 못미처 오른쪽에 면앙정이 나온다. 면앙정 입구에는 대형버스도 여러 대 주차할 수 있는 공간이 있다. 담양 읍내에서 갈 때는 장성 쪽으로 24번 국도를 따라가다가 담양교를 건너 읍내를 막 벗어나면 광주로 가는 887번 지방도로가 나온다. 이 길을 따라 3.6km 가서 대추교를 넘으면 바로 왼쪽 언덕 위로 면앙정이 보인다. 나무가 우거져 정자가 잘 보이지 않으니 대추교를 이정표로 삼아야 한다.

가사문학의 일인자, 정철

1. 창평에서 무르익은 송강문학

　정철(鄭澈, 1536~1593)은 박인로(朴仁老), 윤선도(尹善道)와 함께 한국 고전문학사에서 3대 시인이자 가사문학의 제일인자로 평가받고 있다. 그는 당쟁의 소용돌이가 가장 극심했던 16, 17세기를 살면서 정치적인 부침을 거듭하는 파란만장한 일생 속에서도 찬란한 문학의 꽃을 피웠다. 그의 문학은 조선 중엽 전라도 창평의 뛰어난 자연경관과 어진 스승의 가르침을 바탕으로 생겨났다고 해도 과언이 아니다. 따라서 그의 문학적 공간의 중심은 자연히 전라도 창평이 될 터이다.

용이 나무에 올라가는 꿈

　정철의 본관은 연일(延日: 迎日)이고 자는 계함(季涵)이며, 호는 송강(松江)·임정(臨汀)·칩암거사(蟄菴居士) 등인데 주로 송강으로 불린다. 그는 서울의 장의동(藏義洞: 지금의 삼청동)에서 정유침(鄭惟沈)의 4남 3녀 가운데 막내로 태어났다. 부친은 관직에 나아가지 못하고 있었으나 맏딸이 인종(仁宗)의 귀인(貴人)이 되면서 음보(蔭補)로 돈녕부 판관(敦寧府判官)이 되었고 조부(祖父) 위(瀁)는 건원릉참봉이 되었다. 송강의 어린 시절은 비교적 순탄한 편이었다. 그것은 큰누님이 궁실에 들어간데다 막내 누이가 종실인 계림군(桂林君) 유(瑠)에게 출가했기 때문이다. 그는 이 덕분에 동궁(東宮)에 빈번하게 출입하였으며 훗날 명종이 되는 경원대군(慶源大君)과 나이가 같아 서로 친하게 지냈다.

그러나 송강의 나이 10세(1545) 되던 해, 집안은 을사사화로 풍비박산되고 만다. 이 사화로 인하여 매형인 계림군은 무고(誣告)를 받아 처형되었고, 송강의 맏형 자(滋)는 매를 맞고 경원으로 유배가던 도중에 죽었으며, 부친도 유배되어 관북 정평(定平)으로 귀양 갔다가 다음해에 영일(迎日)로 옮겨졌다. 게다가 둘째 형 소(沼)는 과거를 단념하고 처가가 있는 순천으로 은거하고 말았다. 송강은 부친이 풀려나기까지 5년 동안 부친을 따라다니느라 공부를 거의 하지 못하였다.

그러다가 부친이 유배에서 풀려나자 조부 위의 산소가 있는 전남 담양의 창평 당지산(唐旨山) 아래로 가족들과 함께 내려와 살게 되었다. 16세의 송강은 27세로 과거에 급제할 때까지 약 10년간 이곳에서 정신적인 안정을 찾으면서 학문에 몰두할 수 있었다. 감수성이 예민한 송강이 비로소 창평의 아름다운 자연 속에서 뛰어난 스승들을 만나 심신을 단련하고 시적 자질을 발휘할 수 있게 된 것이다.

송강은 17세에 그의 스승인 사촌(沙村) 김윤제(金允悌)의 외손녀인 문화 유씨 강항(强項)의 딸과 혼인을 하였다. 전해오는 이야기에 따르면, 송강이 모친과 함께 순천에 은거한 둘째 형의 집으로 가던 도중 날씨가 무더워 환벽당(環碧堂) 아래 계곡에서 목욕을 하고 있었다. 그런데 낮잠을 자던 김윤제는 용 한 마리가 나무에 올라가는 꿈을 꾸고는 이상하게 생각하여 사람을 시켜 냇가에 나가보라고 했다 한다. 이때 이끌려온 소년이 바로 송강인데 그의 총명함을 알아본 김윤제는 자기의 문하에 두고 글을 가르쳤다는 것이다. 유씨와의 혼인도 바로 그가 주선한 것이다. 더욱이 서하당(棲霞堂) 김성원(金成遠)도 김윤제의 문하에서 공부하고 있었던 터라 둘은 동문수학하는 사이가 되었다. 서하당은 송강의 처외재당숙(妻外再堂叔)이 되기도 하며 유명한 정자인 서하당과 식영정(息影亭)을 지은 인물이다. 이후 둘은 막역한 우정을 나누게 된다.

환벽당은 창계천을 사이에 두고 식영정과 마주하고 있다. 김윤제는 나주목사로 있던 중 을사사화가 일어나자 벼슬을 단념하고 고향인 충효리로 돌아와 이 정자를 짓고 자연과 벗하면서 후학을 길렀다. 이 환벽당 아래에는 그가 손님들과 낚시를 즐겼던 조대(釣臺)가 있고 그 앞에는 송강이 목욕했다는 용소(龍沼)가 있다. 사철 푸른 소나무들 사이에 자연석으로 된 '조대쌍수비'(釣臺雙樹碑)가 1986년에 세워졌는데, 그 비문에는 성산의 사선(四仙: 임억령, 김성원, 고경명, 정철)이 이곳에서 시를 읊었음을 알려주고 있다.

성산 아래의 지실[芝谷] 마을에서 살게 된 송강은 송순의 문하인 하서(河西) 김인후(金麟厚), 고봉(高峯) 기대승(奇大升), 송천(松川) 양응정(梁應鼎)에게 학문을 배우고, 호남의 사종(司宗)으로 일컬어지는 석천(石川) 임억령(林億齡)에게 시를 배웠다. 뿐만 아니라 고암(鼓巖) 양자징(梁子澂), 제봉(霽峰) 고경명(高敬命), 옥봉(玉峰) 백광훈(白光勳), 구봉(龜峰) 송익필(宋翼弼), 고죽(孤竹) 최경창(崔慶昌), 우계(牛溪) 성혼(成渾), 율곡 이이 등과 친교를 맺었다. 이들은 모두 16세기 무렵 사림의 거물로서, 학문과 문학의 뛰어난 인재들이 한 곳에서 교유하며 절차탁마한 예는 역사상 보기 드문 일이 아닐 수 없다.

26세 때 진사시험에 일등한 송강은 이듬해 27세(1562) 되던 해 3월 문과 별과에 장원으로 급제하였다. 명종은 송강이 합격했음을 알고 옛 정을 생각하여, 곧장 그를 사헌부 지평에 제수하였다. 파란만장한 그의 벼슬살이가 시작된 것이다. 그러나 그의 특출난 성격은 출발부터 순탄치 못하였다. 명종의 종형(從兄)인 경양군(景陽君)이 그의 처가의 재산을 빼앗으려고 처남을 죽인 사건이 일어났다. 그런데 왕이 개인적으로 송강에게 선처를 부탁하였지만 그는 왕의 요청을 묵살하고 경양군의 부자를 처형하고 말았다. 이 일로 그는 왕의 미움을 사서 승진하지 못하고 낮은 벼슬을 전전하였다.

31세 때는 함경도어사를 지냈고, 32세에는 홍문관 수찬으로 있었는데 이때 옥당(玉堂)에 뽑혀 율곡 이이와 함께 사가독서(賜暇讀書)를 하기도 하였

식영정 무등산 원효계곡에 흩어진 누정문학의 중심지로서 수많은 명사 문인들이 교유하였던 곳이다. 서하당 김성원이 장인인 석천 임억령을 위하여 지은 이 정자의 앞에는 후대에 만들어 세운 「성산별곡」 시비가 서 있다. 정자 아래로는 부용당과 '송강 정철 가사의 터' 라는 기념비가 있다.

다. 사가독서란 나라에서 유능한 인재를 양성하기 위하여 젊은 문신들에게 휴가를 주어 독서에 전념할 수 있도록 한 제도를 말한다. 대개 6명 내외의 인원을 선발하기 때문에 여기에 뽑힌다는 것은 개인적으로 큰 영광이었다. 33세에 이조좌랑, 34세에 홍문관 교리·호남어사·예조정랑 등을 거친 후 35세 4월에는 부친상을 당하여 이후 3년간 경기도 고양 신원(新院)에서 시묘살이를 하였다. 37세에 벼슬길에 나아간 그는 다시 38세에 어머니 안씨(安氏)의 상을 당하여 40세 때까지 부친의 묘소가 있는 고양의 신원에서 시묘하였다.

그 동안 비교적 조용한 벼슬살이를 하던 송강은 모친의 상복을 벗은 이후로는 낙향과 출사를 반복하는 악순환을 거듭한다. 그것은 마침 동서분당이 시작되고 당쟁이 격화되었기 때문이다. 그는 서인의 우두머리로서 동인과 다투면서 싸움의 중심에 서게 된다. 그러나 친구인 율곡이 분당의 조정을 포기하고 낙향하자, 송강도 40세인 1575년(선조 8) 10월에 일단 창평으로 내려갔다. 그러다가 43세에 조정에 출사하였으나 여의치 못하였다. 그는 율곡의 당부에도 불구하고 동인의 우두머리인 이발(李潑)과 다투면서 동서의 대립은 격화되었다. 사간원 대사간을 제수받았으나 탄핵을 받아 나아가지 못한 그는, 결국 44세에는 사헌부의 상소에 못이겨 벼슬을 버리고 다시 창평으로 낙향하고 말았다.

두번째 낙향을 포함하여 송강이 40세 초반에 창평에 거주한 이 기간은 그에게 정치적으로 실의의 나날이었다. 하지만 이 기간 동안에 그는 술과 풍류를 즐기며 자연을 벗하고 학문을 익히며 「성산별곡」을 비롯한 많은 문학작품을 창작하였다. 그가 낙향하여 심신의 안정을 되찾고 문학과 풍류를 즐기던 터전인 창평의 식영정과 여러 정자들은 송강의 중요한 문학적 공간이었다.

주옥 같은 작품의 산실 식영정과 송강정

무등산 동북쪽 기슭 10리 남짓한 거리에는 10여 개의 정자가 있으니, 이곳은 호남가단의 중심지로서 수많은 명사 문인들이 교유하면서 문학작품을 낳았던 곳이다. 송강이 젊은 시절에 머물며 수학하던 환벽당을 필두로 그 아래로는 성산 언덕에 자리한 식영정이 있다.

식영정은 원래 서하당 김성원이 지어서 임억령에게 준 것으로 이곳에서 수많은 인사들이 강론과 토론을 나누었다. 이 정자를 둘러싼 주변 경치는 매우 아름다웠다고 한다. 식영정 앞으로 흐르는 시내와 펼쳐진 산야의 빼어난 경치로 이름났으니, 송강은 「식영정이십영」(息影亭二十詠), 「잡영」(雜詠) 10수 등을 지어 이를 묘사한 바 있다. 지금은 식영정 앞으로 도로가 놓여 차들이 다니고, 들판은 광주호(光州湖)로 인해 침수되어 그 아름답던 풍경은 찾아보기 힘들다.

용이 이 물을 말려버렸다면
지금 와선 응당 후회하겠지.

송강정 송강정으로 오르는 계단 아래 넓은 들이 펼쳐져 있어 전망이 좋다. 송강은 이곳의 자연을 벗 삼아 「사미인곡」, 「속미인곡」 등을 지었다. 정자 옆에는 '사미인곡 시비'가 서 있다.

연꽃 희고 붉게 활짝 피니
거마(車馬)가 앞 시내로 몰리는 것을.
— 「식영정이십영」(息影亭二十詠) 중 부용당(芙蓉塘)

「식영정이십영」 가운데 맨 마지막 시이다. 식영정 아래에는 부용당(芙蓉堂)이 있고 그 아래 연못의 연꽃이 고왔던 모양이다. 「성산별곡」에서도 그 광경을 "홍백화 섞여 피니 만당(滿堂)에 향기로다"라고 노래하고 있다. 그러나 1972년에 식영정이 새로 단장되면서 함께 연못이 복원되었지만 그 옛날의 아름다움은 사라지고 말았다. 그 부근에는 송강의 후손들이 세웠다는 '송강정철가사의 터'라는 기념비가 서 있다. 돌계단을 오르면 수많은 차운시들의 편액이 걸린 식영정이 있고, 그 정자 앞에는 「성산별곡」이 새겨진 시비가 있다.

"강호에 병이 깊어" 창평의 "죽림에 누웠"던 송강은 45세 정월에 왕의 사은을 입어 외직인 강원도 관찰사로 부임하였다. 그는 그곳에서 관동의 아름다음을 노래한 가사「관동별곡」을 남기고 시조「훈민가」 16수를 지었다. 크게 선정을 베푼 그는 46세 때 임지에서 서울로 돌아와 병조참판, 대사성을 지냈지만, 왕명으로 지어 올린 노수신(盧守愼)에 대한 비답(批答)으로 사헌부의 탄핵을 받자 어쩔 수 없이 또다시 창평으로 내려갔다.

  그러나 송강은 그로부터 몇 개월 지나지 않은 12월에 전라도 관찰사의 특지(特旨)를 받아 1년간 근무하였고, 이듬해 9월에는 도승지에 올랐으며, 다시 12월에는 예조참판에 이어 함경도 관찰사가 되었다. 몇 개월 만에 중앙의 관직에 복귀한 송강은 그 뒤 동인(東人)의 무리로부터 탄핵을 받았는데, 이는 국왕 선조가 송강을 지나치게 두둔하고 나섰던 탓도 있었다.

  이 무렵 송강에게 슬픈 일이 일어났다. 그의 나이 49세 되던 해 자기를 아끼고 변호해주던 율곡 이이가 세상을 떠났던 것이다. 이 해에 대사헌, 의정부 우찬성 겸 지경연사에 제수되었지만 점차 동인들의 논박이 극심해지면서 급기야 송강의 나이 50세 되던 해 8월에는 양사(兩司)의 공박을 견디지 못하고 마침내 조정에서 물러나 고양에 퇴거해 있다가 다시 창평으로 낙향하였다.

  송강은 이곳에서 약 4년 동안 자연을 벗삼아 독서와 풍류를 즐기면서 시작(詩作)에만 전념하였다. 이때 그는 송강정(松江亭)을 지었다. 이 정자는 식영정과 거의 20리 정도 떨어진 담양군 고서면 원강리에 있다. 이 정자 옆으로 죽록천(竹綠川)이라는 조그만 시내가 흐르는데, 따로 '송강'(松江)으로 부르기도 한다. 정철의 호인 송강은 여기서 따온 것이다.

  송강은 송강정에서 연군의 정을 노래한「사미인곡」,「속미인곡」등을 비롯하여 수많은 시조들을 창작하였다. 이곳 창평에서 사는 동안은 정치적으로 실의와 역경에 처했던 시기에 해당하지만, 문학적으로는 그 아픔을 딛고 주옥 같은 작품을 산출한 시기이기도 하였다. 송강정은 1770년(영조 46)에 세월이 흐르면서 소실되어 그 흔적만 남은 것을 정철의 후손들이 언덕에 소나무를 심으면서 다시 지은 것이다. 사람들이 그 동안 죽록정이라고 불렀던 탓에, 지금도 이 정자를 보면 정면에는 '송강정'이라는 현판이, 그 옆면에는 '죽록정'이라는 현판이 걸려 있다. 정자 옆에는 1955년에 세운「사미인곡」시비가 서 있다.

송강 일가 묘소 고양 신원의 송강마을 뒷산에 있다. 송강이 강화도에서 죽은 뒤 한동안 묻혔던 곳이기도 하다. 현재 송강의 부모와 그의 큰아들 기명 내외의 묘 네 기가 있으며, 그 아래에는 송강의 형과 누이의 묘도 있다. 마을 입구의 도로변에는 '송강 정철 시가비'와 그의 시조를 새긴 가비가 있다.

역사의 아이러니

어쨌든 송강정, 그리고 가까이 있는 식영정 등을 오가며 심신을 위로받고 휴식을 취하면서 불후의 명작을 낳은 송강이기에, 어린 시절 학문과 문학을 익혔던 창평이야말로 그에게는 소중한 문학의 모태라 할 것이다. 또한 정치적으로 실의하여 낙향한 곳이기도 하지만 울분을 달래며 재기의 의지를 불태웠던 곳이기도 하다. 이런 그가 훗날 당쟁의 와중에 수많은 전라도의 인물들을 죽음으로 내몰았으니, 역사적으로 대단한 아이러니가 아닐 수 없다. 따라서 호남 사람들에게 송강은 한편으로는 몹쓸 사람이면서 또 한편으로는 자랑거리이기도 한 이중적인 존재로 남아 있다.

송강에 대한 평가가 이중적으로 된 것은 바로 기축옥사(己丑獄事) 때문이다. 그의 나이 54세인 1589년(선조 22) 8월, 큰아들 기명(起溟 : 당시 31세)이 죽어 그가 경기도 고양에 머물러 있을 때, '정여립(鄭汝立) 모반 사건'이라는 기축옥사가 일어났다. 송강은 이 일이 자신의 반대파인 동인과 관련된 것으로 짐작하고, 고양에서 즉시 대궐로 들어가 임금을 아뢴 뒤 반역자를 처벌할 것을 요구하였다. 이 일로 왕으로부터 충성심을 인정받아 우의정에 임명되면서 그 사건의 조사를 담당하게 된 그는 정언호(鄭彦浩), 이발, 정개청(鄭介淸), 최영경(崔永慶) 등의 동인을 박해하고 죽음으로 내몰았다. 이 옥사로 인하여 전라도는 반역향(叛逆鄕)이 되고, 호남인들의 등용은 제한되었다. 그는 이 일을 처리한 공으로 55세에 좌의정에 올랐으며 인성부원군(寅城府院君)이 되었다.

56세 때 왕세자의 책봉 문제가 일어나자, 그는 동인의 영수인 이산해(李山海)와 함께 공빈김씨(恭嬪金氏) 소생인 광해군을 옹립하기로 하였다가 이산해의 계략에 빠졌다. 이산해가 송강을 모해하기 위하여 송강 혼자서만 광해군의 책봉을 건의하게 한 것이다. 이 일로 평소에 인빈김씨(仁嬪金氏) 소생의 신성군(信城君)을 마음에 두던 왕의 분노를 사게 되었다. 그리고 양사(兩司)의 탄핵을 받고 파직된 송강은 급기야 명천(明川)으로 유배되었다가 다시 진주(晋州), 강계 등으로 이배(移配)되었다.

그러나 57세인 1592년(선조 25) 4월에 임진왜란이 일어나자 임금이 피난을 하게 되었는데, 개성에서 왕은 송강을 방면(放免)하여 불렀다. 이에 그는 평양에서 임금을 배알하고 곁에서 모셨다. 9월에 충청·전라 체찰사가 되었다가 이듬해에는 사은사로 명나라에 갔다. 그러나 송강은 "명나라 조정에 왜군이 이미 물러갔다는 거짓보고를 올렸다"는 동인의 모함을 받아 사직하게 되고, 강화도 송정촌(松亭村)에서 머무르게 된다. 여기서 그는 울분과 빈한(貧寒)으로 병을 얻어 추운 겨울인 12월에 둘째 아들 종명(宗溟)이 지켜보는 가운데 숨을 거두었다. 그의 나이 58세, 실로 파란만장한 정치 역정을 마감한 것이다.

송강은 이듬해 2월에야 고양의 신원에 장사되었다. 그러나 그 해 6월에는 김우옹(金宇顒)의 건의로 송강의 관직이 삭탈되는 불운을 겪기도 하였다. 그 뒤 인조 4년(1626)에 신원(伸寃)되어 관작이 내려지고, 현종 6년(1665) 3월에는 송시열(宋時烈)의 주선으로 충북 진천의 지장산(地藏山)에 이장되었다.

송강이 젊은 시절을 보냈고 환로(宦路) 후 실의할 때마다 찾았던 곳이 창

송강사 송강의 위패가 모셔져 있으며 해마다 그의 제향이 열리는 곳이다. 입구에는 신도비각이 있고 조금 더 가면 「사미인곡」이 새겨진 '송강시비'가 있으며, 그 위로 송강사가 서 있다. 송강의 묘는 신도비 왼쪽으로 산길을 따라 5분 가량 오르면 나온다.

평이다. 그러나 그가 창평에만 줄곧 머물렀던 것은 아니고 경기도 고양의 신원에도 한때 머물렀다. 신원은 그가 죽어서 한동안 묻혔던 곳이자 그의 부모와 아들이 묻힌 곳이기도 하다. 송강은 벼슬에서 잠시 물러나면 이곳 신원에 가서 머무르곤 하였다.

경기도 고양의 신원은 그 동안 일반인들에게는 잘 알려지지 않은 곳이다. 지금은 행정구역상 고양시 덕양구 신원동으로 되어 있는데, '송강마을'로 불리는 마을의 뒷산에는 송강의 부모와 그의 큰아들 기명(起溟)의 묘가 있다. 그리고 송강의 부모 묘소 아래에는 송강의 형과 누이도 묻혀 있다. 인종의 귀인(貴人)이었던 송강의 큰누나와 송강의 셋째 형인 황(滉)의 묘가 그것인데, 위쪽에 있는 것이 누나의 묘이다. 이들 두 무덤은 마을의 인가 바로 위쪽에 자리잡고 있어 멀리서도 보인다.

현재 정철의 묘소는 충북 진천군 문백면 봉죽리에 있다. 송시열이 주선하여 후손 정양(鄭瀁)이 이장했다고 하는데, 1978년부터 4년여에 걸쳐 묘역이 정비되어 단장되었다. 이때 세워진 사당 송강사(松江祠)에는 그의 위패가 모셔져 있고 그 앞에는 「사미인곡」 시비가 서 있다. 송강의 묘소는 사당의 왼쪽 산에 있으니, 가파른 산길을 오르면 일렬로 묘 2기가 있는데 앞쪽은 강릉부사를 지낸 그의 둘째 아들 종명(宗溟)의 묘이고, 그 뒤쪽이 송강의 묘이다.

송강은 적출 소생으로 4남 3녀, 서출 소생으로 1남 1녀를 두었다. 첫째는 기명으로 요절하고, 둘째가 종명으로 강릉부사를 지냈으며, 셋째는 진명(振溟)으로 진사에 그쳤고, 넷째가 홍명(弘溟)인데 과거에 급제하여 대사헌, 대제학을 지내 형제들 가운데 학문과 벼슬이 가장 높았다. 이 가운데 넷째 홍명의 후손이 담양의 지실마을에 거주하고 있다.

2. 연군의 정을 노래한 시가문학

송강이 활동하던 조선 중엽은 비록 정치적으로는 당쟁이 격화되어 혼란스러웠지만, 문풍(文風)이 크게 일어나 한문학에서는 소위 목릉성세(穆陵盛世)를 이룩하였고 시가문학에서도 시조와 가사가 본격적으로 창작되는 시기였다. 이러한 시대적 배경 속에서 송강이 정치가로서보다는 대문장가로서 우리 국문학사상 단연 최고의 위치에 있음은 누구도 부인하기 어려울 것이다.

술벗을 찾아 소를 타고

송강의 문학은 시문집 『송강집』과 시가작품집인 『송강가사』에 전한다. 『송강집』은 1894년(고종 31)에 간행되었으며, 『송강가사』는 목판본으로 다섯 종류가 전한다. 곧 황주본(黃州本), 의성본(義城本), 관북본(關北本), 성주본(星州本), 관서본(關西本) 등이 그것인데, 관북본은 전하지 않고 나머지도 일부만 전한다. 이 가운데 황주본은 「성산별곡」, 「관동별곡」, 「사미인곡」, 「속미인곡」, 「장진주사」 외에 단가(短歌)인 시조 51수가 전하며, 성주본은 상·하권으로 묶여져 하권에 단가 79수가 전한다.

현재 전하는 송강의 시조는 107수 정도로 그 수량이 만만치 않거니와 질적인 수준도 윤선도의 시조에 비해 결코 뒤지지 않을 정도이다. 그의 시조를 보면 애써 어휘를 다듬어 기교를 부리기보다는 생활에서 얻은 감흥을 즉흥적으로 노래함으로써 생동감과 일상성을 획득하고 있다. 일상적인 소재를 택하면서도 연군의 정을 담고 있음은 그의 정치 역정을 생각할 때 그리 놀랄 일은 아니다. 또 이러한 특징은 당시 문인들이 가졌던 사고방식의 소산이기도 하다. 송강의 시조 작품에는 술과 관련된 내용이 많은데, 이는 술을 좋아하는 성격에서 비롯된 것이다. 여기에 자연의 아름다움을 구가하는 서정적인 묘사에도 탁월한 능력을 발휘하고 있다.

내 마음 버혀내여 저 달을 만들고져
구만리 장천(長天)의 번드시 걸려 있어
고은 님 계신 데다 빗최여나 보리라

송림(松林)에 눈이 오니 가지마다 꽃이로다
한 가지 것거내여 님 계신 데 보내고져
님이 보신 후제야 노가지다 엇디리

임금을 사모하는 정이 절절히 우러나오는 시들이다. 첫째 작품은 「속미인곡」에 나오는 "차라리 싀여디어 낙월(落月)이나 되야이셔 님 계신 창 안에 번드시 비최리라"라는 시구와 그 시상이 유사하다. 또한 둘째 작품도 「사미인곡」의 "저 매화 것거내여 님 계신 데 보내오져 님이 너를 보고 엇더타 너기실고"라는 시구와 유사하다. 이로 미루어 이 두 시조는 가사인 「전후미인곡」을 지을 무렵에 같은 심경을 노래하며 창작되었을 것이다.

화작작(花灼灼) 범나비 쌍쌍(雙雙) 유청청(柳靑靑) 꾀꼬리 쌍쌍(雙雙)
날짐승 길짐승 다 쌍쌍(雙雙) 하다마는
엇디 이 내 몸은 혼자 쌍(雙)이 업나다

마을 사람들아 올흔 일 하쟈스라
사람이 되여 나셔 올티곳 못하면
마소를 갓 곳갈 씌워 밥 먹이나 다르랴

시조를 지어낸 솜씨가 놀랍다. 첫번째 시조를 보면, '화작작'과 '유청청'은 '범나비'와 '꾀꼬리'를 대조시키면서도 '쌍쌍'으로 매듭지어 율동미를 드러냈고, '날짐승'과 '길짐승'에서 오는 음감의 아름다움을 잘 살렸다. 시조가 노래로 불린다는 점을 감안할 때 그가 이 시에서 보여준 형식미와 언어 기교, 그리고 운율미는 뛰어난 데가 있다. 두번째는 널리 알려진 「훈민가」 16수 가운데 하나이다. 기존의 「오륜가」 계통의 교화적 주제를 담고 있으면서도 어려운 한자를 굳이 사용하지 않고도 충분히 그 뜻을 드러내고 있다. 사람이 옳은 일을 하지 못하면 마소[馬牛]처럼 고깔을 씌워 밥 먹이는 것과 다름이 없다 하여 짐승과 사람은 근본적으로 다름을 경계하고 있다.

재너머 성권롱 집에 술 익단 말 어제 듣고
누은 소 발로 박차 언치 놓아 지즐 타고
아희야 네 궐롱 계시냐 정좌수 왔다 하여라

송강의 시조에는 술과 관련된 것이 많다고 하였는데, 위의 작품이 그러하다. 술벗을 찾아 소를 타고 가는 운치도 멋있거니와 금방이라도 둘이서 익은 술로 정담을 나눌 듯하다. 자연 속에서 사는 여유와 풍류가 넉넉하다. 그러나 아무래도 술과 관련된 노래 가운데는 「장진주사」(將進酒辭)가 가장 주목된다.

한 잔 먹세그려 또 한 잔 먹세그려
꽃 꺾어 산(算) 놓고 무진무진 먹세그려
이 몸 죽은 후면 지게 위에 거적 덮어
주리혀(졸라매어) 매여 가나
유소보장(流蘇寶帳)에 만인이 울며 가거나

어욱새, 속새, 덥가나무, 백양 속에
가기곳(가기만) 가면 누른 해, 흰 달,
가는 비, 굵은 눈, 소소리 바람 불 제
뉘 한 잔 먹자 할고
하물며 무덤 위에 잔나비 파람 불 제야
뉘우친들 엇디리

 이 노래를 가사(歌辭)로 보는 견해도 있으나 사설시조로 보는 이들도 있어서, 사설시조의 발생 시기에 대한 논란을 불러일으키기도 한다. 곧 평시조의 정형에서 벗어나면서도 3장의 형태를 유지하며, 중장이 길어진다는 점에서 사설시조의 형식적 특성이 드러난다는 것이다. 이 노래는 성주본『송강가사』에는 상권에 다른 가사 작품들과 함께 수록되어, 하권에 수록된 단가(短歌: 시조)들과 구분되어 있다. 최근에는 단가와 장가(長歌: 가사)의 중간 형태로 파악하려는 견해가 있기도 하다. 홍만종은『순오지』에서 이 작품이 이태백의「장진주」(將進酒)를 본받고 두보의 시에서도 뜻을 취하였다고 지적하였다. 그러나 단지 소재와 시상만 따왔을 뿐 독창적인 작품으로 보아야 할 것이다.
 이 작품은 권주가(勸酒歌)라 할 수 있는데, 인생의 무상함을 탄식하고 죽으면 거적에 덮여 묘지에 갈 뿐이니 후회 없이 술이나 먹자고 권유하고 있다. 아마도 송강이 50세에 벼슬길에서 물러나 창평에서 실의와 울분으로 나날을 보내고 있을 무렵 지어진 것으로 추측되지만 확실하지는 않다.

백구를 벗삼아 잠깰 줄 모른다

 송강의 가사는「성산별곡」,「관동별곡」,「사미인곡」,「속미인곡」등 4편이다. 김만중은 특히 뒤의 3편을 '동방의 이소(離騷)'로 평가하면서, 자연스러움이 저절로 드러나고 상스러움이 없으니 우리의 '참된 문장'[眞文章]이라 하였다.
 「성산별곡」은 송강이 서하당 김성원을 위하여 지은 것이다. 김성원은 송강보다 11년 연상이지만 동문수학한 사이이다. 이 가사의 제작 시기에 대해서는 송강이 50세에 양사의 탄핵을 받고 창평에 물러나 있을 때 지었다는 설과, 동서분쟁에 불안을 느끼고 창평에 은거하던 40세 초반에 지었다는 설이 맞선다. 그런데 송강 가사의 경우 「관동별곡」과 같은 전기작(前期作)은 호탕하고 화려한 데 비하여, 「전후미인곡」과 같은 후기작은 비장한 내용을 보이고 있다는 점에서, 「성산별곡」은 송강의 나이 41세에서 44세 무렵에 지어졌을 것이라는 주장이 설득력을 얻고 있다. 이 작품은 특히 송순의 「면앙정가」의 영향을 많이 받았는데, 내용뿐만 아니라 그 어구 구사와 표현면에서 유사한 데가 많다. 그러나 모방이 아닌 환골탈태의 창작에 가깝다는 점에서 송강의 독창적 문학성이 발휘되고 있기도 하다.

모두 168구로 이루어진 「성산별곡」은 먼저 서하당, 식영정에 머물며 세상에 나아가지 않는 김성원의 풍류와 기상, 그리고 식영정의 자연경관을 노래한 뒤, 춘하추동으로 변하는 주변의 경치를 읊었으며, 산중에서 술 마시고 거문고나 타는 진선(眞仙) 같은 생활의 즐거움을 노래하였다.

남풍이 건듯 불어 녹음을 헤쳐내니
절(節)을 아는 꾀꼬리는 어디로서 오돗던고
(······)
노자암(巖) 건너 보며 자미탄(紫薇灘) 곁에 두고
장송(長松)을 차일(遮日) 삼아 석경(石逕)에 앉자 하니
인간 유월(六月)이 여기는 삼추(三秋)로다
청강(淸江)의 떴는 오리 백사(白沙)에 옮아 앉아
백구(白鷗)를 벗을 삼고 잠깰 줄 모르나니
무심코 한가함이 주인과 어떠한고

이 가사의 본사(本詞)로서, 성산의 여름 경치를 읊은 것이다. 한가로이 풋잠을 자고 일어나 갈건을 쓰고 물고기를 보며, 붉은 연꽃이 온 산에 향기로울 때 소나무 그늘 삼아 앉아서 시내에서 오리가 백구와 벗하며 노는 모습을 보고 있다는 것이다. 이 가사는 비록 다른 3편에 비해 독창성이 떨어지고 한문

구와 고사가 많이 사용되지만, 작자의 소박한 자연 속에서의 삶과 개성이 잘 묘사되고 있다.

「관동별곡」에 대해서는 굳이 말할 필요가 없을 정도이다. 그가 내외금강과 관동팔경을 두루 유람하고 그 절경을 노래한 것이 이 가사이다. 한문구의 사용이 줄어들고 대구법·점층법 등의 수사법이 활용되고 있으며, 운율미가 뛰어나 절창으로 평가받고 있다. 게다가 이 작품은 관동유람 기행문의 성격을 띠고 있다. 그리고 연군의 정을 간절히 드러내면서도 호탕한 풍류가 유감없이 발휘되고 있다.

「사미인곡」과 「속미인곡」은 합쳐서 「전후미인곡」이라고도 하거니와, 송강이 50세에 양사의 탄핵을 받아 사직하고 창평에 한적하게 지낼 무렵 지은 것이다. 『송강집』의 기록에 따르면, 이 두 작품은 '정해년(1587)에서 무자년(1588) 사이'에 씌어진 것이라 하였으니, 그의 나이 52세에서 53세 때 창작되었음이 분명하다. 그 제작 동기가 비록 조정의 탄핵을 받고 물러났지만 왕에 대한 자신의 충성심만큼은 변함이 없음을 호소하는 데에 있으면서도, 그 연군의 정이 은근하고 정적(靜的)이라는 점에서 뛰어난 작품성을 찾아볼 수 있다. 형식면에서 볼 때, 「사미인곡」은 일인칭 서술로 되어 있으나 「속미인곡」은 보기 드물게 두 여인의 대화체 형식을 취하고 있다.

「사미인곡」은 임금을 사모하는 정을 한 여인이 남편을 이별하고 연모하는 심정에 비겨서 고백한 작품이다. 126구로 이루어졌는데 서사에서는 창평에 내려온 자신을 광한전(廣寒殿)에서 하계(下界)로 내려온 것으로 비유하였고, 본사에서는 춘하추동 네 계절별로 자신의 원망을 드러내면서 봄에는 매화를, 여름에는 비단옷을, 가을에는 달과 별의 맑은 빛을, 겨울에는 따뜻한 볕기운과 햇빛을 각각 임에게 보내고 싶은 심정을 토로하고 있다.

  하루도 열두 때 한 달도 설흔날
  져근덧 생각마라 이 시름 잊자하니
  마음에 맺혀 있어 골수에 깨쳐시니
  편작이 열이 오다(와도) 이 병을 어찌하리

어와 내 병이야 이 님의 탓이로다
차라리 싀여디어 범나비 되오리다
꽃나무 가지마다 간데 족족 안니다가
향 묻힌 날개로 님의 옷에 옮으리라
님이야 날인 줄 모르셔도 내 님 좇으려 하노라

결사(結詞)는 이처럼 1년 내내 임을 생각하는 마음에 편작(扁鵲) 같은 명의도 이 병을 고칠 수 없으니, 차라리 죽어서 범나비가 되어 임의 옷에 앉아 따라다니고 싶다고 하였다.

전편을 통하여 여인의 독백으로 되어 있고, 여성적인 정조와 어투가 계절적 소재와 맞물려 사용되면서 임에 대한 연모의 정이 절실히 드러나고 있다. 홍만종은 『순오지』에서 이 노래를 제갈공명의 「출사표」에 비기고 있다. 또한 굴원(屈原)의 「사미인」(思美人)을 모방하여 지었다는 지적이 있으나 한 구절도 인용한 것이 없고 표현기교는 훨씬 뛰어나 그 곡을 능가한다고 평가된다.

「속미인곡」은 「사미인곡」의 것을 보충하여 임금에 대한 작자의 심정을 진솔하게 노래한 것이다. 96구의 비교적 짧은 분량으로 두 여인의 문답체 형식을 띠는 새로운 구성을 보여준다. 「사미인곡」에 비하여 은근하고 소박한 심정을 은유적으로 드러내며 시어의 구사력이 한결 뛰어난 것으로 보아, 이 작품은 송강의 문학적 역량이 「사미인곡」을 지을 때보다 훨씬 더 원숙한 경지에 도달했을 때 이루어진 것으로 여겨진다. 이 가사의 자세한 내용은 다음 절에서 소개하기로 한다.

임 계신 곳 오색무지개 둘렀네

송강의 시문집에 실린 한시는 750여 수가 넘으며, 그 가운데 5·7언 절구시가 550수 정도로서 상당히 많은 분량이다. 한문 산문으로는 편지글[書]이 50편이나 되는데 그 밖의 것들은 공적인 글이 대부분이다. 그의 한시 작품을 살펴보면 작품이 많은 탓에 주제의 경향도 다양하나 당연히 연군의 정을 노래한 것이 대부분이다. 이 가운데 몇 가지 경향만을 거론하기로 한다.

새해에 비나이다, 새해에 비나이다.
새해에는 우리 조정 더욱 맑아져
동서니 남북이니 붕당을 없애고
한마음 한뜻으로 태평성대 만드세.
                    —「신년축5수」(新年祝五首), 『송강집』 권1

대궐을 떠났으나 마음은 자주 가고
시절을 슬퍼하니 머리는 이미 셌네.
남산은 일천리 길인데
그만두고 돌아가길 꿈에나 기약하네.
                    —「거국」(去國), 『송강집』 권1

당쟁의 소용돌이에 휩쓸린 송강이지만 시에서만은 붕당의 폐해가 없어지기를 바란 듯하다. 낙향과 출사를 반복하면서도 마음만은 늘 임금이 계신 조정에 있었다. 임금을 그리워하는 마음이 절실히 우러나오는 시이다. 가사 작품 속에서도 멀리 창평에 몸은 있지만 연군의 정은 더욱 깊어간다고 노래한 적이 있다.

하장(霞丈)은 평생의 벗이니
꿈에도 잊을 수가 없구려.
나는 바야흐로 속세를 헤매오만
그대는 홀로 구름 산에 누웠겠지.
                    —「요기하당주인」(遙寄霞堂主人), 『송강집』 속집 권1

송강과 막역한 정을 나누던 서하당 김성원에게 보낸 시이다. 그를 위하여 「성산별곡」을 지었음을 이미 확인하였는데, 벼슬길에서 고통을 받고 있던 송강이라 자연 속에서 독서와 시작(詩作)으로 풍류를 즐기고 있는 김성원이 한없이 부러웠을 것이다. 자연에 돌아가고 싶은 마음을 이렇게 드러냈다.

물고기가 노니는 즐거움을 알고자
한나절 돌여울을 구부려 본다.
남들은 나를 한가롭다 부러워하겠지만
오히려 저 물고기의 낙(樂)에도 미치지 못한다오.
　　　　　―「수함관어」(水檻觀魚),『송강집』권1

죽록정을 조그맣게 새로 얽어서
송강이라 물이 맑아 내 갓끈을 씻는다.
세간의 거마(車馬)를 모두 사절하고
그대와 더불어 강산풍월을 논하리라.
　　　　　―「증도문사」(贈道文師),『송강집』속집 권1

　물고기를 보는 즐거움 속에서 자연과의 친화를 시도하고 있다. 하지만 그는 물고기가 물 속에서 자유로이 노니는 즐거움에는 미치지 못하고 있음을 자인한다. 진정한 자연 친화의 경지에 도달하기 어려움을 그는 노래하고 있는 것이다. 그러면서도 잠시 낙향하여 송강정을 지은 뒤, 현실 정치를 떠나서 자연 속에서 지내고 싶은 마음을 나타낸다. 그러나 그것은 이상일 뿐 그는 곧장 왕의 부름을 받고 벼슬길에 다시 나선다.

소양강 물이 서쪽으로 흘러드는 곳
피리소리 처량한데 누대에 기댄 나그네.
곧 바로 배에 올라 신선을 찾고 싶지만
거기에선 아마도 대궐이 안 보일 걸.
　　　　―「소양강수서귀입한」(昭陽江水西歸入漢),『송강집』속집 권1

초산(楚山)이라 첩첩산중에 낙향한 지 오랜데
때때로 님 계신 곳 바라보면 오색 무지개 둘렀네.
듣자니 대궐에선 춤판이 시끄러이 벌어졌다 하니

흰 머리 늙은 신하 옷깃에 눈물 젖네.

—「실제」(失題), 『송강집』 속집 권1

　첫번째 시에서는 「관동별곡」의 "소양강 나린 물이 어드러로 든단 말고"의 구절에서와 같은 연군의 정을 드러내고 있다. 아마도 임금에 대한 사모의 정을 물에 띄워보내고 싶다는 뜻일 것이다. 두번째 시는 송강이 50세에 대간의 탄핵을 입어 사직한 뒤 창평에 내려가 울분으로 세월을 보낼 때 지어진 듯하다. 송강은 낙향했지만 늘 조정에서 일어난 일에 귀기울이고 있었을 것이다. 자신이 직접 모시지 못하는 임금을 그리워하며 즐거움이 넘치는 그런 자리에 있지 못하는 통한의 심정을 연군의 정으로 승화하고 있다. 이 밖에도 술과 풍류를 읊은 것들이 많다. 그러나 이미 그의 시가문학을 통하여 확인한 바이므로 굳이 거론하지 않는다.

3. 「속미인곡」 감상

　「속미인곡」은 송강 정철의 가사문학 가운데 최고작으로 평가받는 작품이다. 더욱이 고전가사 작품들 가운데서도 가장 뛰어난 절창으로서 훗날 연군의 정을 노래한 가사의 원본 노릇을 하고 있다. 가사의 전문을 원문으로 제시하되 가능한 한 읽기 쉽게 현대어로 바꾸었다.

속미인곡

　　졔 가는 져 각시 본 듯도 한져이고
　　천상 백옥경을 어찌하야 이별하고
　　해 다 져문 날에 눌을 보러 가시는고
　　어와 네여이고 이내 사설 들어보오
　　내 얼굴 이 거동이 님 괴얌즉 한가마는
　　어떤지 날 보시고 네로다 여기실새

나도 님을 믿어 딴 뜻이 전혀없네
이래야(아양이며) 교태야 어지러니 하였더니
반기시는 낯빛이 예와 어찌 다르신고
누워 생각하고 일어 앉아 헤아리니
내 몸의 지은 죄 뫼같이 쌓였으니
하늘이라 원망하며 사람이라 허물하랴
설워 풀어내니 조물의 탓이로다
글란 생각마오 맺힌 일이 있습니다
임을 뫼셔이셔 님의 일을 내 알거니
물 같은 얼굴이 편하실 적 몇 날일고
춘한 고열(春寒苦熱)은 어찌하야 지내시며
추일 동천(秋日冬天)은 뉘라셔 모셨는고
죽조반(粥早飯) 조석(朝夕)뫼 예와 같이 세시는가
기나긴 밤의 잠은 어찌 자시는고
님다히(임쪽의) 소식을 아무려나 알자 하니
오늘도 거의로다 내일이나 사람 올가
내 마음 둘 데 없다 어드로러 가잔 말고
잡거니 밀거니 높은 뫼에 올라가니
구름은 커니와 안개는 무슨 일가
산천이 어둡거니 일월을 어찌 보며
지척을 모르거든 천 리를 바라 보랴
차라리 물가에 가 뱃길이나 보랴 하니
바람이야 물결이야 어둥정(어수선하게) 되었구나
사공은 어데 가고 빈 배만 걸렸는고
강천(江天)에 혼자 서서 지는 해를 굽어보니
님다히(임쪽의) 소식이 더옥 아득한뎌이고
모첨(茅簷) 찬 자리에 밤중만 돌아오니
반벽청등(半壁靑燈)은 눌 위하야 밝았는고

오르며 나리며 혜매며 바장이니
져근덧 역진(力盡)하야 풋잠을 잠깐 드니
정성이 지극하야 꿈에 임을 보니
옥 같은 얼굴이 반이나마 늙었어라
마음에 먹은 말씀 슬카장 사뢰려니
눈물이 바라나니 말씀인들 어이하며
정을 못다 하야 목이조차 메여 하니
오뎐된 계성(鷄聲)에 잠은 어찌 깨었던고
어와 허사로다 이 님이 어데 간고
곁에 일어앉아 창을 열고 바라보니
어엿븐 그림자가 날 쫓을 뿐이로다
차라리 싀여디어 낙월(落月)이나 되야이셔
님 계신 창 안에 번드시 비최리라
각시님 달이야 커니와 궂은 비나 되쇼셔

— 이선본(李選本)『송강가사』(松江歌辭)

작품 해설

모두 96구로서 기본 율조는 3·4조가 우세한 편이다. 가사의 내용 전개는 두 여인의 대화체로 되어 있다. 작품 속의 제1화자(話者 : 갑녀)는 작품의 내용을 이끌어 가는 설명 역할을 하고, 제2화자(話者 : 을녀)는 길 가는 각시님으로 설정된 주인공이다. 갑녀가 을녀에게 "저기 가는 저 각시 본 듯도 하구나"라고 말한 뒤 천상을 어찌하여 이별하고 석양에 누구를 보러 가느냐고 물으면서 시작된다. 이어서 을녀가 자신의 신세를 자탄하자, 다시 갑녀는 "그런 생각을 말라"며 생각을 고치게 한다. 그러자 을녀는 임을 모시지 못한 심정을 토로하면서 홀로 지내는 임이 어떻게 지내는지 궁금하다며, 낙월(落月)이나 되어 임의 창 안을 환하게 비추고 싶다고 말한다. 이에 대하여 갑녀는 달보다는 궂은 비나 되라고 권한다. 달보다는 차라리 비가 더 임에게 가까이 갈 수 있기 때문이다.

갑녀와 을녀는 작자의 분신으로서 송강이 자신의 의도한 바를 효과적으로 표현하는 장치라 할 것이다. 그리고 「사미인곡」과는 임을 그리워하는 측면이 달리 묘사되어 있으며, 한자어와 고사가 덜 사용되고 있는데다가 진솔한 심정이 더욱 간절하여, 작품의 질적인 수준이 월등하다. 「속미인곡」은 우리말의 아름다움을 능란하게 구사하는 솜씨로 인하여 고금의 평자(評者)들로부터 단연 제일의 걸작으로 평가된다.

■ 식영정·환벽당·송강정, 송강 일가 묘소, 송강사 찾아가는 길

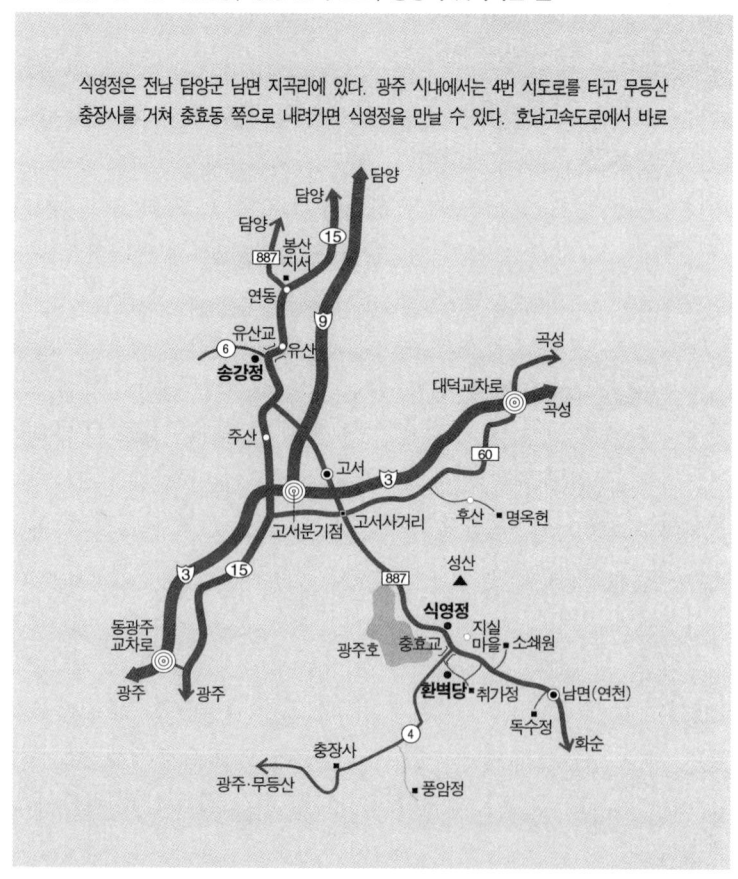

식영정은 전남 담양군 남면 지곡리에 있다. 광주 시내에서는 4번 시도로를 타고 무등산 충장사를 거쳐 충효동 쪽으로 내려가면 식영정을 만날 수 있다. 호남고속도로에서 바로

들어갈 때는 고서분기점을 통해 고서사거리까지 간 후 사거리에서 887번 지방도로를 따라 화순 쪽으로 약 5.3km 가면 광주호가 끝나는 지점이 나오는데, 왼쪽 산줄기 위를 보면 식영정으로 오르는 계단이 보인다. 약 200m 앞에 광주로 가는 4번 시도로가 나 있다.

환벽당은 광주광역시 북구 충효동에 있다. 식영정 앞 큰 도로를 따라가다 오른쪽으로 충효교를 건너자마자 왼쪽에 나 있는 작은 길을 따라 100m 가면 조대(釣臺)를 알리는 표지석이 왼쪽으로 보이고, 오른쪽으로는 환벽당으로 들어가는 작은 문이 나온다. 식영정과 멀리 마주하고 있는데, 송시열이 쓴 '환벽당'이라는 현판이 걸려 있다.

송강정은 전남 담양군 고서면 원강리에 있다. 식영정·환벽당을 들른 후 887번 지방도로를 타고 고서사거리를 지나, 광주에서 담양으로 이어진 15번 국도를 만나면 담양 쪽으로 우회전한다. 유산교 건너기 직전에 좌회전하여 가다가 6번 군도로를 타고 100m쯤 가면 왼쪽에 송강정으로 오르는 계단이 있다. 면앙정에서는, 887번 지방도로를 따라 광주 쪽으로 2.4km 가면 봉산지서 앞에서 15번 국도와 만난다. 15번 국도를 따라 우회전해 광주 쪽으로 1.8km 가면 유산교를 넘게 되고, 다리를 건너면 오른쪽에 6번 군도로가 나온다. 군도로를 따라 100m 쯤 가면 왼쪽에 송강정이 있다.

송강 일가 묘소는 경기도 고양시 신원동 송강마을에 있다. 서울에서 문산으로 향하는 통일로 1번 국도를 타고 가다가 벽제리 화장터 조금 못미처 대자삼거리에서 왼쪽으로 난 원당 방면의 길로 좌회전하여 약 1km 정도 가면 길 오른쪽에 신원동 송강마을이 나온다. '송강마을' 식당을 보고 곧장 우회전하여 좁은 길을 따라가면 오른쪽에 마을이 보이는데, 바로 이 마을 뒷산에 송강 일가의 묘가 있다. 마을을 지나 언덕길을 오르면, 오른쪽으로 조그만 산길이 나 있다. 그 길을 따라 200m 정도 가면, 송강의 부모와 큰아들 내외의 묘 네 기가 나온다. 송강마을 입구에는 송강의 만년 시절 애첩인 강아의 묘비가 있으며, 도로변에는 '송강 정철 시가비'와 그의 시조 한 편을 새긴 가비가 서 있다.

송강사는 충북 진천군 문백면 봉죽리에 있다. 서울에서 중부고속도로를 타고 내려가다 진천교차로에서 진천 읍내로 들어가 문백면으로 향하는 17번 국도를 타고 가다보면 사석리를 지나 LG주유소와 함께 오른쪽으로 21번 국도가 갈라지는 삼거리가 나온다. 삼거리에서 계속 17번 국도를 타고 직진하여 200m 정도 가면 '송강사 입구'라는 간판이 보이고 오른쪽에 지암리로 들어가는 1번 시군도로가 나온다. 1번 시군도로를 타고 우회전하여 가면 오른쪽에 송강사가 나온다. 길 입구에는 신도비각이 있고 조금 더 가면 '사미인곡'이 새겨진 송강시비가 있으며, 그 위로 송강사가 서 있다. 송강의 묘는 신도비 왼쪽으로 난 산길을 따라 5분 정도 오르면 나온다.

시조문학의 최고봉, 윤선도

1. 세 곳의 연꽃과의 기이한 인연

윤선도(尹善道, 1587~1671)는 조선 중기 시조문학의 최고작가이다. 그는 시조를 문학작품으로 인식하여 작품 하나하나에 심혈을 기울여 창작하고 손수 정성들여 필사하였을 뿐만 아니라 그것을 한 권의 책자로 묶어 간직하는 등, 시조를 즉흥적인 여기(餘技)로 여기며 제작하던 당시 사대부의 경향과는 전혀 다른 모습을 보여주었다. 더욱이 그는 높은 학식과 충효를 겸비한 학자이자 정치가로서 어려운 시대를 살다간 인물이기도 하다.

큰아버지의 양자로 들어가다
　윤선도의 본관은 해남(海南)이요 자는 약이(約而)이며, 호는 고산(孤山) 또는 해옹(海翁)이다. 그가 출생한 곳은 서울의 연화방(蓮花坊)으로, 지금의 서울 종로구 연지동 대학로 부근이다.
　고산은 6세 때부터 공부를 시작하였으나 특별히 스승을 두지 않았다고 한다. 아마도 그가 명문가 출신인데다가 재능이 비범했던 탓도 있었을 것이다. 8세 때 그는 큰아버지의 양자로 들어가 서울의 남부에 있는 명례방(明禮坊)

종현(鍾峴)의 종가(宗家)에서 살았다. 지금의 명동성당 부근으로 지금은 '윤선도 선생 집터'라는 기념비만 남아 있다. 이곳은 고산이 유년기를 보낸 곳인데 풍수설에 의하면 "제비 집의 형국이어서 인재가 난다"는 좋은 터에 해당한다고 한다.

고산의 5세조인 효정(孝貞)은 강진 도암에서 출생하였으나 나중에 해남의 연동(蓮洞)으로 이사하면서 집안의 부를 크게 일으켜 사방에 덕을 쌓은 뒤 해남 윤씨의 관향(貫鄕)을 얻었다. 효정이 해남 윤씨의 득관조(得貫祖)가 된 것이다. 4세조인 구(衢)에게는 홍중(弘中), 의중(毅中), 그리고 공중(恭中)의 세 아들이 있었는데, 장남인 홍중에게는 아들이 없었지만 차남인 의중에게는 유심(唯深), 유기(唯幾), 유순(唯順)의 세 아들이 있었다. 홍중의 후사가 없자 의중의 둘째 아들인 유기를 양자로 들여 종손의 가통을 잇게 하였다. 하지만 유기도 후사가 없었다. 그런데 유심에게는 선언(善言), 선도(善道), 그리고 선하(善下)의 세 아들이 있었다. 이에 따라 둘째인 선도가 다시 유기의 양자로 들어가게 되었다. 고산의 양자 입적 사실을 예조(禮曹)가 입증해준 '입안'(立案)(1602, 선조 35, 고산의 16세 때의 일)은 현재 보물 제482호로 지정되어 해남 연동의 고산 유물전시관에 전해오고 있다. 고산 윤선도는 큰아버지인 유기에게 입양되었지만 양부모에 대한 효성이 지극하였다. 훗날 윤유기도 "효자를 얻었다"고 말할 정도였다.

그가 양자로 입양되던 해에 부친 유기가 과거에 급제하였다. 그 뒤 그는 부친이 외직에 나갈 때면 그 임지를 따라다녔다. 13세 때는 부친이 안변도호부사에 임명되자 안변 지방을 여행하기도 하였다. 14세 전후에 지은 다음의 시를 보면 그의 시적 자질이 일찍부터 발휘되고 있음을 알 수 있다.

> 석양에 찾는 길, 모래 섞인 흙먼지 자욱하더니
> 비 개인 뒤 앞 시내의 물빛이 한결 새롭구나.
> 임지의 산과 풍토 가까이서 깨닫고 보니
> 사람마다 하는 말소리 남쪽과 다름을 알겠네.
> ―「왕안변도중우음」(往安邊途中偶吟)

'고산 윤선도 생가의 터' 기념비 서울 동숭동 문예회관 옆에 자리 잡고 서 있다. '孤山尹善道五友歌碑'라는 큰 글씨 밑에 그의 시조 「오우가」가 한글로 새겨져 있다.

    고산은 17세에 남원 윤씨 돈(暾)의 딸과 혼인하였으며, 그 해에 진사 초시에 합격하였다. 그리고 2년 뒤에는 소과(小科)의 초시(初試)에 해당하는 승보시(陞補試)에 장원으로 급제하였으며, 21세에는 장남 인미(仁美)를 낳았다. 그러나 이듬해에는 양모(養母)인 구씨(具氏)를 여의고 또 다음해에는 자신의 생모(生母)를 잃었다. 25세가 되던 10월 모친의 상복을 벗은 윤선도는 비로소 11월에 종가의 선산이 있는 해남에 내려갔다. 이때의 감정을 「남귀기행」(南歸紀行)이라는 122구의 장편 기행시로 남겼다. 26세 봄에는 진사시험에 장원으로 합격하고 이어 9월에는 차남 의미(義美)를 얻었다. 그러나 이 해 12월에 자신을 낳아준 부친이 세상을 떠났다. 그는 개인적으로 과거 합격과 자식의 출생이라는 가정의 행복과 함께 부모의 죽음이라는 불행을 잇달아 겪었다. 33세에는 예미(禮美)를 낳았다.

이처럼 개인적인 슬픔을 겪은 그였지만 부친의 상복을 벗자마자 30세 때인 1616년 12월에는 유생의 신분으로 '병진상소'(丙辰上疏)를 올렸다. 이이첨(李爾瞻), 유희분(柳希奮) 등 당시 조정의 집권세력이 권력을 남용하여 국사를 그르친다는 내용의 상소인데, 당시로서는 30세밖에 안된 백의(白衣)의 신분인 그가 감히 이이첨의 비리를 공박하고 나선다는 것은 목숨을 건 모험일 수밖에 없었다. 결국 그는 이 일로 인하여 이이첨 무리의 미움을 사서 함경도 경원(慶源)으로 유배되었다. 그곳에서 43수의 한시와 「견회요」(遣懷謠) 5수, 「우후요」(雨後謠) 1수 등의 시조를 처음으로 지었다.

산은 길고 길고 물은 멀고 멀고
어버이 그린 뜻은 많고 많고 크고 크고
어디서 외기러기는 울고 울고 가느니

이것은 「견회요」 제4수로 긴 산과 먼 물, 그리고 울고 가는 외기러기에 작자의 모습을 투영함으로써 어버이를 그리는 간절한 심정을 노래하고 있다.

고산은 1년 뒤 다시 경상도 기장(機長)으로 옮겨졌다. 그것은 당시 변방에 귀양온 선비들이 많았던 탓에, 조정에서는 고산이 나라의 기밀을 가진 그들과 내통할까 두려웠기 때문이었다. 33세(1619)에 유배지에서 부친 유기의 부음을 접하였다. 부친은 고산이 병진상소를 올린 탓에 63세 때 삭탈관직되었다가 69세로 죽었던 것이다. 부친은 그가 상소문을 올리는 것을 간곡히 만류했었다고 한다. 당시 젊음의 의기(義氣)가 앞서면서 광해군의 폭정에 격분하여 출사를 포기한 그였기에 '병진상소'를 올렸지만, 결과적으로 부친에게 불효를 저지른 것이다.

1623년(37세) 3월에 인조반정이 일어나면서 그는 유배에서 풀려났다. 실로 6년 4개월 동안의 귀양살이였다. 그리고 이 해 4월 의금부도사에 제수되었으나, 7월에는 사직하고 해남으로 내려갔다. 조정에서는 다시 의금부도사,

안기찰방(安奇察訪) 등의 벼슬을 내렸으나 그는 모두 나아가지 않았다. 약 5년 동안 고산은 고향 해남의 연동(蓮洞)에서 독서와 심신의 단련에 열중하였다. 그곳은 득관조(得貫祖)인 어초은(漁樵隱) 윤효정 이래 선조들이 대대로 살아온 집이 있었는데, 그 연동의 옛집은 아직도 남아 있다.

42세인 1628년(인조 6) 봄에 별시 문과 초시에 장원 급제하였다. 당시 시관(試官)이던 장유(張維)는 그의 글을 보고 '동국의 제일책(第一策)'이라고 극찬했다 한다. 그는 장유의 추천으로 봉림대군(10세)과 인평대군(7세)의 사부가 되었다. 고산은 두 왕자에게 『소학』(小學)을 교본으로 삼아 가르쳤다. 당시 이 책은 사림(士林)들에게 금서(禁書)로 알려졌는데, 고산은 일찍이 이 책을 접한 뒤 평생 삶의 철학으로 삼았다.

고산은 43세에 공조좌랑을 시작으로 하여 공조정랑(44세), 호조정랑·한성부윤(46세), 예조정랑·세자 시강원문학(47세)을 거쳤다. 화려한 벼슬살이와 함께 가정적으로는 44세에 장남 인미와 차남 의미가 나란히 과거시험에 합격하는 기쁜 일이 있었다. 47세(1633)에는 증광문과(增廣文科)에 급제한 뒤 4월에 시행된 증광복시(增廣覆試)에서는 대책(對策)에서 일등으로 뽑혔다. 인조는 이를 축하하여 음식을 하사하기도 하였다.

인조의 고산에 대한 두터운 신임은 반대파의 시비를 불러일으켰으니, 48세에는 그의 승진을 못마땅하게 여긴 재상 강석기(姜碩期)가 그의 벼슬길을 막으려고 모함한 탓에 종6품직인 성산현감(星山縣監)에 좌천되었다. 치욕적인 강등이었지만 그는 그곳에서 목민관으로서 소임을 다하였다. 그는 이때 백성의 토지를 올바로 측량해야 한다는 상소를 올렸다. 그러나 조정에 상달되지 못하고 오히려 상관인 경상도 감사 유백증(兪伯曾)이, "윤선도의 실정(失政)이 있으니 파직시켜달라"는 모략의 글을 임금에게 올렸다. 임금이 이를 받아들이지 않았지만, 고산은 그 해 겨울에 병을 핑계로 사직한 뒤 귀향하고 말았다.

이러한 당쟁으로 인한 벼슬살이의 좌절과 환멸은 그에게 세상을 멀리하고 은둔하게 만들었다. 그리하여 그는 자연에 깊이 관심을 갖게 되었다. 그런데 그의 나이 50세 되던 1636년(인조 14) 12월에 병자호란이 일어났다. 청나라 군사가 물밀듯 쳐들어오자 전세가 다급해진 조정에서는 우선 봉림대군과 인

평대군 등 왕자와 종실 등을 강화도로 피신시키고, 왕도 그 뒤를 따르려 하였다. 그러나 사태가 다급해지자 왕은 남한산성에 들어갔다가 45일 만에 청나라에 항복하면서 굴욕적으로 삼전도에서 군신의 서약을 하고 말았다.

해남에서 청의 침략 소식을 접한 고산은 의병을 모집하여 배를 타고 바닷길로 서해를 거슬러 강화도로 향하였다. 그러나 1월 29일 강화도에 이르렀을 때 왕자와 빈궁이 있는 그곳이 이미 함락되었다는 소문을 듣게 되었고, 고산은 배에서 통곡을 하며 뱃머리를 남쪽으로 돌렸다. 해남에 이르러 왕이 청나라에 굴욕적으로 항복했다는 사실을 안 그는 통분해하며, 배에서 내리지 않고 아예 탐라(제주도)에서 살겠다고 남으로 내려갔다. 그러다가 보길도(甫吉島)의 산봉우리와 골짜기가 수려함을 보고 배에서 내렸다. 격자봉(格紫峰)에 올라가 본 빼어난 산 기운과 수석(水石)의 기이함에 이끌려 이곳에 머물기로 하였다. 보길도가 국문학계에 널리 알려지기 시작한 것은 이 일부터이다. 이때가 1637년(51세) 2월이었다.

고산문학의 산실 부용동과 금쇄동

고산은 자신이 정착한 일대의 마을을 섬의 산세가 피어나는 연꽃을 닮았다 하여 '부용동'(芙蓉洞)이라고 불렀다. 부용은 연꽃의 다른 이름이다. 그가 태어난 곳이 연화방(蓮花坊)이요, 조상의 선산이 있으며 자신의 학문을 연마한 곳이 곧 연동(蓮洞)이니, 연꽃과는 기이한 인연을 맺고 있는 셈이다. 이 세 곳의 연꽃마을은 고산의 삶과 문학에서 매우 중요한 공간이었음에 틀림없다.

고산은 격자봉 아래에 집을 지어 낙서재(樂書齋)라 하였다. 그리고 그 후로도 오랜 기간에 걸쳐 보길도의 이곳 저곳에 세연정(洗然亭), 무민당(無悶堂), 곡수당(曲水堂) 등의 건물과 정자를 짓고 연못을 파서 섬 전체를 자신의 낙원으로 가꾸었다. 부용동 정원이야말로 고산이 꾸민 새로운 이상향인 것이다. 그는 해남 윤씨 집안의 재력을 바탕으로 막대한 인력을 동원하여 공사를 진행할 수 있었다.

고산은 85세로 이곳에서 죽을 때까지 일곱 차례에 걸쳐 이 섬을 왕래하면서 13년 정도 머물렀다. 그는 이곳의 산과 지역에 직접 이름을 붙였는데 동천

세연정 부용동 입구에 있는 세연정은 부용동 정원에서 가장 원형이 잘 보존된 곳으로, 자연과 인공의 미가 잘 조화를 이루고 있다. 옛 터전 위에 1993년 정자가 세워졌다.

석실(洞天石室), 언선대(偃仙臺), 상춘대(賞春臺), 소은병(小隱屛), 낭음계(浪吟溪), 미산(薇山) 등등이 그것이다. 사실 보길도 전체는 고산의 손길이 미치지 않은 곳이 없을 정도로 곳곳에 유적지와 그가 붙인 이름이 남아 있다.

  보길도의 부용동 정원은 방대한 편인데 크게 낙서재, 동천석실, 그리고 세연정 등 세 곳으로 나누어진다. 세연정은 부용동 입구에 있는데 자연 연못과 인공 연못으로 이루어진 곳에 이 정자가 놓여 있다. 고산은 세연정 아래 동대(東臺)와 서대(西臺)에서 틈나는 대로 무동(舞童)과 무희에게 춤을 추게 하고 악사에게 풍악을 울리게 하여 즐겼다. 낙서재는 세연정에서 조금 들어가면 격자봉 아래에 있는데, 강학과 독서에 열중하던 고산의 생활 공간으로 지금은 터만 남아 있다. 동천석실은 낙서재에서 북쪽으로 2킬로미터 떨어져 마주보이는 앞산 중턱에 있다. 바위 절벽 위에 세워져 자연과 인공의 미가 조화를 이루고 있다. 고산은 이곳을 부용동 제일의 경치로 생각하여 여기에 서적을 보관해두었다. 그리고는 이곳을 자주 왕래하면서 자연의 경치를 즐겼고 탈속(脫俗)의 경지를 누리고자 하였다.

보길도에 들어온 지 1년 뒤(52세) 봄에 고산에게 대동찰방(大同察訪)과 사도시정(司導寺正)의 벼슬이 내려졌지만, 그는 병을 핑계로 나아가지 않았다. 이로 인하여 반대파의 모함이 심해졌다. 병자호란 때 강화도에까지 당도하였음에도 불구하고 임금을 뵙지 않고 돌아갔다는 것과, 피난온 처자들을 붙잡아 섬으로 데려가 함께 살면서 벼슬에 나오지 않는 죄목으로 모함받아 1638년 6월 끝내 경상도 영덕으로 귀양을 갔다. 이 유배지에서는 주로 장편의 한시를 지어냈다. 유배의 고통과 서정이 한데 어우러지면서 시적 형상화의 능력을 유감없이 발휘한 것이다. 그러나 유배 기간은 오래되지 않았으니 그는 이듬해(53세) 2월에 풀려나 고향 해남으로 돌아갔다.

유배에서 풀려나 영덕을 떠나 집으로 돌아오는 도중 고산은 8세 된 아들 미아(尾兒)의 죽음을 전해들었다. 미아는 비록 천출(賤出)로 태어났지만 고산이 늦은 나이에 얻어 상당히 애지중지했던 아들이었다. 일찍이 병자호란이 일어나던 무렵에 둘째 아들 의미(義美)를 잃었던 그였다. 고산은 이때의 슬픔을 「도미아」(悼尾兒), 「견회」(遣懷) 등의 장편 한시를 통해 읊었다. 고산은 인미, 의미, 예미, 순미(循美), 직미(直美) 등의 아들을 두었다.

고산은 고향에 돌아온 뒤 집안일을 전부 첫째 아들 인미에게 맡기고 자연 속에 파묻혀 살았다. 시끄러운 세상사를 멀리하고 평소 품었던 은거 생활을 한 것이다. 이는 고산이 평소에 지녔던 자연에 대한 깊은 이해와 애정 탓도 있겠지만, 아마도 현실의 갈등을 해소하는 대상으로서 자연을 선택한 것이 아닌가 생각된다. "천하가 혼란할 때 선비가 갈 곳은 조정이 아니면 바로 산림이 아닌가" 하는 그의 말은 이를 증명한다. 53세 이후에는 수정동(水晶洞)과 금쇄동(金鎖洞)에서 한가한 생활을 누렸다.

그는 귀양지에서 돌아와 백련동(지금의 연동)에 머무르지 않고 그곳과 가까운 수정동에 살 터를 찾아 집을 지었다. 그곳은 해남군 현산면에 있다. 그는 이곳에서 인소정(人笑亭)을 짓고 못을 만들어 인공 원림(園林)을 조성하였다. 지금은 여러 집터나 연못의 축대 등이 남아 있어 규모를 정확히 알 수 없으나 상당한 인공 원림이 조성되었을 것으로 여겨진다. 그는 수정동이 있는 이곳을 수정산으로 불렀으며, 경치가 뛰어난 곳곳에 이름을 붙였다. 인소정 곁에 있는 병풍바위는 비가 많이 오는 장마철에는 폭포수가 흘렀는데, 고산은 이러한 경관을 관조하면서 뛰어난 작품을 창작할 수 있었다. 또한 수정동 근처에 있는 문소동(聞簫洞)을 찾아가 정사(精舍)를 두었다.

고산은 54세 봄에 꿈에서 본 곳을 찾아가 새롭게 금쇄동을 발견하였다. 그가 그 해 봄에 쓴 수필인 「금쇄동기」(金鎖洞記)에서 "수정산의 거처를 가려면 5리가 못 되고 문소산의 거처를 가려면 1리도 못 된다"고 한 것을 보면, 금쇄동은 수정동과 문소동에서 가까운 거리에 있었던 듯하다. 그는 수정동과 문소동, 그리고 금쇄동을 왕래하며 산중에서 살았다. 이는 59세에 지은 다음의 시에서도 알 수 있다.

금쇄동 안에 꽃이 만발하고
수정동 아래에 물소리는 우레와 같다.
유인(幽人)이라 일 없다고 누가 말하는가
죽장에 짚신 신고 날마다 오고 가는데.

―「우음」(偶吟)

이처럼 그는 이들 세 곳을 오가는 산중 생활을 10년 정도 계속하게 된다.

금쇄동은 많은 사람들이 고산문학의 산실 가운데 하나로 거론하는 지명이다. 그것은 그의 문집 속의 「연보」 등에 "나이 56세에 금쇄동에서 「산중신곡」(山中新曲)을 지었다"고 되어 있으며, 그의 묘가 현재 금쇄동에 있는데다 그 무렵 산중 생활의 대표지로서 금쇄동이 알려졌기 때문일 것이다. 그러나 이 '금쇄동'은 바로 수정동과 문소동을 포함한다고 봐야 한다. 고산은 이 세 곳을 오가며 56세에 이르기까지 시조 19수를 지었는데 이들 모두를 「산중신곡」이라 불렀다. 그리고 56세에 자신이 만든 책자인 『금쇄동기』에 이들 작품을 수록하였다.

다음의 시조는 「산중신곡」 가운데 「만흥」(謾興) 6수의 첫 작품이다. 이를 보면 수정동에 있는 인소정(人笑亭)을 연상하는 시구가 중장에 나온다.

> 산수간 바위 아래 띠집을 짓노라 하니
> 그 모른 남들은 웃는다 한다마는
> 어리고 향암(鄕闇)의 뜻에는 내 분인가 하노라

금쇄동을 그는 선경(仙境)으로 인식하였다. 그리하여 풍수지리에 밝았던 고산은 직접 자신의 묘지를 택하였다. 지금 그의 묘가 있는 금쇄동이 바로 그곳이다. 그는 금쇄동을 발견하고는 회심당(會心堂)을 비롯하여 휘수정(揮手亭) 등을 지었다. 그러나 지금은 휘수정터만 남아 있다. 고산은 금쇄동에서 해남의 대둔산과 두륜산, 그리고 멀리 영암의 월출산을 바라보곤 하였다. 월출산의 기암절경, 그 가운데 천왕봉을 보면서 지은 「조무요」(朝霧謠)라는 시조가 있다.

> 월출산이 높더니마는 미운 것이 안개로다
> 천왕 제일봉을 일시에 가리와다
> 두어라 해 퍼진 휘면 안개 아니 거드랴

이 시조는 「산중신곡」 가운데 하나로, 서경시이면서도 천왕봉이 임금을 상징하고 그 봉우리를 가리는 안개가 간신을 상징한다는 점에서 훌륭한 풍자시라고 할 수 있다.

연동의 녹우당

1649년(63세) 5월에 인조가 승하하고 효종이 즉위하였다. 고산은 병이 깊어 서울로 올라가 애도할 수 없게 되자 이 일을 상소로 올렸으나, 감사가 이를 올리지 않았다. 그러자 고산은 큰아들 인미를 대궐로 보내 사정을 아뢰게 하니 왕은 옛 사부에 대한 은혜를 밝히며 이를 잊지 않고 있노라고 말하였다. 1651년(65세)에 고산은 보길도의 부용동에 들어가 유명한 「어부사시사」(漁

父四時詞)를 지었다.

효종은 즉위 3년(1652, 66세)에 고산에게 성균관 사예(司藝)를 특별히 제수하여 불렀다. 그러나 반대파 서인(西人)의 모함이 계속되자 그는 거듭 상소를 올려 벼슬을 그만두게 해달라고 간청했다. 효종은 다시 동부승지에 그를 제수하였다. 정언(正言) 이만웅(李萬雄)이 고산을 비난하고 나서자 임금은 노하여 이만웅을 관직에서 내쫓았다. 고산은 임금의 뜻을 알고 고향에 내려갈 수가 없어서 일단 경기도 양주(楊州)의 고산(孤山)에 머물렀다. 그의 시조「몽천요」(夢天謠) 3수는 이 무렵에 지어졌다. 이 해 8월 예조참의에 제수되자 병으로 사직을 청하였으나 허락되지 않았다. 고산은 10월에 왕에게「시무팔조」(時務八條)의 소를 올리면서 재차 사직을 청하였으나 허락되지 않았다. 그러자 이번에는 공신(功臣) 원두표(元斗杓)를 공격하는 상소를 올렸는데, 이 일로 그는 오히려 관직을 삭탈당하였다. 이 해에 고산은 해남으로 돌아왔다.

이듬해(67세)에 고산은 부용동에 들어갔다. 2월에는 낙서재 남쪽에 무민당(無悶堂)을 지어 침소로 삼아 기거하였다. 연못도 파고 연꽃도 심으면서 부용동을 손수 가꾸었다. 2년이 지난 69세에 효종이 다시 그를 부르자 서울에 올라가 잠시 벼슬을 하였으나 곧 그만두고 내려가 부용동에 들어갔다. 71세에도 첨지중추부사에 제수되어 부름을 받았으나, 역시 사직을 청하였다. 하지만 오히려 왕은 이듬해(72세) 그를 공조참의에 제수하였다. 그러자 반대파에서는 벼슬을 항상 특명으로만 한다며 비판하였다.

이 무렵 을사사화 때 죽은 남인 출신 정개청(鄭介淸)의 서원이 송준길 무리에 의해 헐리자, 고산은 이의 부당함을 상소하다가 반대파인 송시열과 삼사(三司)의 탄핵을 받았다. 이에 신변의 위협을 느낀 그는 사직소를 올려 기어이 허락을 받았다. 효종은 해남으로 내려가려 하는 그를 만류하며, 사부(師傅)를 위하여 수원에 집을 지어주고 그곳에 머무르게 하였다. 고산은 그가 머물렀던 이 집을 훗날 81세에 유배에서 풀려난 뒤 해체하여, 수원에서 남양으로, 다시 남양에서 뱃길로 띄워 해남까지 옮겼다. 그 집이 바로 녹우당(綠雨堂) 안의 사랑채이다. 지금은 해남 윤씨 종가 전체를 '녹우당'이라 부르지만,

녹우당 해남 윤씨의 종가로 전남지역에 남아 있는 민가 가운데 가장 오래된 양반집이다. ㅁ자형으로 60여 칸의 규모를 자랑한다. 집 뒤의 비자림이 바람에 흔들릴 때마다 푸른 비가 내리는 듯하다고 하여 녹우당이라 불렀다 한다. 현판은 성호 이익의 이복형인 옥동 이서가 쓴 것이다.

원래는 이 사랑채가 녹우당이었다. 이런 연유로 건축양식이 ㄷ자형인 일반적인 호남지방의 양반가옥과는 달리 서울의 양반가옥에서 흔히 볼 수 있는 ㅁ자형으로 되어 있다. 현재 녹우당 앞에는 「어부사시사」가 새겨진 '고산 시비'가 서 있다.

   1659년(73세) 효종이 즉위 10년 만에 돌연 승하하였다. 이때 조대비(趙大妃)의 복제문제(服制問題)가 터졌다. 소위 유명한 예송논쟁(禮訟論爭)으로 조대비가 3년복을 입느냐 1년복을 입느냐 하는 것인데 송시열, 송준길 등의 서인측은 후자를, 윤휴, 허목, 윤선도 등의 남인측은 전자를 주장하였다. 그러나 이 예송(禮訟)에서 남인측은 패하였고, 이에 고산은 1660년(74세) 6월에 함경도 삼수(三水)로 귀양을 갔다. 세번째 귀양인 셈인데 삼수는 험준한 땅이라 원래 북청으로 이배(移配)될 수 있었으나 송시열의 반대로 오히려 위리안치(圍籬安置)되었다. 고희를 넘긴 나이인데다가 국경 끝의 열악한 환경

윤선도 묘소 해남군 현산면 금쇄동에 있다. 풍수지리에 밝았던 고산이 미리 직접 터를 잡았던 곳으로 길지라 한다. 해남의 대둔사 입구에서 집단시설지구 옆으로 새로 난 아스팔트길을 따라 만안리까지 간 뒤 다시 산길을 올라가야 나온다.

속에서 귀양살이의 고생은 무척 심했다. 더욱이 중죄인의 누명을 쓴 탓에 아전들의 구박이 심했다고 한다. 그는 함경도 생활 5년간 20여 편의 시를 지었는데 대개는 힘든 귀양살이에 대해 읊고 있다.

고산은 1665년(79세) 3월이 되어서야 전라도 광양(光陽)으로 이배되었다. 그곳에서 1년 4개월을 더 보낸 뒤 81세가 되던 해 7월에 왕의 특명으로 비로소 유배에서 풀려났다. 8년간의 기나긴 유배생활이었다. 8월에 해남에 돌아왔다가 9월에 다시 보길도의 부용동으로 들어갔다. 그는 그곳에서 5년 동안 유유자적하며 살다가, 낙서재에서 1671년 6월에 85세를 일기로 세상을 떠났다.

2. 불멸의 시조문학

고산은 한국 고전시가사에서 단가(短歌), 곧 시조문학의 일인자이다. 그의 문집 『고산선생유고』(孤山先生遺稿)에는 한시문이 실려 있으며, 「별집」(別集)에도 한시문과 시조 35수, 단가 「어부사시사」 40수가 실려 있다. 또한 친필로 된 가첩(歌帖)으로『산중신곡』, 『금쇄동집고』(金鎖洞集古) 2책이 해남의 고산 유물전시관에 전해온다. 고산은 정철, 박인로와 함께 조선시대 3대 시가 시인으로 불리는데, 특이한 것은 이들과는 달리 그가 가사(歌辭)를 창작하지 않았다는 점이다.

자연 속에서 싹튼 시조문학

그는 문학적 자질이 뛰어났을 뿐만 아니라 음악에 대한 조예도 남달랐다. 고산은 젊었을 때 음악에 취미가 있어 거문고와 같은 악기를 좋아하였다. 심지어 여행을 갈 때도 늘 거문고를 가지고 다녔을 정도였다고 한다. 음악에 대한 이해가 있었기 때문에 시조를 짓는 데에도 흥미를 가졌을 것임은 당연하다.

　　보이는 것은 청산이요 들리는 것은 거문고 소리인데,
　　이 세상 무슨 일이 내 마음에 들리겠는가.
　　가슴에 가득 찬 호기를 알아줄 사람도 없이
　　한 곡조 미친 노래를 혼자서 읊네.
　　　　　　　　　　　　　　　─「낙서재우음」(樂書齋偶吟)

자연과 거문고 소리와 노래를 부르는 자신이 하나가 된 경지를 이 시에서는 그리고 있다. 거문고에 정이 깊었던 마음을 노래한 시조로 「증반금」(贈伴琴), 「고금영」(古琴詠) 등이 있으며, 한시로는 위의 작품 외에도 꽤 있다. 그가 아끼고 사랑하던 거문고는 지금도 해남의 고산 유물전시관에 남아 있다.

　　소리는 혹 있은들 마음이 이러하랴
　　마음은 혹 있은들 소리를 뉘 하나니
　　마음이 소리예 나니 그를 됴하 하노라

버렸던 가얏고를 줄 연져 놀아보니
청아한 옛 소리 반가이 나는고야
이 곡조 알 리 업스니 집겨 노하 두어라

　첫번째 시조는 '반금(伴琴)에게 준다'는 제목의 시조「증반금」으로 고산의 나이 59세에 지어진 것이다. 고산은 54세에 금쇄동을 발견하고 그곳에 머무르면서 많은 음악 친구를 사귀었는데, 반금은 그들 가운데 하나다. 반금은 권해(權海)의 호로 거문고 타기를 잘하여 그렇게 불렀다 한다. 두번째 시조는 고산이 두번째 유배에서 풀려나 금쇄동에 은거하고 있을 때 지어진 것으로, 그 동안 내버려두었던 가야금을 다시 타면서 느낀 심정을 노래하고 있다. 청아한 옛 가야금[古琴] 소리는 반갑지만 곡조를 아는 이가 없으니 다시 놓아 둔다고 하였다. 결국 이 시조를 통하여 고산은 자기를 알아줄 이가 없으므로 산중에 은거하고 있음을 암시적으로 밝힌 것이다.
　고산은 음악이 음탕하고 환락을 불러일으킨다는 사람들의 일반적인 생각을 부정하고, 오히려 마음을 다스려서 맑게 해주며 중화(中和)의 기운을 기르고 욕심을 없애준다고 믿었다. 음악에 대해 적극적 긍정론인 셈이다. 퇴계 이황도 일찍이 "한시는 읊을 수 있지만 노래할 수 없어서, 만일 노래하고자 한다면 우리말로 지을 수밖에 없다"며,「도산십이곡」을 창작한 바 있다. 고산의 시조창작은 바로 이러한 사고방식의 소산으로 이해할 수 있다.
　고산은 부용동의 세연정에서 틈만 나면 무동과 무희를 시켜 춤과 노래를 부르게 했다고 한다. 고산의 후손 윤위가 지은『보길도지』에 나오는 글귀 일부를 옮겨보자.

　세연정에 이르면 자제들이 시립(侍立)하고 여러 희녀(姬女)들이 열지어 모신다. 연못 가운데는 작은 배를 띄워 남자 아이들로 하여금 채색 옷을 입게 하고, 배를 움직여 빙빙 돌면서 공이 지은 어부수조(漁父水調) 등의 가사를 느린 풍류가락에 맞추어 노래하도록 하고, 정자 위에서는 관현(管絃)을 연주하게 한다. 여러 사람에게는 동대(東臺)와 서대(西臺)에서 춤을 추게 하며, 혹은 긴 옷소매

차림으로 옥소암에서 춤추게 하면, 바위 그림자는 연못 물 위에 비치고 너울너울 추는 춤은 풍류 가락에 어울린다. (……) 이러한 일은 질병의 걱정 근심이 없는 한 하루도 거른 적이 없다. 이르기를 하루도 음악이 없으면, 성정(性情)을 수양하거나 세간의 걱정을 잊을 수 없었다고 한다.

고산이 67세에 보길도 부용동에 가서 무민당을 지은 뒤에 일어난 일을 기록한 것으로 보인다. 세연정에서 그는 아이들을 시켜 자신이 지은 「어부사시사」를 부르게 하였다고 하는데, 이로 미루어 「어부사시사」도 바로 이러한 부용동 생활 속에서 가창(歌唱)을 전제로 이루어진 노래임에 틀림없다. 고산이 당시 부용동에서 누렸던 삶은 사람에 따라 평가가 달라, 이것을 지나친 향락 생활이라고 비판하기도 한다. 그러나 "음악을 통해 성정을 기르려 했다"는 사실은 고산뿐만 아니라 이현보나 이황 등에게 발견되는 사례이기도 하다. 따라서 우리는 당시 시조가 불리는 연행 공간의 특성을 사실대로 이해할 필요가 있다.

어쨌든 그는 막대한 해남 윤씨 가문의 재력을 바탕으로 보길도의 부용동과 해남의 금쇄동에 정자와 정원을 꾸미며 은거생활을 할 수가 있었다. 그리고 그는 이러한 넉넉한 생활 속에서 자연미를 완상하며 그의 예술적 자질을 유감없이 발휘하게 된다. 그의 대표적인 시조 작품들은 바로 부용동과 보길도의 원림(園林) 속에서 창작된 것이다.

현재 전하는 고산의 시조는 모두 75수이다. 1차 유배 때 함경도 경원에서 지은 「견회요」 5수, 「우후요」 1수를 비롯하여, 그가 66세에 효종의 부름을 받고 벼슬길에 나섰다가 반대파의 시비로 양주 고산에서 머무르고 있을 때 지은 「몽천요」 3수를 제외하면, 대부분의 시조는 고산이 보길도와 해남 금쇄동에 은거하면서 지은 것이다.

고산의 「연보」에 의하면 고산은 56세 때 금쇄동에서 「산중신곡」(山中新曲) 18장을 지었다고 한다. 그러나 자신이 직접 친필로 남긴 가첩(歌帖) 『산중신곡』에는 19수가 있으며, 해남의 고산 유물전시관에 전하는 책자 『금쇄동기』(金鎖洞記)에도 19수가 있다는 점에서 「산중신곡」에 수록된 시조는 19수가 정확하다. 19수의 작품이란 「만흥」(謾興) 6수, 「조무요」(朝霧謠) 1수, 「하우요」(夏雨謠) 2수, 「일모요」(日暮謠)·「야심요」(夜深謠)·「기세탄」(饑歲歎) 각 1수, 「오우가」 6수, 「고금영」 1수 등을 말한다. 이들은 고산이 수정동, 금쇄동 등을 오가면서 지은 것인데, 그가 56세에 1차적으로 정리하여 「산중신곡」으로 불렀던 것이다.

그리고 59세 이후에 다시 금쇄동 생활에서 지은 작품들이 「증반금」, 「추야조」(秋夜操), 「춘효음」(春曉吟)으로, 고산은 이들 3곡을 「산중속신곡」이라 불렀다. 고산이 역시 친필로 남긴 가첩 『금쇄동집고』에는 이들 세 작품이 함께 실려 있다. 한편 가첩 『금쇄동기』에는 「산중신곡」 19수, 「초연곡」(初筵曲) 2수, 「파연곡」(罷筵曲) 2수, 「어부사시사」 40수, 「몽천요」 3수의 국문 시가가 들어 있으니, 여기에 나오는 「초연곡」과 「파연곡」은 그의 나이 59세 무렵에 지어진 것이다.

우리말의 아름다움을 노래하다

고산 시가문학의 특징으로, 우선 그가 시조를 본격적으로 문학 차원에서 창작하고 있다는 점이 주목할 만하다. 그는 작품에 반드시 제목을 붙였으며, 그 작품들을 직접 써서 책자로 만들어 보관하였다. 이는 그가 시조 창작에 대한 의식이 뚜렷했음을 말해준다. 다음으로 그는 당시 우리말의 아름다움을 자연스럽게 활용하였다. 고산은 일상적인 언어를 감칠맛나게 노래 속에 조합하는 뛰어난 능력을 보여주었다. 그 결과 그의 작품들은 익숙한 우리말이 많아 쉽게 대할 수 있으며 노래로 부를 수 있는 장점을 가지고 있다.

> 바람 분다 지게 닫아라 밤 들거다 불 앗아라
> 벼개예 히즈려 슬카지 쉬여 보쟈
> 아희야 새야 오거든 내 잠와 깨와스라

이 작품은 「야심요」인데 여기서는 당시의 옛말들이 활용되고 있다. 문(門)을 뜻하는 '지게'가 그렇고, 불을 끄라는 말이 '불 앗아라'로, '베개에 의지하여'라는 말이 '벼개예 히즈려'로 사용되고 있다. 순수한 우리말을 구사하는 그의 능력이 어느 정도인지를 알 수 있게 하는 자료이다. 더욱이 화자가 청자에게 직접 말을 건네는 화법적인 표현 방식도 신선하다. 그리하여 이 작품을 대하면 속세에서 벗어나 번뇌하지 말고 자연과 더불어 살자는 작자의 말에 공감을 하게 된다.

그의 작품을 보면 자연에 대한 통찰력과 심미안이 잘 반영되어 있다. 실생활에 밀착된 감흥이 드러나는가 하면, 어떠한 관념을 표상하기 위하여 자연을 활용하기도 한다. 또는 그 자연이 유교적인 윤리세계와 관련되어 윤리적인 이상을 상징하기도 한다.

비오는데 들에 가랴 사립 닫고 쇼 머겨라
마히 매양이랴 잠기연장 다스려라
쉬다가 개는 날 보아 사래 긴 밭 갈아라.

「하우요」 2수 가운데 하나인데, 여름철 장마를 만나 한가로운 정경이 잘 드러난다. '마', 곧 장마 때문에 농부가 사립문을 닫고 소를 돌보며 농기구를 간수하는 여유가 잘 나타난 것이다. 그렇다고 해서 이 자연이 실생활 자체의 현장성을 드러내주지는 못한다.

이러한 자연은 고산의 생각을 표상하는 대상으로 활용되기도 한다. 그것은 당쟁의 현실을 우의적으로 표현할 때가 많다. 보기에 따라서는 그의 많은 작품들이 당대의 정치현실을 빗대어 나타내고 있다고 믿어지는 것이다. 특히 「조무요」, 「하우요」, 「추야조」 등에서는 그러한 면이 쉽게 찾아진다.

창승(蒼蠅)이 쓸데시니 파리채는 놓았으되
낙엽이 늣거오니 미인(美人)은 늙을 게고
대숲에 달빛이 맑으니 그를 보고 노노라.

「추야조」에서는 가을밤을 제재로 삼아 당대의 정치현실을 우의적으로 노래한다. 창숭, 곧 쉬파리는 간신배를, 미인은 인조 임금을 가리킨다. 간신배가 물러갔으나 임금은 늙을 것이니 한스러운데, 대숲에 달빛이 맑으니 그 속에서 유유자적하게 살고 싶다고 하였다. 종장에 나오는 '대'와 '달빛'은 「오우가」에도 나오는 것으로 이들은 곧고[直] 맑은[淸] 가치를 상징한다. 혼탁한 정치현실과 깨끗한 자연을 교묘히 대비하면서, 작자는 자연 속의 삶을 지향하고 있다. 자연이 유교적 가치를 상징하는 대표적인 작품으로는 「오우가」를 들 수 있다. 이 노래는 자연을 유자적(儒者的)인 관점에서 바라보고, 그 각각의 자연 속에서 인간세계의 윤리를 찾고 있다.

그런데 고산이 추구하는 자연은 직접적인 대립상이나 생활현장의 생동하는 모습은 결여되어 있다. 그것은 그가 생활의 어려움이나 시련을 겪지 않고 풍족한 삶을 영위한 데서 기인한다. 「어부사시사」는 고기잡이를 생업으로 삼는 어부가 아니라 강호 자연을 즐기는 사대부로서 '가어옹'(假漁翁)의 입장에서 지어졌기 때문에, 자연과의 갈등이나 투쟁 혹은 생계유지의 수단으로서 고기잡이 등은 그려지지 않았다. 관찰자의 입장에서 자연을 서경적으로 그리고 있다는 점에서 자연미는 존재하나, 그 속에 사는 생동하는 생활인은 없는 셈이다.

이처럼 현실적 삶이 결여되어 있는 모습은 다음의 시조 「기세탄」에서도 확인된다.

환자(還子) 타 산다 하고 그를사 그르다 하니
이제(夷齊)의 높은 줄을 이렁구러 알관디고
어즈버 사람이야 오[誤]] 랴 해 운(運)의 탓이로다.

환자(還子)는 고을의 사창(社倉)에서 백성에게 꾸어주었던 곡식을 가을에 이자를 붙여 받아들이는 일을 말한다. 그러한 환자는 오히려 백성들에게 과중한 이자가 매겨져 고충을 가중시키고 있었다. 그러나 고산은 그 환자의 폐해를 한 해의 운, 곧 시운(時運)으로 돌리고 있다. 현실을 그릇되게 보는 인식의 한계를 보여주고 있다.

3. 고산 시조문학의 감상

다음의 작품들은 「산중신곡」 속에 실려 있는 「만흥」 6수와 「오우가」 6수, 그리고 『고산유고』에 전하는 「어부사시사」 40수 가운데 봄노래 10수이다. 「만흥」과 「오우가」는 「산중신곡」 전체 19수 가운데 가장 많은 편수를 차지하는데, 고산이 53세에 벼슬길에서 물러나와 수정동과 금쇄동을 왕래하면서 지은 대표적인 작품들이다. 또 「어부사시사」는 비교적 후반기인 65세에 보길도의 부용동 생활 속에서 지어진 것이다.

만흥(謾興) 전6수

산수간 바위 아래 띠집을 짓노라 하니
그 모른 남들은 웃는다 한다마는
어리고 향암(鄕闇)의 뜻에는 내 분인가 하노라

보리밥 풋나물을 알마초 먹은 후에
바위 끝 물가에 슬카지 노니노라
그 남은 녀나믄 일이야 부롤 줄이 이시랴

잔 들고 혼자 안자 먼 뫼흘 바라보니
그리던 님이 오다 반가움이 이리하랴
말씀도 우슴도 아녀도 몯내 됴하 하노라

누고셔 삼공(三公)도곤 낫다 하더니 만승(萬乘)이 이만하랴
이제로 혜어든 소부(巢父) 허유(許由) 냑돗더라
아마도 임천한흥(林泉閑興)을 비길 곳이 업세라

내 성이 게으르더니 하늘이 아르실샤
인간만사(人間萬事)를 한 일도 아니 맛뎌
다만당 다툴 이 업슨 강산을 직히라 하시도다

강산이 됴타 한들 내 분(分)으로 누 얻느냐
님군 은혜(恩惠)를 이제 더욱 아노이다
아므리 갑고쟈 하여도 하올 일이 업세라

오우가(五友歌) 전6수

내 벗이 며치나 하니 수석(水石)과 송죽(松竹)이라
동산(東山)에 달 오르니 긔 더옥 반갑고야
두어라 이 다섯밧긔 또 더하야 무엇하리

구름빛이 조타 하나 검기를 자로 한다
바람 소리 맑다 하나 그칠 적이 하노매라
좋고도 그칠 뉘 업기는 물뿐인가 하노라

꽃은 무스 일로 픠면서 쉬이 지고
풀은 어이하야 푸르는 듯 누르나니
아마도 변티 아닐손 바회뿐인가 하노라

더우면 꽃 피고 추우면 닙 디거늘
솔아 너는 엇지 눈서리를 모르는다
구천(九泉)의 뿌리 곧은 줄을 글로 하야 아노라

나무도 아닌 것이 풀도 아닌 것이
곧기는 뉘 시기며 속은 어이 븨엿는다
저렇고 사시예 프르니 그를 됴하 하노라

작은 것이 높이 떠서 만물(萬物)을 다 비취니
밤중의 광명(光明)이 너만한 이 또 있느냐

보고도 말 아니하니 내 벗인가 하노라

어부사시사(漁父四時詞) : 春詞

앞개에 안개 걷고 뒷뫼에 해 비친다
배 떠라 배 떠라
밤물은 거의 지고 낮물이 밀어온다
지국총 지국총 어사와
강촌 온갖 꽃이 먼 빛이 더욱 좋다

날이 덥도다 물 위에 고기 떴다
닫 드러라 닫 드러라
갈매기 둘씩 셋씩 오락가락 하는고야
지국총 지국총 어사와
낚대는 쥐여 있다 탁주병(濁酒瓶) 실었느냐

동풍이 건듯 부니 물결이 고이 인다
돛 달아라 돛 달아라
동호를 바라보며 서호로 가쟈스라
지국총 지국총 어사와
앞뫼가 지나가고 뒷뫼가 나아온다

우는 것이 뻐꾸긴가 푸른 숲이 버들숲가
이어라 이어라
어촌 두어 집이 냇 속에 나락들락
지국총 지국총 어사와
말가한 깊은 소(沼)에 온갖 고기 뛰노나다

고운 볕이 쬐었는데 물결이 기름 같다
이어라 이어라
그물을 주어 두랴 낚시를 놓을일까
지국총 지국총 어사와
탁영가(濯纓歌)의 흥이 나니 고기도 잊을로다

석양이 빗겼시니 그만하야 돌아가자
돋 디여라 돋 디여라
안류정화(岸柳汀花)는 굽이굽이 새롭고야
지국총 지국총 어사와
삼공(三公)을 불리소냐 만사를 생각하랴

방초(芳草)를 밟아보며 난지(蘭芷)도 뜯어보자
배 세여라 배 세여라
일엽편주에 실은 것이 무스것고
지국총 지국총 어사와
갈 제는 내뿐이오 올 제는 달이로다

취하여 누웠다가 여울 아래 나리려다
배 매여라 배 매여라
낙홍(落紅)이 흘러오니 도원(桃源)이 가깝도다
지국총 지국총 어사와
인세홍진(人世紅塵)이 얼마나 가렸나니

낚시줄 걷어 놓고 봉창(篷窓)의 달을 보자
닫 디여라 닫 디여라
하마 밤들거냐 자규(子規) 소래 맑게 난다
지국총 지국총 어사와

남은 흥이 무궁하니 갈 길을 잊었도다

내일이 또 없으랴 봄밤이 몇 번 새리
배 붙여라 배 붙여라
낚대로 막대 삼고 시비(柴扉)를 찾아보자
지국총 지국총 어사와
어부 생애는 이렁구러 지낼로다

작품 해설

「산중신곡」속의 「만흥」은 이미 언급한 것처럼 고산이 두번째 유배에서 풀려나와 해남에서 가까운 수정동에 들어가 살면서 지은 것이다. 따라서 여기서는 벼슬을 하지 않고 자연 속에 사는 것이 분수에 맞는 일이라고 말하면서, 자신의 울분과 고독을 드러낸다. 그리고 임금을 위해 일할 기회가 주어지지 않는 상황을 안타까워한다.

첫번째 수에서는 자연 속에서 띠집을 짓고 사는 생활을 남들이 비웃지만 이것이 곧 나의 분수에 맞는 생활이라고 겸손해한다. 두번째 수에서는 거친 밥을 먹은 뒤 물가의 바위에 앉아 실컷 노는 일은 그저 부러울 것이 없는 최고의 삶이라고 자부한다. 그리고 세번째 수에서는 술잔을 들고 먼 산을 바라보며 그리던 임이 온다는 소식에 좋아하는 모습을 그리고 있다. 임은 임금일 수도 있으니 비록 작가가 자연 속에 묻혀 살지만, 한편으로는 여전히 임금의 소식을 기다리면서 현실을 완전히 포기하지 못하고 있는 모습을 보여준다.

네번째 수에서는 삼공의 호사스런 지위를 누리는 벼슬살이가 자연에서의 삶보다 못하다면서, 자신을 소부 허유로 비유한 뒤 자연과의 흥취는 비길 데 없는 즐거움이라고 단정하고 있다. 다섯번째 수에서는 자신이 벼슬을 하지 않는 이유를 게으른 탓으로 돌린 뒤, 이 때문에 하늘이 자기에게 자연을 지키며 살아가라고 말했다 하였다. 벼슬에서 물러나와 굳이 자연 속에 사는 자신의 모습을 미화했다고 할 수 있다. 마지막 여섯째 수에서는 이러한 자연 속에서 사는 만족한 삶을 임금의 은혜로 돌리고 있다. 강산을 지키는 삶은 내 분수로는 얻을 수 없는 일이라고 말하면서, 이것은 오직 임금의 은혜에서 비롯된 것이라고 말한다. 이런 점에서 작가는 '감군은'(感君恩)을 작품의 말미에 외치는 사대부의 시가 전통을 잇고 있다.

「산중신곡」에 들어 있는 「오우가」는 모두 6수로서, 첫번째 수에서는 물〔水〕·돌〔石〕·솔〔松〕·대〔竹〕·달〔月〕의 다섯 벗을 총괄적으로 거론하고, 나머지 다섯 수에서는 이들 벗에 대하여 하나씩 노래하였다. 두번째 수에서는 구름빛과 바람 소리는 각각 검은 빛을 띠고 그치기도 하지만, 물은 이들 두 자연물에서는 찾아보기 어려운, 깨끗하면서도 끊임없이 흐르는 모습을 간직하고 있어서 좋다고 말한다.

세번째 수에서는 꽃은 쉽게 지며 풀은 푸른 듯하면서도 누렇게 되지만, 바위는 끝내 변하지 않는다고 노래한다. 네번째 수에서는 꽃은 추우면 떨어지지만 소나무는 눈서리를 이기며 푸르고 곧은 자태를 드러낸다고 말한다. 다섯번째 수에서는 대나무가 비록 나무도 풀도 아니면서 곧고〔直〕 사시(四時)에 늘 푸르니 좋아한다고 노래한다. 마지막 여섯번째 수에서는 달은 작으면서도 어두운 밤중에 만물을 비추는데, 세상 일을 보면서도 말하지 않고 침묵하는 모습이 좋다고 말한다.

여기서 작가는 다섯 가지 자연물을 각각 거론하면서 반대 속성의 자연물을 대비하고 있다. 즉 물은 구름빛과 바람소리에, 돌은 꽃과 풀에, 소나무는 꽃에, 대나무는 나무와 풀에 각각 대비된다. 그러나 달은 대비되는 자연물을 거론하지 않은 채 작지만 높이 떠 있는 모습을 가지고 있다고 말한다.

그런 점에서 다섯 벗은 긍정적 가치를 지닌 자연물로서, 각각 부단(不斷)함과 청결성, 불변성, 불굴성, 불욕(不慾)과 강직성, 침묵성 등의 규범을 가리킨다. 이들 다섯 가지의 자연물과 대비되는 구름빛·바람소리·꽃·풀·잎·나무 등은 물론 위의 규범과는 정반대되는 것이다.

고산은 규범적 가치를 지닌 다섯 벗을 택하면서 찬양하고 있다. 그러면서 자연의 순수성만을 강조하기보다는 그 윤리적 가치를 높이 평가한다. 사람의 도리를 수단으로 삼아 자연물을 예찬하고 있는 것이다. 그가 이처럼 자연을 선택한 것은 아마도 자신에게 좌절을 안겨준 현실정치의 무상감 때문이었을 것이다.

「어부사시사」는 고산이 65세(1651) 때 보길도에 들어가 지은 것이다. 어부의 흥취를 흉내내면서 부르는 「어부가」(漁父歌)는 고려 후기부터 있었는데, 조선 초에 이현보(李賢輔)가 이를 개작하여 각각 장가(長歌)와 단가(短歌)로 만든 적이 있었다. 고산 역시 이 「어부가」 계열의 노래를 「어부사시사」로 재창작한 것이다. 고산의 이 노래는 「어부가」 계열 가운데 가장 시적 구조가 치밀하게 짜여져 있고 문학적 표현이 우수하여 「어부가」의 대표작으로 평가된다. 이 「어부사시사」는 시조와 근접한 단가이면서 협의의 시조는 아닌 '독자적인 갈래의 노래'라 할 것이다. 이 「어부가」 계열의 노래는 조선 후기에도 이형상(李衡祥)의 「창부사」(倡父詞), 이한진(李漢鎭)의 「속어부사」로 이어진다. 그러나 이는 본래의 모습에서 크게 쇠퇴한 것이고, 나중에는 잡가의 「어부가」 또는 「배따라기」로 유행하였다.

전체 작품은 춘하추동 네 계절에 각각 10수씩 총 40수로 구성되어 있고, 또 각 작품의 장마다 여음이 삽입되어 있다. 그런데 이 여음은 고기잡이를 나섰다가 돌아오기까지의 과정이 차례대로 보여지고 있다. 곧 배를 띄우는 데서 시작하여 마지막으로 배를 육지로 닿게 하는 데까지의 과정으로 짜여져 있다. 실제로 위의 자료 10수를 놓고 차례로 읽어보면 이 점을 확인할 수 있다. 또한 여음구의 하나인 '지국총 지국총 어사와'는, 노를 젓고 닻을 감을 때 나는 소리 '지국총'에, 힘을 함께 내어 부르는 '어기여차'를 입소리[口音]로 형용한 '어사와'가 합쳐진 것이다. 이러한 여음구(餘音句)의 반복으로 음악적인 효과는 물론 노래를 부르는 흥취를 배가시키고 있다.

이 작품은 강호에 노닐며 흥취를 자랑하는 사대부 시조의 가장 세련된 경지를 보여주고 있다. 현실정치에서 실패를 경험한 고산이, 대신 찾은 강호자연 속에서 풍요로운 삶을 누리면서 자연과 하나되는 세련된 경지를 노래하고 있는 것이다. 그러나 이미 언급했듯이 이 노래 속의 자연은 실생활 속에서의 자연이라기보다는 관찰자로서 바라본 자연이다. 이 노래는 유흥 공간을 염두에 두고 창작되었기 때문에, 실제 어부가 부른 뱃노래가 아닌 가어옹(假漁翁)으로서 뱃노래라는 성격을 지닌다.

■ 세연정·동천석실, 녹우당 찾아가는 길

세연정과 동천석실은 완도군 노화읍 보길도에 있다. 완도읍 여객선착장과 해남 땅끝(土末) 선착장에서 보길도로 직접 가는 배가 있다. 또한 땅끝에서 1시간 간격으로 다니는 노화도행 배를 타고 노화도로 간 다음 다시 보길도로 가는 배를 갈아타도 된다. 보길도로 가는 배는 승용차를 실어다 준다. 보길도 청별선착장에서 오른쪽으로 난 길을 따라 1.3km 정도 가면 부용동의 초입인 세연정에 닿는다.

동천석실로 가려면 부용리 사무소를 지나 나오는 작은 시멘트 다리를 건너 바로 오른쪽으로 난 개울을 지난다. 숲속으로 난 작은 길을 따라 0.5km 정도 산을 오르면 넓은 바위와 함께 동천석실이 나온다.

녹우당은 해남군 해남읍 연동리에 있다. 해남읍 버스터미널 앞에서 완도·토말 방면으로 가는 13번 국도를 따라 읍내를 벗어나면 길 왼쪽으로 대흥사로 가는 806번 지방도로가 나온다. 이 길을 따라 대흥사 쪽으로 2km 가면 길 왼쪽으로 연동리 버스정류장과 함께 녹우당으로 들어가는 시멘트길이 나 있다. 이 길을 따라 0.9km 들어가면 녹우당 입구 주차장에 닿는다.

덕음산 아래 자리한 연동마을은 해남 윤씨 집성촌으로, 종손이 지금까지 살고 있는 고택과 1979년에 건립된 고산 유물전시관이 있다. 유물전시관에는 고산과 관련된 수많은 친필가첩(親筆歌帖)과 공재 윤두서의 미술품, 지도, 윤씨 가문의 귀중한 문서자료 등이 보관되어 있다. 고산의 사당은 이 유물관 뒤편에 있으며, 고산의 무덤은 금쇄동에 있다.

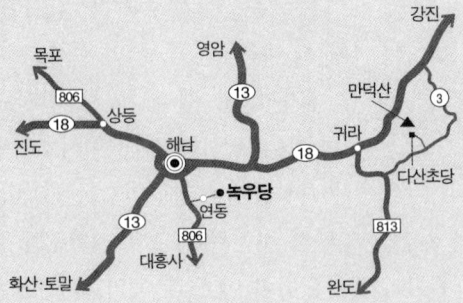

판소리의 수호자, 신재효

1. 한말 한 아전의 판소리 인생

19세기 후반에는 시대적인 변화가 급격히 이루어지면서 기존의 봉건질서와 구체제에 대한 국민적 저항이 전국적으로 일어났으며, 사회·경제적 측면 외에 의식면에서도 근대적 질서를 향한 노력들이 본격화되던 시기였다. 또한 18세기 이래로 대두되기 시작한 민중의 자아 각성에 따른 문학과 예술에 대한 인식이 싹트면서 다양한 분야의 서민 대중문학이 꽃피었다. 훗날 국민문학으로 자라난 판소리도 바로 이러한 문화적인 배경과 민중의 저력 속에서 성장하였으니, 19세기에는 민중의식과 문학적인 역량이 결집되면서 전성기를 누리게 되었다.

신재효(申在孝, 1812~1884)는 조선 후기 격동의 변화 속에서 무엇보다 자신이 해야 할 중요한 역할이 판소리와 관련된 일임을 깨닫고 이를 실천에 옮겼다. 그는 판소리 변화의 중간 지점에서 그 변화의 주도적인 역할을 담당함으로써 '역사적 실재'로 존재하게 된다. 더욱이 그가 예견하고 실험했던 판소리 사설의 정리·개작과 판의 분화, 그리고 단가와 가사의 창작 등은 현대 판소리와도 크게 벗어나지 않고 있다는 점에서 대단히 중요한 위치를 차지하고 있다. 신재효는 고전문학과 현대문학의 경계선에 있는 인물이라는 점에서 이 책 마지막에 놓여지게 된다.

신재효의 판소리 문학은 우선 지리적으로 고창이라는 배경 속에서 가능하였다. 고창은 오늘날에도 판소리와 인연이 깊어 지방의 군 단위로는 유일하게 국악당이 있는 곳이다. 또한 1996년에 타계한 판소리 명창 만정(晩汀) 김소희(金素姬)와 조선 말기 판소리 최초의 여류 명창으로 알려진 진채선(陳彩仙)의 고향이기도 하다.

다음으로 신재효의 판소리 문학을 일구게 한 환경으로서 신분적 배경 또한 빼놓을 수 없다. 중인 출신의 아전인 그는, 선친이 닦은 터전을 기반으로 고창에서 이방(吏房)을 거쳐 호방(戶房)을 하면서 자신이 일군 막대한 부를 통하여 판소리를 애호하고 광대의 후원자 역할을 담당할 수 있었다. 그리고 이러한 신분적 조건은 그가 판소리에 몰입할 수 있었던 이유 중의 하나였다.

마지막으로 신재효가 살았던 시대도 그의 문학적 배경의 하나로 고려될 수 있다. 격동의 한말에 태어난 그는 밖으로는 서양이나 일본의 외세침략을 눈으로 직접 확인하였으며, 안으로는 지도층의 부정부패와 아전들의 폐해를 지켜보며 성장하였다. 신재효는 이러한 시대 상황 속에서 갖게 된 현실에 대한 새로운 인식을 자신이 개작한 판소리 사설과 단가에 반영하고자 하였다.

그러나 이와 같은 세 측면의 문학적 배경은 신재효의 경우 서로 밀접하게 관련되어 있기 때문에 그 셋의 관계를 함께 고려하면서 살펴볼 필요가 있다.

오줌, 똥도 버리지 마라

신재효는 본관이 평산(平山)이요 자는 백원(百源)이며 호가 동리(桐里)로, 고창에서 관약방(官藥房)을 하던 신광흡(申光洽)의 1남 3녀 가운데 외아들로 태어났다. 이서층(吏胥層) 출신인 아버지 신광흡은 경기도 고양(高陽)에서 살다가 서울에서 직장(直長)을 지냈는데, 고창현(高敞縣)의 경주인(京主人) 노릇을 하였다. 경주인은 경저리(京邸吏)라고도 하는데, 서울에 머물면서 자신이 담당한 지역의 연락 사무를 대행하는 사람을 일컫는다. 이들은 지방에서 올라오는 지방민들의 편의를 도모하고 상납물(上納物)의 도착이 지

내장사 전북 정주시 내장동의 내장산 아래에 있다. 원래 영은사가 있었는데, 한국전쟁 때 불에 타서 그 자리에 내장사가 지어졌다. 신재효의 부모가 내장산에 와서 치성을 드린 뒤 그를 얻었다 한다. 내장산의 단풍으로도 유명하다.

연되었을 때는 이에 대한 책임을 져야 했다. 하지만 여기에 드는 비용의 몇 배를 지방관아에 요구함으로써 부당한 이득을 얻는 경우가 더 많았다. 신광흡 역시 경주인의 자리에 있으면서 재산을 모았는데, 이 재산은 그의 아들 신재효가 고창에서 향리(鄕吏)로 활동하는 데 든든한 기반이 되었다. 신광흡은 고창의 경주인을 한 인연으로 고창에 이주하여 관약방을 하면서 돈을 모았다.

신재효의 어머니는 나이 40이 넘도록 아들을 얻지 못하여 근심하다가 부군과 함께 정읍에 있는 월조봉(月照峰)에 치성을 드렸다. 그 덕분에 산신의 영감을 얻어 신재효를 얻었다고 한다. 실제로 신재효의 나이 회갑이 되던 해(1872)에 내장산 영은사(靈隱寺)의 법당이 중수되었을 때, 그는 그 법당의 상량문(上樑文)을 써주었다고 한다. 이로 미루어 아마도 이 절은 신재효의 부모가 그의 탄생을 빌었던 곳이 아닌가 여겨진다. 영은사는 한국전쟁 때 불에 타 없어졌고 이 터에 새로이 내장사가 세워졌다.

부모는 나이 들어 얻은 자식이라 효도하라는 뜻으로 이름을 재효(在孝)라고 지었다. 신재효는 부모의 이러한 뜻에 어긋나지 않게 효성이 지극했다고 한다. 그는 어려서부터 총명하여 신동으로 소문날 정도였으며 재주가 뛰어났다고 전해진다. 글은 아버지로부터 주로 배웠는데, 그의 아버지 신광흡이 종7품 벼슬인 직장(直長)을 했으며 관약방을 경영한 것으로 미루어 아들에게 공부를 가르칠 만큼의 소양은 충분히 갖추었던 것으로 여겨진다.

전해오는 이야기에 따르면, 신재효는 나이 40이 넘어 지방 향리인 호장을 그만둔 뒤로 수십 리 밖에 있는 대학자를 찾아가 학문을 토론하기도 했다 한다. 그 대학자가 누구인지는 알려져 있지 않다. 이로 보아 신재효의 학문에 대한 열정은 대단했음을 알 수 있거니와, 이러한 학문적 소양은 훗날 그가 판소리의 이론을 수립하고 사설을 개작하는 밑바탕이 되었다.

신재효는 철종 3년(1852)에 고창현감으로 부임한 이익상(李益相) 밑에서 이방을 지냈고, 이어서 호장까지 오른 뒤 은퇴하였다. 고양에서 살았던 아버지가 전혀 연고가 없는 고창에 내려와 살았음에도 불구하고 신재효가 향리의 우두머리격인 호방에 올랐다는 것은, 그가 남다른 재능과 함께 현실에 대한 적응력이 뛰어났음을 말해준다. 더욱이 그는 호장에서 퇴임한 뒤인 고종 13년(1876)에는 고창현감으로 부임한 유돈수(柳敦秀)로부터 그 동안의 업적에 대해 위로를 받았다고 하니, 그의 고창에서의 위치와 명성을 어느 정도 가늠해볼 수 있다. 그는 고창현의 향리나 서민들과 깊이 사귀었다. 그가 죽은 뒤에 여러 향반(鄕班)들이 만장(輓章)을 써 보낸 것으로 보아, 신분을 넘어선 폭넓은 교유를 맺었을 것으로 추정된다. 현재 고창현감의 관아가 있었던 모양성(牟陽城: 고창 읍성) 안에는 향리 출신의 신재효와 그의 아버지 신광흡의 유애비(遺愛碑)가 세워져 있다.

신재효는 이미 40대 전후에 곡식 1천 석을 추수하고 50가구가 넘는 세대를 거느린 부호가 되어 있었다. 원래 향리는 고려시대부터 지방의 실질적인 지배자로서 토호적(土豪的)인 성격이 강하여 중앙정부에 대항하는 부정적인 기능을 담당하기 일쑤였다. 그들은 지방의 실무를 독점하고 각종 잇권에 개입함으로써 토착 비리를 저지르고, 사회적으로는 지배층의 가장자리에서 농민을 수탈하는 지배계층적 성격을 주로 지녔다. 그러나 신재효가 재산을 모

고창 읍성 고창읍 읍내리 읍내 뒤편 낮은 야산에 자리하고 있다. 모양성으로 알려진 이 읍성은 전국에서 원형이 가장 잘 보존된 자연석 성곽이다. 읍성 안에는 수많은 관아 건물의 복원공사가 1976년부터 진행되고 있다. 이 읍성 안에 신재효와 그의 아버지의 유애비가 세워져 있다.

을 수 있었던 것은 향리로서 부정한 방법에 의해서라기보다 남다른 노력의 결과에 의해서였다. 그것은 신재효 자신의 치산(治産)의 지혜와 근면성, 성실성 등이 있었기 때문에 가능하였다. 물론 그 밖에도 부친이 물려준 유산도 있었을 것이다.

창작 단가 「치산가」에 나오는 "의식지계(衣食之計) 하노라고 불피풍우(不避風雨) 40년에 검은 털이 희었으니"라는 구절로 보아, 그는 재산을 모으는 데 상당히 열심이었던 듯하다.

이보 소년더라, 긔한 노인 웃지마소. 젊어서 방탕하면 이러하기 면할소냐. (……) 부지런코 검박하면 가장기물(家藏器物) 절로 있네. 사치하고 무도하면 범법수죄(犯法受罪) 자로 하고, 패가망신 아조 쉽네. 치산가 한 곡조를 범연히 듣지 마소. 창업하기 어렵거니와 수성하기 더 어렵네. 어렵다고 말지 마소. 쉬운 것이 집에 있네. (……) 줄줄이 과목 심어 돈진 사람 오게 하소. 고물고물 채소 놓아 반찬값을 내지 말며, (……) 마무르고 높은 논도 거름하면 곡식되네. 오줌 똥이 밥이 되고 밥이 도로 똥이 되니, 그리할 줄 모르고서 이내 몸에 있는 거름 오줌 똥을 한데 보면 옷과 밥이 어서 날꼬. (……)

—「치산가」(治産歌)

근검 절약을 생활화하고 과실과 채소를 심어 한치의 빈 땅이라도 놀리지 말며 하찮은 오줌과 똥이라도 버리지 말고 비료로 사용하면 증산(增産)시킬 수 있음을 강조하고 있다. 「치산가」는 신재효의 생활 철학이 담긴 것으로 그가 어떻게 재산을 모으고 유지시킬 수 있었는지를 잘 보여주고 있다.

그러나 신재효는 인색한 부자는 아니었다. 아끼고 모은 재산을 병자년(1876, 고종 13)의 대흉년에는 굶주린 재해민을 돕는 데 아낌없이 썼다. 이때 그는 사람들이 아무 대가 없이 물질적인 신세를 지면 의타심이 생긴다면서 비록 헌 옷가지나 걸레라도 가져와서 곡식과 바꾸어 가도록 하였다. 그리고 그 물건들에 표시를 해두었다가 후일 그 은혜를 잊지 않고 갚으러 온 사람들에게는 원래의 곡식만을 받고 그 보관물을 다시 돌려주었다.

신재효가 아량이 넓고 매우 인간적이었음을 보여주는 다음과 같은 일화도 전해온다. 어느 날 밤 도둑이 신재효의 침방에 들어왔다. 그러나 그는 당황하지 않고 부드러운 말투로 남의 물건을 훔치는 일이 도리에 어긋나는 일임을 타이른 뒤, 돈 1백 냥을 주면서 남을 해치지 말고 바른 사람으로 착하게 살아갈 것을 당부하였다. 얼마 뒤 그 도둑은 1백 냥의 이자까지 내놓으며 과거의 잘못을 뉘우쳤다. 그러자 신재효는 그럴 수 없다며 도둑이 착한 사람이 된 것을 칭찬하며 되돌려보냈다고 한다.

그 밖에도 신재효는 자신이 근무하던 관아인 형방청(刑房廳)의 건물을 중수하는 데에 돈을 시주하였고, 경복궁의 복원 사업에 원납전으로 5백 냥을 헌납하였다. 특히 광대의 양성과 후원에는 전 재산을 기울였다. 그는 굶주린 백성을 구휼한 공으로 가선대부(嘉善大夫)의 포상을 받았고, 경복궁 재건을 위한 원납전(願納錢) 회사의 공으로 고종 15년(1878)에는 통정대부(通政大夫)라는 품계(品階)와 절충장군(折衝將軍) 용양위(龍驤衛) 부호군(副護軍)이라는 명예직을 받아 명목상 신분상승을 이루었다.

신분사회의 모순을 깨닫다

신재효가 중인의 신분이었음에도 불구하고 전 재산을 털어서 판소리에 몰두하게 된 동기는 분명하지 않다. 국문학계에서는 이러한 동기에 대하여 몇 가지의 추정을 내리고 있다.

우선 서양의 경우처럼 일반적으로 경제적인 안정을 누리는 계층이 예술작품을 상품으로 사들이게 되는데, 신재효의 판소리에 대한 관심도 이러한 측면에서 이해된다는 것이다. 영국에서는 18세기 이래로 중산층이 증가하면서 극장의 관객 수효가 증가했으며, 이탈리아에서도 신흥상인들이 음악과 미술 등을 애호하면서 예술이 비약적으로 발전한 사실은 중요한 시사점이 될 것이다. 당시 조선 후기에는 양반이나 부를 축적한 부자들은 가객(歌客)을 불러 소리를 사주는 현상이 있었다. 그런데 당시의 향리를 포함한 중인층의 경우, 그들은 대개 비생산적인 유흥에 몰입하였으며, 현실인식이 뚜렷한 비판적인 안목도 없는데다가 새로운 역사를 위한 동력을 발휘하지 못하고 있었다. 그럼에도 불구하고 아전 출신의 중인 신분인 신재효가 판소리에 관심을 기울이고 개작한 사설에 자신의 목소리를 어느 정도 드러내고 있다는 것은 그가 대단히 특이한 존재였음을 말해준다.

다음으로 생각할 수 있는 것은, 그가 향리의 직무를 수행하면서 판소리를 지원하게 되지 않았을까 하는 점이다. 그는 향리로서 각종 연회(宴會)에 판소리의 창자(唱者)를 포함한 가객과 기녀(妓女)를 동원하는 일을 주선하였을 것이고, 또 고창현에 소속된 당시의 예능인들과 자주 만나게 되었을 것이다. 이때 그는 직업상 판소리의 창자들과 접촉하고 그들의 소리를 들으면서 점차 판소리에 심취하는 수준에까지 이르렀을 가능성이 크다.

여기에다 사람들은 신재효 자신의 개인적인 동기를 덧붙여 고려하기도 한다. 사실 신재효는 중인층이라는 신분의 제약을 벗어나기 위해 많은 노력을 기울인 것으로 알려졌다. 그는 양반 사대부적인 교양을 익히면서 고창의 향반(鄕班)들과 사귀었으며, 흉년의 기민구휼과 원납전 헌납이라는 개인적인 노력을 통해 명목상 신분상승을 이루었다. 그러나 그가 양반 사대부로 행세하는 데는 일정한 한계가 있었다. 고창 지방의 경우 향반의 위세가 대단하였다고 하는데, 이 때문에 신재효 집안의 통혼권(通婚圈)은 그의 명망과 명목적인 신분상승에도 불구하고 향리 집안에 머무를 수밖에 없었다.

이로 말미암아 신재효의 의식에는 신분상승의 의지와 이를 제약하는 현실 사이에서 갈등을 겪고 있었다. 결국 그의 판소리에 대한 애호와 관심은 중인층이라는 신분의 제약을 벗어나려는 몸부림에서 비롯된 대리 충족 욕구의 발현으로 이해된다. 「자서가」(自敍歌)에서, "사나이로 조선에 생겨/장상댁(將相宅)에 못 생기고/활 잘 쏘아 평통할까/글 잘 한다고 과거할까"라고 말한 것을 보면, 그가 신분차별에 대해 어느 정도 절망감을 갖고 있었는지 짐작할 수 있다.

신재효가 심리적인 좌절감을 극복하기 위해 어떤 보상행동을 했는지는 다음과 같은 일화에 잘 나타나 있다. 그는 집 입구에서부터 덩굴진 측나무를 심어, 그 나무가 섬돌까지 연결되게 하였다. 그리하여 판소리의 풍류에 이끌려 자신을 찾아오는 향반들을 몸을 구부려 들어오게 하고, 자기는 그보다 높게 지은 집 마루 위에서 내려다보며 손님을 맞았다. 그러나 이 일은 후에 암행어사로 고창에 내려온 어윤중(魚允中)이 관아 쪽을 향한 신재효 서재의 기둥 생김새가 신분에 맞지 않는다는 점을 현감에게 지적함으로써 결국 시정하게 하였다고 한다.

이처럼 신재효의 판소리에 대한 관심과 지원은 지역적·시대적 측면 외에도 이러한 개인의 신분적인 측면을 고려했을 때 비로소 이해할 수 있다. 곧 그의 판소리 활동은 중인들의 예술 지원을 통하여 신분상승의 욕구를 대신 충족시키려는 보상행위로 이해되며, 아울러 그것은 고창이라는 지역적인 토양과 신재효 자신의 투철한 현실인식이 있었기 때문에 가능했다는 것이다. 이런 점에서 그는 당시의 중인층들과는 다른 '특별한 개인'이었음에 틀림없다.

신재효는 판소리의 단순한 감상자가 아니었다. 그는 판소리를 배우러 오는

동리고택 고창 읍성 건너편에 있는 초가집이다. 원래는 그 옆의 고창경찰서까지 신재효의 집이었으나 일제가 빼앗아 경찰서를 지었다고 한다. 1979년에 복원한 지금의 집은 사랑채만 남아 있다. 집 안에는 우물이 있으며, 도로와 가까운 마당 끝에는 '동리가비'가 서 있다. 고택의 길 건너편에 동리국악당이 있다.

수습생을 모아 전문적인 음악교육을 집단적으로 실시하였다. 그는 "여러 판소리 창자들을 모두 자기에게 오도록 했는데, 가깝고 먼 곳에서 배우러 오는 사람이 날마다 문에 가득 찼으나 그들을 다 먹이고 거처하게 하였다"고 한다. 이는 『교방제보』(敎坊諸譜)의 저자인 양반 출신의 정현석(鄭顯奭)이 신재효에게 부친 편지(「贈桐里申君序」) 속에 나오는 내용이다.

 수많은 판소리 수습생들을 먹이고 재우며 소리와 이론을 가르쳤던 집에는 원래 "뜰 앞의 벽오동은 임신생의 동갑이라"(「방아타령」) 하였듯이 벽오동이 심어져 있었고, 정자가 세워져 그 마루 아래로는 물이 흘러 꽤 운치가 있었다. 신재효는 방 안을 온통 검은 종이로 발라 놓고 홀로 명상에 잠겼다고 하는데, 그의 풍류는 "에헤에헤 나하에야/한량 중에 멋 알기는/고창 신호장이 날개라"(「날개타령」)고 읊을 만큼 멋진 것이었다. 그런데 그 벽오동은 베어져 지금은 흔적조차 없고, 연못도 메워졌다. 약 3백 평에 정원이 3천 평 정도였다던 그의 집은, 일제 강점기를 거치면서 그의 논밭들과 함께 모두 처분, 정리되었다. 일제는 그의 저택을 빼앗아 연못을 메우고 여러 채를 헐어 경찰서를 지었다. 현재 남아 있는 신재효의 고택(古宅)은 원래 사랑채로서 경찰서의 사택으로 사용되었다고 한다.

신재효는 아전의 신분이면서도 판소리를 애호하고 후원하였기 때문에 신분상승이 가능했으며 또한 풍류를 즐기면서 살아갈 수 있었다. 그러나 그의 가정생활은 그리 평탄하지 못하였다. 첫째 부인은 그가 26세 때 자식을 남기지 못한 채 25세의 젊은 나이로 세상을 떠났고, 둘째 부인도 2년 만에 외딸만 남기고 사별하였다. 다시 얻은 셋째 부인은 자기보다 20세나 아래였는데 슬하에 1남 2녀를 낳고 36세의 젊은 나이로 세상을 떠났다. 그때 신재효의 나이 56세였다. 그는 세상을 떠날 때까지 약 17년간을 결혼하지 않고 고독한 여생을 보냈다. 이러한 가정적인 슬픔이 그로 하여금 판소리 광대를 후원하고 사설을 개작하며 단가를 창작하게 만들었는지도 모른다.

신재효는 73세(1884, 고종 21)를 일기로 고창의 집에서 자신이 태어난 날짜와 똑같은 11월 6일 세상을 떠났다. 이는 셰익스피어가 1564년 4월 23일에 태어나 1616년 4월 23일에 죽은 것과 일치한다. 셰익스피어의 활동과 신재효 활동이 서로 유사하다는 사실을 감안할 때, 이는 매우 흥미로운 일임에 틀림없다. 그러나 영국은 셰익스피어를 위대한 인물로 기리고 있지만, 우리는 전혀 그렇지 못하고 있다. 이제 신재효를 기리는 일은 우리에게 부과된 과제로 남아 있다. 신재효의 묘는 현재 고창읍 성두리(星斗里)에 있는데, 안타깝게도 관리가 제대로 이루어지지 않고 있다.

2. 신재효 판소리 문학의 실상과 업적

신재효가 판소리 창을 배우고자 하는 사람들을 모아 집단적인 전문교육을 시켰음은 널리 알려진 사실이다. 그는 김세종(金世宗)이라는 당대의 명창을 초대하여 이들에게 소리를 가르치게 하였으며, 자신은 판소리 사설의 정확성, 소리의 적합성, 표현 문제 등을 지도했다고 전한다. 또한 수습생들의 재산을 공동으로 관리하여 수습 창자(唱者) 중심의 공동생활권을 형성하였다. 소리를 가르치는 선생의 밑에서 도제적인 전수방식에 의존하던 당대의 풍습에 비하면 이러한 교육 방식은 상당히 근대적인 모습을 지니고 있다. 신재효는 판소리의 지도 활동으로 판소리 창자들에게 가장 영향력 있는 한 사람이 되었다. 당시 판소리 창단(唱壇)에는 "남에는 고창 신재효요 북에는 정춘풍(鄭春風)"이라는 말이 나돌 정도였다. 정춘풍은 당시에 유식한 창자 가운데 한 사람이었다.

신재효는 자신의 재력과 지적 능력을 밑바탕으로 판소리 창단(唱壇)에 큰 영향을 끼쳤다. 그의 문하를 거쳐 나간 판소리 명창으로 서편제의 이날치(李捺致)·김수영(金壽永)·정창업(丁昌業)과 동편제의 박만순(朴萬順)·김세종·전해종(全海宗)·김창록(金昌祿)·진채선·허금파(許錦波) 등이 그의 지원과 이론적 지도를 받은 것으로 알려졌다. 이들이 판소리의 두 유파(類派)에 걸쳐 있다는 것은 신재효가 판소리 창단 전체에 두루 영향을 미쳤음을 말해주는 것이다. 당시의 판소리 창자들은 신재효의 지도와 가르침을 받거나 높은 평가를 받아야만 명창으로 인정되었다고 한다.

신재효의 판소리사적 업적

신재효가 판소리사에 남긴 업적은 실로 다방면에 걸쳐 있다. 판소리 전문 교육 외에도 그는 판소리의 사설을 정리, 개작하고 판소리를 이론적으로 체계화하려고 하였다. 판소리에 관한 이론적 관심은 그가 창작한 유명한 단가 「광대가」(廣大歌)에 담겨 있다. 이 노래는 국문학사에서 판소리 이론에 관한 자료가 부족한 현 실정을 감안할 때, 학자들에 의해 귀중한 판소리의 이론으로 평가받고 있다.

「광대가」에서 신재효는 판소리의 여러 명창들을 중국의 유명한 문인들에 비유하였다. 송흥록(宋興祿)은 이태백(李太白), 모흥갑(牟興甲)은 두자미(杜子美), 권삼득(權三得)은 한퇴지(韓退之), 신만엽(申萬葉)은 두목지(杜牧之), 황해청(黃海靑)은 맹동야(孟東野), 고수관(高壽寬)은 백낙천(白樂天), 김계철(金啓哲)은 구양수(歐陽修), 송광록(宋光祿)은 왕마힐(王摩詰), 주덕기(朱德基)는 소동파(蘇東坡)와 각각 비교하여 소리의 특징을 평가한 것이다.

판소리의 명창들이 이룩한 독자적인 소리의 세계를 양반 사대부들이 최고로 여기던 한문학 대가들의 문학세계와 견주고 있다는 점에서, 그는 판소리의 예술세계를 높이 평가하고 있음을 알 수 있다. 신분적으로 천민에 가까운 광대들의 소리를 양반 사대부의 이상적인 문학세계와 동등하게 평가했다는 것은, 달리 말하면 서민예술이 정점에 도달한 19세기 당대의 시대적인 분위기와 무관하지 않다. 곧 광대들의 판소리에 대한 자부심을 찾을 수 있다는 것이다.

그는 「광대가」에서 또한 판소리의 본질을 정확하게 파악하고자 하였다. 판소리에서 가장 중요한 요소가 무엇인지에 대하여 그는, "광대라 하는 것이 제일은 인물 치레, 둘째는 사설 치레, 그 직차 득음(得音)이요, 그 직차 너름새라"고 하였다. 그는 판소리의 창자가 갖추어야 할 가장 중요한 네 가지 요건으로 인물, 사설, 득음, 너름새를 들었다. 이것을 학계에서는 '판소리의 4대 법례(法例)'라고 부르며 아리스토텔레스의 3일치 법칙에 맞먹는 4일치설이라고 견주기도 한다. '인물'은 판소리 창자의 얼굴의 생김새를 말하며, '사설'은 사설의 내용과 그 표현을, '득음'은 소리의 분별력과 가창력을 얻는 것을, 마지막으로 '너름새'는 일명 '발림'이라고도 하는데 창자의 연기 능력을 말한다. 결국 판소리 창자에 관한 것이 세 가지나 포함된 셈이다. 이는 신재효가 판소리 공연의 주체를 창자로 이해하고 있음을 말한다. 그리고 판소리의 공연예술적인 특징을 파악하고 있었으니, 오늘날 판소리가 나아가는 방향을 예견한 탁견이라 할 만하다.

신재효의 이러한 판소리관은 빠른 박자의 장단과 사설에 충실한 동편제 창자 중심에서 벗어나, 창자의 표현 동작을 강조하는 창법을 개발한 서편제 창자들이 활발하게 활동하는 데에 큰 영향을 끼쳤다. 서편제를 창시한 박유전(朴裕全)은 박자를 느리게 하고 잔가락을 많이 꾸며서 노래하는 창법을 선보였다. 그런데 이러한 경향은 '들려주는 판소리'에서 '들려주고 보여주는 판소리'로 전환되고 있음을 의미하는 것이어서, 신재효가 판소리사에 끼친 이론적인 업적을 가늠할 수 있다.

또한 신재효는 이전까지 여자가 부르기에는 힘들다고 여겨졌던 판소리를 진채선에게 부르게 함으로써 판소리사의 전기를 마련하였다. 당시 판소리는 여자의 음량으로 감당하기 힘들다는 인식이 보편적이었다. 하지만 그는 경복궁 낙성연에서 축하 공연으로 진채선에게 자신이 창작한 단가인 「명당축원」, 「방아타령」 등과 함께 판소리를 부르게 하여 당시의 명창들을 놀라게 하였다. 그는 여기서 더 나아가 창자 중심으로 소리판을 분화(分化)하는 시도를 감행하였다. 다시 말하면 판소리 창자의 성격에 맞추어 작품의 내용을 변개시키는 판의 분화를 시도한 것이다. 그리하여 나이가 어리거나 가창 능력이 미숙한 소리꾼에게는 「동창(童唱) 춘향가」를, 여자 소리꾼에게는 「여창(女唱) 춘향가」를, 그리고 가창 능력을 완전히 갖춘 창자를 위해서는 「남창(男唱) 춘향가」를 부르도록 하였다. 그러나 그가 시도한 판의 분화 작업은 훗날 판소리 창자들에게 지속적인 영향을 주지는 못하였던 듯하다. 그것은 서양 연극이 도입되면서 한 작품 안에 등장하는 여러 인물들을 서로 다른 창자가 나누어 맡는 창극(唱劇)이 등장함으로써, 전통적인 판소리의 공연 방식과 경쟁 관계에 놓이게 되었기 때문이다. 그러나 그의 노력은 서양 연극의 영향으로 창극이 생겨나기 이전에 시도한 실험이라는 점에서, 우리의 판소리가 가질 수 있는 자생적인 응전력을 보여준 사례에 해당한다고 볼 수 있다.

신재효가 판소리사에 끼친 또다른 업적으로, 전승되는 판소리의 사설을 정리하고 개작한 점을 들 수 있다. 그는 기존에 전승되는 판소리 가운데 6편의 사설을 정리하고 개작하였다. 그 6편(또는 여섯 마당)은 「춘향가」, 「심청가」, 「흥부가」(박타령), 「수궁가」(토별가, 토끼타령), 「적벽가」(화용도타령), 그리고 「변강쇠가」(가루지기타령)를 말한다. 원래 판소리는 '열두 마당'이라 하여 상당히 많은 작품이 전승되고 있었지만 신재효는 이들 여섯 작품만을 택하였다. 열두 마당에는 위의 여섯 마당 외에도 「배비장타령」, 「장끼타령」, 「왈자타령」, 「매화타령」, 「신선타령」 등이 포함되며, 「숙영낭자전」도 판소리로 불렸다고 전한다. 그런데 신재효의 개작에서 제외된 이들 작품들은 끝내 전승에서 탈락되었다. 그런 점에서 판소리에 대한 그의 깊은 안목을 이해할 수 있다. 왜냐하면 전승에서 탈락한 작품들은 신재효의 개작 정리가 이루어지지 않아서 그런 현상이 초래된 것이 아니라, 판소리사의 흐름에 역동적으로 기능할 여건을 스스로 갖추지 못한 데서 연유한 것으로 보아야 하기 때문이다.

신재효는 우선 '이미 있었던 판소리 작품'〔底本〕을 토대로 사설을 개작하였다. 이는 그가 「심청가」에서 "다른 가객(歌客) 몽중가(夢中歌)는……"이라는 표현을 구사한 데서도 충분히 알 수 있는 일이다. 다만 판소리가 구비문학이라는 점에서 그가 개작한 작품들도 결국에는 하나의 판소리 텍스트로서의 성격을 갖는다. 따라서 만일 이러한 측면을 중시하게 된다면, "신재효 역시 하나의 판소리 창작자다"라는 평가를 받게 될 것이다.

그러나 그는 직업적인 판소리 창자로서 연행(演行) 현장에 서지 않았던 탓에, 그가 정리한 사설들은 실제로 판소리로 불리기에는 적절하지 못했다. "뜻이 너무 세고 문장이 너무 긴 사설"이기 때문에 창자들이 그의 사설을 직접 부르지 못했던 것이다. 그의 판소리는 연행 현장의 발랄함을 상실한 채 경화(硬化)되어 오히려 '독서물'(讀書物)의 성격을 강하게 지니고 말았다. 다만 그가 애써 고친 사설들은 당대의 명창이나 후대의 판소리 창자들이 참고하거나 수용하기도 하였다. 전해종의 「심청가」 중에서 "심청이 인당수에 빠졌다가 다시 환생하는 대목"이라든지, 유성준의 「토별가」 중에서 "토끼와 자라가 문답하는 대목" 등은 신재효의 판소리 사설에서 직접 영향을 받은 것으로 알려진다. 그리고 현전하는 여러 창본(唱本) 「흥부가」 가운데서도 "놀부 심술" 사설의 경우 신재효의 것과 크게 다르지 않다.

신재효는 전승하던 판소리를 정리하면서 기존의 사설에서 불합리하다고 생각하는 부분을 과감히 개작하였다. 판소리의 사설은 한 개인의 힘에 의하여 이루어진 것이 아니고, 창자의 의식 또는 현장의 상황에 따라 변화하고 바뀐다. 더구나 판소리 사설을 완창(完唱)하는 경우는 지극히 드물고, 자신이 장기(長技)로 부르는 대목을 청중 앞에서 토막 소리로 실현하는 것이 보통이다. 그 대목에 대한 집중적인 수련으로 부분과 부분 사이에 상호 모순이 나타나는 것은 판소리에서는 당연한 현상이다. 이것을 판소리 특성의 하나인 '부분의 독자성'이라고 하는데, 신재효는 그 '부분'으로 볼 때는 이의(異意) 없이 지나칠 수 있는 사설을 '전체적인 면'에서 조감하고 그 합리성을 문제 삼왔다.

이도령이 춘향의 집에 갑자기 찾아갔을 때, 풍성한 잔치에서나 볼 수 있는 음식상이 들어오는 것은 현실적으로 불가능하다. 그래서 "향단이 나가더니 다담(茶啖 : 교잣상)같이 차렸단 말 이면에 당찮것다"며 현실적으로 가능한 음식상으로 바꾸었다. 여기서 '이면'이란 현실성, 곧 리얼리티를 말한다. 그는 어떤 한 부분의 불합리성 때문에 작품 전체가 허황한 이야기로 보이는 것을 막으려고 하였던 것이다.

또한 신재효는 선악의 윤리적인 문제에 관한 한 철저하게 전형적인 인물로 형상화하고자 하였다. 선행은 복(福)으로 귀결되고, 악행은 화(禍)로 응징되어야 한다는 교훈적인 생각을 판소리 사설에 반영시킨 것이다. 이런 생각에서 춘향은 이별하는 임 앞에서도 의젓함을 보여야 했고, 어린 나이의 심청은 죽음에 임하면서도 효녀의 모습을 견지하게 되었다.

그런데 신재효는 이러한 윤리적인 점뿐만 아니라 이와 대립되는 비속한 면도 함께 드러냄으로써 삶의 실상을 온전히 보여주고자 하였다. 심청이가 인당수에 빠진 뒤 나타나는 심봉사의 익살스런 모습은 그러한 의도를 잘 드러내고 있다.

동중(洞中) 사람들이 맡긴 전곡(錢穀) 식리(殖利)하여 의식을 이어주니 심봉사 세간살이 요족(饒足)히 되었구나. 자고로 색계상(色界上)에 영웅 열사 없었거든 심봉사가 견디겠나. 동네 과부 있는 집을 공연히 찾아다녀 선웃음 풋장단을 무단히 하는구나.

이처럼 심봉사가 심청이의 사후에 뺑덕어미와 벌이는 행각은 이전의 군자(君子)로서의 모습과는 아주 다르다. 춘향이 자신의 인생을 의탁할 이도령을 만난 첫날밤에 행하는 다소 음탕한 모습도 열녀인 춘향이의 정숙한 모습과는 거리가 있다. 신재효는 윤리적인 합리성에 크게 저촉되지 않는 범위에서 인간을 정형화된 하나의 모습으로 획일화시키지는 않았다. 열녀의 모습일 때는 한없는 열녀의 모습으로, 사랑에 빠진 모습일 때는 또 한없이 사랑스러운 모습으로 묘사했다. 작품 속의 인물들은 상황에 따라 자신의 모습을 다르게 드러내고 있는 셈이다. 이는 인간의 현실적인 모습을 반영했다는 점에서 또다른 리얼리티를 확보하고 있다 하겠다.

신재효는 또 판소리 연창(演唱)에 직접적이고 직설적으로 자신의 목소리를 드러냄으로써 '작중개입'(作中介入)을 시도하고 있다. 이러한 개입을 통하여 그는 작품의 전개를 순간적으로 단절시키고, 청중으로 하여금 개입을 시도하는 작가(곧 신재효)에게 시선을 돌리도록 강요한다.

심청이 거동보소. 뱃머리에 나서보니 샛파란 물결이며 울울울 바람소리 풍랑이 대작하여 뱃전을 탕탕 치니, 심청이 깜짝 놀라 뒤로 퍽 주저앉으며 애고 아버지 다시는 못 오겠네, 이 물에 빠지면은 고기밥이 되겠구나. 무수히 통곡타가 다시금 일어나서, 바람맞은 병신같이 이리 비틀 저리 비틀 치마폭을 무릅쓰고 앞니를 아드득 물고, 애고 나 죽네 소리하고 물에 가 풍 빠졌다 하되, **그리하여서야 효녀 죽음 될 수 있나**. 두 손을 합장하고 하느님 전 비는 말이, 도화동 심청이가 맹인 아비 해원키로 생목숨이 죽사오니 명천이 하감하사 캄캄한 아비 눈을 일일내에 밝게 떠서 세상 보게 하옵소서. 빌기를 다한 후에 선인들이 돌아보며 (……) 뱃머리에 썩 나서서 만경창파를 제 안방으로 알고 풍 빠지니……

이 글에서 "그리하여서야 효녀 죽음 될 수 있나"의 앞부분은 신재효의 이전까지 전승되던 「심청가」의 모습이요, 그 뒷부분은 신재효가 불합리하다 하여 고친 부분이다. 엄밀히 말한다면 고치기 이전의 앞부분은 개작한 「심청가」에는 내용 전개상 필요하지 않은 부분이다. 그러나 신재효는 두 부분을 함께 보여주었다. 이것은 그가 자신의 개작본을 판소리 창본으로 생각하지 않았던 것이 아니라, 오히려 판소리의 현장적인 측면에 대한 깊은 이해를 바탕으로 이를 적극 활용한 것으로 해석할 수 있다.

신재효가 개작한 판소리 사설에서는 판소리가 원래 갖고 있었던 육담이나 욕설 등이 사라지고 한문투의 표현이 많이 발견된다. 「남창 춘향가」나 「수궁가」에서 특히 그러한데, 이러한 현상은 결국 판소리의 발랄한 성격을 제거하는 것으로서 판소리가 지향하는 바와는 다른 모습이라 할 만하다. 이러한 신재효의 행위는 근본적으로 양반문화를 지향하는, 즉 상층 지향적인 의식이 작용한 결과로 이해된다.

그렇다고 해서 그의 사설 개작 작업이 반드시 발랄성을 제거하는 쪽으로 나아가지만은 않아서, 우리말의 아름다움을 살리고 있는 경우도 많이 보인다.「흥부가」에서 지금은 잘 쓰이지 않는 우리말이 상당히 등장하고 있다. 예컨대 "네 처자 네 세간을 박통 속에 급히 담아 강남 가서 드난하라"는 사설에서 '드난'은 '행랑에 붙어 살며 주인을 돕는 고용살이'를 말하며, "범달 장달 허저 같은 설금찬 여러 놈이"에서 '설금찬'은 '힘세고 무섭게 생긴' 모양을 의미하는 우리말이다. 이 밖에도 「흥부가」에서는 의태어나 의성어가 풍부하게 사용되고 있기도 하다. "가얏고 둥덩둥덩, 퉁소소래 띠루띠루, 해적소리 고깨고깨, 북장단 검무추며 벼락소고 동골동골"은 악기의 구음(口音)을 이렇게 표현하였다.

이러한 신재효 사설의 모습은 보는 사람이 어떠한 작품을 어떤 각도로 보느냐에 따라 다를 수밖에 없다. 서민적인 발랄성이 드러난다고 보는가 하면, 지나친 한문투로 오히려 보수적인 양반의식이 드러난다고 볼 수 있다는 것이다. 이러한 양면적인 모습은 궁극적으로 작품의 주제를 이원적(二元的)으로 이해하게 하여, 양반 지향적인 교훈성을 강조하고 있다고 보거나 또는 조선 후기 민중의 삶을 잘 드러내고 있다고 보기도 한다. 후자의 경우 「변강쇠가」에서 특히 잘 드러난다. 이 작품은 현재는 연행(演行)되지 않아 창(唱)을 상실한 것으로 신재효의 사설이 유일하다. 그런 점에서 신재효의 「변강쇠가」는 문학사적으로 소중할 수밖에 없다.

「변강쇠가」는 어느 판소리 작품보다도 창자(광대) 자신의 생활을 잘 드러내고 있으며, 나아가 하층 유랑민의 문학적 특질을 형상화하고 있어서 주목된다. 대개의 판소리는 하층민의 창자에 의하여 생겨났기 때문에 그들 삶의 모습을 반영하면서도, 상층민인 양반이 애호하고 즐기면서 그 영향을 받아 사설 속에는 양반과 서민의 두 문화가 공존되는 현상을 낳았다. 그러나 「변강쇠가」는 이러한 문화적인 접변(接變)이나 혼재 양상을 보여주지 않는다.

이 작품이 특히 의미를 갖는 것은 판소리의 발생과 관련된 것이다. 일반적으로 판소리는 호남지방에서, 그것도 호남의 무속(巫俗)에서 기원하였을 것으로 보고 있다. 음악적인 면에서 양자가 서로 유사하고, 판소리 발생의 초기 광대가 대개 호남 출신의 무속인이 많았으며, 그 연행의 방식이 무속의 그것과 크게 다르지 않다는 이유 때문이다. 그런데 「변강쇠가」는 중부지방에서 불렸으며, 황해도 출신의 무형문화재 기능보유자들이 한결같이 「변강쇠가」를 서도창(西道唱)이라고 말하는데다가 실제로 서도창에 「변강쇠타령」이 있다는 점에서 그 기원이 황해도와 밀접한 관련을 갖는 것으로 여겨진다. 다시 말하면 유랑생활을 했던 광대가 여러 지방을 떠돌면서 「변강쇠가」가 다른 지방에 퍼질 가능성이 높다는 것이다. 따라서 이 작품의 존재는 판소리의 발생이나 형성의 층이 어느 한 지방에 머무르지 않고 광범위하고 두텁게 존재했음을 말해주는 중요한 자료로 평가된다.

「변강쇠가」는 또한 우리의 문학 유산에서 찾아보기 어려운 성애(性愛) 묘사의 극치를 보여준다. 특히 옹녀와 강쇠가 대낮에 청석관(靑石關)에서 만나 당일치기 혼례를 육체적인 교섭으로 시작하는 과정을 잘 보여주는 '기물타령'(器物打令)에서는 남녀의 성기를 노골적으로 묘사한다.

이 작품은 유랑민인 주인공 변강쇠의 죽음과 치상(治喪)이 내용의 핵심을 이루고 있다. 이 때문에 이 작품에는 수많은 죽음이 나타난다. 이때의 죽음은 생활하려는 강한 의지, 그리고 여인과의 결합에 의해 정상적인 생활을 누리고자 하는 욕구의 결과로써 나타난다. 그런데 문제는 이 죽음이 여기서는 비장하거나 비극적이지 않고 대단히 희화화(戲畵化)되어 있다는 것이다. 마치 벼랑에 몰린 서민들이 죽음마저 놀이의 대상으로 삼았던 것처럼.

열다섯에 얻은 서방 첫날밤 잠자리에 급상한(急傷寒)에 죽고, 열여섯에 얻은 서방 당창병(唐瘡病)에 튀고, 열일곱에 얻은 서방 용천병에 펴고, 열여덟에 얻은 서방 벼락맞아 식고, 열아홉에 얻은 서방 천하에 대적(大賊)으로 포청(捕廳)에 떨어지고, 스무 살에 얻은 서방 비상(砒霜) 먹고 돌아가니, 서방에 퇴가 나고 송장 치기 신물난다.

여기서 우리는 "죽고, 튀고, 펴고, 떨어지고, 돌아가니"에서처럼 '죽음'을 뜻하는 말의 다양한 변화를 찾을 수 있거니와, 마치 이 작품의 작자는 이러한 어휘를 더 동원할 수는 없을까 하는 은근한 즐거움마저 드러내고 있다는 생각조차 든다. 죽음까지도 웃음으로 변화시키는 것은 죽음이 일상적으로 접근되어 있는 서민의 삶에서나 가능한 것이다. 신재효는 이러한 서민의 삶을 진솔하게 드러냄으로써, 기존의 문학이 지니는 범위를 뛰어넘었다. 그는 그만큼 한국문학의 폭을 넓히는 데 기여한 셈이다.

신재효는 중인이라는 신분적 한계를 절감한 탓에 조선조 신분사회의 모순을 문제 삼을 줄 알았다. 나아가 향리로서 겪었던 부패된 현실을 날카롭게 폭로하였다. 자신의 신분적 한계를 개인적인 문제로 인식하는 데 머무르지 않고, 당대의 현실까지 문제 삼을 수 있는 인식의 소유자였다는 점에서 그는 분명히 '문제적 인물'이라 할 만하다.

관문 밖에 막 나서니 삼반 관속들이 와 하고 달려들어, 심봉사를 찾는데 그런 야단이 없지. 우리 청으로 가십시다. 우리 집으로 가십시다. 색주가로 가십시다. 삼백 냥 드릴께 좌수시켜 주오. 천 냥 낼께 이방시켜 주오.
—「심청가」

신재효는 심봉사가 관아에 가서 나라에서 장님 잔치를 베풀고 있다는 소식을 듣고 나오는 장면을 묘사하는 대목을 이렇게 고쳤다. 그는 돈으로 좌수, 이방 등의 자리가 팔리는 현실을 폭로하고 있다. 그는 「토별가」에서 곰의 목소리를 빌어 "시속에 비하면 산군(山君)은 수령 같고, 여우는 간물출패, 사냥개는 세도 아전, 너구리, 맷돼지며 쥐와 다람쥐는 굶지 않는 백성이라" 함으로써 당대 현실의 모습을 비판적으로 그려냈다. 그는 호랑이 같은 지방 수령이 사냥개 같은 아전을 부려 백성을 착취하는 현실을 고발하고 있는 것이다.

신재효의 이러한 뛰어난 현실인식은 「적벽가」에서도 잘 드러난다. 이 작품은 원래 『삼국지연의』의 일부분인 '적벽대전'을 판소리화한 것으로, 판소리의 창자들에 의해 원본에는 없던 대목들이 가미되면서 새롭게 꾸며진 모습을 보이고 있다. 판소리 「적벽가」에서는 최고 권력층을 상징하는 조조(曹操)라는 인물과 일반 백성의 모습을 형상화한 군사들 사이의 대립이 심각하게 나타난다. 그런데 '정욱'이라는 인물은 둘 사이의 대립을 더욱 극명하게 만들어주는 구실을 한다. 신재효는 자신이 정리, 개작한 「적벽가」에서 정욱을 통하여 조조를 풍자하고 공격하는 목소리를 강화시키고 있다. 그가 중인 출신으로서 중간자적인 성격을 지니는 정욱의 목소리를 높이고 있음은 충분히 주목할 만하다.

적벽대전에서 패하여 조조가 혼자만 살려고 하는 모습을 보고 정욱은, "비소하여 승상님 목 좀 내놓으시오. 근본 두풍이 과하시더니 좋다는 편전으로 쌈박 퉁겨 피 빼시면 두풍이 나으리다"라고 풍자하며, 조조가 화용도의 장승을 만나 크게 놀라자 "적벽강 불에 간담 놀래 지랄병을 얻으셨소. 왜 공연히 앉았다가 솔방울 모양으로 뚝 떨어져 굴러가오"라고 공격한다. 이들 내용은 다른 이본에는 없는 것으로 신재효가 고쳐 쓴 것이다. 그는 정욱을 통하여 백성을 동원해 전쟁터로 내모는 최고의 권력자를 강하게 비판하고 있는 것이다.

새로운 시대의 문학, 창작 단가

신재효는 6편의 판소리를 택하여 사설을 정리하는 데 그치지 않고 자신이 단가(短歌)를 직접 창작하기도 하였다. 그가 남긴 단가에는 「허두가」(虛頭歌), 「성조가」, 「어부사」, 「호남가」, 「광대가」, 「명당축원가」, 「치산가」, 「십보가」(十步歌), 「오섬가」(烏蟾歌), 「도리화가」(桃李花歌), 「구구가」(九九歌) 등이 있다. 이들 대부분은 단형(短形) 내지는 중형(中形)의 판소리로서 판소리를 시작하기 전에 부르는 단가라 할 수 있다. 단가는 일명 '허두가'라 하여 목을 푸는 소리의 성격을 지닌다. 즉 창자가 판소리를 부르기 전에 목을 풀거나 청중의 반응을 살피고, 자신의 신체적 상태를 점검하기 위하여 부르는 짧은 형태의 노래를 말한다. 따라서 판소리의 기본 장단인 '중머리' 장단의 평이한 구성으로 이루어진 것이 대부분이다.

이들 단가는 신재효의 판소리적인 지향과 의식 등을 잘 표현하고 있어서, 신재효나 그를 중심으로 하는 조선 후기의 문화적 실상을 파악하는 데 중요한 자료가 된다. 이 가운데 단가 몇 편을 통하여 그 모습을 살펴보자.

「도리화가」는 신재효가 자신의 제자인 진채선에 대해 간절한 그리움을 편지글 형식의 가사로 표현한 것이다. 그는 진채선, 허금파와 같은 여자 소리꾼을 키워냈는데, 특히 뛰어난 미모를 가진 진채선은 신재효의 특별한 관심을 받으며 김세종에게 판소리를 사사하였다. 대원군이 경복궁 낙성연을 베풀어 전국의 이름난 광대를 부르자, 신재효는 채선을 남장(男裝)시켜 김세종과 함께 한양으로 올려보냈다. 그녀는 「명당축원가」와 「방아타령」 등을 불러 청중을 감동시켰고, 스승의 명성까지 드높였다. 그러나 대원군은 그녀를 가까이 두고 내려보내지 않았으니, 사랑하는 제자를 기다리던 신재효는 뜨거운 사랑의 마음을 이 「도리화가」로 표현하였다. 그는 여기서 "외로운 손의 회포 이전 병이 더하구나. 다른 이는 병이 낫고 나는 어찌 아니 낫뇨"라고 하여 자신의 외로움을 노래하였다.

이 작품은 스승과 제자의 관계를 뛰어넘어 하염없이 기다리는 남성과 오지 않는 여성 사이에 오고 가는 감정의 미묘함이 전편에 넘치고 있다. 외면적으로는 당대 지식인의 필수적 교양인 가사문학의 한 전형적인 모습이지만, 내면적으로는 사랑하는 여인에 대한 상사(相思)의 마음을 담고 있는 것이다. 이러한 작품의 창작은 일생을 중인 관료로 지낸 신재효로서는 파격에 가까운 일이다.

「치산가」는 재산을 모으는 방법을 다룬 것인데, 빈부와 귀천은 개인적인 근검 절약을 통하여 가능하다는 신념을 보여주고 있다. 자신의 경험을 자세히 소개하면서 농사에 힘쓰고 돈이 될 작물을 심어 재산을 모으자고 함으로써, 인간생활의 물질적 토대를 중시한 현실지향적인 세계인식을 보여주고 있다.

「오섬가」는 만남과 이별을 통하여 인간의 본질적 정서라 할 수 있는 사랑과 슬픔을 곡진하게 표현하고 있다. 까마귀 남편과 두꺼비 아내의 대화를 통하여 전개되는 이야기에는 「춘향가」, 「배비장타령」, 그리고 「오유란전」에서 따왔을 듯한 내용을 곁들여 남녀 관계의 여러 양상을 다루면서도 노골적인 외설성을 드러내고 있다. 이러한 전개 방식은 흡사 '옴니버스'(Omibus) 형태를 연상하게 한다. 이것은 하나의 주제를 중심으로 하여 몇 개의 짧은 이야기를 앞뒤 연결과는 관계없이 늘어놓아 한 편의 작품을 만드는 방식을 말한다. 이런 점에서 이 작품은 전통적인 판소리적 관습을 보여주면서도 기존의 격식에서 벗어나려는 하나의 실험적 형태를 보여주고 있다.

그런데 신재효의 단가를 보면, 판소리의 이론을 모색하거나 돈을 모으고 사랑을 하는 인간의 감정을 보여주면서도, 한편으로는 당대의 시대적 아픔을 의식하는 태도를 드러내고 있어서 주목된다. 그는 「십보가」에서 나라를 근심하느라고 잠을 이루지 못해, 한밤중에 뜰을 거닐면서 한 걸음에 노래 하나씩을 지어 열 걸음에 노래 열 곡을 지었다고 하였다.

두 걸음 걸어 서서 이삼 가지로 생각하니
이성지합(二姓之合) 좋은 예법 이십팔수(二十八宿) 종기(鐘氣)하야
이천만 동포 생겨나서 이 세상에 다 죽을까
이군불사(二君不事) 이부불경(二夫不敬) 열녀행(烈女行)을
잃지 말고 지켜보세

이를 보면 외적의 침입으로 인하여 2천만 동포가 다 죽어가고 가치관의 위기가 닥쳤으니, 모두 윤리를 버리지 말고 굳게 지키자고 하였다. 단순히 충효의 도리를 역설하는 것으로 비쳐지겠지만 '2천만 동포'라 하여 온 백성을 하나로 인식하고 있다는 데서, 이 작품을 통하여 우리는 근대민족주의적 의식을 자각하는 뛰어난 인식을 찾을 수 있다.

1866년 병인양요 무렵의 위기의식을 나타내면서 민족의 자각을 촉구한 작품으로 위의 「십보가」 외에도 「괘씸한 서양되놈」이라는 가사체 단가가 있다.

괘씸하다 서양되놈
무군무부(無君無父) 천주학(天主學)을 네 나라나 할 것이지
단군기자 동방국(東方國)의 충효윤리(忠孝倫理) 받았는데
어이 감히 열어보자 흥병가해(興兵加海) 나왔다가
방수성(防水城) 불에 타고 정족산성(鼎足山城) 총에 죽고

남은 목숨 도생하자 바삐바삐 도망한다.

이 작품의 전문으로서 병인양요 때 강화도에 침공한 외적과 싸워 물리친 전공을 찬양하고 있다. 여기서는 나라를 열기 위하여 군대를 동원하는 외적에 대한 적개심을 드러내면서 아울러 천주교에 대한 부정적인 인식을 함께 보여주고 있다.

신재효가 창작한 이상의 작품들은 판소리의 허두가라는 부속물로서의 위치에 머무르지 않고, 새로운 시대의 문학으로서 적극적인 역할을 보여준다. 물론 그의 창작 단가나 판소리 사설의 개작을 두고 판소리사의 흐름에 역행한다는 지적도 있다. 그러나 판소리적인 관습을 유지하면서도 그것에서 벗어나려는 그의 노력은 결국, "전통적, 그리고 당대적 문화에 대한 깊이 있는 이해"에 바탕을 두고 있음이 분명한 사실이다. 앞에서도 지적하였듯이 신재효가 실험하였던 판소리의 모습은, 결국 오늘날 판소리가 지향하는 내용과 크게 벗어나지 않는다는 점에서 시대적인 통찰력을 재삼 확인할 수 있다.

3. 창작 단가 감상

신재효가 판소리에 대한 견해를 밝힌 것은 여섯 마당의 사설과 「광대가」라는 단가에서였다. 특히, 창작 단가 「광대가」는 판소리의 미학적인 이론을 제시한 귀중한 자료로 평가되며, 음악적인 측면에서도 중요하다. 따라서 원문을 살펴보고 현대어로 바꾼 글 가운데 의미를 분명히 드러낼 필요가 있다고 생각되는 어휘에는 한자를 병기하였다.

광대가(廣大歌)

고금에 호걸문장 절창으로 지어 후세에 유전하나 다 모도 허사로다. 송옥(宋玉)의 고당부(高唐賦)와 조자건의 낙신부는 그 말이 정녕한지 뉘 눈으로 보았으며, 와룡선생 양보음은 삼장사의 탄식이요, 정절선생 귀거래사 처사의 한정이라. 이청련의 원별이와 백낙천의 장한가며, 원진의 연창궁사, 이교의 분음행이 다 쓸어 처량 사설 차마 엇지 들거듸야. 인간의 부귀영화 일장춘몽 가소롭고, 유유한 생이사별 뉘 아니 한탄하리.

거려천지 우리 행락 광대 행세 좋을씨고. 그러하나 광대 행세 어렵고 또 어렵다. 광대라 하는 것이 제일은 인물 치례, 둘째는 사설(辭說) 치례, 그 직차는 득음(得音)이요, 그 직차는 너름새라. 너름새라 하는 것이 귀성 끼고 맵씨 있고, 경각(頃刻)의 천태만상 위선위귀(爲仙爲鬼) 천변만화, 좌상(座上)의 풍류호걸 구경하는 노소남녀, 울게 하고 웃게 하는 이 귀성 이 맵씨가 어찌 아니 어려우며, 득음이라 하는 것은 오음(五音)을 분별하고 육률(六律)을 변화하야, 오장에서 나는 소리 농락하여 자아낼 제, 그도 또한 어렵구나. 사설이라 하는 것은 정금미옥 좋은 말로 분명하고 완연하게, 색색이 금상첨화 칠보단장 미부인이 병풍 뒤에 나서는 듯, 삼오야 밝은 달이 구름 밖에 나오는 듯, 새눈 뜨고 웃게 하니 대단히 어렵구나. 인물은 천생(天生)이라 변통할 수 없거니와, 원원한 이 속판이 소리하는 법례로다.

영산 초장 다스름이 은은한 청계수가 어름 밑에 흐르는 듯, 끄을러내는 목이 순풍에 배 노는 듯, 차차로 올리는 목 봉회노전 기이하다. 도도와 울리는 목 만장봉이 솟구는 듯, 툭툭 굴러내리는 목 폭포수가 솟치는 듯, 장단고저 변화무궁 이리 농락 저리 농락, 아니리 짜는 말이 아리따운 제비 말과 공교로운 앵무 소리, 중머리 허리며 허성이며 진양조를 달아두고 놓아두고 거닐다가 들치다가, 청청하게 도는 목이 단산의 도는 봉의 울음, 청원하게 뜨는 목이 청천에 학의 울음, 애원성 흐르는 목 황영의 비파소리, 무수히 농락 변화 불시에 튀는 목이 벽력히 부듯는 듯, 음아질타 호령소리 태산이 흔드는 듯, 어느덧 변화하여 낙목한천 찬바람이 소슬케 부는 소리, 왕소군의 출새곡과 척부인의 황곡가라. 좌상이 실색(失色)하고 구경꾼이 낙루(落淚)하니, 이러한 광대 노릇 그 아니 어려우냐.

우리나라 명창 광대 자고로 많거니와, 기왕은 물론하고 근래 명창 누기누기. 명성이 자자하야 사람마다 칭찬하니, 이러한 명창들을 문장(文章)으로 비길진대, 송선달 홍록이는 타성주옥 방약무인 화란춘성 만화방창 시중천자 이태백. 모동지 흥갑이는 관산월색 초목춘성 청천만리 학의 울음 시중성인

두자미. 권생원 사인씨는 천칭절벽 불끈 솟아 만장폭포 월렁꿀꿜 문기팔대 한퇴지. 신선달 만엽이는 구천은하 떨어진다 명월백로 맑은 기운 취과양주 두목지. 황동지 해청이는 적막공산 밝은 달에 다정하게 웅창자화 두우제월 맹동야. 고동지 수관이는 동아부자 엽피남묘 은근문답 하는 거동 권과농상 백낙천. 김선달 계철이는 담탐한 산천영기 명랑한 산하영자 천운영월 구양수. 송낭청 광록이는 망망한 장천벽해 걸릴 데가 없었으니 만리풍범 왕마힐. 주낭청 덕기는 둔갑장신 무수변화 농락하는 그 수단이 신출귀몰 소동파. 이러한 광대들이 다 각기 소장으로 천명을 하였으나 각색구비 명창 광대 어듸가 얻어보리. 이 속을 알 것마는 알고도 못 행하니 엇지 아니 답답하리.

작품 해설

총 70여 구의 단가로서 신재효가 만년에 지은 것으로 여겨지나 정확한 창작 연대는 알 수 없다. 작품은 크게 네 부분으로 구분된다.

첫째 부분을 보면 중국 송옥의 「고당부」를 위시하여 유명한 문인들과 그 작품들을 열거하고, 인간의 부귀영화가 일장춘몽이듯이 이들의 절창도 허사라고 하였다. 두번째는 유명한 광대의 4대법례로 알려진 부분이다. 광대의 4대요건으로서 그는 인물, 사설, 득음, 그리고 너름새 곧 발림을 들면서 이 가운데 어느 하나도 소홀히 해서는 안된다고 말한다. 인물을 가장 먼저 들고 있는 것이 주목되거니와, 그 구체적인 내용은 거꾸로 너름새부터 기술하고 있다. 너름새를 보면, 판소리의 내용을 말과 몸짓으로 잘 연기하여 청중을 울고 웃게 해야 하며, 득음에서는 오음을 분별하고 육률을 변화시킬 줄 아는 능력의 필요성을 강조하고 있다. 그리고 사설은 판소리의 내용을 현장감 있게 그려낼 수 있어야 한다는 것인데, 이는 판소리를 극적으로 그릴 수 있는 광대의 사설 구사능력을 말한다. 끝으로 인물에서는 본래 타고나는 것이라 어쩔 수 없다고 하였다.

셋째 부분은 광대가 상황에 따라 소리를 적절히 구사하는 발성의 중요성을 강조하고 있다. 그리고 아니리를 구사하고, 중머리·진양조와 같은 여러 장단을 잘 알아서 소리해야 하며, 애원성의 슬픔과 벽력 같은 호령 소리 등의 창조(唱調)를 구사해야 함을 강조하고 있다.

끝으로 넷째 부분은 당시의 명창 광대를 중국 당송대의 명문장가들에 비유하여 표현하고 있는데, 이들 광대의 소리의 장점을 문인들의 개성적인 문장과 비교하고 있다. 이로 미루어 신재효는 이들 명창들의 독자적인 예술세계를 양반 사대부들의 문학세계와 대등하게 견주고 있다 할 것이다. 「광대가」에서 거론된 명창들은 모두 아홉으로서 '광대열전'(廣大列傳)이라 할 만한데, 여기서 8명창 이름이 거론되고 있다는 점에서 판소리사에서 사료적인 가치가 높다.

재미있는 것은 광대들의 호칭이다. 신분적으로 천민들인 광대를 동지(同知), 선달(先達), 낭청(郎廳) 등으로 부르는 것은 광대들에 대한 사회적인 인식이 높아졌음을 의미한다. 판소리는 신재효 당대에 와서는 전성기를 누리고 있었거니와, 이때에는 양반들까지 애호할 정도로 국민문학의 위치에 있었다. 이에 따라 벼슬을 얻은 광대들도 있었으며, 그들의 대우와 보수도 좋아졌다. 「광대가」의 위의 부분은 바로 이러한 저간의 사정을 반영한 것이다.

한편, 「광대가」에 대해서는 판소리의 이론 정립에 중요한 자료로 평가하는 사람들도 있지만, 한편으로는 부정적인 견해를 피력하는 쪽도 있어서 참고할 만하다. 곧 소위 광대의 4대법례는 판소리의 실상과 달라서, '인물'의 경우 얼굴이 못생긴 광대도 많으며 '너름새'도 동편제에서는 별로 중시되지 않았으니, 이로 보아 신재효의 「광대가」는 판소리를 문학과 연극의 관점에서 보고 있다는 것이다.

더욱이 「광대가」 이전에 이미 정현석(鄭顯奭)이 신재효에게 보낸 편지인 「증동리신군서」(贈桐里申君序)에도 판소리의 이론이 제시되고 있어서, 신재효의 이론은 그의 이론에서 크게 벗어나 있지 않다는 지적도 제기되었다. 정현석은 진양(晉陽) 수령을 거쳐 황해도 감사를 지낸 양반으로, 진양(晉陽) 관아에서 교방(敎坊)을 설치하고 관기(官妓)들에게 음악과 무용 등을 가르친 인물이다. 그는 『교방제보』(敎坊諸譜)라는 책을 통하여 양반의 입장에서 판소리의 권선징악적인 주제를 지적한 적이 있었다. 그런데 그 편지에서는 광대의 단정한 인물됨과 사설의 조리(條理) 정확성, 득음의 요령, 그리고 너름새의 실상을 강조함으로써 신재효의 이론과 유사한 내용을 보여주었다.

이와 같은 주장들은 신재효를 제대로 평가하고 나아가 판소리사를 정확하게 이해하고 기술하기 위하여 음미할 만하다. 이를 위해서는 어느 한 부분을 지나치게 강조하거나 부정적으로 보아서도 안될 것이다. 앞으로 판소리의 이론을 올바르게 정립하기 위해서라도 판소리에 관한 자료가 더 많이 수집되어야 함은 물론이다.

■ 동리고택·신재효 묘소 찾아가는 길

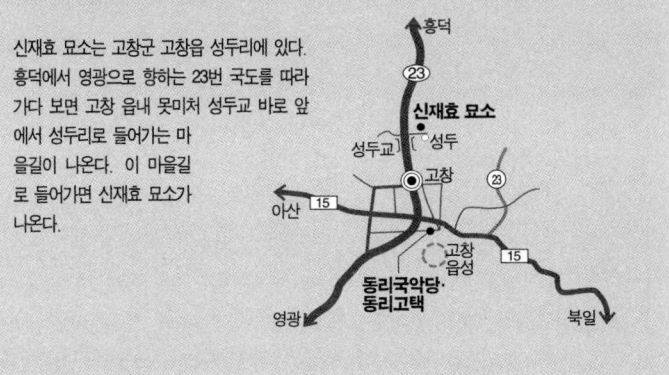

동리고택은 고창군 고창읍 읍내리 고창읍성 주차장 바로 옆에 있다. 흥덕에서 영광으로 향하는 23번 국도를 따라가다 고창읍이 나오면 계속 23번 국도를 타고 15번 지방도로와 만나는 사거리까지 간다. 사거리에서 좌회전하면 오른쪽에 동리고택이 나온다. 만약 고창 읍내로 들어갔을 경우에는 고창경찰서를 찾은 뒤 경찰서 사거리에서 우회전하면 동리고택이 나오고, 그 맞은편 위의 산에는 모양성으로 알려진 고창읍성이 있다. 성문 앞에는 동리국악당이 자리하고 있다.

신재효 묘소는 고창군 고창읍 성두리에 있다. 흥덕에서 영광으로 향하는 23번 국도를 따라가다 보면 고창 읍내 못미처 성두교 바로 앞에서 성두리로 들어가는 마을길이 나온다. 이 마을길로 들어가면 신재효 묘소가 나온다.

인명·용어 해설

가전체소설(假傳體小說) : 사물, 동물 등을 의인화하여 그 일대기를 사전 정체(史傳正體)의 형식에 맞추어 허구적으로 입전한 소설. 의인체 소설이라고도 하는데, 사람들에게 감계를 주는 것을 목적으로 한다. 고려 중기 임춘의 「국순전」 이후 널리 제작되었다. 『동문선』에는 「공방전」, 「국선생전」, 「청강사자현부전」, 「죽부인전」을 비롯하여 일곱 편의 가전이 전한다. 조선조에는 꽃, 심성뿐만 아니라 각종 생활의 도구 등을 의인화하는 데까지 이르렀다.

가지산문(迦智山門) : 전남 장흥의 가지산 보림사를 중심으로 일어난 구산선문(九山禪門) 가운데 하나로, 가지산파라고도 한다. 개산조(開山祖) 도의(道義)는 당에 유학하였다가 821년에 귀국하여 설악산 진전사에서 염거(廉居)에게 법을 전하였고, 염거는 다시 체징(體澄)에게 법을 전하였는데, 그가 보림사를 세우고 8백여 명의 제자를 길렀다. 이 종파는 고려 말까지 명맥을 유지하여 고승을 배출하였으니, 일연(一然)도 그 중의 하나이다.

강좌칠현(江左七賢) : 고려 후기 이인로, 오세재, 임춘, 조통(趙通), 황보항(皇甫抗), 함순(咸淳), 이담지(李湛之) 등의 7인이 도의를 맺고 시와 술을 즐기면서, 중국 진(晉)나라 때 죽림칠현의 전례를 따라 이렇게 불렸다.

고경명(高敬命, 1533~1592) : 자는 이순(而順), 호는 제봉(霽峰)·태헌(苔軒), 본관은 장흥. 1558년 식년문과에 장원으로 급제. 동래부사 사직 후 임진왜란이 일어나자 광주(光州)에서 의병을 일으켜 금산전투에서 전사하였다. 문집으로 『제봉집』이 있다.

고수관(高壽寬) : 조선 순조·철종 때의 전기 8명창 가운데 한 사람. 충남 해미 출신. 염계달의 소리를 이어받았으며 목소리가 아름답고 딴 목청을 자유자재로 구사하여 '딴청일수'라는 별명으로 불렸다. 「춘향가」의 '자진사랑가'는 그의 더늠으로, 송만갑·전도성에게 전해졌다.

구족계(具足戒) : 불교교단의 승려 가운데 비구와 비구니가 지켜야 할 계율. 모든 계율이 완전히 구비되었다는 뜻이다. 이 계를 받으려면 20세 이상 70세 미만의 승려로서 일을 할 수 있고, 몸이 튼튼하여 병이 없으며 죄를 짓지 않은 자로, 사미계(沙彌戒) 또는 사미니

계(沙彌尼戒)를 받은 뒤 3년이 경과해야 한다. 비구의 경우 구족계가 250계, 비구니는 348계인데, 이 계를 주고받는 의식은 별도로 계단을 만들어서 행한다. 매년 정기적으로 행하며 수계자의 자유 지원으로 행한다.

권삼득(權三得, 1771~1841) : 정·순조 때 활약했던 판소리의 전기 8명창 중의 한 사람. 본명은 사인(士仁), 본관은 안동. 전북 완주의 양반 가문 출신으로, 판소리를 하여 집안에서 쫓겨났다 한다. 권마성(勸馬聲) 소리를 응용한 '설렁제'를 개발하였다. 「흥보가」를 특히 잘 하였고 그의 더늠인 '제비 후리러 나가는 대목'은 전도성, 송만갑, 김창룡에게 이어졌다.

금의(琴儀, 1153~1230) : 자는 절지(節之), 본관은 봉화. 문과에 급제하여 벼슬길에 나섰으며 최충헌의 신임을 받아 요직에 있었다. 문장에 뛰어나 「한림별곡」에서는 금학사(琴學士)로 나온다.

기자헌(奇自獻, 1562~1624) : 자는 사정(士靖), 호는 만전(晚全), 본관은 행주. 1590년 증광문과에 급제. 광해군의 옹립에 공을 세웠으며, 영의정으로 있을 때 인목대비 폐모론에 반대하여 유배되었다. 인조반정 참여를 거절하였다가 이괄(李适)의 난 때 내응한 혐의로 사사(賜死)되었다.

김세종(金世宗) : 철종 때의 광대로, 순창 출신. 판소리에 대한 이론과 비평에 일가견을 가졌으며, 판소리 「춘향가」 가운데 '천자뒤풀이' 사설을 잘 하였다.

김수영(金壽永) : 조선 헌종 때부터 고종 무렵까지 활약한 판소리 명창. 전북 흥덕 출신. 명창 찬업(贊業)의 아버지. 서편제로 유명하며 「수궁가」를 잘 불렀는데, 특히 '토끼가 자라 따라 수궁 가는 대목'을 잘 불렀다.

김안로(金安老, 1481~1537) : 자는 이숙(頤叔), 호는 희락당(希樂堂)·용천(龍泉)·퇴재(退齋), 본관은 연안. 1506년 별시문과에 급제. 기묘사화 때 유배되었다가 대사헌·이조판서가 되었는데, 아들이 효혜공주와 혼인한 이후 잦은 권력남용으로 남곤의 탄핵을 받아 다시 유배되었다. 문정왕후의 폐위를 도모하던 중 중종의 밀명으로 체포되어 유배되었다가 사사되었다. 저서로 『용천담적기』가 있다.

김인후(金麟厚, 1510~1560) : 자는 후지(厚之), 호는 하서(河西)·담재(澹齋), 본관은 울산. 김안국의 제자. 1540년 별시문과에 급제. 1545년 을사사화가 일어나자 사퇴하고 장성에 내려가 성리학 연구에 전념하였다. 저서로 『하서집』, 『백련초해』 등이 있다.

김제철(金齊哲) : 조선 후기 순조 때부터 철종대에 이르러 활약한 판소리의 전기 8명창 중의 한 사람. 신재효의 「광대가」에는 김계철(金啓哲)로 나온다. 청주 출신. 「심청가」를 잘 하였고, '심청이 탄생하는 대목'은 그의 더늠이다.

김집(金集, 1574~1656) : 자는 사강(士剛), 호는 신독재(愼獨齋), 본관은 광산. 김장생의 아들로 진사가 된 후 참봉으로 벼슬하였다. 대사헌, 판중추부사를 지냈다. 부친의 학문을 계승하여 예학의 체계를 세웠다. 문집으로『신독재유고』가 있다.

김창록(金昌祿) : 조선 철종 때부터 고종 무렵까지 활약한 판소리 명창. 전북 무장 출신. 동편제 소리로 박만순, 김세종과 같은 명창이었다.「심청가」를 잘 하였다고 한다.「적벽가」의 '군사설움타령'과「심청가」의 '공양미 삼백 석 대목'은 그의 더늠이다.

김효원(金孝元, 1532~1590) : 자는 인백(仁伯), 호는 성암(省庵), 본관은 선산. 조식·이황의 문인. 1565년 알성문과에 장원. 이조정랑 천거 문제로 심의겸과 대립하여 동서분당을 야기시켰다. 당쟁에 대한 책임감으로 자숙하다가 선조의 특명으로 영흥부사로 있던 도중 병사하였다. 문집으로『성암집』이 있다.

남곤(南袞, 1471~1705) : 자는 사화(士華), 호는 지족당(知足堂)·지정(止亭), 본관은 의령. 김종직의 문인. 1494년 별시문과에 급제. 훈구파의 대신으로 을사사화를 일으켜 조광조 등의 신진사류를 숙청한 뒤 좌의정·영의정에 올랐다. 그가 죽은 뒤 1558년 관작이 삭탈되었다. 저서로『지정집』,『남악창수록』(南岳唱酬錄) 등이 있다.

남효온(南孝溫, 1454~1492) : 자는 백공(伯恭), 호는 추강(秋江)·행우(杏雨)·최락당(最樂堂), 본관은 의령. 생육신의 한 사람으로 김종직의 문인이다. 단종 모친의 능인 소릉(昭陵)의 복위를 상소하였으나 좌절되자, 이후 벼슬을 단념하고 유랑 생활을 하였다. 저서로『추강집』,『추강냉화』,『사우명행록』등이 있다.

노경린(盧慶麟, 1516~1568) : 자는 인보(仁甫), 호는 사인당(四印堂), 본관은 곡산(谷山). 1539년 별시문과에 급제하여 성주목사, 숙천부사 등을 지냈다. 율곡 이이의 장인이다.

노사신(盧思愼, 1427~1498) : 자는 자반(子胖), 호는 보진재(葆眞齋)·천은당(天隱堂), 본관은 교하(交河). 1453년 식년문과에 급제하였고 세조의 총애를 받아 여러 벼슬을 거쳐 영의정에 올랐다. 왕명으로『삼국사절요』,『경국대전』,『여지승람』등 많은 서적을 편찬하였다.

동경잡기(東京雜記) : 작자 미상의『동경지』를 1669년 민주면(閔周冕)이 보완하여『동경잡기』라 하였고, 1711년 남지훈(南至薰)이 다시 보완하여 재간한 것을 1845년(헌종 11) 성원묵(成原默)이 증보하여 중간(重刊)한 경주의 지지(地誌)이다. 3권 3책으로 신라의 사실(史實)이 풍부한데, 특히 권1의 신라기조에는 신라의 건국에서 멸망까지의 역사를 본기(本紀) 형식으로 기록하고 있다.

맹사성(孟思誠, 1360~1438) : 자는 자명(自明), 호는 고불(古佛)·동포(東浦), 본관은 신창(新昌). 권근의 문인. 1386년 문과에 급제. 조선 개국 후 벼슬길에 나아가, 우위정·영의정에 올랐다. 황희와 함께 조선의 초기문화를 이룩하는 데 공을 세웠는데, 청렴한 정승으로 이름 높았다.

모흥갑(牟興甲) : 조선 말기에 활동한 판소리의 전기 8명창 가운데 한 사람. 경기도 안성의 죽산(혹은 전북 전주) 출신. 고종에게 동지(同知) 벼슬을 제수받았는데, 평양감사의 초청으로 평양 연광정에서 소리할 때 십리 밖까지 그 소리가 들렸다 한다. 「적벽가」, 「춘향가」를 잘 불렀으며, 「춘향가」의 「이별가」 가운데 '날 데려가오' 하는 대목은 그의 더늠이다.

목릉성세(穆陵盛世) : 수많은 문인들이 배출되면서 한문학이 발달하게 된 조선 선조와 인조 연간을 말한다. 원래 목릉은 경기도 구리에 있는 선조와 두 왕비의 무덤을 말한다. 이 시기에 송시풍과 당시풍이 크게 일어났는데, 정사룡·노수신·황정욱의 삼가(三家), 이달·백광훈·최경창의 삼당파 시인뿐만 아니라 최립, 차천로, 이안눌 등이 문명을 날렸다. 여류로는 황진이·허난설헌, 천류로는 유희경·백대붕 등이 활약하였다.

문정왕후(文定王后, 1501~1565) : 중종의 계비(繼妃). 성은 윤(尹), 본관은 파평으로 영돈령부사 지임(之任)의 딸이며, 명종의 어머니이다. 1517년 왕비에 책봉되었고 명종이 12세로 즉위하자 수렴청정하며 동생인 소윤(小尹) 윤원형에게 권력을 쥐게 하였고, 을사사화를 일으켰다. 승려 보우를 통해 불교의 중흥을 꾀하였다. 1553년 정권을 왕에게 넘긴 뒤에도 윤원형과 함께 정사를 좌우하였다. 능은 태릉(泰陵).

문헌공도(文憲公徒) : 고려 문종 이후 개경에 있었던 12개의 사학 가운데 하나로, 최충(崔冲)의 문헌공도가 가장 유명하다. 최충은 벼슬에서 물러난 뒤 후진을 양성하였는데 학도들이 모여들어 9재(齋)로 나누었으며, 우수한 제자를 많이 배출하였다. 이규보가 공부하였던 성명재도 그 가운데 하나이다.

박만순(朴萬順) : 조선 말기 헌종 때부터 고종 무렵까지 활동한 판소리의 명창. 전북 고부 출신. 주덕기에게 판소리를 배웠으며 송흥록에게 10년간 소리를 배웠다. 송흥록의 수제자로 순조 때의 8명창 이후 첫손에 꼽히는 명창으로, 대원군의 총애를 받아 선달 벼슬을 제수받았다. 「춘향가」와 「적벽가」를 잘 하였고, 「수궁가」의 '토끼화상 그리는 대목', 「춘향가」 가운데 「옥중가」의 '춘향의 몽유(夢遊)' 부분은 그의 더늠이라 한다.

박상(朴祥, 1474~1530) : 자는 창세(昌世), 호는 눌재(訥齋), 본관은 충주. 1501년 식년문과에 급제. 1526년 문과중시에 장원. 나주목사로 있던 중 병으로 낙향했다. 성현, 황정욱, 신광한과 함께 서거정 이후 4대가로 칭송된다. 문집으로 『눌재집』이 있다.

박우(朴祐, 1476~?) : 자는 창방(昌邦), 호는 육봉(六峰), 본관은 충주. 1510년 식년문과에 급제. 대사성, 개성부 유수, 전주부윤, 동지중추부사 등을 지냈다.

박유전(朴裕全, 1835~1906) : 조선 말기 철종과 고종대에 활약했던 판소리의 명창. 전남 보성의 강산리에서 살았다. 대원군의 총애를 받아 선달(先達) 벼슬을 받았다. 판소리의 선율을 정연하고 변화 있는 기교를 부려 정교하게 짜는 새로운 양식을 개발하였는데, 이러한 창법을 '강산제'(江山制)라고 불렀다. 서편제의 소리가 그로부터 비롯되었으며, 제자로는 이날치·정재근(鄭在根) 등이 있다. 「적벽가」와 「심청가」를 잘 하였고, 「춘향가」 가운데 '이별가'와 '새타령'을 잘 하였다.

박응서(朴應犀, ?~1623) : 영의정 박순(朴淳)의 서자. 능력이 있었으나 서출이어서 벼슬길이 막히자 심우영, 서양갑 등과 함께 강변칠우를 자처하며 여주의 북한강 근처에서 교유하였다. 1612년(광해군 4) 조령에서 은상인이 살해된 사건으로 붙잡혔으나, 이이첨의 사주로 영창대군을 옹립하려 했다고 거짓 진술을 하였다. 이로 말미암아 계축옥사가 일어났으며, 혼자만 죄를 용서 받고 관직에 올랐다. 그러나 인조반정 때 붙잡혀 주살되었다.

박인로(朴仁老, 1561~1642): 자는 덕옹(德翁), 호는 노계(蘆溪)·무하옹(無何翁), 본관은 안동. 임진왜란 때 수군절도사 성윤문(成允文)의 막하로 종군하였다. 1599년 무과에 급제하여 수문장·선전관에 이어 조라포 수군만호를 지내다가 사직하고 고향에 은거하여 독서와 시짓기에 몰두하였다. 가사문학을 발전시켰으며, 60여 수의 시조를 남겼다. 문집으로『노계집』이 있다.

방외인문학(方外人文學): 방외인은 체제 밖의 인물로 조선시대에 훈구파나 사림파에 속하지 않으면서, 지배체제의 이념을 받아들이지 않는 사람들을 말한다. 방외인은 대개 방랑하다가 자취를 감추어 행적이 분명하지 않은 경우가 대부분이다. 그러나 방외인 문학을 가리킬 때는 남효온·김시습·서경덕·조식처럼 사림이면서도 집권세력에 대해 불만을 품는 한무리의 사람들이나, 도가적 경향을 보이는 인물 혹은 신분이 천한 계층의 인물 등의 문학을 포괄하는 뜻으로 사용된다

백광훈(白光勳, 1537~1582): 자는 창경(彰卿), 호는 옥봉(玉峰), 본관은 해미(海美). 박순의 문인. 진사로 벼슬길에 나아가 선릉참봉을 지냈으며 그 후 정릉·예빈시·소격서 참봉을 지냈다. 최경창, 이달과 함께 삼당파 시인으로 불렸다. 문집으로『옥봉집』이 전한다.

보양(寶壤): 나말여초의 승려. 당나라에 유학하여 불법을 전해받고 돌아오다가 서해의 용왕이 용궁으로 초대하여 불경을 염송하게 한 뒤, 용왕의 아들 이목을 데려가게 하였다. 보양은 신라에 와서 밀양의 봉성사에 머물렀으며 나중에는 아들을 그에게 시중하도록 하였는데, 까치의 도움으로 작갑사(鵲岬寺)를 지었다. 왕건을 도운 공으로 전지(田地)를 하사받고 '운문선사'라는 사액을 받았다.

사장파(詞章派): 사장(詞章)은 원래 문사를 통칭했는데 나중에는 시문, 잡문 등을 가리키게 되었다. 성리학, 도학에 대항하여 사장학이라 했으며, 사림파에 대항하여서는 사장파라 하였다. 고려 후기 무신의 난 이후 사장이 본격적으로 등장하였다. 조선시대에는 신진사림들이 인재등용의 관문인 과거제도의 폐단을 비판하면서 사장을 문제 삼기 시작하였다. 이는 사림들이 사장으로 입신하려는 관료세력의 진출을 막고 자신들의 출세를 확보하기 위한 정치적인 의도가 담겨 있었다. 조선 초기에는 주로 훈구파 관료들에 의해 사장학이 주도되어 사림파의 성리학과 대립되는 양상을 보였다.

서거정(徐居正, 1420~1488): 자는 강중(剛中), 호는 사가정(四佳亭)·정정정(亭亭亭), 본관은 달성(達城). 권근의 외손이다. 1456년 문과정시에 장원으로 급제하였고, 1464년에는 조선 최초로 양관(兩館) 대제학이 되었다. 6조판서를 두루 거쳐 좌찬성에 올라 달성군

(達城君)에 봉해졌다. 여섯 왕을 섬겼으며 45년간 조정에 봉사하고, 수차에 걸쳐 문형(文衡)을 담당하여 많은 인재를 뽑았다. 왕명으로『동문선』을 편찬하였으며, 저서로『사가정집』,『역대연표』,『태평한화골계전』,『필원잡기』 등이 있다.

서경덕(徐敬德, 1489~1546) : 조선조 학자로, 자는 가구(可久), 호는 복재(復齋)·화담(花潭), 본관은 당성(唐城). 독학으로 공부하면서 후진 양성에만 전념하였다. 생원시에 합격하였으나 벼슬을 단념한 뒤 개성의 화담에 초막을 짓고 학문연구에 전념하였다. 문집으로『화담집』이 있다.

서양갑(徐羊甲, ?~1613) : 목사 익(益)의 서자로서 본관은 부여. 재주가 있었으나 서얼의 차별에 불만을 품고 심우영, 박응서 등과 함께 강변칠우를 자처하며 교유하였다. 조령에서 은상인이 살해된 사건〔七庶之獄〕으로 붙잡혔으나, 이이첨의 사주로 영창대군을 옹립하려 했다고 거짓 진술을 하였다. 이로 말미암아 계축옥사가 일어났으며 자신도 처형당했다.

서익(徐益, 1542~1587) : 자는 군수(君受), 호는 만죽(萬竹)·만죽헌(萬竹軒), 본관은 부여. 1569년 별시문과에 급제. 종부시 첨정(宗簿寺僉正)으로 순문관(巡問官)이 되어 북방에 파견되었다. 의주목사로 있으면서 율곡 이이를 변호하는 상소를 했다가 파직되었다. 문집으로『만죽헌집』이 있다.

송광록(宋光祿) : 조선 후기의 판소리 명창으로, 송흥록의 동생이며 송우룡의 아버지요, 송만갑의 할아버지다. 전북 함열 출신. 송흥록의 고수로 있다가 명창이 되었다. 「춘향가」를 잘 하였고, 「긴 사랑가」, 「만첩청산」이 그의 더늠으로 전한다. 그의 동편제 소리는 송우룡에게 전해졌다.

송세림(宋世琳, 1479~?) : 자는 헌중(獻仲), 호는 취은(醉隱)·고은(孤隱)·고송(孤松)·눌암(訥庵), 본관은 여산. 1502년 알성문과에 장원하여 능성현령 등의 여러 벼슬을 거쳤고, 교리에 이르러 병으로 사퇴하였다. 저서로『어면순』(禦眠楯)이 있다.

송시열(宋時烈, 1607~1689) : 자는 영보(英甫), 호는 우암(尤庵)·화양동주(華陽洞主), 본관은 은진. 김장생·김집 부자의 문인. 봉림대군의 사부(師傅)였으며, 효종과 함께 북벌정책을 추진하였다. 노론의 영수로 벼슬에서 물러나 1689년 왕세자의 책봉이 시기상조라는 상소를 올려 제주에 안치되었고 국문을 받기 위해 상경하던 도중 정읍에서 사사되었다. 주자학의 거두로 이이의 학통을 계승하였다. 저서로『송자대전』(宋子大全)이 있다.

송흠(宋欽, 1459~1547) : 자는 흠지(欽之), 호는 지지당(知止堂)·관수정(觀水亭), 본관은 신평. 1492년 식년문과에 급제. 광주와 나주 목사, 담양과 장흥부사, 한성부 우윤, 이조 및 병조판서, 판중추부사 겸 지경연사 등을 지냈다. 노모 봉양으로 효렴(孝廉)에 천거되어 일곱 차례나 상을 받았다.

송흥록(宋興祿) : 조선 말기 판소리 8명창 가운데 한 사람으로 판소리의 중시조 또는 가왕(歌王)으로 불린다. 전북 남원군 운봉 출신. 판소리 명창 가운데 기량이 가장 뛰어나고 진양조 장단을 도입하여 오늘날의 판소리 선율을 있게 하였다. 특히 「변강쇠가」·「춘향가」·「적벽가」에 뛰어났는데, 「춘향가」의 '옥중가'는 귀곡성(鬼哭聲) 소리로 유명하였다. 동편제 판소리를 확립하여 동편제 소리의 시조로 통한다. 그의 소리는 송광록과 박만순에게 전승되었다.

순오지(旬五志) : 조선 숙종 때의 학자 홍만종이 36세(1678년) 때 지은 잡록. 2권 1책으로 보름 만에 완성되었다 하여 붙여진 이름이다. 저자의 자서에 의하면, 병으로 있으면서 옛날에 들은 여러 말과 민간의 이야기를 기록하였다고 하는데, 상권에는 고사일문·시화·양생술, 하권에는 유현·도가·불가·삼교합론(三敎合論)·별호·속담 등이 수록되어 있다. 첫머리에 단군사적을 내세우며 민족적 자부심을 밝히는 주체적인 문화인식을 보여준다.

신만엽(申萬葉) : 조선 순조 때부터 철종 무렵까지 활동한 판소리의 전기 8명창 가운데 한 사람. 전북 여산 출신. 석화제라 하여 판소리에 가야금 병창과 같은 양식을 도입하여 경쾌한 소리를 잘 냈다. 「수궁가」에 능했으며, '토끼가 세상에 나오는 대목'을 특히 잘 하였다.

심우영(沈友英, ?~1613) : 관찰사 전(銓)의 서자. 문장이 뛰어났으나 서얼 출신으로 박응서, 서양갑 등과 강변칠우(江邊七友)를 자처하고 교유하였다. 조령(鳥嶺)에서 은상인(銀商人)이 살해된 사건으로 붙잡혀 처형되었다.

심의겸(沈義謙, 1535~1587) : 자는 방숙(方叔), 호는 손암(巽菴)·간암(艮菴)·황재(黃齋), 본관은 청송. 이황의 문인. 1562년 별시문과에 급제. 김효원(金孝元)과 이조정랑(吏曹正郞) 천거 문제로 다투어 동서분당을 야기시켰다. 그를 중심으로 한 구세력은 서인, 김효원을 중심으로 한 신진세력은 동인이라 불렸다.

심정(沈貞, 1471~1531) : 자는 정지(貞之), 호는 소요정(逍遙亭), 본관은 풍산. 1502년 별시문과에 급제. 중종반정의 공신으로 화천군(花川君)이 조광조 등의 신진사류가 위훈을 삭탈하자 남곤과 함께 기묘사화를 일으켰다. 우의정·좌의정에 올랐다가 김안로의 탄핵을 받아 강서에 유배되었으며, 이어 경빈 박씨와 통정(通情)했다는 죄로 사사(賜死)되었다.

양산보(梁山甫, 1503~1557) : 자는 언진(彦鎭), 호는 소쇄옹(瀟灑翁), 본관은 제주. 조광조의 문인. 기묘사화로 스승 조광조가 화를 입자, 여생을 마칠 때까지 은거하여 학문 연구에 몰두하였다.

양응정(梁應鼎, 1519~?) : 자는 공섭(公燮), 호는 송천(松川), 본관은 제주. 교리 팽손(彭孫)의 아들. 1556년 문과중시에 장원. 수찬·진주목사·경주부윤·공조참판·대사성을 지냈다. 저서로 『송천집』, 『용성창수록』이 있다.

양자징(梁子澂, 1523~1594) : 자는 중명(仲明), 호는 고암(鼓巖), 본관은 제주. 양산보의 아들이며, 김인후의 사위로 장인의 문인이다. 효자로 천거받아 사관(祠官)에 발탁되었고,

거창·석성현감을 지냈다.

어윤중(魚允中, 1848~1896) : 자는 성집(聖執), 호는 일재(一齋), 본관은 함종(咸從). 1869년 정시문과에 급제. 교리·양산군수·전라도 암행어사 등을 지냈다. 1881년 신사유람단으로 일본을 다녀왔다. 1893년 양호 순무사가 되어 보은의 동학교도를 해산시켰고, 김홍집 내각의 탁지부 대신이 되었다. 아관파천 때 도망가다 용인에서 죽음을 당하였다. 저서로 『종정연표』(從政年表)가 있다.

오세재(吳世才) : 고려시대의 학자로 자는 덕전(德全), 본관은 고창. 명종 때 문과에 급제하여 이인로에게 세 차례나 추천을 받았으나, 성품이 단정치 못하다 하여 끝내 벼슬길에 나아가지 못하였다. 가난에 시달리다 경주에서 죽었다. 이규보와 절친했다.

용천담적기(龍泉談寂記) : 조선 중종 때의 문신 김안로가 경기도에 유배 가서 1525년에 쓴 야담설화집. 1권 42장(張)으로 『희락당문고』(希樂堂文稿)에 실려 있으며, 『대동야승』·『패림』·『시화총림』에도 수록되어 있다. 35가지의 이야기가 제목이나, 일정한 기준 없이 기술되어 있다.

위리안치(圍籬安置) : 유배형인 안치의 하나이다. 안치는 유배지에서 일정한 장소에 가두어 거주를 제한하는 것으로, 특히 왕족이나 중신 등의 정치범에 대하여 행해졌다. 위리안치는 죄인을 유배지에서 달아나지 못하도록 탱자나무 가시로 울타리를 둘러 그 안에 가두는 것이다.

유성룡(柳成龍, 1542~1607) : 자는 이견(而見), 호는 서애(西厓), 본관은 풍산. 이황의 문인. 1566년 별시문과에 급제. 임진왜란 때 이순신과 권율 등을 등용하고 영의정으로 임금을 호종하였으며, 군사일을 총괄하여 왜란을 막는 데 공을 세웠다. 나중에 북인의 탄핵으로 삭탈 관직되었다가 복관(復官)되었으나 벼슬에 나아가지는 않았다. 저서로 『서애집』, 『징비록』 등이 있다.

유성준(劉成俊, 1874~1949) : 조선 고종 때부터 광복 이후까지 활약한 판소리의 명창. 전남 구례(혹은 전북 남원) 출신. 송우룡(宋雨龍)에게 소리를 배웠고, 한때 정춘풍과 김세종에게 지도를 받기도 하였다. 판소리의 이론에 밝아 명창 전도성(全道成)과 쌍벽을 이루었다. 「수궁가」, 「적벽가」를 잘 하였고, 「수궁가」의 '토끼와 자라가 만나는 대목', '토끼 신세를 그리는 대목'을 잘 불렀다.

유자한(柳自漢) : 본관은 진주. 1465년 문과중시에 급제하여 부교리, 응교 등을 거쳐 1486년에 양양부사로 나아갔다. 갑자사화 때 유배되어 배소에서 죽었다. 김시습과 친교가 깊었다.

유희경(劉希慶) : 자는 응길(應吉), 호는 촌은(村隱), 본관은 강화. 남언경(南彦經)의 문인. 예론(禮論)과 상례(喪禮)에 밝았다. 임진왜란 때 의병을 일으킨 공으로 통정대부가 되었고, 폐모(廢母)의 상소를 올리라는 이이첨의 강권에 거절한 뒤 은거하였다. 문집으로 『촌은집』이 있다.

윤두서(尹斗緖, 1668~?) : 자는 효언(孝彦), 호는 공재(恭齋)·종애(鍾厓), 본관은 해남. 문인이요 화가였으며 참의 윤선도의 증손이다. 시문에 능하고 동·식물, 인물 등의 그림을 잘 그렸다. 윤두서의 손녀딸이 다산 정약용의 어머니이다.

윤상(尹祥, 1373~1455) : 자는 실부(實夫), 호는 별동(別洞), 본관은 예천. 1396년 식년문과에 급제. 예조정랑, 대사성을 거쳤고, 세종 때에는 세손(世孫)인 단종을 가르쳤다. 문장에 능하였고 조선 초기의 으뜸가는 사범(師範)이었다. 문집으로『별동집』이 있다.

윤원형(尹元衡, ?~1565) : 자는 언평(彦平), 본관은 파평. 문정왕후의 동생. 1533년 별시문과에 급제. 문정왕후의 소생인 경원대군(곧 인종)의 세자책봉 문제로 윤임(尹任)과 알력이 생겨, 윤임 일파를 대윤, 그의 일파를 소윤이라 하였다. 명종 즉위 후 득세하여 을사사화를 일으켰다. 영의정까지 올랐으나 문정왕후가 승하한 뒤 실각하여 유배지에서 죽었다.

이기(李芑, 1476~1552) : 자는 문중(文仲), 호는 경재(敬齋), 본관은 덕수. 1501년 식년문과에 급제. 우의정으로 윤원형과 함께 을사사화를 일으켰다. 그 공으로 풍성부원군에 봉해졌고 좌의정, 영의정을 지냈다. 그가 죽은 후 선조 때에 모든 관작이 삭탈되고 묘비도 제거되었다.

이날치(李捺致, 1820~1892) : 조선 말기 판소리 후기 8명창 가운데 한 사람. 전남 담양 출신. 고수(鼓手)였다가 박유전 문하에 들어가 수제자가 되었다. 박유전, 정창업 이후 서편제의 최고 명창으로서, 음량이 매우 풍부했다고 한다. 쉰 목소리처럼 껄걸하게 내는 창법인 수리성으로 유명하다.「춘향가」,「심청가」를 잘 하였고,「춘향가」의「쑥대머리」는 그의 더늠이다.

이달(李達) : 자는 익지(益之), 호는 손곡(蓀谷)·동리(東里)·서담(西潭), 본관은 홍주(洪州). 이첨(李詹)의 후손으로 박순(朴淳)의 문인. 문장에 능하여 최경창, 백광훈 등과 함께 삼당파(三唐派) 시인으로 불렸다. 문집으로『손곡집』이 있다.

이명신(李明晨) : 고려시대의 문신으로, 자는 백부(伯扶), 호는 화석정(花石亭), 본관은 덕수(德水). 시호는 강평(康平)이다.

이발(李潑, 1544~1589) : 자는 경함(景涵), 호는 동암(東菴)·북산(北山), 본관은 광주(光州). 김근공(金勤恭)·민순(閔純)의 문인. 1573년 알성문과에 장원. 부제학·대사간을 거치면서 북인의 영수가 되었다. 정여립 모반 사건이 일어나자 대사간을 사퇴하고 붙잡혀 장살(杖殺)되었다.

이산해(李山海, 1538~1609) : 자는 여수(汝受), 호는 아계(鵝溪), 본관은 한산. 이색의 후손. 1561년 식년문과에 급제. 북인의 영수로서 임진왜란 때 선조를 호종하다 개성에서 양사의 탄핵으로 파면되어 유배되었다. 그 뒤 대제학, 영의정이 되었다. 선조대 명문장가이며 서화에도 능하다. 문집으로『아계집』이 있다.

이식(李植, 1584~1647) : 자는 여고(汝固), 호는 택당(澤堂), 본관은 덕수. 좌의정 행(荇)의 현손. 1610년 별시문과에 급제. 인조반정 후 이조좌랑에 등용되고 이후 대사간·대제학·대사헌·형조와 이조판서·예조판서 등을 지냈다. 한문에 정통하여 한문사대가의 한 사람으로 꼽힌다. 문집으로 『택당집』이 있다.

이이첨(李爾瞻, 1560~1623) : 자는 득여(得輿), 호는 관송(觀松)·쌍리(雙里), 본관은 광주(廣州). 1594년 별시문과에 급제 후 1608년 문과중시에 장원. 대북(大北)의 영수로 광해군을 왕으로 세우는 공을 세웠으며 계축옥사를 일으켰다. 또한 인목대비를 유폐하는 패륜를 자행했다가 인조반정 때 참형(斬刑)당하였다.

이인로(李仁老, 1152~1220) : 자는 미수(眉叟), 호는 쌍명재(雙明齋), 본관은 인주(仁州 : 인천). 고아로서 승려 요일(寥一)에게 의탁하였으며 정중부의 난 때 절에 들어갔다가 환속하였다. 문과에 급제하여 한림원에 있었다. 고려 후기의 대표적인 문인으로 문장에 뛰어났다. 문집으로 『쌍명재집』이 있다.

이자(李耔, 1480~1533) : 자는 차야(次野), 호는 음애(陰崖)·몽옹(夢翁), 본관은 한산. 1504년 식년문과에 장원. 연산군 난정으로 사직하였다가 중종반정 때 다시 벼슬길에 올랐으나, 기묘사화 때 파직된 뒤 음성·충주 등지에서 학문을 닦으며 여생을 마쳤다. 문집으로 『음애집』이 있다.

이자현(李資玄, 1061~1125) : 고려 때의 문인으로 자는 진정(眞精), 호는 식암(息庵)·청평거사(淸平居士), 본관은 인주(仁州 : 인천). 문종 말에 과거에 급제하여 벼슬길에 나아갔으나 사직하고 춘천의 청평산에 들어가 여생을 선학(禪學) 연구로 보냈다.

이현보(李賢輔, 1467~1555) : 자는 비중(棐仲), 호는 농암(聾巖), 본관은 영천. 1498년 식년문과에 급제. 호조참판을 지내다 낙향하였고, 훗날 다시 지중추부사가 되었다. 문집으로 『농암문집』이 있다.

임억령(林億齡, 1496~1568) : 자는 대수(大樹), 호는 석천(石川), 본관은 선산. 박상(朴祥)의 문인. 1525년 식년문과로 급제. 동생 백령(百齡)이 을사사화를 일으키자 금산군수를 사퇴하였다. 훗날 동부승지·강원도관찰사·담양부사 등을 지냈다. 문집으로 『석천집』이 있다.

임제(林悌, 1549~1587) : 자는 자순(子順), 호는 백호(白湖)·겸재(謙齋)·풍강(楓江)·소치(嘯痴), 본관은 나주. 성운(成運)의 문인. 1577년 알성문과에 급제. 예조정랑 겸 지제교(知製敎)를 지내다가 당파싸움을 개탄하면서 명산을 유람하며 여생을 마쳤다. 당대의 명문장가로 이름을 날렸으며 호방한 시풍(詩風)으로 유명하다. 작품집으로 『백호집』이 있으며 시조, 「화사」, 「수성지」 등이 전한다.

재도지기론(載道之器論) : 문장은 도를 내용으로 삼아야 한다는 도덕주의적인 문학관. '문이재도론'(文以載道論)이라고도 하는데, 당나라의 한유(韓愈) 이후 북송 고문가들이 전개한 도통(道通)·문통(文通)의 이념을 종합 계승하는 과정에서 북송의 도학가들이 문학의 가치를 인정하되 도학(道學)을 전제로 할 것을 주창한 관점을 말한다. 이 문학관은 조선조 한문학뿐만 아니라 시조, 가사 등의 국문학 장르에도 영향을 끼쳤다.

전해종(全海宗) : 조선 말기의 판소리 명창. 전북 부안 출신. 신재효에게 판소리 지도를 받았다. 「심청가」와 「숙영낭자전」을 잘 불렀다. 「심청가」에서 '심청이 인당수에 빠졌다가 살아나오는 대목'은 그의 더늠으로 신재효가 윤색한 것이다.

정안(鄭晏, ?~1251) : 자는 화경(和卿), 본관은 하동. 권신 최우의 생질. 문과에 급제. 최우의 전횡이 심해지자 벼슬을 사직하였다. 그 후 남해에서 사재를 희사하여 대장경 일부를 맡아 간행하였다. 최우의 아들 최항(崔沆)이 집권하자 다시 벼슬길에 나아갔는데 최항을 비방한 죄로 백령도에 유배되었다가 죽음을 당하였다.

정여립(鄭汝立, ?~1589) : 자는 인백(仁伯), 본관은 동래. 1570년 식년문과에 급제. 이이·성혼의 문인. 이이를 비판하다가 선조의 꾸중에 낙향하였다. 진안의 서실에서 대동계를 조직하여 모반을 꾀하다 누설되자 스스로 목숨을 끊었다. 이로 인해 기축옥사가 일어났다.

정창업(丁昌業, 1847~1919) : 판소리 후기 8명창 가운데 한 사람. 전남 함평 출신. 판소리를 독공(獨工)하고 신재효 밑에서 소리를 2년간 배운 뒤, 전주 대사습에 나가 유명해졌다. 서편제로 소리하였고, 높고 낮은 소리를 잘하였다. 「흥보가」를 잘 하였고 「중타령」은 그의 더늠이다. 고종으로부터 통정대부를 제수받았다.

정춘풍(鄭春風) : 헌종 때 충청도 양반 가문에서 태어나 진사가 되었으나 판소리를 익혔다. 사설을 정비하고 소리를 우조(羽調) 중심으로 짜서 품위 있는 판소리를 이끌었으며 흥선대원군과 가깝게 지냈다. 그의 소리는 고종 때 명창 박기홍과 조기홍으로 이어졌으나 나중에는 그 맥이 끊겼다. 「적벽가」를 잘 하였고, 단가 「소상팔경」도 그의 더늠으로 전한다.

조광조(趙光祖, 1552~1638) : 자는 효직(孝直), 호는 정암(靜庵), 본관은 한양. 김굉필(金宏弼)에게 수학하여 김종직의 학통을 이은 사림파의 영수가 되었다. 1515년 알성문과에 급제하여 왕도정치의 이념을 주창하였다. 여씨향약을 8도에 실시하게 하고, 소격서(昭格署)를 폐지시켰으며, 현량과를 실시하여 신진사류를 등용시켰다. 훈구파의 공신을 삭제하다 그들의 반발로 능주에 유배되어 사사되었다. 문집으로 『정암집』이 있다.

조목(趙穆, 1524~1606) : 자는 사경(士敬), 호는 월천(月川), 본관은 횡성. 이황의 문인. 1576년에 봉화현감을 거쳐 공조참판에 이르렀다. 학문에 전념하여 대학자로 존경을 받았다. 문집으로 『월천집』이 있다.

조신몽설화(調信夢說話) : 『삼국유사』에 실려 있는 설화. 강릉 세규사의 승려 조신이 이웃집 처녀를 사모하여 낙산대비(洛山大悲)에게 빌었으나 그녀는 시집을 가고 말았다. 그러나 그는 꿈속에서 그 처녀와 부부가 되어 살았는데, 구걸로 연명하며 가난하게 살다가 자식마저 잃고 서로 헤어지는 찰라에 꿈에서 깨어났다. 그 후 조신은 일생이 일장춘몽임을 깨닫고 불도에만 정진했다 한다. 『금오신화』 속의 「만복사저포기」와 유사한데, 꿈을 꾸다가 깨어나는 과정이 뚜렷하고 꿈의 세계가 비극적인 점 등은 후대 서사문학에 지대한 영향을 주고 있다.

주덕기(朱德基) : 조선 순조에서 철종 때까지 활약한 판소리 전기 8명창 가운데 한 사람. 전남 창평(혹은 전북 전주) 출신. 송흥록과 모홍갑의 고수(鼓手)로 있다가 소리를 공부하여 전주 대사습에 나가 명창으로 인정받았다. 「적벽가」를 잘 불렀고, 더늠인 「적벽가」 가운데 '조자룡의 활 쏘는 대목'은 박만순, 전도성에게 전한다.

주세붕(周世鵬, 1495~1554) : 자는 경유(景游), 호는 신재(愼齋)·남고(南皐)·무릉도인(武陵道人), 본관은 상주. 1522년 별시문과에 급제. 1541년 풍기군수로 있을 때 최초의 서원인 백운동서원을 창설하였다. 훗날 대사성·동지중추부사를 지냈다. 문집으로 『무릉잡고』가 있다.

지하국대적퇴치담(地下國大賊退治譚) : 괴물에게 납치당한 여인을 영웅이 혼자, 또는 부하와 함께 그 여인의 도움을 받아서 지하의 괴물을 퇴치한 뒤 여인과 혼인한다는 내용의 이야기. 우리나라뿐만 아니라 전 세계적으로도 널리 분포되어 있다. 이 이야기는 소설적인 허구성을 갖추어 소설로 이행될 가능성을 갖고 있다. 『금원전』, 『금령전』, 『최치원전』 등의 고전소설에서 이 설화를 차용하고 있으며, 『홍길동전』에서도 홍길동이 율도국을 세운 뒤 요괴굴에서 요괴를 퇴치하고 납치되었던 여인을 아내로 삼는다는 내용이 들어 있다.

진복창(陳復昌, ?~1563) : 자는 수초(遂初), 본관은 여양(驪陽). 구수담(具壽聃)의 문인. 1535년 별시문과에 장원. 윤원형과 함께 을사사화를 일으켰다. 공조참판으로 있을 때 윤원형을 비난한 죄로 삼수에 유배된 뒤 위리안치되었다가 배소에서 죽었다. 「역대가」, 「만고가」 등의 작품이 있다.

진채선(陳彩仙, 1847~?) : 최초의 여류 판소리 명창. 전북 고창의 무장 출신. 신재효에게 판소리를 배웠다. 풍류·가곡과 무용에 능하고, 여성이면서도 웅장한 성음을 냈으며 기량 또한 대단했다. 20대에 경복궁 낙성연에서 판소리를 불렀다. 「춘향가」와 「심청가」를 잘 하였고, 특히 「춘향가」의 '기생점고 대목'을 잘 불렀다.

진표(眞表) : 신라시대의 승려로, 진내말(眞乃末)의 아들. 금산 출신. 740년 부안의 불사의암(不思議庵 : 내소사)에서 지장보살의 현신수계(現身授戒)함을 받고, 영산사에 가서 수련에 정진하여 미륵보살로부터 『점찰법』(占察法) 2권과 간자(簡子) 189개를 받았다. 766년 금산사를 창건하였고, 금강산에 발연사를 지은 뒤 점찰법회를 베풀고 7년간을 지냈다. 영심(永深)·융종(融宗)·불타(佛陀) 등에게 교법을 전하였다.

초의선사(草衣禪師, 1786~1866) : 조선 후기 승려 의순(意恂)으로, 초의는 호(號)다. 자는 중부(中孚), 성은 장씨(張氏), 본관은 나주. 15세 때 남평 운흥사에서 승려가 되어 금담(金潭)에서 선(禪)을 닦고 윤우(倫佑)의 법을 이어받았다. 정약용에게 유학과 시문을 배웠고, 신위와 김정희 등과 친교를 맺었다. 해남 두륜산에서 일지암(一枝庵)을 짓고 머물렀으며, 차(茶)에 조예가 깊은 것으로 유명하다. 저서로『동다송』(東茶頌),『일지암유고』등이 있다.

최경창(崔慶昌, 1539~1583) : 자는 가운(嘉運), 호는 고죽(孤竹), 본관은 해주. 박순의 문인. 문장과 학문에 능해 이이, 송익필과 함께 8문장으로 일컬어졌으며, 당시(唐詩)에도 뛰어나 삼당파 시인으로 불렸다. 문집으로『고죽유고』가 있다.

최립(崔岦, 1539~1612) : 자는 입지(立之), 호는 간이(簡易), 본관은 개성. 1561년 식년문과에 장원. 임진왜란 때는 외교문서 작성의 제1인자였으며, 여러 번 명나라에 사신으로 가서 문장으로 이름을 날렸다. 시에 뛰어났고 학문에 통달했으며 특히 주역에 밝았다.

최우(崔瑀, ?~1249) : 훗날의 이(怡). 부친 최충헌의 뒤를 이어 집권한 뒤 유화책을 강구하였다. 몽고와 항전하기 위해 수도를 강화도로 옮겼다. 이 공으로 진양후(晉陽侯)에 봉해졌다. 대장경을 재조하는 데 사재를 희사하기도 하였다.

최응현(崔應賢, 1428~1507) : 자는 보신(寶臣), 호는 수재(睡齋), 본관은 강릉. 1454년 증광문과에 급제. 동부승지·충청도 관찰사·경주부윤·대사헌을 지냈고, 한성부 좌윤을 거쳐 공조·형조·병조의 참판까지 올랐다.

최충헌(崔忠獻, 1150~1219) : 고려 후기의 권신. 명종 때 권신이던 이의민 일족을 살해한 뒤 권력을 잡았다. 명종을 축출하고 신종을 내세운 뒤 최씨 일가가 정권을 장악하도록 하였다. 문하시중 진강후가 되었고 진강군(지금의 진주)을 식읍으로 받았다. 이후 희종, 강종, 고종 등을 갈아치우는 등 정치를 독단하여 최씨정권의 기틀을 마련하였다.

최행귀(崔行歸) : 고려 광종대의 인물로, 최언위(崔彦撝)의 둘째 아들. 오월국(吳越國)을 유람하였으며, 균여대사와 함께 왕의 총애를 받아 비서랑(秘書郎)의 벼슬을 하였다. 그러나 지나친 왕의 총애로 인하여 죽음을 당하였다.

폐비 윤씨 사건 : 폐비 윤씨는 연산군의 어머니로 성종의 후궁으로 총애를 받다가 1474년 공혜왕후 한씨가 죽자 왕비에 책봉되었다. 세자(연산군)의 장래를 생각하여 따로 거처할 곳을 마련해야 한다는 조정의 논의가 있을 때, 나인과 내시들의 허위 보고로 윤씨는 사약을 받고 죽었다. 나중에 연산군이 즉위한 뒤 이 일을 알고는 갑자사화를 일으켰으며 모친을 신원하였다.

허금파(許錦波) : 조선 말기의 판소리 명창. 전북 고창 출신. 어려서 김세종 문하에서 판소리를 공부하였고 뒤에는 신재효로부터 소리를 지도 받아 고종 때 명창으로 이름을 날렸다. 진채선의 뒤를 이어 여자 명창의 선구자로서「춘향가」를 잘 불렀는데, '옥중 상봉 대목'은 그녀의 더늠이다. 협률사, 원각사 창극 공연에 참가하였으며, 원각사 공연 이후로는 소리를 중단하였다.

허자(許磁, 1496~1551) : 자는 남중(南仲), 호는 동애(東厓), 본관은 양천. 김안국의 문인으로 1523년 알성문과에 급제. 윤원형과 함께 을사사화를 일으켰다. 나중에는 진복창의 탄핵으로 홍원에 유배되어 배소에서 죽었다.

혜장선사(惠藏禪師, 1772~1811) : 조선 후기의 승려. 자는 무진(無盡), 호는 연파(蓮坡)·아암(兒庵), 성은 김씨, 초명은 팔득(八得). 해남 대흥사에서 중이 되어 재관(再觀)에게 구족계(具足戒)를 받았으며 1796년에 즉원(卽圓)의 법을 이어받았다. 30세에 대흥사의 강석(講席)을 맡았다. 문집으로『아암집』이 있다.

홍만종(洪萬宗) : 조선 숙종 때 학자이자 시 비평가로, 자는 우해(宇海), 호는 현묵자(玄默子)·장주(長洲), 본관은 풍산. 저서로『순오지』,『해동이적』,『역대총목』,『시화총림』,『소화시평』등이 있다.

황해청(黃海淸) : 조선 정조와 순조 연간에 활약한 판소리 명창. 전북 김제 출신. 정노식의『조선창극사』를 보면 그는 권삼득의 후배이며 송흥록·모흥갑의 선배로서, 자웅성(雌雄聲)을 잘 하였다고 한다.

훈구파(勳舊派) : 조선 세조 때의 갈라진 사림의 네 파 가운데 하나. 주로 귀족계급들이 중심인데, 그들은 공신전을 받아 농장을 보유하고 고관에 나아갔다. 성종 때부터 신진사림파가 중앙정계에 진출하자 사화(士禍)를 일으켜 이들과 대립하였다. 정인지, 신숙주, 서거정, 강희맹 등이 대표적이다.

찾아보기

ㄱ

가객(歌客) 317
가전체문학(假傳體文學) 30, 36
가전체소설(假傳體小說) 339
가지산문(迦智山門) 171, 339
강석기(姜碩期) 288
강좌칠현(江左七賢) 15, 32, 339
강호가도(江湖歌道) 237
강호사시가 246
개원천보영사시(開元天寶詠史詩) 16
격몽요결(擊蒙要訣) 219
견회요(遣懷謠) 287
경원대군(慶源大君) 261
경주인(京主人) 312
계림군 261
고경명(高敬命) 237, 262, 339
고금영(古琴詠) 297
고산구곡가(高山九曲歌) 225
고수관(高壽寬) 321, 339
고양 신원(新院) 263
고창 312
곡수당(曲水堂) 289
곡자(哭子) 111
관동별곡 266, 275
광대 316
광대가 321
광한전백옥루상량문 117

광해군 268
괘씸한 서양되놈 332
교방제보(敎坊諸譜) 319
교산(蛟山) 70
구도장원공(九度壯元公) 213
구족계(具足戒) 170, 339
국선생전(麴先生傳) 30
국조시산(國朝詩刪) 78, 83
궁사(宮詞) 83
권삼득(權三得) 321, 340
귀법사 159
규원가(閨怨歌) 117, 118
균여(均如) 153
균여전(均如傳) 154, 160
근화악부 247
금쇄동 292
금쇄동기(金鎖洞記) 292, 299
금쇄동집고 301
금오산실(金鰲山室) 39
금오신화(金鰲新話) 36, 46, 53
금의(琴儀) 340
기농부어(記農夫語) 52
기대승(奇大升) 237, 262
기물타령(器物打令) 328
기자헌(奇自獻) 74, 340
기축옥사(己丑獄事) 267
김계철(金啓哲) 321
김반(金泮) 38
김세종(金世宗) 320, 321, 340

김수영(金壽永) 321, 340
김수온(金守溫) 41
김시습(金時習) 36
김시습전 45
김안로(金安老) 239, 340
김우옹(金宇顒) 268
김윤제(金允悌) 261
김인후(金仁厚) 192
김인후(金鱗厚) 262, 237, 340
김일손(金馹孫) 238
김장생(金長生) 219, 222, 247
김제철(金齊哲) 340
김종직(金宗直) 240
김집(金集) 340
김창록(金昌祿) 321, 341
김효원(金孝元) 341

ㄴ

낙서재(樂書齋) 289, 290
난설헌집 108
남곤(南袞) 341
남궁선생전 89
남귀기행(南歸紀行) 286
남염부주지 56
남창(男唱) 춘향가 323
남행월일기(南行月日記) 18
남효온(南孝溫) 42, 341
내장사 313

찾아보기 353

너름새 322
노객부원(老客婦怨) 85
노경린(盧慶麟) 214, 341
노극청전(盧克淸傳) 31
노무편(老巫篇) 27
노사신 41, 341
노수신(盧守愼) 104
노진 237
녹우당(綠雨堂) 294

ㄷ·ㅁ·ㅂ

다산초당(茶山草堂) 132
다신계(茶信契) 132
대흥사 134
도리화가 331
도문대작(屠門大嚼) 82
도산십이곡(陶山十二曲) 200, 202, 226
동경잡기 39, 341
동국명산기 42
동국이상국집(東國李相國集) 23
동명왕편(東明王篇) 13, 16
동창(童唱) 춘향가 323
동천석실 290
동편제 321, 322
두향(杜香) 193
만복사저포기 55
만언봉사(萬言封事) 217
만흥(漫興) 292
매월당집 48
매창(梅窓) 72
맹사성(孟思誠) 341
면앙정가 248
면앙집 245
명당축원 323
명례방(明禮坊) 284
모흥갑(牟興甲) 321, 341
목릉성세(穆陵盛世) 270, 342

목민심서(牧民心書) 134
몽유광상산(夢遊廣桑山) 106
몽천요(夢天謠) 294
무량사(無量寺) 45
무민당(無悶堂) 289, 294
무이도가(武夷櫂歌) 225
문개가(聞丐歌) 252
문인가곡(聞隣家哭) 252
문정왕후 239, 342
문헌공도(文憲公徒) 14, 342
박만순(朴萬順) 321, 342
박상(朴祥) 238, 342
박세채(朴世采) 222
박우(朴祐) 238, 342
박유전(朴裕全) 322, 342
박응서 73, 342
박인로(朴仁老) 260, 343
방아타령 323
방외인문학(方外人文學) 36, 98, 343
백광훈(白光勳) 262, 343
백련사(白蓮寺) 133
백운거사전(白雲居士傳) 31
백운동서원(白雲洞書院) 194
백운소설(白雲小說) 23
변강쇠가 323, 327
변이중(邊以中) 219
병와가곡집 247
병자호란 288
병진상소(丙辰上疏) 287
보길도(甫吉島) 289
보양 173, 343
보현십종원왕가(普賢十種願往歌) 153
보현행원품(普賢行願品) 161
봉선화가(鳳仙花歌) 117, 118
봉은사(奉恩寺) 214
부분의 독자성 324
부용동(芙蓉洞) 289

빈녀음(貧女吟) 114

ㅅ

사가재(四可齋) 16
사미인곡 266, 275
사우명행록(師友名行錄) 42
사임당 신씨 211
사장파(詞章派) 223, 343
산중속신곡 301
산중신곡 292
삼구육명(三句六名) 164
삼국사기 178
삼국유사 169, 172, 176
삼당파(三唐派) 69, 99
서거정(徐居正) 41, 343
서경덕 99, 344
서도창(西道唱) 328
서양갑 73, 344
서익(徐益) 220, 344
서편제 321, 322
서하당(棲霞堂) 243, 262
석담구곡(石潭九曲) 216
선명(善鳴) 223
선원사(禪原寺) 170
선월사(禪月社) 172
성불사(成佛寺) 154
성산별곡 266
성소부부고(惺所覆瓿藁) 69, 73
성수시화(惺叟詩話) 75, 82
성수침(成守琛) 241
성옹식소록(惺翁識小錄) 100
성학십도(聖學十圖) 196
성혼(成渾) 217, 262
세연정(洗然亭) 289, 290
소내(苕川) 126
소래사(蘇來寺) 19
소쇄원(瀟灑園) 243
소수서원(紹修書院) 194

속미인곡 266, 275
손곡산인전(蓀谷山人傳) 89
송강가사 270
송강마을 269
송강사(松江祠) 270
송강정(松江亭) 266
송강집 270
송광록(宋光祿) 321, 344
송세림(宋世琳) 238, 344
송순(宋純) 237
송시열(宋時烈) 268, 294, 344
송익필(宋翼弼) 262
송준길 294
송흠(宋欽) 238, 344
송흥록(宋興祿) 321, 344
수궁가 323
수양대군 38
수이전(殊異傳) 54
순오지 273, 275, 345
시화총림(詩話叢林) 23
식영정(息影亭) 243, 262
식영정이십영(息影亭二十詠) 265
신광한(申光漢) 241
신광흡(申光洽) 312
신만엽(申萬葉) 321, 345
신선시 109
신재효(申在孝) 311
심우영(沈友英) 73, 345
심의겸(沈義謙) 345
심정(沈貞) 345
심청가 323, 326
십만양병설(十萬養兵說) 220
십보가 332

ㅇ

애일당(愛日堂) 70
애절양(哀絶陽) 139
야심요 301

양산보(梁山甫) 345
양응정(梁應鼎) 215, 262, 345
양자징(梁子澂) 262, 345
양진암(養眞庵) 192
어면순(禦眠楯) 238
어부사시사(漁父四時詞) 293, 302
어윤중(魚允中) 318, 346
엄처사전(嚴處士傳) 90
여유당(與猶堂) 135
여창(女唱) 춘향가 323
연동(蓮洞) 285
연화방(蓮花坊) 284
영웅의 일대기 86
영은사(靈隱寺) 313
영통사(靈通寺) 156, 157
예송논쟁(禮訟論爭) 295
오류선생전(五柳先生傳) 31
오륜가 247
오섬가 331
오세재(吳世才) 15, 32, 346
오죽헌(烏竹軒) 210
용궁부연록 56
용장사(茸長寺) 39
용천담적기(龍泉談寂記) 346
우후요(雨後謠) 287
운문사 173
원두표(元斗杓) 294
위도 20
위리안치(圍籬安置) 295, 346
유돈수(柳敦秀) 314
유선사(遊仙詞) 110
유성룡(柳成龍) 69, 98, 346
유성준(劉成俊) 346
유애비(遺愛碑) 314
유자한(柳自漢) 43, 346
유재론(遺才論) 77
유지(柳枝) 217
유희경(劉希慶) 72, 346
유희분(柳希奮) 287

윤두서(尹斗緖) 126, 347
윤두수(尹斗壽) 241
윤상(尹祥) 38, 347
윤선도(尹善道) 73, 260, 284,
윤원형(尹元衡) 239, 347
윤휴 295
의천 158
이귀(李貴) 219
이규보(李奎報) 13
이기(李芑) 194, 347
이날치(李捺致) 321, 347
이달(李達) 69, 99, 347
이담지(李湛之) 17
이명신(李明晨) 347
이발(李潑) 264, 268, 347
이벽(李蘗) 126
이산해(李山海) 268, 347
이생규장전 55
이수광(李晬光) 103
이승훈(李承薰) 127
이식(李植) 76, 348
이안눌(李安訥) 241
이이(李珥) 189, 210, 262
이이첨(李爾瞻) 73, 74, 287, 348
이익상(李翊相) 314
이인로(李仁老) 17, 348
이자 (李耔) 348
이자현(李資賢) 44, 348
이현보(李賢輔) 245, 348
이황(李滉) 189, 241
인각사(麟角寺) 174, 175
인목대비 폐모론 73
인소정(人笑亭) 291
인조반정 287
일연(一然) 169
임억령(林億齡) 348
임제(林悌) 237, 348
임형수 237

찾아보기 355

ㅈ・ㅊ

자상특사황국옥당가(自上特賜黃
  菊玉堂歌) 245, 246
자서가(自敍歌) 318
자운서원(紫雲書院) 221
작중개입(作中介入) 326
장산인전(張山人傳) 89
장생전(蔣生傳) 89
장진주사(將進酒辭) 272
재도지기론(載道之器論) 222, 348
적벽가 323, 329
전가원(田家怨) 252
전등신화(剪燈新話) 54
전해종(全海宗) 321, 349
정개청(鄭介淸) 268, 294
정극인(丁克仁) 238
정림사 172
정사룡(鄭士龍) 215
정안(鄭晏) 171, 349
정약용(丁若鏞) 125
정약전(丁若銓) 127
정약종(丁若鍾) 127
정약현(丁若鉉) 126
정언묘선(精言妙選) 224
정언호(鄭彦浩) 268
정여립(鄭汝立) 349
정여립(鄭汝立) 모반 사건 267
정조 129
정창손(鄭昌孫) 41
정창업(丁昌業) 321, 349
정철(鄭澈) 260
정춘풍(鄭春風) 321, 349
정현석(鄭顯奭) 319
조광조(趙光祖) 238, 349
조목(趙穆) 349
조무요(朝霧謠) 293
조신몽설화(調信夢說話) 54, 349
조헌(趙憲) 219

주덕기(朱德基) 321, 350
주문모(周文謨) 127
주세붕(周世鵬) 194, 241, 350
주지번(朱之蕃) 71
중머리 329
증반금(贈伴琴) 297
지눌(知訥) 172
지봉유설 103
지하국대적퇴치담(地下國大敵退
  治譚) 88, 350
진강후모정기(晉康侯茅亭記) 19
진복창(陳復昌) 240, 350
진전사 170
진채선(陳彩仙) 321, 350
진표(眞表) 350
창극(唱劇) 323
청강사자현부전(淸江使者玄夫傳)
  31
청량산(淸凉山) 190
청평사 43, 44
초의선사(草衣禪師) 133, 350
최경창(崔慶昌) 262, 351
최립(崔岦) 351
최영경(崔永慶) 268
최우(崔瑀) 20, 21, 170, 351
최응현(崔應賢) 212, 351
최충헌(崔忠獻) 16, 351
최행귀 162, 351
추야조 301
축성원(築城怨) 117
춘향가 323
충담소산(憺澹蕭散) 224
취유부벽정기 56
치산가(治産歌) 247, 315, 331

ㅌ・ㅍ・ㅎ

토별가 329
퇴계선생 죽령유적비 195

판소리의 4대법례 322
패림(稗林) 107
페비 윤씨 사건 351
풍악행(楓嶽行) 228
하우요 301
학교모범 219
학산초담(鶴山樵談) 81, 100
한서암(寒栖菴) 194
한정록(閑情錄) 79
함순(咸淳) 14, 17
해동고승전 178
향리 314
허균(許筠) 68
허금파(許錦波) 321, 351
허난설헌(許蘭雪軒) 69, 97
허목(許穆) 295
허봉(許篈) 69, 99
허성(許筬) 69
허엽(許曄) 68, 99
허자(許磁) 351
허조(許稠) 37
혁련정 160
혜장선사(惠藏禪師) 133, 352
호민론(豪民論) 77
홍길동전 68, 76, 86
홍만종(洪萬宗) 352
화석정(花石亭) 212
화엄종 153, 159
환벽당(環碧堂) 243, 262
황사영 백서사건 127, 130
황사영(黃嗣永) 127, 130
황주 154
황주염곡(黃州艶曲) 85
황해청(黃海靑) 321, 352
효령대군 39
훈구파 223, 352
훈민가 266
흥부가 323, 327